全国高等教育自学考试指定教材
电子商务专业（独立本科段）

商法（二）

附：商法（二）自学考试大纲

（2008年版）

全国高等教育自学考试指导委员会 组编

主　编　王　峰　曾咏梅
主　审　冯　果
副主审　王天习　张文楚

图书在版编目(CIP)数据

商法.2/王峰,曾咏梅主编.—北京:北京大学出版社,2008.3
ISBN 978-7-301-13352-1

Ⅰ.商… Ⅱ.①王… ②曾… Ⅲ.商法-中国-高等教育-自学考试-教材 Ⅳ.D923.99

中国版本图书馆 CIP 数据核字(2008)第 002200 号

书　　　名：商法(二)　附:商法(二)自学考试大纲(2008 年版)
著作责任者：王　峰　曾咏梅　主编
责 任 编 辑：叶　楠
标 准 书 号：ISBN 978-7-301-13352-1
出 版 发 行：北京大学出版社
地　　　址：北京市海淀区成府路 205 号　100871
网　　　址：http://www.pup.cn
电 子 邮 箱：em@pup.pku.edu.cn
印　刷　者：河北滦县鑫华书刊印刷厂
经　销　者：新华书店
　　　　　　880 毫米×1230 毫米　32 开本　16 印张　460 千字
　　　　　　2008 年 3 月第 1 版　2022 年 11 月第 16 次印刷
定　　　价：24.00 元

未经许可,不得以任何方式复制或抄袭本书之部分或全部内容。
版权所有,侵权必究
举报电话:010-62752024　电子邮箱:fd@pup.pku.edu.cn

组编前言

21世纪是一个变幻莫测的世纪，是一个催人奋进的时代。科学技术飞速发展，知识更替日新月异。希望、困惑、机遇、挑战，随时随地都有可能出现在每一个社会成员的生活之中。抓住机遇，寻求发展，迎接挑战，适应变化的制胜法宝就是学习——依靠自己学习、终生学习。

作为我国高等教育组成部分的自学考试，其职责就是在高等教育这个水平上倡导自学、鼓励自学、帮助自学、推动自学，为每一个自学者铺就成才之路，组织编写供读者学习的教材就是履行这个职责的重要环节。毫无疑问，这种教材应当适合自学，应当有利于学习者掌握、了解新知识、新信息，有利于学习者增强创新意识、培养实践能力、形成自学能力，也有利于学习者学以致用、解决实际工作中所遇到的问题。具有如此特点的书，我们虽然沿用了"教材"这个概念，但它与那种仅供教师讲、学生听，教师不讲、学生不懂，以"教"为中心的教科书相比，已经在内容安排、形式体例、行文风格等方面都大不相同了。希望读者对此有所了解，以便从一开始就树立起依靠自己学习的坚定信念，不断探索适合自己的学习方法，充分利用自己已有的知识基础和实际工作经验，最大限度地发挥自己的潜能以达到学习的目标。

欢迎读者提出意见和建议。

祝每一位读者自学成功。

全国高等教育自学考试指导委员会
2008年3月

内 容 提 要

　　本书是教育部高等教育自学考试中心指定的电子商务专业自学考试教材。本书的编写是在教育部高等教育自学考试中心和全国高等教育自学考试指导委员会指导下进行的。

　　本书的编写是根据专业自学考试计划的要求，针对自学考试的特点，并综合考虑了商法体系本身的逻辑性和我国商法立法的现实状况，特别是我国民法、经济法与商法的特殊关联关系，以及我国现实的商事活动的实践情况，合理地安排了全书的体系，如将合同法、担保法作为本书体系中的一部分，这主要是因为合同法、担保法在调整商事关系中是十分重要和不可或缺的法律。

　　本书的内容反映了我国商法相关立法的最新情况，考生通过对本书的学习能够对商事活动中涉及的基本法律有一个较全面的把握，特别是对最新的法律变化有一个整体的了解。全书共有十一章，包括：商法概述、个人独资企业法、合伙企业法、公司法、企业破产法、合同法、担保法、证券法、票据法、保险法、海商法。

前　　言

随着我国市场经济的发展与完善,商事活动日益增多,商事关系已经成为一种重要的法律调整关系。在我国,对商事法律关系进行调整的商法在不断地发展与完善,商法在整个法律体系中也具有越来越重要的地位,因此对于从事商事活动的商人和将要从事商事活动的准商人来说,全面了解商法的内容,理解商法的基本原则,领会商法的主要法律关系、法律原理,并能够学以致用就是十分必要的了。

本课程是高等教育自学考试电子商务专业的基础课程之一。本书主编是受教育部高等教育自学考试中心以及全国高等教育自学考试指导委员会的委托,并在教育部高等教育自学考试中心以及全国高等教育自学考试指导委员会的指导下进行的编写工作。

商法教材编写中一个重要的问题是:如何针对自学考试的特点,设置一个合乎理论的主观逻辑与合乎实践的客观逻辑的商法体系。

关于商法体系如何设置的问题,目前国内学者有一些不同的看法。本书主编认为在设置商法体系与内容时,有多种因素需要进行综合考虑:一是要考虑商法体系本身的逻辑性;二是要考虑我国商法立法的现实状况,特别是我国民法、经济法与商法的特殊关联关系;三是要考虑现实的逻辑,即现实的商事活动的实践情况。基于这些考虑,本书主编认为,有些法律一般地看可能属于民法或经济法的范畴,但是在调整商事活动中却是重要且不可或缺的,如合同法、担保法。另外,既然商主体法是商法体系中的重要构成部分,那么商主体就应当是丰富的,应当包括除公司之外的其他组织形式,商主体法也就应包括除公司法之外的其他商主体的法律,如个人独资企业法、合伙企业法等。所以本书主编认为商法的体系主要应当包括:商主体法、商行为法。就具体内容而言,应当包括:个人独资企业法、合伙企业法、公司法、企业破产法、合同法、担保法、证券法、票据法、保险法、海商法。

本书由王峰、曾咏梅合作完成，王峰负责最后统稿。本书统稿后，由武汉大学法学院博士生导师冯果教授任主审，华中科技大学法学院王天习副教授、张文楚教授任副主审，对全书进行了审定。

本书在写作中，得到了中国人民大学经济学院教授、全国高等教育自学考试指导委员会经济管理类专业委员会秘书长李金轩的直接指导，得到了全国高等教育自学考试指导委员会办公室相关同志的指导与大力支持，得到了湖北省教育考试院全国考试委员会武汉命题中心的大力支持，得到了湖北省教育考试院全国考试委员会武汉命题中心李世伟研究员的大力支持与帮助。正是在他们的指导、帮助与支持下，我们才能够圆满地完成教材的编写任务，在此向他们致以深深的谢意。

在教材的编写中，我们参阅了大量的教材、论著和相关资料，对他人的成果进行了总结，书中的注释及参考文献即是证明，在此我们向相关作者表示衷心的感谢，未尽之处，敬请原谅。

限于主编的水平，书中疏漏、不妥之处敬请指正。

主　编
于武汉大学珞珈山
2007 年秋

目　　录

第一章　商法概述 …………………………………………（1）
第一节　商法的概念及其调整对象 ……………………（1）
第二节　商主体 …………………………………………（13）
第三节　商行为 …………………………………………（18）
第四节　商号及商号权 …………………………………（21）
第五节　商业登记 ………………………………………（28）

第二章　个人独资企业法 …………………………………（34）
第一节　个人独资企业法概述 …………………………（34）
第二节　个人独资企业设立的条件与程序 ……………（41）
第三节　个人独资企业的事务管理 ……………………（44）
第四节　个人独资企业的解散与清算 …………………（46）

第三章　合伙企业法 ………………………………………（49）
第一节　合伙企业法概述 ………………………………（49）
第二节　合伙企业的设立与变更 ………………………（54）
第三节　合伙企业的财产 ………………………………（58）
第四节　合伙企业的内外关系 …………………………（61）
第五节　合伙企业的入伙与退伙 ………………………（65）
第六节　合伙企业的解散与清算 ………………………（69）

第四章　公司法 ……………………………………………（72）
第一节　公司法概述 ……………………………………（72）
第二节　公司法的基本制度 ……………………………（77）
第三节　有限责任公司法 ………………………………（92）
第四节　股份有限公司法 ………………………………（105）

第五章　企业破产法 ………………………………………（120）
第一节　企业破产法概述 ………………………………（120）

第二节　企业破产申请与受理 ………………………… (125)
　　第三节　管理人与债权人会议 ………………………… (128)
　　第四节　债务人的财产及有关费用 …………………… (134)
　　第五节　企业破产重整与和解 ………………………… (139)
　　第六节　企业破产清算 ………………………………… (145)
第六章　合同法 ……………………………………………… (149)
　　第一节　合同和合同法概述 …………………………… (149)
　　第二节　合同的订立 …………………………………… (154)
　　第三节　合同的效力 …………………………………… (162)
　　第四节　合同的履行 …………………………………… (171)
　　第五节　合同的变更和转让 …………………………… (178)
　　第六节　合同权利义务的终止 ………………………… (182)
　　第七节　当事人的违约责任 …………………………… (186)
第七章　担保法 ……………………………………………… (191)
　　第一节　担保法概述 …………………………………… (191)
　　第二节　保证 …………………………………………… (195)
　　第三节　抵押 …………………………………………… (201)
　　第四节　质押 …………………………………………… (213)
　　第五节　留置 …………………………………………… (216)
　　第六节　定金 …………………………………………… (220)
第八章　证券法 ……………………………………………… (224)
　　第一节　证券法概述 …………………………………… (224)
　　第二节　证券市场主体 ………………………………… (231)
　　第三节　证券发行与承销制度 ………………………… (242)
　　第四节　证券上市与交易制度 ………………………… (249)
　　第五节　上市公司的收购制度 ………………………… (260)
第九章　票据法 ……………………………………………… (266)
　　第一节　票据法概述 …………………………………… (266)
　　第二节　票据行为 ……………………………………… (273)

第三节　票据权利 …………………………………………（279）
　　第四节　票据运作的基本规则 ……………………………（290）
　　第五节　涉外票据的法律适用 ……………………………（300）
第十章　保险法 ……………………………………………………（303）
　　第一节　保险与保险法概述 ………………………………（303）
　　第二节　保险合同 …………………………………………（311）
　　第三节　财产保险合同 ……………………………………（331）
　　第四节　人身保险合同 ……………………………………（340）
　　第五节　保险业 ……………………………………………（349）
第十一章　海商法 …………………………………………………（360）
　　第一节　海商法概述 ………………………………………（361）
　　第二节　船舶 ………………………………………………（363）
　　第三节　海上货物运输合同 ………………………………（367）
　　第四节　提单 ………………………………………………（375）
　　第五节　租船合同与海上拖船合同 ………………………（387）
　　第六节　船舶碰撞与海难救助 ……………………………（392）
　　第七节　共同海损 …………………………………………（398）
　　第八节　海事赔偿责任限制 ………………………………（403）
　　第九节　海上保险合同 ……………………………………（406）
主要参考文献 ………………………………………………………（417）
后记 …………………………………………………………………（420）

商法（二）自学考试大纲
（含考核目标）

出版前言 ……………………………………………………………（423）
第一部分　课程性质与设置目的 …………………………………（425）
第二部分　课程内容与考核目标 …………………………………（427）
　　第一章　商法概述 …………………………………………（427）

3

第二章　个人独资企业法 …………………… (432)
第三章　合伙企业法 ………………………… (436)
第四章　公司法 ……………………………… (442)
第五章　企业破产法 ………………………… (447)
第六章　合同法 ……………………………… (453)
第七章　担保法 ……………………………… (460)
第八章　证券法 ……………………………… (466)
第九章　票据法 ……………………………… (472)
第十章　保险法 ……………………………… (478)
第十一章　海商法 …………………………… (483)
第三部分　关于大纲的说明与考核实施要求 ……… (490)
附录：题型举例 ………………………………………… (496)
后记 …………………………………………………… (498)

第一章 商法概述

本章学习重点:随着我国市场经济的发展与完善,商事活动日益增多,商事关系成为社会经济关系中重要的内容,商法就是对商事关系进行调整的法律规范的总称。本章主要是对商法的调整对象、商法的体系等相关问题进行总的概述。本章由商法的概念及其调整对象、商主体、商行为、商号及商号权、商业登记等五个部分的内容组成。

本章学习的重点部分是商主体、商行为,而商号及商号权、商业登记也值得注意。具体而言,本章的学习重点是:商法及其特征、商法的基本原则、商主体的特征及不同类型的商主体、商行为及其特征与分类、商行为代理及其特征、商号选用的内容及其限制、商号权及其特征、商业登记及其法律意义与效力。

第一节 商法的概念及其调整对象

一、商法的概念及其特征

(一) 商法概念的表述

商法是产生较早的古老的法律部门,商法经历了从商人法到近代商法再到现代商法的历史发展过程,现在随着市场经济的发展,商法也在不断地发展和完善。但是什么是商法?各国的法学家们却有不同的表述,因为商法的概念一直是法学上的概念而不是法定的概念。在我国内地,学者们对商法的表述也有所不同,主要具有代表性的表述如下:

一是《中国大百科全书·法学》中的表述,认为商法传统上是指与民法并列并与之相互补充的部门法,即商法是调整市场经济关系中商人、商业组织、商业活动法律规范的总称。二是其他一些学者的表述,如表述为:商事法是调整商事关系的法律规范总称;商法,亦称商事法,是调整商事关系的法律规范总称;商法,是调整商主体在其商行为中所形成的法律关系,即商事关系的法律规范总称;商法是调整商事交易主体在其商行为中所形成的法律关系,即商事关系的法律规范的总称;商法,又称商事法,是调整商主体的组织与经营行为的法律规范总称。

尽管以上表述有一定的区别,但其主要之点是相同的,就是都认为商法是有特定的调整对象的法律,即调整商事关系,商法是由一系列法律规范所构成的法律体系。综合学者们的表述,我们可以将商法作这样的表述:商法是调整商事关系中商主体及其商行为的法律规范总称。商法以商事关系作为调整的对象,商事关系从根本上讲,是一种经营性的财产关系,商事关系之所以形成,是由于商主体为了营利的目的而结成的有偿的关系。在这种经营性的财产关系中包括商主体以及商主体所进行的商行为,商法就是对商事关系中的商主体及其商行为进行调整的法律规范总称。

(二) 商法的特征

商法是法律体系中独立的法律领域,与民法和经济法有区别,具有自己的特征。综合学者们的观点,商法主要具有以下特征:

1. 较强的兼容性

首先,商法的兼容性体现为国内法兼国际法色彩。目前在世界上商法有两大法系:大陆法商系和英美法商系,两个法商系在立法上有较大的区别。而且,所有的国家或地区,都分别制定了本国的商法,目前国际上还没有统一的商法。从这一现状看,商法具有明显的同内法性,是国内法。也就是说,商法是由一个国家或地区立法机关制定的、在本国领域内发生法律效力的法律。但是,随着国际贸易的发展以及经济全球化的加强,商主体的活动越来越多地跨越国家或地区,因此一国在制定本国的商法时,都会考虑到其他国家或地区以及国际上通行的商业交易规则,并将之纳入到本国的商法中。另外,自19世纪起国际上出现了一些旨在推动商法一体化的国际组织和民间组织,这些国际组织和民间组织制定或编撰了涉及商事活动许多方面的国际性商事公约或文件,如《国际商事合同通则》《国际贸易术语解释通则》《联合国国际货物销售合同公约》《1972年国际海上碰撞规则公约》《1930年汇票、本票统一法公约》及其附件、《1931年统一支票公约》及其附件、1931年生效的《统一提单若干法律规定的国际公约》、1977年生效的《关于修改统一提单若干法律规定的国际公约的议定书》、1992年生效的《1978年联合国海上货物运输公约》等，这些公约或文件对商法向国际性发展起到了重要的作用。目前商法中的一些领域国际性已成定局，而另一些领域也在向着国际性方向发展，因此商法又具有明显的国际性。

其次，商法的兼容性体现为私法性兼公法性。按照传统的民商法理论的认识，商法属于私法范畴。私法是规定私人之间或私人与国家或公共团体之间关于私的生活关系的法律关系。商法中关于商行为、商主体之间权利义务、商号权等的规定，都具有私法性质。而另一方面，商法又明显地具有公法性，公法是规定国家或公共团体间、国家或公共团体与私人间关于公的生活关系的法律。公法性是国家通过立法形式对商事活动进行规范，商法中关于不同商主体的规定、商事登记的规定等，都具有明显的公法性。

最后，商法的兼容性体现为任意性兼强制性。商法以私法规定为中心，有大量的任意法的规定，主要体现在对商行为的一些规定中，但商法中也有一些强制性的规定，而且商法中的强制性的规定远多于民法中的强制性的规定，主要体现为对商主体的一些规定，不同类型的商主体设立条件不同、内部组织关系与组织结构不同、对外承担责任不同、经营特定行业的权利不同、终止的方式不同等。

2. 技术性

法律规范可以分为伦理性的规范和技术性规范，民法、刑法偏重于伦理性规范，而商法则重偏于技术性规范，商法主要是由技术性条款而组成的法律。商法的技术性规范体现在商事组织的规定中，也体现在商行为的规定中。如个人独资企业法、合伙法、公司法对商主体的规定，企业破产法中对商法人破产的规定，票据法中关于票据权利和票据行为的规定，保险法中关于保险标的、保险金额、损害赔偿等的规定，海商法中关于船舶优先权、船舶碰撞、共同海损等的规定，都是一些技术性很强的规定。公司法中也有一些技术性很强的规定,如对公司组织结构、股东大会会议程序及决议的表决、董事会会议程序及决议表决等的规定。

3. 营利性

营利是商主体活动的目的,商主体通过经营性活动而获取经济利益,各国商法都确认了商主体活动的营利性。一些重要的原则、制度、规则的确立都是为了保证商主体的营利性。例如,商法明确规定,允许商主体在主观上以营利为目的进行活动,也允许有营利之后依法进行分配。① 营利性贯穿商法的全部。所以有的学者认为,从这一角度理解商法,商法就是"营利"法,或是保护正当经营的法律,或是关于营利性主体从事营利性行为的基本法律。

4. 安全性

为了达到商主体营利的目的,就有必要保证商主体的交易活动安全,因此在各国的商法中,为了维护商事活动的安全,确立了一些重要的原则、制度、规则。如商法中的登记制度、公示制度,外观原则、诚实信用原则、严格原则等都是为了保证商事交易活动的安全。

二、商法的原则

(一) 提高交易效率原则

商事活动中,交易机会是不断变化的,商主体为了在交易中达到营利的目的,就必须抓住交易机会,提高交易效率,以快速的交易实现营利的最大化。商法考虑了商事交易的效率性,在商法中设置了提高交易效率的原则。

1. 时效短期化

时效短期化,是指法律对于基于商事交易行为所产生的债权的保护期予以缩短,从而迅捷地确定行为的效果,以促进交易迅捷。如《票据法》中规定了票据权利行使的特殊时效、《海商法》中规定了船舶债权人求偿权的时效、《保险法》中规定了保险金的请求时效。

2. 交易定型化

交易定型化是保障交易效率的前提。交易定型化包括交易形态

---

① 王启富等:《法律辞典》,第1版,吉林:吉林人民出版社1998年版,第1570页。

定型化和交易客体定型化两个方面的内容。交易形态定型化,是指商法通过强行法规预先规定若干交易形态,使得任何商主体在任何时间发生交易都取得同样的效果。交易客体定型化就是将交易客体商品化、证券化。如果交易的客体是有形物品,则使之商品化,给予统一的规定或标志,以实现迅捷交易。如果交易的客体是无形的权利,则使之证券化,以促进流通。如《公司法》中关于股票和债券的规定、《保险法》中关于保险单的规定等,就使交易的权利得以定型,促进迅捷交易。

(二) 强化商事组织原则

商事组织,即商事企业。强化商事组织,就是保护企业作为健全的组织体存在并发展。为此,商法采取了多项制度。

1. 商事组织设立准则主义

准则主义,即法律明确规定商事组织设立的条件,只有符合一定的条件,商事组织才可以登记设立。我国相关法律不但对较简单的商事组织,如个人独资企业的设立、合伙企业的设立作了规定,而且对企业法人更是从多方面规定了设立的条件和程序,对于从事特别业务企业法人如银行、保险、证券等的设立还规定了特殊的条件和程序。

2. 有限责任

现代商法是确立在股东有限责任的基础上的,作为商法人的企业,无论是有限责任公司的形式,还是股份有限责任公司的形式,其股东均以自己的出资额为限对公司债务承担责任。有限责任制度既鼓励了股东投资,也减少了投资者的风险。

3. 风险分散

在商事活动中,商事组织会面临着各种风险,商法中对商事组织在商事活动中面临的一些风险,设立了分散负担制度。公司制度的创立就体现了分散负担制度,风险分散制度在《保险法》中体现最充分,在《海商法》中也通过一些特有的制度体现了风险分散制度,如财产责任及其他风险责任的规避制度、共同海损制度等。通过这些制度,可以转化商个体的风险,从而保证商事组织不至于随某种风险的出现而停止其营利性的活动,甚至消亡。

4. 财产维护

在商法中,对合法商事组织的财产的维护都有一系列相关的法律措施。如为了维护作为商事组织成立和存在基础的财产和资本,《合伙企业法》中规定了由合伙人的出资以及以合伙企业的名义取得的财产是合伙企业的财产,除发生法定的和约定的情形外,合伙人在合伙企业存续期间,在合伙企业清算前,不得请求分割合伙企业的财产;《公司法》规定,股东对公司出资后,其出资的财产的所有权就归属于公司财产,股东对其出资的财产无所有权,在公司存续期间,股东不得收回其出资。

5. 避免商事组织解体

商事组织在经营与发展中可能会因种种原因和种种危机而导致商事组织解体,为了使企业有机会克服危机,继续进行商事经营活动,维护企业内部职工的利益、企业股东的利益、企业债权人的利益等与企业相关群体的利益,商法中规定了一系列的制度,如整顿制度、重整制度、和解制度等。

(三) 维护交易公平原则

商事活动的目的是为了营利,因此在商事交易行为中就会显现出利己主义的色彩,就会出现不正当竞争,使得交易不公平。商法中的许多制度和规定的设置,其目的就是为了维护正当竞争和交易公平。

1. 平等交易

平等交易主要有两项内容。一是指商主体地位平等。商主体的地位平等是平等交易的前提,商主体在具体的交易活动中,无论具体身份、经济实力如何,其法律地位都平等,对此商法中有相关的规定,如股权平等、契约主体平等。二是指商主体合法权益平等地受到法律保护。商法中,设立了对弱势群体的保护制度,如《公司法》中规定,为了对抗大股东滥用股东权利,赋予中小股东派生诉权,中小股东可以对公司管理人员、股东大会和董事会会议的程序以及表决提起诉讼;异议股东对其持有的公司的股权的收购强请求权;中小股东在选举公司董事、监事时可以实行累积投票制等。为了给公司债权人以特殊的保护,《公司法》确立了公司"人格否认"原则。在《合同法》中,为了平衡格式合同拟定方的优势地位,对格式合同发生争议时的处理和解释作了规定,如在格式合同中,提供格式合同的一方免除自己责任、加大对方责任、排除对方权利的条款,该条款无效;当格式合同发生争议时,应当按通常的理解予以解释,有两种以上解释的,应当作出不利于提供合同一方的解释;格式条款与非格式条款不一致的应当采用非格式条款。《保险法》中在保险合同的订立、履行等方面也作出了保护弱势群体一方的规定。

2. 诚实信用交易

诚实信用是民商法中的"帝王原则",也是商主体从事商活动应遵守的重要原则。诚实信用原则在商法中,是指商主体在从事商事活动的过程中,应当以善意方式行为,应当尊重交易习惯,不得有欺诈行为,不得滥用权利,在获得商业利益的时候不能损害他人的利益。诚实信用原则贯穿了商法的全部内容,如在《合同法》中,特别强调诚实信用原则,从合同的订立、合同的效力到合同的履行等方面都对诚实信用原则进行了具体的规定;在《公司法》中,从公司的设立、运作到解散清算都规定了公司的发起人、董事、监事以及其他高级管理人员以注意义务和忠实义务为内容的诚信义务;在《票据法》中,强调票据出票时,出票人与收款人要有真实的交易关系,汇票的出票人与付款人要有真实的委托付款关系,票据上记载的事项要真实,不得以非法的手段取得票据,不得伪造、变造票据等;《保险法》更是体现了最大诚实信用原则,规定了被保险人的告知义务、通知义务,保险人在订立合同时的公平义务以及对免责条款的说明义务等。

(四)安全交易原则

为了维护商业社会的有序、保障商主体的利益,在商事活动中更要注意交易安全。商法为了维护交易的安全,对商行为进行法律控制,采取了一系列措施,如强制主义、公示主义、外观主义、严格主义等。

1. 强制主义

强制主义,是指国家运用公法手段,对商事关系加以强制干涉,其特征表现为强制性的法律规定。商法中有较多强制性的规定,如《公司法》中有关公司的设立条件与程序的规定、资本制的规定、章程绝对记载事项的规定、组织机构的规定、决议表决程序的规定、股份有限公司信息公开的规定等,《票据法》中关于票据绝对应当记载事项的规定等,都体现出了强制主义。

2. 公示主义

公示主义,是指商事交易人有关营业上的一切事实在涉及利害关系人利益的营业时,必须进行登记公告。公示主义在《公司法》中体现为公司的合并、分立、减少注册资本应当向债权人公告;公司召集股东大会时,应当将有关事项公告;公司募集股份时,应当在指定的媒体上公告;公司清算时,应当进行公告,催告债权人申报债权。在《企业破产法》中规定,破产由法院受理后,要按程序公告,通知债权人申报债权。在《证券法》中规定,证券发行人或上市公司要按照法定要求将自己的财务报告、经营情况等向证券管理部门报告,并向社会公众投资者公告。

商业登记中规定,商主体的设立、变更、合并、撤销、增加资本、减少资本等事项必须登记,否则不产生法律效力。该规定就是强制商主体通过登记行为以达到公示的目的。

3. 外观主义

外观主义,是指以当事人行为的外观为标准,确定其行为产生的法律效果。即使公示于外观的事实与真实事实不符,对于依该外观事实所进行的商行为,也需保护。外观主义主要是为了谋求交易的安全而赋予行为外观的优越性。如《票据法》中关于票据的文义性、要式性、背书连续性的证明力的规定;《合伙企业法》中合伙企业对普通合伙人执事对外代表合伙企业的限制,不得对抗善意第三人的规定;《担保法》中已登记的抵押权优于未登记的抵押权的规定等,都是外观主义的体现。

4. 严格主义

严格主义,是指在商法中使特别交易行为当事人承担较为严格的责任。严格责任主要是为了保障交易的安全,因为在商事交易活动中,大多数情况下都是由商主体的少数人负责,如果不对少数负责人的责任予以严格的规定,则不能保障交易安全。商法中许多地方采用了严格主义的规定。如在《个人独资企业法》中规定,投资人对外承担无限责任,投资人对其所聘用人或委托人的限制不得对抗善意第三人;《合伙企业法》中规定,普通合伙人对企业债务承担无限连带责任,对合伙企业执事人的限制不得对抗善意第三人;《公司法》中规定,发起人对公司在设立时产生的债务承担无限连带责任、公司高级管理人员的注意义务、公司治理结构中关于权利的分配与安排等;《票据法》中规定,在票据上签章的人对票据权利承担连带责任等,都是严格主义的体现。

三、商法的调整对象及商法体系

(一) 商法的调整对象

商法的调整对象,是指商法所调整的特殊的法律规范。在西方,无论是大陆法系国家还是英美法系国家,无论是奉行民商合一的国家还是奉行民商分立的国家,都认为商法有着独立的调整对象,正是由于商法有其独立的调整对象,所以商法才成为独立的法律部门。

在中国内地,较长一段时间内对商法是否有独立的调整对象这一问题存在较多的争议,有人主张用民法包容商法,有人主张用经济法包容商法,还有人认为我国无形式意义上的商法,即国家立法机关颁布施行的、命名的商法。因此,从形式意义上讲我国并无商法,如果说我国有独立调整对象的商法,也只是实质意义上的商法,即为适应研究、教学、考试、法律编纂等需要而从理论上建立起来的法律部门,实质意义上的商法的范围是不确定的。[①]

之所以对商法的调整对象产生争议,重要的原因之一,是在我国的立法实践中没有制定统一的商法典,没有在立法上明确商法调整对象的独立性。但是随着市场经济的不断完善、社会经济关系的不断丰富、商活动的不断增加,商主体不断地呈现出多样性,商行为也在不断地多样化,商行为已从最初的物的生产和交易发展为票据、证券、无形资产的交易。由于商事关系的不断丰富与发展,商事关系日益成为相对独立的法律关系。在我国的立法实践中,针对商事关系,

---

① 参见王启富等:《法律辞典》,第1版,吉林:吉林人民出版社1998年版,第1570页。

调整商主体与商行为的法律正在不断地制定中,并且在实施与不断地完善中,因此对商法具有独特调整对象的认识也在趋于一致。

目前,不同法系国家的商法学在对商法调整对象的表述与具体的认识上还有一些差异。代表性的表述有四种:一是认为商法调整的对象是商人或企业,主要代表是德国等奉行商人中心主义立法原则的国家;二是认为商法调整的对象是商行为,主要代表是法国等奉行商行为中心主义立法原则的国家;三是认为商法调整的对象是商事法律关系[①];四是认为商法调整的对象是商主体和商行为。

我国学者的表述大多倾向于第三、第四种表述,但在具体的表述上又有所区别,如有的表述为:商法调整的对象,是指营利性主体从事营业性行为所发生的商事关系的总和;[②]有的表述为:商法是以组织(企业)为本位,调整营利性主体的营利性行为的法律。[③] 本书认为,商法是调整商主体在从事商行为中所发生的法律关系的总称。本书对商法调整对象的表述是从较广的角度来理解商主体及其商行为。

(二) 商法体系

商法体系,是指商法的内在构成与结构。传统商法体系与现代商法体系、大陆法系国家商法体系与英美法系国家商法体系的构成有所不同。

传统商法体系与自由市场经济原则一致,反映了局限的、不高度发达的经济状态,主要内容是商身份法和商行为法。商身份法主要包括:商人及其资格的取得;商人的名称、商事登记;商人权利的委托;商人的特殊形式(如代理商、居间商);商人身份的不完全形态(如小商人)。商行为法主要包括:一般商行为和特殊商行为。一般商行为包括商事物权、商事债权、商事交易的计算方式等;特殊商行

[①] 参见范健主编:《商法》,第 1 版,北京:高等教育出版社、北京大学出版社 2002 年版,第 10—11 页。

[②] 参见覃有土主编:《商法学》,第 1 版,北京:高等教育出版社 2004 年版,第 8—9 页。

[③] 参见庄建平:《浅析我国商法调整对象的特定性》,http://www.study.net,2006 年 9 月。

为包括商事买卖、商事代理、居间、信托、运输、银行、票据、保险、海商等。

在传统的商法体系中,大陆法系国家的商法与英美法系国家的商法构成也有所差异。在传统的大陆法系国家中,商法除商身份法和商行为法外,还包括公司法、票据法、保险法、海商法;在传统的英美法系国家中,商法的体系则包括商事买卖、商事合同、商事代理、公司法、合伙企业法、担保法、保险法、票据法等。现在一些学者认为,随着国际经济与贸易交往的增多,国际统一商事立法的进程在加快,大陆法系国家和英美法系国家在商法体系上的差异正在缩小。

现代商法体系突破了传统商法体系的框架,其主要内容是:商事身份法、商事组织法、商事管理法、商行为法、商事秩序法。

在我国,由于商法作为一个独立的法律部门的时间较短,商法的立法也正在发展与完善之中,所以,人们对商法体系构成的认识有所不同。一是认为,商法体系的主要构成是:商主体、商行为、商事营业、商号、公司法、证券法、保险法、企业破产法、海商法。二是认为,商法体系的主要构成是:商主体法、商行为法、商事权利救济法。商主体法主要包括公司法、独资企业法、合伙企业法、代理商法、企业破产法;商行为法主要包括商事合同法、期货法、融资租赁法、信托法、担保法、票据法、保险法、海商法;商事权利救济法主要包括商事责任法、商事仲裁与商事诉讼。① 三是认为,商法的主要构成是:商主体法、商行为法、公司法、企业破产法、票据法、证券法、保险法、海商法。② 四是认为,商法的主要构成是:商主体法、商行为法、公司法、企业破产法、票据法、保险法、证券法、海商法、商事信托与期货交易。③ 五是认为,商法的主要构成是:商主体法、商行为法、合伙企业法、公司法、证券法、合同法、担保法、票据法、保险法、海商法。④

---

① 参见范健主编:《商法》,第1版,北京:高等教育出版社、北京大学出版社2002年版,第3—14页。
② 范健主编:《商法》,第1版,北京:高等教育出版社、北京大学出版社2002年版。
③ 参见覃有土主编:《商法学》,第1版,北京:高等教育出版社2004年版。
④ 参见全国高等教育自学考试指导委员会组编,王小能主编:《商法学》,第1版,北京:高等教育出版社2000年版。

以上关于商法体系构成的主张有一些差异,但大体上是一致的。我们认为,商法结构体系的确定应当考虑多种因素,一是要考虑商法体系本身的逻辑性;二是要考虑我国商法立法的现实状况,特别是我国民法、经济法与商法的特殊关联关系;三是要考虑现实的商事活动的实践情况。因此我们认为,有些法律一般地看可能属于民法或经济法,如合同法、担保法,但是合同法与担保法在调整商事活动中却是十分重要的、不可缺少的。

在现代社会中,合同是一切商事活动的重要工具,是一切商事交往的基本工具。可以说,在商事活动中合同无处不在,在商主体与商主体之间,合同是他们形成各种商事关系的基础,如商主体之间的贷款、债券等都是以合同为基础,并且在多种情况下,作为债权人的商主体是以担保的方式保证其债权的实现的;在商品买卖活动中,买卖双方要签订货物买卖合同,这是使他们双方交易得以完成的基础,如果买卖的标的涉及运输,还要与承运人签订货物运输合同;为了得到支付,他们可能还要与银行签订支付合同;为了保证债权的实现、保证商事活动的链条不中断,还需要进行担保,因此还要与担保人签订担保合同;为了避免商事活动中面临的一些风险所造成的损失,或损失发生后能够及时得到补偿,通常又要与保险人签订不同的保险合同。在商主体内部,合同也是重要的,如在合伙企业的组织形式中,合伙协议是十分重要的,是合伙企业成立的重要条件,而合伙协议实质上就是合伙人之间的一个约定权利义务的合同;在有限责任公司中章程是重要的,我国《公司法》更多地将有限责任公司的章程看作是有限责任公司的一个自治的合意文件,除了《公司法》规定的章程必须记载的事项外,其他事项只要不违反法律的强制性规定,都可以在章程中约定,经全体出资人签字并经登记后发生法律效力,对全体股东具有约束力。在商事组织内部的其他成员之间,通常也通过合同规定他们的权利义务。

基于合同在商事活动中的作用,合同构成了许多商事交易活动的基础,合同的基本制度具有广泛的适用性;还基于担保对合同履行起重要的保证作用,能保证商事活动的连续性,因此合同法、担保法在商法体系中具有重要地位,是商法体系中不可缺少的部分。

另外,既然商主体法是商法中的重要构成,就应当包括除公司之外的其他形式,商主体法也就应包括除公司法外的其他关于商主体方面的法律,如个人独资企业法、合伙企业法等。

所以本书所确定的商法体系的具体构成是:商法概述、个人独资企业法、合伙企业法、公司法、企业破产法、合同法、担保法、票据法、证券法、保险法、海商法。

第二节 商 主 体

一、商主体的概念及其特征

(一) 商主体及其构成要素

商主体,又称商主体或商人,是指具有商法上的资格或能力,能够以自己的名义从事商行为,享有商法上的权利并承担商法上的义务的组织和个人。

构成商主体必须包含以下要素:商主体必须同时具备权利能力和行为能力;必须从事特定的持续性的营利活动;所进行的行为必须是具有特定性的商行为;应当进行登记,商主体的权利能力和行为能力必须经过国家机关特别授权程序。

(二) 商主体的特征

1. 商主体是具有商事权利能力和商行为能力的人

作为商主体,必须具有商法上的商事权利能力和商行为能力,必须具有独立的法律人格,即商主体必须能够以自己的名义参加商事活动。商主体商事权利能力与民法中的权利能力不同,商主体的权利能力一般必须经过国家的特别授权程序,经过登记才能获得,同时其权利能力是有限的,在特定的经营范围内行使。商主体的商行为能力要与权利能力一致。

2. 商主体是从事以营利为目的的经营性活动的人

商主体不同于非商主体。商主体必须从事商行为,必须以从事营利性活动为经营的目的。也就是说,商主体的存在与其实施的营利性经营活动密切相连,实施商行为的目的在于取得营利。而非商主体行为的目的不在于营利,如民事主体所实施的行为,虽然具有一定的普遍性,但不是以营利为目的,因此非商主体不能成为商主体。

3. 商主体必须是专门实施商行为的人

专门实施商行为是商主体的外观表现,因此商主体必须以实施商行为作为职业。商主体必须依法取得专门从事商行为的资格,专门实施商行为,才能称为商人。也就是说,不是任何实施了商行为的人都是商主体,偶尔实施商行为的人不能成为商主体,如一般的民事主体,可能实施的行为表面上具有某种"商行为"的性质,但是他们未依法获得商主体资格,也不是专门从事商行为,因此不能成为商主体。商事活动中的商主体,通常以商事组织的形态出现,如个人独资企业、合伙企业、公司企业等,他们都依法获得了商主体资格,有固定的生产经营场所,有必要的生产条件,有必要的财产,专门从事某种商事活动。

4. 商主体的权利能力和行为能力必须经过登记而取得

商主体的权利能力和行为能力的获得即资格的获得,与民法上公民权利能力和行为能力的获得不同,不是自然生成的,而是要满足法定的条件依法定的程序进行登记。也就是说,商主体的资格取决于是否符合法定的条件,并依法定的程序进行商业登记才能取得,经过登记取得了从事某项经营活动的营业执照后,才能成为商人(但也有例外,如农村承包经营户无须专门登记)。

二、商主体的分类

可以依据不同的标准对商主体进行分类,不同类型的商主体,商法对其控制要求不同。

(一)商自然个人、商合伙、商法人

以商人是否具有法人资格为标准,商人可以分为商自然人、商合伙、商法人。

1. 商自然人

商自然人,也称商个人,是指依商法的规定从事商行为,独立地享有权利并承担义务的人。商自然人主要包括个体工商户、农村承包经营户、个人独资企业等。

个体商人,是依法经核准登记取得从事个体商事活动资格,从事营利性活动的自然人。如专门从事营利活动的个人、个体工商户、长途运输户、个体经营者等。他们在民法上表现为一个自然人的形态,在商法上也同样表现为一个自然人的形态,而不是表现为企业的形态。

农村承包经营户,是指农村集体组织的成员,在法律允许的范围内,按照农村承包合同的规定,通过使用农村集体土地使用权或其他生产资料,独立从事商事经营活动的、由一人或多人组成的经营户。

个体商人、农村承包经营户对外承担责任,依其实际经营的情况而定,个人经营的,以个人财产承担责任;家庭经营的,以家庭财产承担责任。

个人独资企业,是由自然人单独出资并从事经营管理、对外承担无限责任的企业。这种企业的投资人可以以商号的名义从事商行为,具有商法上的权利和义务,但企业不具有独立的法人人格、不具有独立的财产,企业的财产与个人的财产相通,出资人就是企业的所有人,出资人以个人的财产或家庭财产对外承担责任。出资人对企业的经营管理具有完全控制权,尽管个人独资企业可以聘用经理或其他人员进行具体的管理,但企业经营的最高决策权却属于出资人,出资人有权决定企业的一切事项。个人独资企业实质上是商自然人企业形态的表现。由于个人独资企业设立条件低,程序简单,对于设立条件要求高的一些行业,个人独资企业无权从事经营,所以个人独资企业大多属于中小型企业。在西方国家中,个人独资企业是数量较多的企业形态;在我国,个人独资企业的数量在逐渐增多。

作为商自然人,无论以何种具体形态表现,最重要的是必须具有完全行为能力。根据我国《民法通则》的规定,作为具有完全行为能力的商自然人对外要承担无限责任;无民事行为能力人的商事活动,应当由其法定代理人代理;限制行为能力人的商事活动,由其法定代理人代理或经法定代理人同意,对外责任由法定代理人承担。但在一些商事活动中,不具有完全行为能力的人所进行的商行为,该商行为无效,与法定代理人无关,即不具有完全行为能力的人所为的商行为,不产生商法上的法律效力。如我国《票据法》规定,不具有完全民事行为能力的人,在票据上的签章无效,可以对抗票据的持票人,不承担票据法上的责任。

2. 商合伙

商合伙,又称商业合伙或合伙企业,是指两个以上合伙人为实现营利性营业目的,共同出资、共同经营、共同分享利益、共同承担风险,对外承担无限连带责任的商业联合体。

依据我国现行的法律,商合伙分为非企业型的合伙和企业型的合伙,具体可以分为个人合伙、合伙型联营、合伙企业三种类型。

依我国《民法通则》第三十条的规定,个人合伙,是指两个以上公民通过书面协议对出资数额、盈余分配、债务承担、入伙、退伙、合伙终止等事项进行约定的一种商主体关系。其特征是:(1)个人合伙按照协议,各自提供资金、实物、技术等,合伙经营、共同劳动;合伙人投入的财产,由合伙人统一管理和使用,合伙经营积累的财产,归合伙人共有。(2)个人合伙是一种非企业型的合伙,其存在的基础是合伙人的合同,因此合同是其存在的要件,而登记不是其存在的要件。(3)个人合伙的经营活动,由合伙人共同决定,合伙人可以推举负责人,合伙人有执行或监督的权利。合伙负责人和其他人员的经营活动,由全体合伙人承担民事责任。(4)合伙人对合伙的债务承担连带责任,偿还合伙债务超过自己应当承担数额的合伙人,有权向其他合伙人追偿。(5)个人合伙可以起字号,依法经核准登记,在核准登记的经营范围内从事经营。依法登记取得自己的商事名称的,在诉讼中可以商事名称作为诉讼的当事人,未取得商事名称的,个人合伙人为共同诉讼人。

合伙型联营,是指企业之间或者企业、事业单位之间依照合同,由联营各方共同出资、共同经营、共享利润、共同承担无限连带责任的商事组织。合伙联营受《民法通则》中相关规定的规制。

合伙企业,是指按照《合伙企业法》设立的,由两个以上合伙人订立合伙协议,共同出资、合伙经营、共享收益、共担风险,并对合伙企业的债务承担无限连带责任的商事组织。合伙企业的特征是:(1)合伙企业本质上是一种"人"的组合,不是法人。(2)合伙企业的设立要符合《合伙企业法》中规定的条件,其中合伙协议是合伙企业成立的重要条件。(3)必须进行商业登记。合伙企业的登记是获得商主体资格的程序,合伙企业必须经法定的程序进行登记才能成立,合伙企业的其他事项,如入伙、退伙、解散等也必须经过登记才发生法律效力。(4)普通合伙企业的合伙人对合伙的债务承担无限连带责任。商法中作为企业类型的商合伙,主要是指合伙企业。

3. 商法人

商法人,又称"营利性法人"或"企业法人",是指依法设立的、以营利为目的的、具有法人资格并以其经营的全部财产对外承担责任的商事组织。在我国,商法人分为有限责任公司和股份有限责任公司两种公司形态。

商法人是现代经济生活中最典型的商人类型,具有以下特征:(1)法人性。法人性的含义是:依法定的条件、按法定的程序登记设立,取得独立的商法人资格;商法人有自己独立的财产,其财产来自于投资人的投资,但又独立于其投资人,投资人投资后,其投资就属于商法人所有,商法人独立的财产是其活动的基础,也是对外承担责任的基础,商法人以自己的财产对外承担有限责任,投资人仅以其投资额对外承担责任;有法定的专门的组织机构,商法人对内具有法定的、统一的组织机构,通过组织机构体现商法人的意志。(2)社团性。商法人是由多人组成的联合体。(3)营利性。商法人以营利为目的进行商事活动。

(二)法定商人、注册商人

以是否经过特定的程序登记、从事特定的商行为为标准,商人可以分为法定商人和注册商人。

1. 法定商人

法定商人,又称绝对商人,是指以法律规定的特定商行为为营业内容并经特殊程序设立的商主体。法定商人从事的商行为是特定的,而且还要依法履行特殊的法律登记程序。在我国,法定商人设立的程序较严格,要经过特许程序才能进行登记,并经特定的程序、经特定的部门批准才能获得从事特定商行为的权利。如对银行、保险、证券交易业商法人的设立与运作,法律就规定了特殊的程序。经过特殊程序而设立的商业银行、保险公司、证券公司等就是最常见的法定商人。

2. 注册商人

注册商人,是指只需经过一般的商业登记程序设立,并在核准的营业范围进行经营的商主体。注册商人是商事活动中最常见的商人,他们以营利为目的,选择登记程序,经过登记商法就承认其商人地位,如公司、商事合伙等。

(三) 小商人、大商人

以营业规模的大小为标准,商人又可以分为小商人和大商人。

1. 小商人

小商人,是指从事法律规定的某些小规模营业性活动的商人。小商人的营业规模较小,低于商业登记中规定的企业注册资本和营业条件,是否登记较灵活。其典型的表现形态是商自然人中的农村承包户、个体工商户等。

2. 大商人

大商人,是指从事法律规定的营业性活动,并且规模、资金等达到了法律规定的条件的商主体。其表现形态就是大中型企业。

第三节 商 行 为

一、商行为的概念及其特征

(一) 商行为的概念

商行为,是指具有商行为能力的商主体从事以营利为目的的营业性法律行为。

(二) 商行为的特征

商行为是民事活动中的一种特殊的行为,不同于一般的民事活动,具有自己的法律特征。

1. 商行为是商主体以营利为目的所进行的法律行为

商行为包含有营利性的目的,而对于商主体进行的商行为在事实上是否营利是不予考虑的。

2. 商行为属于营业性的行为

营业性,是指行为人以营利性经营活动为业,即行为人至少必须在一段时间内连续地从事某种同一性质的营利活动,从而使该行为具有职业性,偶尔的交易不构成商行为。

3. 商行为是具有商行为能力的主体从事的营业性的活动

二、商行为的分类

依据不同的标准,可以对商行为进行不同的分类。

(一) 绝对商行为与相对商行为

绝对商行为,是指依行为的客观性和法律的规定,无条件属于商行为的法律行为。这种商行为具有客观性和无条件性,不考虑行为人是否为商人和行为本身是否具有营利性,仅以行为形式作为要件。绝对商行为的范围通常由法律限定列举,不得作推定解释。属于绝对商行为的,如票据行为、证券上市和交易行为、保险行为、商业银行行为、海商行为等。

相对商行为,是指依行为的主观性和行为自身的性质而认定的商行为。如财产出租、加工制造、居间代理等。相对商行为在性质上具有相对性和附条件性,即以主体是否为商主体和行为是否具有营利性作为条件,只有符合条件商法才承认其为商行为,适用商法的规定,如果不符合一定的条件则视为一般的民事法律行为。

(二) 单方商行为与双方商行为

单方商行为,是指行为人一方是商主体另一方不是商主体所从事的行为。如保险公司与投保人的行为,销售者与消费者之间的行为。对于单方商行为的法律适用,各国商法规定不一。大陆法系国家商法通常规定,单方商行为其交易双方都适用商法;英美法系国家商法则规定,行为人中一方为商主体,该商主体适用商法,而另一方不是商主体则不适用商法。

双方商行为,是指行为的双方都是商主体所实施的营利性经营行为。双方商行为适用商法。

(三) 基本商行为和辅助商行为

基本商行为,是指直接从事营利性活动的商行为,如买卖行为。

辅助商行为,也称附属商行为,是指行为本身并不直接达到商主体所要达到的经营目的,但却可以起到辅助以营利为目的的商行为的作用。如广告、代理、仓储等。辅助商行为主要是相对于主商行为而言,其实,从事辅助商行为的主体本身也是一种商行为。

三、商行为代理

(一) 商行为代理的概念

如同一般民事行为可以通过代理进行一样,商行为也可以通过代理进行。商行为中的代理制度是商品经济不断发展的产物,也是商品经济发展的需要。在现代社会中,商事交易关系高度发达,商事交易日益频繁,而商主体对各种商事活动都亲力亲为,是一件十分困难的事,因而通过他人代理参与商事交易活动,是十分必要和经济的。通过代理,可以打破时间、地点对商主体的限制,使商主体可以在同一时间在不同的地点进行频繁的商事交易活动。商行为代理已经在现代商业活动中成为一种广泛运用和不可缺少的制度,通过商行为代理开拓了国内、国际市场,提升了管理水平,促进了商品的交易与流通。

商行为代理,是指商事代理人以营利为目的接受被代理人的委托,在委托的范围内以符合经济的原则同第三人建立商事法律关系,其法律后果由被代理人承担的商行为。

商行为代理起源于民事代理,是民事代理在商事活动中的应用,但又区别与民事代理,有自己的特征。

(二) 商行为代理的特征

1. 商行为代理只能来源于作为商人身份的被代理人的委托

民事代理可以来源于三种情况:委托代理、法定代理、指定代理;而商行为代理只能来源于被委托人的委托,即只存在委托代理一种情形。而且在民事代理中,被代理人的身份可以是公民或法人;而在商事代理中,被代理人的身份只能是商人,非商人不能成为被代理人。

2. 商行为的代理人是依法成立的代理商,其代理权限相对较宽

民事行为的代理人只要具有法定的民事行为能力即可,而商行为代理是一种营业性行为,所以代理人必须是经商事登记成立的代理商,即商人。商行为的代理人以从事商代理为职业,因此对于代理人有一定的法定要求,而对于一些特殊行业的代理,法律对代理人的

要求更高、更严格。

在民事代理中,代理人的权限较窄,强调代理人对代理的事务有善意管理义务,对于无权代理或超出代理权限的行为,被代理人不追认,代理行为就无效,即只有被代理人追认才对被代理人产生法律效力;而在商行为代理中,更重视代理行为对相对人产生的结果,代理人在不违背被代理人授权本意的范围内,可以实施未被直接授权的行为,由此产生的行为后果,由被代理人承担责任。

3. 商行为代理是有偿代理

民事代理可以是有偿代理也可以是无偿代理,而商行为代理则是代理人以营利为目的的经营性行为,代理本身就是实施商行为,所以商行为代理属有偿代理。

4. 商行为代理不以"显名"为必要原则

民事代理以"显名主义"为原则,代理人在代理时应显示被代理人名义,即代理人只有以被代理人的名义进行行为,才能为被代理人取得权利、设定义务,其行为后果才由被代理人承担。而商行为代理以"非显名主义"为原则,代理人既可以以自己的名义实施代理行为,也可以以被代理人的名义实施代理行为,在实施代理行为时,虽然代理可以不显示被代理人的名义,但其行为结果对被代理人仍然发生法律效力。

第四节 商号及商号权

一、商号的概念及其特征

(一) 商号的概念

什么是商号?对此有狭义的解释和广义的解释。狭义的解释是,商号仅指"字号";而广义的解释是,商号是商业名称(或企业名称)或字号。

狭义的解释强调并注意到了商号与企业名称的联系及不完全等同性。在现实中,商号与企业名称具有关联性,主要表现为:商号是企业名称构成的重要的一部分,而且在一些情况下,商号还可以与企业名称一致。商号与企业名称的功能具有一致性,即用于区别商主体,而且都是必须经法定的登记程序取得的;在商主体对外活动中,商号与企业名称可能同时使用。但是,商号与企业名称又有一定的区别,主要表现为:商号是企业名称的一部分,按《企业登记管理规定》及《企业管理规定实施条例》的相关规定,企业名称一般由行政区划名称、字号、行业或经营特点、组织形式等组成。另外,商号是企业的一种财产权,可以转让,不随商主体的消亡而消亡;但是企业名称则依附于商主体,是企业的一种人身权,专属于企业,一般不得转让。

其实,在商号的解释与界定方面,我国的商法理论和相关的法律尚未对其作出一个明确的界定,在《民法通则》中,对个体工商户和个人合伙的商事名称称为"字号",而在《企业名称登记管理规定》中则将"字号"与"商号"等同,企业名称的组成必须有商号部分,而且从对企业名称的规定与限制看,实际上是对企业名称中的重要部分商号的规定与限制。依法律的相关规定以及习惯,我国大部分学者将商号称为企业名称,从企业名称的角度对商号进行解释,这也是一种广义的解释。为了便于理解,尊重现行法律、法规及习惯,本书对商号的解释也是一种广义上的解释。

在广义上对商号的解释是:商号,又称商业名称或字号,是指商主体在营业活动中所使用的与其他商主体相互区别的称号。

(二) 商号的特征

1. 商号是商主体使用的名称

商号是一个名称,不论何种形态的商主体,都有权利使用商号将自己与其他商主体加以区别。我国法律不仅规定了商主体有使用商号的权利,而且规定,商号是企业形态的商主体设立的必要条件。在商事活动中,商号是商主体在交易时用以签署或让其代理人使用的名称,特定的商号代表着特定的商主体,但是商号本身并不是商主体,即不是法律上权利和义务的主体;商号也不等同于权利的行使人和义务的承担人,而仅仅是商主体在营业中使用的名称。

2. 商号是商主体用以代表自己的名称,是商主体相互区别的外在标志

商主体在营业活动中,一方面法律要求商主体要用一定的名称彼此区别,另一方面商主体也需要将自己与其他商主体区别,特别是当一个商主体在经营活动中已经有良好信誉的情况下,商号就更具有重要意义。通常商号能够代表一个商主体的商业信誉,通过商号能够增强社会公众对不同商主体的识别力。

3. 商号是商主体从事营业行为时使用的名称

商主体使用商号的目的是为了从事营业性的活动,如果商主体不是从事营业性的活动则不需使用商号。营业性的活动目的是为了营利,商主体只有进行营业行为时才可使用商号,营业外的行为则不能使用商号。商号不同于自然人的姓名,自然人姓名的获得不需要经过法定的程序,并且可以在很多行为中任意使用;但如果一个商自然人要获得商号,必须经过法定的程序,而且只有在从事营业性活动时才能使用。

(三) 商号与商标的区别

在经营中,商主体有权利使用依法取得的商号,也有权利在自己的商品或服务上使用商标,还有权利依法定的程序获得商品专用权,但是商标与商号在许多方面是不同的。

1. 商标与商号的作用不同

商标是区别于同类商品的标记,作用主要是将同类商品或服务区别开来,商标代表着商品或服务的信誉,依附于特定商主体的商品或服务,一个商主体可以同时有多个商标,并可同时使用多个商标;而商号是区别商主体的外在标志,作用是将商主体区别开来,商号依附于商主体,代表着商主体的信誉,通常一个商主体只能有一个商号,也只能使用一个商号。

2. 商标与商号的性质不同

商标在性质上属于一种工业产权,受《商标法》的调整和保护,商标符合《商标法》规定的法定条件、经过法定的程序后可以获得商标权,商标权是一种重要的工业产权、是一种重要的财产权,具有时间性,不随企业的消亡而消亡;商标可以通过许可合同的方式许可他

人使用,也可以通过转让合同的方式转让他人。但是,商号不是一种工业产权,商号作为企业特定化的标志,是企业具有法律人格的表现,一个企业只能自己使用依法取得的商号,不能将商号许可他人使用,也不能将商号单独转让他人;商号经核准登记后,可以在牌匾、合同及商品包装等方面使用,其专有使用权不具有时间性的特点,商号随所依附的厂商消亡时才随之终止。

3. 商标与商号取得的条件与程序不同

我国《商标法》规定,商标取得的原则是自愿注册与强制注册相结合,人用药品和烟草制品必须进行注册,其他的商标使用人可根据自己的意志决定是否注册。也就是说,可以申请注册也可以不申请注册,不经核准注册的商标可以使用,只是没有商标专用权,不受《商标法》的保护。商标要取得专用权必须依《商标法》的规定经过法定的程序注册,成为注册商标。注册商标要具有显著的特征,而且不能违反禁用商标的规定,即要符合注册商标的条件。注册商标可以由文字、数字、字母、图形、色彩组合、三维标志等组成。商标经法定的程序核准注册后,商标使用人即取得商标权。商号必须依法定程序进行登记,一般由行政区划名称、字号、行业或经营特点、组织形式等组成,而且只能由文字表示,商号选用时不能违反《企业名称登记管理规定》中的限制条件。

二、商号的选用及其限制

(一) 商号的选用

商号的选用是指商主体按法律规定取得商号。商号的选用依据两个原则,一个原则是商号自由原则,即商号的选用一般法律不加限制,商号的内容完全由商主体任意选定;另一个原则是商号真实原则,即法律对商号的选定予以严格的限制,商号必须真实反映商主体的真实情况。从我国《企业名称登记管理规定》和2001年1月1日施行的《企业名称登记管理实施办法》的内容看,我国基本实行的是商号真实原则,即商号必须反映商主体的真实状况。

我国《企业名称登记管理规定》和《企业名称登记管理实施办法》中具体规定了商号或企业名称的选用原则。

1. 商号或企业名称必须包含法定的内容,依法定的顺序

企业名称应当由行政区划、字号、行业、组织形式依次组成。

企业名称中的行政区划是本企业所在地县级以上行政区划的名称或地名,市辖区的名称不能单独用作企业名称中的行政区划,市辖区名称与市行政区划连用的企业名称,由市工商行政管理局核准。一般行政区划放在企业名称前面,只有具备法定条件的企业法人,才可以将名称中的行政区划放在字号之后、组织形式之前:(1)使用控股企业名称中的字号;(2)该控股企业的名称不含行政区划。经国家工商行政管理总局核准,符合下列条件之一的企业法人,可以使用不含行政区划的企业名称:(1)国务院批准的;(2)国家工商行政管理总局登记注册的;(3)注册资本(或注册资金)不少于5 000万元人民币的;(4)国家工商行政管理局另有规定的。

2. 商号的文字

商号的文字应当使用两个以上的规范的汉字表示,民族自治地方的企业名称可同时使用自治地方通用民族文字。企业名称需要译成外文使用的,由企业依据文字翻译原则自行翻译使用,不需报工商行政管理机关核准登记。商号可以用自然人投资人的姓名表示,可以企业名称表示,也可以以专门的商号表示。行政区划不得用作字号,但县以上行政区划的地名具有其他含义的除外。

3. 一个商主体选用一个商号

由于商号是商主体的名称,对外代表商主体,所以一个商主体只能选用和使用一个商号。我国《企业名称登记管理实施办法》规定,企业营业执照上只准标明一个企业名称,企业的印章、银行账户、信笺、产品及其包装等使用的企业名称,以及法律文书使用的企业名称,应当与该企业营业执照上的企业名称相同。

可见我国法律规定只能选用一个商号,这是一个总的原则。但是,在特定的情形下也有例外,如果确有特殊需要,经省级以上登记机关核准,企业可以在规定的范围内使用一个从属商号。

4. 商号必须反映商主体的性质,与商主体的经营范围一致

商主体的类型不一样,对外承担的责任就不一样,经营范围也不一样。为了保证交易的安全性,法律规定商号必须反映商主体的性

质,必须与商主体的经营范围一致。如我国法律规定,企业法人的商号,应当根据公司的种类,标注"有限责任公司""股份有限责任公司"等字样,依特别设立的公司还应在其商号中标注。企业法人名称中不得含有其他法人的名称,国家工商行政管理总局另有规定的除外。合伙企业的商号,应当注明"有限合伙""普通合伙"或"特殊合伙"的字样;个人独资企业不能出现"有限"的字样;联营的商主体应当注明"联营"或"联合"的字样。

企业名称中的行业表述应当是反映企业经济活动性质、所属国民经济行业或者企业经营特点的用语,企业名称中行业用语表述的内容应当与企业经营范围一致,企业名称不应当明示或者暗示有超越其经营范围的业务。

5. 分支机构的商号选择应当符合法定的要求

设立分支机构的商主体,该商主体及其分支机构的商号的选择应符合法定的要求。具体的法定要求是:(1) 在商主体的商号中使用"总"字的,必须下设三个以上分支机构;(2) 不能独立承担民事责任的分支机构,其名称应当冠以其所从属商主体的名称,缀以"分公司""分厂""分店"等字词;(3) 能够独立承担民事责任的分支机构,应当使用独立的商号,并可使用其从属的商主体商号的字号;(4) 能独立承担民事责任的分支机构再设分支机构的,所设立的分支机构不得在其名称中使用总机构的商号。

(二) 商号的限制

商号可以由使用者进行选择,但是选择不是绝对地自由,要受一定的限制。我国《企业名称登记管理规定》对商号的选用限制性的规定如下:

1. 商号不得违背公序良俗

《企业名称登记管理规定》第九条规定,企业名称不得含有的内容与文字是:有损于国家、社会公共利益的;可能对公众造成欺骗或误解的;外国国家(地区)名称、国际组织名称;政党名称、党政军机关名称、群众组织名称、社会团体名称及部队编号;其他法律、行政法规规定禁止的。

2. 不得滥用相关文字

企业名称应当使用符合国家规范的汉字,不得使用外国文字、汉语拼音字母、阿拉伯数字。除国务院决定设立的企业外,企业名称不得冠以"中国""中华""全国""国家""国际"等字样。

3. 禁止以不正当为目的使用商号

商号使用人不得以不正当为目的使用可能使人误解为是他人营业的商号,在登记主要管辖区内不得使用与已登记的同行企业名称相同或近似的商号,企业名称中不得含有另一个企业名称,企业使用企业名称应当遵循诚实信用原则。

三、商号权

(一) 商号权的概念

商号权,是指商主体依法对商号享有的排他性的专有使用权。商号权主要包括专有权和使用权两个方面。经依法登记的商号,在一定的区域内专属于特定的商主体,特定的商主体具有专用权,商号所有权人有权使用其经登记的商号,未经商号权人同意,他人不得使用相同或近似的商号。商号权人可以通过使用其商号获得利益,因使用其商号而得到的利益归商号权人所有,从这一角度讲,商号权是一种具有财产性质的权利。但是,商号权与其所附属的商主体具有密切的联系,因此商号权又是一种具有人身性质的权利。

(二) 商号权的特征

1. 商号权具有区域性

商号登记的效力受一定区域范围内使用的限制,除全国驰名的大企业的商号可以在全国范围内享有专用使有权外,其他商主体的商号只能在其所登记的某一地区范围内享有专有使用权。商号的区域性不同于商标的地域性,商标的地域性范围大,是指在一个国家范围内,而商号的区域性仅是指其在所登记的区域内。

2. 商号权具有公开性

由于商号是商主体的名称,因此一般商号必须进行登记而予以公开,为他人知道,其中登记是公开的必经程序。商号的创设、变更、转让、继承等都必须经过登记而公开,否则不得对抗善意第三人。我国相关法律规定,企业的印章、银行账户、文件、会计报表、审计报表、以及所订立的合同、所开出的票据票证等,都应载明自己的商号,不得故意隐瞒或使用他人商号,给人造成误解。

3. 商号权可随商主体或商主体一部分的转让而转让

商号权具有财产权的性质,因此商号权是可以转让的,但商号权的转让又不同于其他财产转让。至于具体如何转让,一些国家立法规定,商号权只能与其所依附的商主体从事的商事经营活动同时转让,而不可以单独转让,只有在营业终止的情况下商号权可以单独转让;而另一些国家的立法规定,商号权既可随商事经营活动一起转让,也可以单独转让。在我国,相关法律规定商号权可以转让,但是如何转让、是否可以单独转让,学者们却有不同的看法,这主要是因为我国相关法律规定得不是太明确。

我国《民法通则》第九十九条规定,企业法人、个体工商户、个人合伙享有名称权。企业法人、个体工商户、个人合伙有权使用、依法转让自己的名称。《民法通则》规定商号权可以转让,但是没有明确如何转让。《企业登记管理规定》第二十三条规定,企业的名称可以随企业或者企业的一部分一并转让,企业名称只能转让给一个企业,企业名称的转让方与受让方应当签订书面合同或者协议,报原登记机关核准。企业名称转让后,转让方不得继续使用已转让的企业名称。从《企业名称管理规定》看,一般情况下,商号应随商主体经营的转让而转让,至少应随商主体的一部分转让而转让。也就是说,商号权可以转让,但是不能单独转让。

第五节 商业登记

一、商业登记的概念及其特征

(一) 商业登记

商业登记,是指商业发起人或筹办人为设立、变更或终止商主体资格,依照法律法规所规定的内容和程序,向营业所在地主管机关申请登记并被主管机关核准注册登记的法律行为。

商业登记的内容在法律上受到一定的限制,法律规定登记的事项必须进行登记,不符合法律规定的事项不予登记。一般商事经营中的重要事项或与经营有直接关系的事项必须进行登记,如商主体的设立、变更、终止等事项必须进行登记,只有登记后才发生法律效力。商主体不同,法律要求登记的重要事项也不同。

商业登记是商主体取得资格的必要前提,是商主体资格变化产生法律效力的必要条件,也是国家对商事活动实施法律调整和进行宏观管制的必要手段和环节。

(二) 商业登记的特征

1. 商业登记是创设、变更或终止商主体资格的法律行为

商主体的商事权利能力和行为能力的取得不同于一般的民事主体权利能力和行为能力的取得,商主体的商事权利能力与行为能力的取得、变更或终止必须进行登记。商主体取得资格的必要且唯一的途径就是商业登记,有了商业登记即取得了商法上的资格,不仅可以使自己的经营合法,还可以使合法经营受到法律保护。

2. 商业登记是一种要式法律行为

要式,就是必要的形式或方式。商业登记是由商事特别法以强制性条款的形式规定并具体列明的,必须按照法定的要求将法定的事项在法定的主管机关办理,只有符合法律的规定内容与程序,商业登记才产生相应的法律效力。商业登记之所以必要,是因为商事活动涉及社会生活的各个方面,为了维护社会各方面的合法权利,同时也为了便于国家对商事活动进行管理,所以法律将商业登记规定为一种要式法律行为。

3. 商业登记是强化国家对商主体的监督和控制、保护消费者权益的重要手段

有了商业登记,国家就可以掌握商主体的全面情况,便于调控和管理,消费者也可以通过登记了解商人的经营性质、经营范围、服务内容、承担责任的能力等,以便有选择地与其交易。

4. 商业登记是一种公法上的行为,但产生私法上的效力

商业登记在本质上体现的是一种国家意志,是国家利用公权干预商事活动的行为,其体现就是行政管理机关对申请人所提出的登

记申请进行核准,因此商业登记在性质上属于公法。但是,申请者的登记申请一旦被核准后,申请者就取得了私法上的资格,取得了商主体的资格后就可以从事商事活动,或者变更商主体,或者终止商主体。

二、商业登记的法律意义

商业登记,是社会公共权利对营利性主体的营业活动实施管理的基础,也是商法对社会经济关系进行综合调整不可缺少的环节。商业登记具有重要的法律意义。

(一)商业登记是国家对商主体的商行为进行法律调整的前提

商事活动不仅是商主体之间的"私"的活动,而且是一种社会经济关系,商事活动与社会公共利益、社会交易安全、社会交易秩序相关,现代国家都很重视对商业活动进行调整与规制,而由于商主体众多,各种商事活动也很多,如果不进行登记,国家就很难实现对商主体的管理,所以商业登记是必要的。

(二)商业登记是维护商主体合法地位、维护第三人利益和社会公共利益的手段

现代商业登记制度有两种功能,一是创设和确定主体资格;二是确认登记事项的法律效力,向社会公示商人的信用、能力和责任。商业登记的第一个功能赋予登记申请人对登记商号的权利,从而保护其对商号的权利;商业登记的第二个功能可以为社会经济活动的所有参加人提供准确翔实的有关信息,使其他社会主体可以依据商业登记公示的信息有选择地与之进行交易,从而保护交易相对人的安全。

(三)商业登记是商法保障社会交易安全和商业秩序的基础

商业登记是将商主体最一般的情况向社会公示,交易相对方可以依据公示的内容作出一个判断,以减少风险。另外,公示的内容是商主体的商权利能力和商行为能力,各商主体必须要公示,商主体必须在法定的内容与范围内进行商活动,这样就可以从商法上保证商业秩序。

三、商业登记的种类及其效力

(一) 商业登记的种类

根据我国相关法律、法规的规定,商业登记可以分为设立登记、变更登记、注销登记。

1. 设立登记

设立登记,是登记主管机关赋予商主体以合法主体资格为目的而进行的登记活动,是所有登记类型中最基础的、最重要的登记。只有经过设立登记才可以取得商主体资格,才能进行合法的经营活动。对设立登记的重要事项法律有限定性的要求,一般商主体设立登记的事项主要有:商号、商主体住所、经营场所、法定代表人或投资人或合伙人、经营性质、经营范围、经营方式、注册资本、经营期限、分支机构、所有权人、财产责任等。

但是,不同的商主体要求的登记事项会有所不同,如我国公司法人设立要求登记的事项是:名称;住所;法定代表人姓名;注册资本;实收资本;公司类型;经营范围;营业期限;有限责任公司或者股份有限公司发起人的姓名或者名称,以及认缴和实缴的出资额、出资时间、出资方式等。合伙企业的设立要求登记的事项是:名称;主要经营场所;执行事务合伙人;经营范围;合伙企业类型;合伙人姓名或者名称及住所、承担责任方式、认缴或者实际缴付的出资数额、缴付期限、出资方式和评估方式;合伙协议约定合伙期限的,登记事项还应当包括合伙期限;执行事务合伙人是法人或者其他组织的,登记事项还应当包括法人或者其他组织委派的代表。

2. 变更登记

变更登记,是商主体已经合法登记的事项在登记后发生变化,在法定的期间内向原登记机关申请变更登记,原登记机关以其变更事项核准变更的行为。根据我国相关法律、法规的规定,发生法定的变更事项,必须进行变更登记,否则不发生法律效力。不同类型的商主体变更登记的内容不同,如《合伙企业法》及《合伙企业登记管理条例》规定,合伙人退伙、入伙、合伙协议修改等变化都应当进行变更登记。而《企业法人登记管理条例》规定,企业法人改变名称、住所、经营场所、法定代表人、经济性质、经营范围、经营方式、注册资金、经营期限,以及增设或者撤销分支机构,应当申请办理变更登记。企业法人分立、合并、迁移,应当申请办理变更登记、开业登记或者注销登记。

3. 注销登记

注销登记,是消灭商主体资格的必经程序。在经营中,当出现法律规定的商主体应予撤销的情况时,商主体应当在法定的期间内向原登记机关申请办理注销登记。如个人独资企业的解散、合伙企业的解散要向原登记机关申请注销登记;企业法人歇业、被撤销、宣告破产或者因其他原因终止营业,应当向登记主管机关办理注销登记。

(二)商业登记的效力

商业登记会产生法律效力,所产生的法律效力可以分为对内效力与对外效力。对内效力是指对登记人的效力,对外效力是指对第三人的效力。

1. 商业登记对登记人的效力

登记人的登记申请得到核准,就会对登记人产生法律效力。但是商业登记对不同类型登记人的法律效力,各国法律的具体规定有所不同。一是认为,商业登记是商法人获得法人资格的必要条件,未登记则其行为不是商行为;而商非法人未登记则不获得商主体的身份,不享有商主体的权利,其行为视为商行为,但必须履行商主体的义务。二是认为,商业登记不是商主体取得资格的必要要件,是否为商人以是否实施了商行为为标准,虽未登记但实际实施了商行为,就可获得商主体的资格,履行商主体的义务。三是认为,商业登记是商主体取得商人资格的必要条件,只有登记才能取得商法上的权利,承担商法上的义务,行为人是否实施商行为并不重要。

在我国,法律规定商业登记是必要的,商主体资格的取得、变更、终止等都必须进行登记。设立登记申请得到核准登记,登记机关发给其营业执照,从营业执照发给之日起,获得商主体资格,享有商主体权利,履行商主体义务;变更登记申请得到核准登记,登记机关换发营业执照,自营业执照换发之日起,商人资格即发生变化;注册申请登记得到核准,登记机关收缴营业执照,即核准之日起,商人资格消灭。

2. 商业登记对第三人的效力

商业登记不但对登记人产生法律效力,而且对第三人也产生法律效力。登记对第三人的效力,在发达国家的具体规定中有所不同。如在德国,通常只要求公司必须进行登记,登记的效力中授予公司法人资格,可以以法人的名义进行活动,由此产生的责任由法人承担;而对于合伙和个人,登记权具有宣告性,承认其商主体身份,可以进行商行为,有能力承担产生的责任。在法国,登记构成一个推断,表明一个人是商人,享有商事权利,未经登记而从事商业活动的,不享有商事权利,但须履行商人义务;而公司必须登记才能取得商主体资格。大多数国家规定了已登记的事项有对抗第三人的效力。

依我国相关法律的规定,已登记的事项应当具有对抗第三人的法律效力;对于应当登记而未登记的事项,不能对抗善意第三人。

参 考 阅 读

1. 施天涛:《商法学》,第2版,北京:法律出版社2004年版。
2. 覃有土:《商法学》,第1版,北京:高等教育出版社2004年版。
3. 范健:《商法》,第2版,北京:高等教育出版社、北京大学出版社2002年版。
4. 《企业登记管理实施条例》(2000年文本)。

复 习 思 考

1. 商法及其特征是什么?
2. 商法的基本原则有哪些?
3. 商主体的构成要素及其特征是什么?
4. 什么是商行为? 有哪些种类?
5. 商行为代理与一般民事代理相比,有什么特征?
6. 商号及其特征是什么?
7. 商号选用的具体内容是什么? 有什么限制?
8. 商号权有什么特征?
9. 商业登记及其法律意义与效力是什么?

第二章 个人独资企业法

本章学习重点:个人独资企业是一种古老而简单的企业组织形式,也是现在各国中小投资者多采用的一种企业组织形式,我国于1999年8月30日由第九届全国人民代表大会常务委员会第十一次会议通过了《中华人民共和国个人独资企业法》(以下简称《个人独资企业法》),该法于2001年1月1日实施。

本章由个人独资企业法概述、个人独资企业设立的条件与程序、个人独资企业的事务管理、个人独资企业的解散与清算等四个部分的内容组成。其中个人独资企业的法律地位是本章的核心。具体而言,本章的学习重点是:个人独资企业的概念及其特征、个人独资企业的法律地位、个人独资企业设立的条件与程序、个人独资企业的事务管理、个人独资企业解散的程序与法律效力。

第一节 个人独资企业法概述

一、个人独资企业的概念及其特征

(一)个人独资企业的概念

根据《个人独资企业法》第二条的规定,个人独资企业,是指依法在中国境内设立的,由一个自然人投资,财产为投资人个人所有,投资人以其个人财产对企业债务承担无限责任的经营实体。

(二)个人独资企业的特征

1. 企业的投资人只能是一个自然人

个人独资企业的投资人是一个自然人,而且仅指中国的自然人,法人和其他经济组织不能成为个人独资企业的投资人。个人独资企业的投资人不包括外国的个人投资人,如果外国自然人单独投资,在中国设立企业,属于外商独资企业,应当适用《外资企业法》的规定。

中国香港地区、中国澳门地区、中国台湾地区的单个自然人在中国内地设立全部资本为其所有的企业,也适用《外资企业法》的有关规定。

2. 企业的全部财产归投资人个人所有

个人独资企业的显著特征是个人所有制,投资人的投资及企业所得收益均归投资者个人所有,投资人享有企业财产所有权,其权利可以依法转让或继承;投资人还是企业的负责人和代表人,享有企业的经营权和管理权。总之,个人独资企业投资人投入企业的财产与其个人的其他财产在归属上并无实质的区别,企业的财产与个人的财产无区分,企业的财产就是个人的财产。

3. 投资人对企业具有绝对控制权与支配权

由于个人独资企业的财产就是投资人个人的财产,所以投资人对企业事务有绝对控制权与支配权,对企业享有完全的权利。投资人完全可以按照自己的意志去经营所属的企业,可以按照自己的意志决定企业的一切事务。在实际的经营管理中,投资人可以自行管理企业事务,也可以委托或者聘用其他具有完全民事行为能力的人负责管理企业的事务。

4. 企业的投资人对企业债务承担无限责任

个人独资企业不是法人,而是非法人组织,实质上是自然人的一种商组织形态。个人独资企业本身并无独立的财产,因此,个人独资企业的权利只能由投资人享有,义务也只能由投资人承担,投资人以自己的财产对企业债务承担无限责任。虽然个人独资企业与一人公司有相似的方面,即都是由一人出资,但却是不同的企业形式。一人公司为企业法人,其投资人可以为一个自然人,也可以为一个法人,投资人出资后财产就成为公司的财产,公司有独立的财产,公司以其财产独立承担民事责任,股东仅以其出资额为限对公司承担有限责任(股东对公司财产的独立性负有举证责任,否则对公司的债务承担连带责任)。而个人独资企业资本再多也只能是个人的,个人的财产与企业的财产不分,企业没有独立的财产,不能成为法人,不具有对外承担责任的能力,对外承担责任的是投资人个人,投资人以其个人财产对外承担无限责任。个人独资企业的这一特征,可以避免一人公司股东可能滥用公司人格损害债权人利益的缺点,但是个人独资企业的投资人所承担的责任较重、风险较大。

5. 企业是一个特殊的经营实体,不是企业所得税的纳税主体

个人独资企业作为企业类型中的一种,与其他企业组织一样是一个经营实体,具有一定规模的生产经营组织,包括有固定的生产经营场所和必要的生产经营条件以及必要的从业人员等,这一特征将个人独资企业与经登记取得营业执照从事工商业经营的个体工商户区别开来。但是个人独资企业又是一种特殊的经营实体,不同于商法人,商法人有属于自己的财产,能以自己的财产对外承担责任;而个人独资企业却没有独立的财产,不能以其财产对外承担责任。正是由于个人独资企业作为经营实体的特殊性,所以许多国家在法律上一般不将个人独资企业作为独立的纳税主体,而将个人独资企业的投资人作为纳税主体,由企业的投资人缴纳各种税。我国《企业所得税法》第一条规定,在中华人民共和国境内,企业和其他取得收入的组织为企业所得税的纳税人,依照企业所得税法的规定缴纳企业所得税,但个人独资企业、合伙企业不是企业所得税法的纳税人。即个人独资企业不适用《企业所得税法》,个人独资企业不缴纳企业所得税,其生产经营所得,比照个体工商户的生产、经营所得缴纳个人所得税。

二、个人独资企业的法律地位和投资人的无限责任

(一)个人独资企业的法律地位

个人独资企业虽然称为企业,形式上表现为企业,但是却不是具有独立法律地位的企业组织,其法律地位实质是自然人。个人独资企业的法律地位之所以是自然人,主要原因是,个人独资企业不具有自己独立的财产,其财产归投资人所有,投资人的财产与企业的财产具有同一性,所以个人独资企业不是法人,不是具有独立地位的企业组织,不能独立地对外承担责任,个人独资企业的存在依赖于投资人的人格,投资人对个人独资企业承担无限责任。而且,个人独资企业也不作为企业缴纳企业所得税。因此个人独资企业是自然人的一种特殊存在形式,实质的法律地位就是自然人。

(二) 投资人的无限责任

投资人对个人独资企业债务承担无限责任是个人独资企业的显著特点,也是各国立法的通例。无限责任的意思是,当个人独资企业财产不足以清偿企业债务时,投资人以个人其他财产予以清偿,直至全部清偿完。

但在具体确定无限责任的承担时,一般依据《个人独资企业法》的规定,依个人独资企业设立时申报明确的出资情况而定。如果投资人申请设立时是以个人的财产申报出资,则以个人的全部财产对企业债务承担无限责任;投资人在申请企业设立登记时明确以其家庭共有财产作为个人出资的,应当依法以家庭共有财产对企业债务承担无限责任。

投资人对企业债务的无限责任,还体现在企业的解散和清算中。《个人独资企业法》第三十条规定,清算期间,在未按法定顺序清偿债务前,投资人不得转移、隐匿财产,逃避债务,否则依法追回财产,并按有关规定予以处罚,构成犯罪的,依法追究刑事责任。即使在企业解散后,投资人仍在一定条件下承担无限清偿责任。《个人独资企业法》第二十八条规定,个人独资企业解散后,原投资人对个人独资企业存续期间的债务仍应承担偿还责任,但债权人在五年内未向债务人提出偿债请求的,该责任消灭。

三、个人独资企业的优缺点

个人独资企业自然人的法律地位,使得个人独资企业具有独特的优点与缺点。

(一) 个人独资企业的优点

1. 设立容易

个人独资企业只需一个投资人申请设立,设立的条件要求低,如没有资金数额的限制,只要投资人申报出资就可以,资金是否到位以及资金的数额等,法律都无要求。此外,个人独资企业设立的程序、登记手续等也很简便。对于资金较少的人来说,可以申请设立个人独资企业。

2. 经营效率高

个人独资企业往往是所有者与经营者集于一身,单一投资人可自行决定企业的经营事项,很快地作出决策,把握市场机会,也可以根据市场的变化对经营决策作出快速的调整,所以个人独资企业往往经营效率高。

3. 有利于扩大社会投资以及增加就业

个人独资企业设立条件低,程序简单,设立容易。上述优点使得个人独资企业的组织形式受到了许多中小投资者特别是资金有限的小投资者的欢迎。灵活的个人独资企业的组织形式,有利于扩大社会投资,也有利于增加就业机会。

(二) 个人独资企业的缺点

1. 企业的兴衰过于依赖投资者个人

个人独资企业一般是由投资人负责经营管理,因此,企业的兴衰与投资人的知识、能力、经验、精力、身体健康状况等都紧密相连,个人的知识、经验、能力及精力都是有限的,因此,投资人的决策的失误,投资人的智力、身体状况等都可能会对企业的经营和生存产生重要影响,严重时可能导致企业的关闭。

2. 投资人投资风险较大

个人独资企业的投资人依法对企业的债务承担无限责任,这一责任的规定,对于维护企业的信誉和保护债权人的利益是有利的,但是却使投资人的个人财产与企业的风险紧密相连,增大了投资人的投资风险,个人承担的风险过大。

3. 经营规模受限制

个人独资企业只有一个自然人投资,由于投资人的投资风险较大,在通常情况下,投资人如果资金较多,一般为了规避风险是不会采用个人独资企业的形式的。个人独资企业的形式只是在投资人资金较少的情况下才会被采用,所以个人独资企业的发展规模就会受到限制,也难以获得较大数额的资金,只能以较小的规模进行经营,若企业要获得更大规模的发展,通常会改变企业的组织形式。

四、个人独资企业与一人公司、外商个人独资企业及个体工商户的区别

(一) 个人独资企业与一人公司的区别

一人公司,是有限责任公司的一种特殊形式,是指股东为一个自然人或法人,并且由该股东持有公司的全部出资或财产的有限责任公司。个人独资企业与一人公司具有相同性,主要表现在:企业的全部出资由一人负担、企业的资产由一人主持,并由出资者对企业进行经营管理。但是个人独资企业又不同于一人公司,不同性主要表现在以下几个方面:

1. 法律地位不同

个人独资企业的法律地位是自然人,而一人公司的法律地位是法人。

2. 据以设立和运行的法律不同

个人独资企业设立和运行的法律依据是《个人独资企业法》,一人公司设立和运行的法律依据是《公司法》。

3. 出资者的责任不同

个人独资企业的出资人对外承担无限责任,而一人公司的股东能证明公司财产独立于股东财产的,则以公司的财产承担责任。

4. 是否可以破产不同

据商法人破产原则,一人公司是商法人,所以当发生不能清偿到期债务的情形时,可以依据《企业破产法》的规定,申请破产,进入破产程序;但是个人独资企业不是商法人,所以不能申请破产,不能进入破产程序。

(二) 个人独资企业与外商个人独资企业的区别

外商个人独资企业,是指依照中国法律在中国境内设立的,全部资本由外国个人投资者投资的企业。个人独资企业与不具有法人地位的外商个人独资企业具有相同性,即投资者都是自然人,投资人对企业的债务承担无限责任。但是个人独资企业与外商个人独资企业是有区别的,主要表现在:

1. 出资的主体不同

个人独资企业的出资主体是中国的具有完全行为能力的自然人,而外商个人独资企业的出资主体是外国的具有完全行为能力的自然人。

2. 据以设立和运行的法律不同

个人独资企业设立和运行的法律依据是《个人独资企业法》,而外商个人独资企业设立和运行的法律依据是《中华人民共和国外资企业法》。

3. 设立的条件不同

个人独资企业设立的条件较低,约束性条件少;而外商个人独资企业设立的条件较严格,特别是约束性条件多,如必须有利于中国国民经济的发展,能够取得显著的经济效益,符合国家关于指导外商投资方向的规定,不属于按照国家指导外商投资方向的规定及外商投资产业指导目录中禁止设立外资企业的行业等。

4. 设立的程序不同

个人独资企业设立的程序简单,投资人或其委托的代理人向个人独资企业所在地登记机关提交设立申请,登记机关收到投资申请人的设立申请文件之日起 15 日内,对于符合法定条件的,予以登记并颁发营业执照。个人独资企业的设立不需经过地方人民政府批准。而外商个人独资企业设立的程序复杂一些,要依法由国务院外贸管理部门或者国务院授权的部门和地方人民政府审查批准。

5. 是否有经营期限不同

个人独资企业设立无经营期的要求,经营的期限由投资者个人决定;但外商个人独资企业的设立则有经营期限的要求。

(三) 个人独资企业与个体工商户的区别

个体工商户,是指在法律允许的范围之内,依法经核准登记,从事工商业经营的自然人或家庭。个人独资企业与个体工商户具有相同点,表现为:财产的性质为个人所有;进行营业活动都需要进行登记,并在登记核准的范围内进行;都享有商法上的权利;都由个人决策经营;都要对债务承担无限责任等。但个人独资企业又不同于个体工商户,主要区别表现为:

1. 申请设立时的名义不同

个人独资企业只能以自然人名义申请设立;而个体工商户申请设立时可以自然人的名义,也可以户为单位。

2. 设立的条件不同

个人独资企业设立的条件之一,是要有固定的生产经营场所,而个体工商户则无此要求。个体工商户要求雇工人数为 8 人以下,但是个人独资企业则无此限制,只要求有必要的从业人员。

3. 承担无限责任的具体方式不同

个人独资企业在对对外债务承担无限责任时,是以投资人个人的财产还是以家庭财产承担无限责任,主要是以申请设立申报的出资情况而定。申请设立时,以个人的财产申报出资的,则以个人财产对外债务承担无限责任;以家庭财产作为个人财产申报出资的,则以家庭财产对外债务承担无限责任。而个体工商户在确定对外债务责任的承担时,是以申报登记人的财产承担无限责任还是以家庭财产承担无限责任,主要是以经营的情况而定。以个人名义经营的,以个人财产对外债务承担无限责任;以家庭为单位经营的,则以家庭财产对外债务承担无限责任。

4. 是否遵守会计制度不同

《会计法》适用于个人独资企业,因此个人独资企业要依《会计法》以及相关法规规定的会计制度设置会计账簿,进行会计核算。但是《会计法》不适用于个体工商户,因此个体工商户不需按《会计法》的规定设置会计账簿进行会计核算。

第二节　个人独资企业设立的条件与程序

一、个人独资企业设立的条件

根据我国《个人独资企业法》第八条的规定,设立个人独资企业应具备的条件是:投资人为一个自然人;有合法的企业名称;有投资人申报的出资;有固定的生产经营场所和必要的生产经营条件;有必要的从业人员。

（一）投资人为一个自然人

投资人是指向企业投入资金、实物或劳务技术的人。作为个人独资企业，其投资人只能是自然人，由于企业设立后要从事经营活动，所以投资人还应是具有完全民事行为能力，并依照法律、行政法规能够从事营利性活动的人。法人或其他经济组织不能作为个人独资企业的投资人；国家公务员等因不能从事经营性活动，也不能成为个人独资企业的投资人。此外，由于我国《个人独资企业法》规定，外商个人独资企业不适用该法，外商投资者也不能成为个人独资企业的投资人。因此，企业的投资人应为中国公民。

（二）合法的企业名称

企业名称是企业间相互区别的基本标志。企业对依法取得的名称享有人格权。个人独资企业登记并使用自己的名称，有利于外界了解投资人的行为是个人行为还是企业行为。

企业名称的具体要求是：(1) 企业的名称应与其责任形式相符合，个人独资企业不能使用"有限""有限责任"或"公司"字样。(2) 企业名称应与其从事的营业性质、地域相符合，不能将未获有关部门审批经营的业务作为自己的业务范围在名称中加以标榜。(3) 企业名称在内容的顺序上要符合法定的要求，应当遵守我国《企业名称登记管理规定》和《企业名称登记管理实施办法》的规定。(4) 企业只能使用一个名称，并且在登记主管机关辖区内不得与已登记注册的同行业企业的名称相同或近似。

（三）投资人申报的出资

《个人独资企业法》中只规定个人独资企业设立要有申报的出资，但没有规定申报出资的最低限额，也没有规定申报的出资要到位或进行验资。这主要是因为投资人申报的出资不是注册资本，不具有对债权人给予担保的效力，投资人是以个人的财产承担无限责任，出资只是经营条件。但是，不能理解为个人独资企业设立不需要投资人的出资额。

个人独资企业设立时，可以以个人财产出资，也可以以家庭财产作为个人财产出资。但是，对投资的一般要求是：投资不能是法律禁止的，投资要满足生产经营的需要，投资的方式可以多样，如可以货币、实物、知识产权、土地使用权等投资。投资人投资后,就对其投资及投资产生的财产等享有所有权。

（四）固定的生产经营场所和必要的生产经营条件

固定的生产经营场所,是指企业应有比较固定的经营地点。法律作这一要求的目的是便于对个人独资企业进行管理,也使个人独资企业与行商的游贩相区别。

（五）必要的从业人员

从业人员是指参与企业业务活动的人员。必须的从业人员包括从事业务活动的投资人和企业依法招用的职工。《个人独资企业法》对从业人员的人数未作限定,一般只要与所进行的营业活动规模相适应即可。只有投资人一人从事营业活动的,也符合条件。

二、个人独资企业设立的程序

（一）申请

由投资人或代理人向企业所在地的登记机关(工商管理机关)提出设立申请,根据《个人独资企业登记管理办法》第九条的规定,投资者申请设立,应当向登记机关提交下列文件:(1)投资人签署的个人独资企业设立申请书;(2)投资人身份证明;(3)企业住所证明;(4)国家工商行政管理局规定提交的其他文件。从事法律、行政法规规定须报经有关部门审批的业务的,应当提交有关部门的批准文件。委托代理人申请设立登记的,应当提交投资人的委托书和代理人的身份证明或者资格证明。

设立申请书作为申请设立个人独资企业的必备文件,应当能够反映申请设立人的基本情况和真实意愿。根据我国《个人独资企业法》第十条的规定,申请书应当载明下列事项:(1)企业的名称和住所;(2)投资人的姓名和居所;(3)投资人的出资额和出资方式;(4)经营范围及方式。个人独资企业投资人以个人财产出资或者以其家庭共有财产作为个人财产出资的,应当在设立申请书中予以明确。其中企业的住所,是指企业从事生产经营及其他活动的地点,即企业主要办事机构所在地。投资人的居所,是一个与住所既有联系又有区别的法律概念,根据我国《民法通则》的规定,公民的住所是指公民长久居住的场所,每个公民的住所只能有一处,一般根据公民的户籍所在地、经常居住地或监护人的住所等情况确定。而投资人的居所可能是其住所也可能不是,而且还可能不止一个住所,投资人在申请登记时应根据自己开展营业活动的便利和实际要求如实填写。

（二）审查、签发营业执照

登记机关在收到投资人的设立申请文件之日起 15 日内,对其进行审查。对符合法定条件的,予以登记,发给营业执照。个人独资企业营业执照的签发日期,为企业成立日期。对不符合法定条件的,登记机关不予登记,但应给予书面答复,说明理由。按照我国有关行政复议法和行政诉讼法的规定,当事人对登记机关作出的不予登记的决定可以依法提起行政复议或行政诉讼。

（三）个人独资企业可以设立分支机构,责任由个人独资企业承担

《个人独资企业法》规定,个人独资企业可以设立分支机构,但应当由投资人或者其委托的代理人向分支机构所在地的登记机关申请登记,领取营业执照。分支机构经核准登记后,应将登记情况报该分支机构隶属的个人独资企业的登记机关备案,分支机构的民事责任由设立该分支机构的个人独资企业承担。

第三节　个人独资企业的事务管理

一、投资人的主要权利和义务

（一）个人独资企业投资人的权利

由个人独资企业的特征及法律地位决定,个人独资企业的投资人在企业的经营中有很大的权利,主要体现在以下几个方面:(1) 对企业资产及运营收益享有完全的所有权;(2) 对企业的生产经营活动享有完全的决策权、指挥权、管理权;(3) 有权以任何方式处置其全部营业及财产;(4) 有权为扩大其经营规模而收购、合并其他企业及设立分支机构;(5) 有权依法申请贷款、取得土地使用权,并享有法律、行政法规规定的其他权利;(6) 有权拒绝任何单位和个人违反法律、行政法规的规定,以任何方式强制其提供财力的行为。

(二) 个人独资企业投资人的义务

个人独资企业投资人的义务主要有：(1) 遵守法律、行政法规，在法律及行政法规允许的范围内从事营业活动。(2) 遵守诚实信用原则。(3) 不损害社会公共利益。(4) 依法设置会计账簿，进行会计核算。(5) 依法纳税。(6) 依法招用职工。依法与职工签订劳动合同，保障职工的劳动安全，按时、足额发放职工工资；按照国家规定参加社会保险，为职工缴纳社会保险费。(7) 做好环境保护工作等。

二、个人独资企业的事务管理方式

由于个人独资企业投资人对企业的财产依法享有所有权，有权决定本企业的各项事务，因此个人独资企业的投资人有权以任何方式管理所属的企业。个人独资企业的事务管理方式有两种：

一是自行管理，即由投资人自任厂长、经理，管理企业事务。二是委托或者聘用其他具有完全民事行为能力的人管理企业事务。委托或者聘用其他人管理企业事务时，投资人应当与受托人或者被聘用的人员签订书面合同，明确委托的具体内容和授予的权利范围。值得注意的是，为了保护善意第三人的利益，根据我国《个人独资企业法》的规定，投资人对受托人或者被聘用的人员职权的限制，不得对抗善意第三人。受托人或者被聘用的人员应当履行诚信、勤勉义务，按照与投资人签订的合同负责管理企业的事务。

三、投资人对受托人或被聘用的人员的权利及投资人的受托人或被聘用的人员管理中的禁止行为

企业投资人对于受托人或者被聘用的人员在正常经营活动中的行为有监督权，在其有违反聘用合同的行为或其他违法行为时可解除其职务，停止聘用。

根据《个人独资企业法》第二十条的规定，投资人委托或者聘用的管理个人独资企业事务的人员不得有的禁止性行为是：(1) 利用职务上的便利索取或者收受贿赂。(2) 利用职务或者工作上的便利侵占企业财产。(3) 挪用企业的资金归个人使用或者借贷给他人。(4) 擅自将企业资金以个人名义或者以他人名义开立账户储存。

(5)擅自以企业财产提供担保。(6)未经投资人同意,从事与本企业相竞争的业务。(7)未经投资人同意,同本企业订立合同或者进行交易。(8)未经投资人同意,擅自将企业商标或者其他知识产权转让给他人使用。(9)泄露本企业的商业秘密。(10)法律、行政法规禁止的其他行为。

受托人或者被聘用的人员管理个人独资企业事务时违反双方订立的合同,出现法律禁止的行为,给投资人造成损害的,应承担民事赔偿责任。受托人或者被聘用的人员违反法律规定,侵犯个人独资企业财产权益的,应依法退还侵占的财产;给企业造成损失的,应依法承担赔偿责任;有违法所得的,应没收违法所得;构成犯罪的,应依法追究刑事责任。

第四节 个人独资企业的解散与清算

一、个人独资企业的解散

(一)个人独资企业解散的原因

根据我国《个人独资企业法》的规定,个人独资企业有下列情形之一时,应当解散:

1. 投资人决定解散

因为个人独资企业是一个自然人投资设立的,企业财产为投资人个人所有,所以投资人个人可以决定解散企业,而不需要征求其他人的意见。

2. 投资人死亡或者被宣告死亡,无继承人或者继承人决定放弃继承

投资人死亡是指其生理死亡。宣告死亡是指在法律上推定其死亡,从而发生与生理死亡相同的法律后果。根据我国《民法通则》的规定,投资人被宣告死亡应当具备两个条件:一是投资人下落不明满4年,或者因意外事故下落不明,自事故发生之日起满2年,或者因意外事故下落不明,经有关机关证明该投资人已不可能生存;二是要经投资人的利害关系人向人民法院提出申请,由人民法院依法定程

序作出死亡宣告。投资人死亡,继承人可以通过继承继续经营,但是继承人放弃继承或无继承人的,就意味着企业无人格,企业应当解散。

3. 被依法吊销营业执照

个人独资企业被吊销营业执照,其法律意义是丧失了商主体资格,所以应当解散。

4. 法律、行政法规规定的其他情形

(二) 个人独资企业解散的程序与法律效力

1. 个人独资企业解散的程序

个人独资企业出现解散的事由决定解散企业的,应通知和公告债权人,清理企业财产,收回企业债权,清偿企业债务。如果企业债权人因故未能在规定的期限内申报其债权,或者其债权未能得到全部清偿,在企业解散后仍可请求企业投资人清偿。

2. 个人独资企业解散的法律效力

由于个人独资企业是投资人对债权人承担无限责任,所以个人独资企业解散后,不能免除投资人的责任,但是为敦促债权人及时主张权利,我国《个人独资企业法》规定,债权人在 5 年内未向债务人提出偿债请求的,该责任消灭。

二、个人独资企业的清算

个人独资企业解散,应当依法进行清算。清算是指清理企业的债权债务,了结尚未完结的企业事务,使企业终止的行为。个人独资企业的清算方式有两种:一是由投资人自行清算;二是由债权人申请人民法院指定清算人进行清算。

为了使企业债权人能够知悉企业解散的情况,并及时申报其债权,我国《个人独资企业法》规定,投资人自行清算的,应当在清算前 15 日内以书面形式通知债权人,无法通知的,应当予以公告。债权人应当在接到通知之日起 30 日内,未接到通知的应当在公告之日起 60 日内,向投资人申报其债权。

无论清算人是投资人还是人民法院指定的人,在进行清算时都应对企业资产进行全面清理核查,并对申报的债权进行登记。为保护职工和国家利益不受损害,个人独资企业解散的财产应当按照下列顺序清偿:(1)所欠职工工资和社会保险费用。其中企业应为职工缴纳的社会保险主要包括职工基本养老保险、职工基本医疗保险和职工失业保险。(2)所欠税款。(3)其他债务。个人独资企业财产不足以清偿债务的,投资人依法应当以其个人的其他财产予以清偿。

清算结束后,清算人应当编制清算报告,并于15日内到登记机关办理注销登记。

参考阅读

1. 《中华人民共和国个人独资企业法》(1999年文本)。
2. 卞耀武:《中华人民共和国个人独资企业法释义》,第1版,北京:法律出版社2000年版。

复习思考

1. 个人独资企业的概念和特征是什么?
2. 个人独资企业具有什么样的法律地位? 有什么样的能力?
3. 个人独资企业与一人公司、个体工商户有什么区别?
4. 个人独资企业有什么优缺点?
5. 个人独资企业设立的法定条件是什么?
6. 个人独资企业的事务管理方式有哪些?
7. 投资人在事务管理中对受托人或者被聘用的人员职权的限制对善意第三人有什么效力?
8. 个人独资企业解散的程序与法律效力是什么?
9. 个人独资企业清算的方式及程序是什么?

第三章 合伙企业法

本章学习重点:合伙是一种古老的以契约为基础的法律制度,它起源于人类需要共同生产劳动这一简单事实。在现代,合伙已逐步发展成为具有较强组织性的经营主体——合伙企业,合伙人的身份也由自然人扩大到法人和其他组织。由于合伙企业内部关系比较复杂,为规范合伙企业的组织与行为,保护合伙企业及其合伙人的合法权益,维护社会经济秩序,促进社会主义市场经济的发展,我国于1997年2月23日由第八届全国人民代表大会常务委员会第二十四次会议通过了《中华人民共和国合伙企业法》(以下简称《合伙企业法》),该法于1997年8月1日起施行。2006年8月27日,第十届全国人民代表大会常务委员会第二十三次会议通过了《合伙企业法》修订文本,新法自2007年6月1日起施行。

本章共分六节,对我国新《合伙企业法》作了较为全面的介绍,内容涉及合伙企业法概述、合伙企业的设立与变更、合伙企业的财产、合伙企业的内外关系、合伙企业的入伙与退伙、合伙企业的解散与清算。其中,合伙企业的分类、普通合伙企业与独资企业的区别、合伙企业设立的条件、合伙企业的内外关系以及合伙企业的入伙与退伙是本章的重点。

第一节 合伙企业法概述

一、合伙企业的概念及其特征

(一) 合伙企业的概念

合伙企业,是指两个或两个以上的合伙人订立合伙协议,共同投资,合伙经营,共享收益,至少有一个以上的合伙人对企业债务承担无限责任的营利性组织。合伙企业是组织体,它只是合伙存在的形式之一,不具备组织体的合伙不构成合伙企业。

(二) 合伙企业的特征

与其他种类的企业相比,合伙企业的法律特征主要表现在以下几个方面:

1. 企业应有两个或两个以上的合伙人共同投资

合伙企业是由多数人出资组成的企业,其中,至少有一个是对合伙企业债务承担无限连带责任的普通合伙人。在合伙企业中,只有普通合伙人才可以负责企业经营,执行企业事务,对外代表企业。

2. 企业以合伙协议为设立基础

合伙协议依法由全体合伙人在协商一致的基础上以书面形式订立。在合伙协议中,各合伙人应就出资方式、利润分配方式和分配比例、亏损分担方式等事项作出约定。与公司章程相比,法律对合伙协议内容的强制性规定更少,合伙人有更多自主权。

3. 合伙人分别缴纳所得税

合伙企业的生产经营所得和其他所得,按照国家有关税收规定,由合伙人分别缴纳所得税。此外,根据财政部、国家税务总局2000年9月发布的《关于个人独资企业和合伙企业投资者征收个人所得税的规定》,合伙企业每一纳税年度的收入总额减除成本、费用以及损失后的余额,作为合伙人的生产经营所得。合伙人为自然人的,按照合伙企业的全部生产经营所得和分配比例确定应纳税所得额,比照个人所得税法的"个体工商户的生产经营所得"应税项目,计算征收个人所得税。

二、合伙企业的分类

从国际上看,早期的合伙人对合伙企业债务均承担无限连带责任,但这种责任形式对合伙人风险较大。为降低合伙人的投资风险,吸引更多资金投入合伙企业,有些国家逐步允许部分合伙人在一定条件下以出资为限对合伙企业债务承担责任,从而产生了有限合伙企业。目前在美国的风险投资组织中,有限合伙制企业已达到80%左右。

我国1997年颁布的《合伙企业法》只允许设立合伙人承担无限

连带责任的普通合伙企业,2006年颁布的《合伙企业法》增加了特殊的普通合伙企业和有限合伙企业。根据该法,我国合伙企业根据合伙人责任的不同,可以为普通合伙企业、特殊的普通合伙企业和有限合伙企业三种。

(一) 普通合伙企业

它由普通合伙人出资组成,全体合伙人对合伙企业债务承担无限连带责任。所谓无限连带责任,是指在企业财产不足以偿还企业债务时,各合伙人均有义务以自己的其他财产对企业的剩余债务对外承担全部偿还责任,而非仅限于其投入合伙企业的财产及按合伙协议约定或法定的比例偿付。合伙人偿付后,对超过自己应偿付比例的部分可以向其他合伙人追偿。

(二) 特殊的普通合伙企业

它是普通合伙企业一种特殊形式,其特殊性在于合伙人对因其他合伙人故意或者重大过失造成的合伙债务只承担有限责任,从而可以适当降低合伙人承担的合伙风险,有利于合伙企业发展壮大和异地发展业务。特殊的普通合伙企业形式主要适用于以专业知识和专门技能为客户提供有偿服务的专业服务机构。如注册会计师事务所、律师事务所等。目前许多国际专业服务机构,如普华永道、德勤、安永、毕马威等会计师事务所,都采用了此种合伙形式。

我国《合伙企业法》根据合伙人在执业活动中的主观过错情况,将特殊的普通合伙企业的合伙人的民事责任具体分为三种情况:

1. 合伙人在执业活动中因故意或者重大过失造成合伙企业债务的责任

合伙人对在执业活动中因故意或者重大过失造成合伙企业债务的,依法应承担无限责任或者无限连带责任,其他合伙人以其在合伙企业中的财产份额为限承担责任。

2. 合伙人在执业活动中非因故意或者重大过失造成的合伙企业债务以及合伙企业的其他债务责任

合伙人在执业活动中非因故意或者重大过失造成的合伙企业债务以及合伙企业的其他债务的,由全体合伙人承担无限连带责任。

3. 合伙人在执业活动中因故意或者重大过失造成的合伙企业债务,以合伙企业财产对外承担责任后,该合伙人应当按照合伙协议的约定对给合伙企业造成的损失承担赔偿责任

由于此种企业形式限定了合伙人对合伙企业债务承担无限责任的范围,客观上增加了企业债权人的风险。为提高合伙企业的赔偿能力,法律规定,此类企业应从业务收入中提取一定比例资金,建立执业风险基金,用于偿付由执业责任形成的债务。另外,执业合伙人还要办理职业保险。

(三) 有限合伙企业

它由普通合伙人和有限合伙人组成,其主要特点是:(1) 有限合伙人不执行合伙企业事务,普通合伙人负责合伙企业事务的执行。(2) 有限合伙人仅以其认缴的出资额为限对合伙企业债务承担责任,普通合伙人对合伙企业债务承担无限连带责任。

有限合伙是20世纪60年代快速发展起来的一种风险投资方式,它可以使资本与智力实现有效的结合,即拥有财力的人作为有限合伙人,拥有专业知识和技能的人作为普通合伙人,从而建立以有限合伙为组织形式的风险投资机构,促进这类企业的技术开发、资金融通和创业发展。

三、普通合伙企业与独资企业的异同

在我国,普通合伙企业与独资企业都可以由自然人投资设立,两者既有许多共同之处,也有不少区别。了解二者之间的异同,有利于我们在设立企业时选择适合自己的企业组织形态,也便于在企业的设立、变更、解散以及经营管理过程中正确行使自己的权利、履行相应的义务。

(一) 普通合伙企业与独资企业的共同点

1. 企业不具有法人资格,投资人对企业债务承担无限责任

在法律意义上,独资企业只是业主的"财产",因此业主个人即代表企业本身,企业不是独立的民事责任主体。普通合伙企业与独资企业一样,如无特别约定,每一个合伙人都是业主,都有代表合伙企业的权利。合伙企业尽管在法律上具有团体性,其财产、责任也具

有相对独立性,但在法律上,合伙企业不作为完全独立的民事责任主体来看待。因此,普通合伙人对企业债务承担无限责任。

2. 企业以营利为目的,具有独立的经营主体资格

营利是企业投资者投资的基本目标,为实现这一目标,企业必须从事经营活动。为方便企业从事经营活动,法律规定合伙企业与独资企业可以有自己的名称,并可以企业商号名义独立地从事经营活动,从而使它们在法律上成为独立的经营主体。凡是以商号名义进行的经营活动,其法律后果都直接归属于企业主或全体合伙人,在企业财产不足以偿债时,由业主或合伙人承担。因此,合伙企业与独资企业虽然不具有法人资格,但这并不妨碍它们成为独立的经营主体,它们与法人的最大区别在于投资人的责任不同,而不是企业能否成为独立的经营主体。

3. 设立条件低,程序较简单

法律对于独资和合伙企业的出资没有最低限额的规定,只要具备生产经营所需的必要的资金和生产经营条件,就可以到登记机关注册,成立独资或合伙企业。

(二) 普通合伙企业与独资企业的区别

1. 出资人数不同

合伙企业有两个以上的人出资,因此,一方面合伙企业比独资企业在资金筹措上具有更多的优势;另一方面,由于不管出资性质如何,合伙人均按照约定的比例或法定方式承担经营风险,所以,合伙有利于分散投资风险。但这种优势是建立在合伙人之间的相互信任和忠诚的基础之上的。如果合伙人之间缺乏互信,那么合伙所具有的优势就可能转化为劣势。而独资企业只有一个出资人,投资风险由单个业主独立承担。

2. 出资人身份不同

合伙企业的合伙人可以是自然人,也可以是法人或其他组织;而独资企业的出资人只能是自然人。

3. 企业财产性质不同

合伙企业财产与合伙人的其他财产相对分离,在形式上属于合伙企业所有,但实质上属于合伙人共同共有。而以个人或家庭财产

投资设立的独资企业,企业财产与个人或家庭的其他财产是合一的,均属于投资人个人或家庭所有。

4. 经营方式及决策权行使的复杂程度不同

合伙企业由各合伙人合伙经营,每个人对合伙企业财产具有平等的表决权。合伙企业对重大事项作出决定,必须经过一定的表决程序,达到法定或约定表决比例。一些重要事项,法律还要求经全体合伙人一致同意才能作出决定。而独资企业由出资人一人享有绝对的经营决策权,易于实现出资人的意志,不存在相互"搭便车"或推诿责任的问题。

综上所述,普通合伙企业较之独资企业容易聚集更多的资金、技术和实物等资源,合伙人之间也可以优势互补,但在企业事务的决策和执行上则不如独资企业简便易行,合伙人之间可能存在利益冲突。

第二节 合伙企业的设立与变更

一、合伙企业设立的条件

设立合伙企业,应当具备法定的条件。根据我国新《合伙企业法》的规定,设立普通合伙企业应具备以下五个条件:

(一) 两个或两个以上的合伙人

1. 合伙人的人数

合伙企业是多数人共同投资形成的经济组织,两人是合伙人数的下限。对于普通合伙企业合伙人数的上限,法律未作限制。在实践中,由于普通合伙人对企业承担无限连带责任,合伙人对企业经营管理的参与程度高,人数过多往往不利于合伙关系的处理及合伙事务的执行,所以,合伙人的人数一般不宜太多。对于有限合伙企业的合伙人数,法律规定合伙人一般应在 50 个以下,并至少应当有一个普通合伙人。这是因为有限合伙人一般不参与管理,规定最高限可以降低有限合伙人的投资风险,避免普通合伙人任意扩大有限合伙人数。

2. 合伙人的资格

合伙人可以是自然人、法人和其他组织。首先,普通合伙人为自然人时依法应当是具有完全民事行为能力的人,否则会影响其行为的效力。其次,合伙人不能是法律、行政法规禁止的组织或自然人。我国新《合伙企业法》第三条规定:"国有独资公司、国有企业、上市公司以及公益性的事业单位、社会团体不得成为普通合伙人。"依此规定,上述主体只能参与设立有限合伙企业成为有限合伙人。

(二) 书面合伙协议

1. 合伙协议及特征

合伙协议又称合伙合同,是合伙企业设立的基础,是全体合伙人处理合伙企业事务的基本行为准则。合伙协议是要式合同,需要以书面方式订立,在申请企业登记时应向登记机关提交。合伙协议应在自愿、平等、公平、诚实信用的基础上经协商一致达成。

合伙协议与普通合同相比具有以下法律特征:(1) 当事人之间订立合伙协议的目的在于他们有着共同的利害关系,旨在建立一个有利于各个合伙人的利益共同体。普通合同当事人的利益是相对的,一方的权利正是另一方的义务。(2) 合伙协议是设立合伙企业的前提条件和必要条件,而合伙企业则是合伙协议的预计结果,协议的履行具有长期性。普通合同的订立不会形成新的经营共同体,合同的履行往往是一次性的。(3) 合伙协议在履行中不适用抗辩权和不可抗力制度的规定。即合伙人既不得以其他合伙人未履行出资义务而拒绝履行自己的出资义务,也不得因某一合伙人因不可抗力而不能履行出资义务时拒绝履行自己的出资义务。普通合同在履行中适用抗辩权和不可抗力制度的规定。(4) 合伙协议应当采用书面形式。普通合同既可以采用书面形式,也可以采用口头或其他形式。

2. 合伙协议的内容

结合不同种类合伙企业的特点,我国新《合伙企业法》对合伙协议应具备的条款分别作了规定,普通合伙企业的合伙协议应当载明的事项包括:(1) 合伙企业的名称和主要经营场所的地点;(2) 合伙目的和合伙经营范围;(3) 合伙人的姓名或者名称、住所;(4) 合伙人的出资方式、数额和缴付期限;(5) 利润分配、亏损分担方式;(6)

合伙事务的执行;(7)入伙与退伙;(8)争议解决办法;(9)合伙企业的解散与清算;(10)违约责任。此外,合伙协议可以载明合伙企业的经营期限等。

有限合伙企业合伙协议依法除应当载明前述事项外,还应当载明下列事项:(1)普通合伙人和有限合伙人的姓名或者名称、住所;(2)执行事务合伙人应具备的条件和选择程序;(3)执行事务合伙人权限与违约处理办法;(4)执行事务合伙人的除名条件和更换程序;(5)有限合伙人入伙、退伙的条件、程序以及相关责任;(6)有限合伙人和普通合伙人相互转变程序。此外,执行事务合伙人可以要求在合伙协议中确定执行事务的报酬及报酬提取方式。

合伙协议是具有法律意义的文件。合伙协议经全体合伙人签名、盖章后生效。修改或者补充合伙协议,应当经全体合伙人一致同意;但是,合伙协议另有约定的除外。

(三)合伙人认缴或者实际缴付的出资

作为一个经营性实体,合伙企业应拥有与其经营规模相适应的资金。普通合伙人可以用货币、实物、知识产权、土地使用权或者其他财产权利出资,也可以用劳务出资。但有限合伙人不得以劳务出资。合伙人以实物、知识产权、土地使用权或者其他财产权利出资,需要评估作价的,可以由全体合伙人协商确定,也可以由全体合伙人委托法定评估机构评估。合伙人以劳务出资的,其评估办法由全体合伙人协商确定,并在合伙协议中载明。

合伙人应当按照合伙协议约定的出资方式、数额和缴付期限,履行出资义务。以非货币财产出资的,依照法律、行政法规的规定,需要办理财产权转移手续的,应当依法办理。

(四)合伙企业的名称和生产经营场所

企业的名称是企业的外在特定性标志,合伙企业只有拥有自己的名称,才能以自己的名义参与各种法律关系,享有相应的权利并承担义务。合伙企业对其登记的名称享有登记范围内的专有使用权、商誉权和依法转让权。

合伙企业的名称除要符合国家关于企业名称的一般性要求之外,还应标明企业的种类,即普通合伙企业名称中应当标明"普通合伙"字样,特殊的普通合伙企业名称中应当标明"特殊普通合伙"字样,有限合伙企业名称中应当标明"有限合伙"字样,以方便交易相对人了解合伙人对企业的责任。

经营场所是企业从事生产经营活动的主要场所,该场所在企业登记机关登记后即成为企业的住所。合伙企业一般只有一个经营场所,当合伙企业有一个以上的经营场所时,合伙协议中载明的主要经营场所作为合伙企业住所。

（五）法律、行政法规规定的其他条件

比如,企业根据其所从事业务的特点和要求,正常开展业务所需要的资质条件和设施等。又如,前述特殊的普通合伙企业应当建立用于偿付合伙人执业活动造成的债务的执业风险基金、办理职业保险即属于此种企业设立的其他必要条件。

二、合伙企业设立的程序

（一）准备申请文件

合伙人在申请企业登记之前应备齐所有应提交的文件及相关材料。主要包括由全体合伙人签名、盖章的合伙协议书,合伙人身份证明等。如果企业经营范围中有属于法律、行政法规规定必须报经有关部门审批的项目的,应当先向有关部门报批,取得批准文件。

（二）向企业登记机关提出设立申请

我国工商行政管理机关是合伙企业的登记机关。市、县工商行政管理机关负责本辖区内的合伙企业登记。合伙企业的经营范围中有属于法律、行政法规规定在登记前须经批准的项目的,应在登记时提交批准文件。

（三）企业登记机关审查登记,签发营业执照

为提高审查登记的工作效率,新《合伙企业法》规定,企业登记机关一般应当自受理申请之日起 20 日内,作出是否登记的决定。予以登记的,发给营业执照;不予登记的,应当给予书面答复,并说明理由。此审查时间比旧《合伙企业法》减少了 10 天。此外,新《合伙企业法》还规定,如果申请人提交的登记申请材料齐全、符合法定形式,企业登记机关能够当场登记的,应予当场登记,发给营业执照。

合伙企业自营业执照签发之日起成立。合伙企业领取营业执照前,合伙人不得以合伙企业名义从事经营活动。合伙企业设立分支机构,应当向分支机构所在地的企业登记机关申请登记,领取营业执照。分支机构的经营责任由合伙企业承担。

三、合伙企业的变更登记

合伙企业在经营过程中,可能会因为主、客观方面的原因而发生变化。如果合伙企业登记事项发生变更的,执行合伙事务的合伙人依法应当自作出变更决定或者发生变更事由之日起15日内,向企业登记机关申请办理变更登记。法律要求合伙企业及时办理变更登记的主要目的在于方便企业以外的人了解企业的真实情况,减少欺诈。为督促合伙企业自觉办理有关变更登记,新《合伙企业法》除要求企业限期办理变更登记外,还加大了对违法行为的处罚力度:一是将逾期不登记的罚款限额由2 000元以下,改为2 000元以上20 000元以下。二是明确规定"执行合伙事务的合伙人未按期申请办理变更登记的,依法应当赔偿由此给合伙企业、其他合伙人或者善意第三人造成的损失"。

第三节 合伙企业的财产

一、合伙企业财产的构成及合伙人的份额

(一)合伙企业财产的构成

合伙企业的财产,由合伙人的出资、以合伙企业名义取得的收益和依法取得的其他财产构成。

1. 合伙人的出资

合伙人的出资,包括设立时合伙人实际缴付的出资和企业存续期间合伙人依照合伙协议的约定或者合伙人决定增加的对合伙企业的出资。

2. 以合伙企业名义取得的收益

合伙企业的收益在分配给合伙人之前,属于合伙企业的财产。

合伙企业的收益主要包括:(1)合伙企业的经营收入;(2)以合伙企业名义购置的动产和不动产;(3)以合伙企业名义取得的专利权、商标权及其他财产权。

3. 依法取得的其他财产

如受赠财产、企业获得的赔偿等。从财产形式上看,构成合伙企业的财产除有形财产之外,还包括以合伙企业名义申请获得的专利权、非专利技术、注册商标专用权、企业商誉等无形资产及其他财产权利。

(二)合伙人的财产份额

合伙人的财产份额,是指全体合伙人依照出资额或合伙协议的约定确定的各合伙人对企业财产享有的比例。财产份额依法可以转让和出质,也可以作为确定合伙人利益分配和风险分担比例的依据。

1. 财产份额转让的条件

普通合伙人之间可以自由转让其财产份额,但应当通知其他合伙人。如果要将其在合伙企业中的全部或部分财产份额转让给合伙人以外的人,除合伙协议另有约定的外,依法应取得其他合伙人一致同意。有限合伙人因不执行企业事务,所以其按照合伙协议的约定向合伙人以外的人转让其在有限合伙企业中的财产份额时只要提前30日通知其他合伙人即可,不需要征求其他合伙人的意见。

2. 财产份额出质的条件

普通合伙人以其在合伙企业中的财产份额出质的,依法须经其他合伙人一致同意;未经其他合伙人一致同意,其行为无效,由此给善意第三人造成损失的,由行为人依法承担赔偿责任。

二、合伙人对合伙企业的权利与义务

(一)合伙人对合伙企业的权利

合伙人对合伙企业财产的权利依法可以由合伙协议自行约定,合伙协议未约定的,合伙人依法对合伙企业主要享有以下权利:

1. 决定权

普通合伙人对合伙企业事务享有同等决定权,因此,对于合伙财产的重大处分必须经全体合伙人一致同意。但有限合伙人的决定权在法律上有一定的限制。

2. 监督检查权

合伙人为了解合伙企业的经营状况和财务状况,有权查阅合伙企业会计账簿等财务资料。

3. 对外代表权

普通合伙人依法可以执行合伙企业的事务,对外代表合伙企业。但有限合伙人不执行合伙事务,不得对外代表有限合伙企业。

4. 利益分配权

合伙企业的经营所得,扣除一定积累后的利润可以分配给合伙人,每个合伙人均享有分配利润的权利。合伙人可以在合伙协议中约定利润分配的比例,但合伙协议不得约定将全部利润分配给部分合伙人,有限合伙企业合伙协议另有约定的除外。合伙协议未约定或者约定不明确的,由合伙人协商决定;协商不成的,依法由合伙人按照实缴出资比例分配;无法确定出资比例的,由合伙人平均分配。

5. 优先购买权

合伙人向合伙人以外的人转让其在合伙企业中的财产份额的,在同等条件下,其他合伙人有优先购买权。

6. 分割财产权

在企业经营期间,除合伙协议另有约定的外,合伙人依法在以下三种情形下才可以请求分割财产:(1)合伙人依法转让其在合伙企业中的全部或部分份额的;(2)合伙人依法退伙的;(3)合伙人依法以其在合伙企业中的财产份额出质的。

(二)合伙人对合伙企业的义务

根据《合伙企业法》,合伙人对合伙企业主要承担以下义务:

1. 出资义务

普通合伙人应按照约定履行出资义务,否则应依合伙协议的约定承担违约责任。有限合伙人未按期足额缴纳出资的,应当承担补缴义务,并对其他合伙人承担违约责任。经其他合伙人一致同意,对未履行出资义务的合伙人,可以通过决议将其除名。

2. 忠实义务

普通合伙人应忠实于企业,不得自营或者同他人合作经营与本合伙企业相竞争的业务,不得从事损害本合伙企业利益的活动。除合伙协议另有约定或者经全体合伙人一致同意外,普通合伙人不得同本合伙企业进行交易。普通合伙人违反法律规定或者合伙协议的约定,从事与本合伙企业相竞争的业务或者与本合伙企业进行交易的,该收益归合伙企业所有;给合伙企业或者其他合伙人造成损失的,依法承担赔偿责任。

3. 分担企业风险的义务

普通合伙人对企业承担无限连带责任,有限合伙人对企业承担有限责任。合伙人可以在合伙协议中约定亏损分担的比例,但合伙协议不得约定由部分合伙人承担全部亏损。

第四节　合伙企业的内外关系

合伙企业事务的执行和合伙企业与他人的关系分别构成了合伙企业的内部关系和外部关系。合伙企业的内部关系要求合伙人在执行合伙事务时不得侵犯其他合伙人的利益;合伙企业的外部关系要求合伙人在对外代表企业时既不得损害合伙企业的利益,也不得损害交易相对方的利益。

一、合伙企业事务的执行

(一) 合伙企业事务执行的概念

合伙企业事务的执行,是指为了实现合伙企业的目的而进行的各项活动,它包括决策和具体执行两个方面。普通合伙企业是典型的人合企业,合伙企业的一切权利都集中在合伙人手中,合伙人享有充分的自主权。因此,合伙人在原则上都享有同等参与合伙事务执行的权利。

在有限合伙企业中,有限合伙人不执行合伙事务。为维护有限合伙人的利益,法律规定,有限合伙人从事下列事务,不视为执行合伙事务:(1) 参与决定普通合伙人入伙、退伙;(2) 对企业的经营管理提出建议;(3) 参与选择承办有限合伙企业审计业务的会计师事务所;(4) 获取经审计的有限合伙企业财务会计报告;(5) 对涉及自身利益的情况,查阅有限合伙企业财务会计账簿等财务资料;(6)在有限合伙企业中的利益受到侵害时,向有责任的合伙人主张权利或者提起诉讼;(7)执行事务合伙人怠于行使权利时,督促其行使权利或者为了本企业的利益以自己的名义提起诉讼;(8)依法为本企业提供担保。

合伙企业事务执行的方式,可以由合伙人依法在合伙协议中自行约定。不具有事务执行权的合伙人擅自执行合伙事务,给合伙企业或者其他合伙人造成损失的,依法应承担赔偿责任。

(二)合伙企业事务的决策方式

合伙人参与合伙企业事务决策的方式主要有两种:

1. 由全体合伙人采取少数服从多数的原则决定

合伙人的表决办法可以由合伙人在合伙协议中约定,合伙协议未约定或者约定不明确的,依法实行合伙人一人一票并经全体合伙人过半数通过的表决办法。这种方式能够充分反映多数合伙人的意见,有利于提高决策效率,但少数合伙人的利益可能得不到保障。

除合伙协议另有约定外,依法可以适用此原则决定的合伙企业事务主要包括:(1)决定委托一个或者数个合伙人对外代表合伙企业,执行合伙企业事务;(2)决定由各合伙人分别执行合伙企业事务;(3)决定增加或者减少对合伙企业的出资;(4)决定企业解散;(5)指定一个或者数个合伙人,或者委托第三人,担任清算人;(6)退伙人在合伙企业中财产份额的退还办法。

2. 由全体合伙人一致同意决定

即每个合伙人都对需要决定的事项作出同意的意思表示才能作出决定。这种方式有利于充分发挥每个合伙人的积极性和创造性,充分保护每个合伙人的合法权益。但如果合伙人人数较多,则可能会降低决策效率。因此,只适用于对企业重大事务的决策。

除合伙协议另有约定外,依法应当适用此原则决定的合伙企业事务主要包括:(1)改变合伙企业的名称;(2)改变合伙企业的经营范围、主要经营场所的地点;(3)处分合伙企业的不动产;(4)转让或者处分合伙企业的知识产权和其他财产权利;(5)以合伙企业名义为他人提供担保;(6)聘任合伙人以外的人担任合伙企业的经营管理人员;(7)修改或者补充合伙协议;(8)许可合伙人同本合伙企业进行交易;(9)许可新合伙人入伙;(10)普通合伙人转变为有限合伙人,或者有限合伙人转变为普通合伙人。

(三)合伙企业事务执行的具体方式

按照合伙协议的约定或者经全体合伙人决定,合伙企业事务执行的具体方式主要有三种:

1. 委托一个或者数个合伙人对外代表合伙企业,执行合伙企业事务

作为合伙人的法人、其他组织执行合伙事务的,应由其委派的代表执行。未受委托的合伙人不再执行合伙事务,但有权监督执行事务合伙人执行合伙事务的情况。执行事务合伙人应当定期向其他合伙人报告事务执行情况以及合伙企业的经营和财务状况,其执行合伙事务所产生的收益归合伙企业,所产生的费用和亏损由合伙企业承担。受委托执行合伙事务的合伙人不按照合伙协议或者全体合伙人的决定执行事务的,其他合伙人可以决定撤销该委托。此种方式有利于对企业实行统一管理,提高决策效率,只要监督到位,一般也能保证合伙人的基本利益。

2. 由合伙人分别对外代表合伙企业,执行合伙企业事务

未参与该项事务执行的合伙人除享有监督权外,还有提出异议权。当有合伙人提出异议时,执行人应当暂停该项事务的执行。如果发生争议,由全体合伙人决定。此种方式使各个合伙人能集中精力于某一方面的事务,充分发挥各自的特长,但合伙人可能因忙于自己所管理的事务而使合伙人相互之间的监督减弱。

3. 聘任合伙人以外的人对外代表合伙企业,执行合伙企业事务

被聘任的经营管理人员,超越合伙企业授权范围履行职务,或者在履行职务过程中因故意或者重大过失给合伙企业造成损失的,依法承担赔偿责任。此种方式对合伙人风险较大,一般不宜采用。

二、合伙企业的外部关系

(一)合伙人的对外代表权

合伙人的对外代表权,是指合伙人以合伙企业名义对外从事合

伙事务的权利。我国《合伙企业法》规定,执行合伙企业事务的合伙人,有权对外代表合伙企业。从理论上看,合伙企业是合伙人之间一种松散的经济组织,基于合伙企业的性质,每个普通合伙人在合伙企业中都可以执行合伙企业事务,都可以享有对外代表权。由于合伙企业事务执行的具体方式是企业内部的一种权利安排,企业以外的人不一定知道,因此,合伙企业对普通合伙人执行合伙事务以及对外代表合伙企业权利的限制,依法不得对抗善意第三人。有限合伙人依法不得对外代表合伙企业,但第三人有理由相信有限合伙人为普通合伙人并与其交易的,该有限合伙人对该笔交易承担与普通合伙人同样的责任。有限合伙人未经授权以有限合伙企业名义与他人进行交易,给有限合伙企业或者其他合伙人造成损失的,该有限合伙人依法应当承担赔偿责任。

(二) 合伙企业债务的清偿

合伙企业的债务,是指以合伙企业名义在合伙企业存续期间按合同约定或法律规定应承担的金钱上的义务,包括合同债务、侵权赔偿责任等。合伙企业对其债务,应先以其全部财产进行清偿。合伙企业不能清偿到期债务的,普通合伙人承担无限连带责任。这种责任是一种补充责任。普通合伙人因承担连带责任,导致所清偿的数额超过其在合伙协议中约定或法定的应承担的比例时,普通合伙人在对外清偿后有权就超过部分向其他普通合伙人追偿。其他普通合伙人对其追偿只承担约定或法定比例内的责任,不负连带责任。

(三) 合伙企业与合伙人的债权人的关系

虽然普通合伙人要对合伙企业的负债承担无限连带责任,但在法律上合伙企业与合伙人仍是经济上相对独立的法律主体。为既维护合伙企业的利益,又保障合伙人的债权人的利益,法律对合伙人的债权人行使债权的方式作了一些规定,表现在:(1) 合伙人发生与合伙企业无关的债务,相关债权人不得以其债权抵消其对合伙企业的债务,也不得代为行使合伙人在合伙企业中的权利。因为在合伙企业存续期间,合伙企业的财产与合伙人的财产是相对分离的。(2) 合伙人的自有财产不足清偿其与合伙企业无关的债务的,该合伙人可以以其从合伙企业中分取的收益用于清偿;债权人也可以依法请求人民法院强制执行该合伙人在合伙企业中的财产份额用于清偿。人民法院强制执行合伙人的财产份额时,应当通知全体合伙人,其他合伙人有优先购买权;其他合伙人未购买,又不同意将该财产份额转让给他人的,应依法为该合伙人办理退伙结算,或者办理削减该合伙人相应财产份额的结算。

第五节 合伙企业的入伙与退伙

一、入伙

(一)入伙的概念和方式

入伙,是指在合伙企业存续期间,非合伙人加入合伙企业,取得合伙人身份的行为。入伙的方式一般有三种:

1. 非合伙人依法接受合伙人转让的财产份额,从而成为新合伙人

合伙人如果是部分转让其财产份额,则仍为合伙企业的合伙人;合伙人如果是全部转让其财产份额,则完全退出合伙企业,不再是合伙企业的合伙人。新合伙人加入后,合伙企业的财产没有变化。

2. 在没有合伙人转让财产份额的情况下,非合伙人依法加入合伙企业,从而成为新的合伙人

新合伙人加入后,合伙企业的财产增加。

3. 合伙人死亡或被依法宣告死亡时,对该合伙人在合伙企业中的财产份额享有合法继承权的人,愿意成为该企业合伙人的,依法加入企业,从而成为新的合伙人

此时合伙企业的财产没有变化。

(二)入伙的条件和程序

1. 入伙的条件

除合伙协议另有约定外,入伙依法应具备两个条件:(1)经全体合伙人一致同意;(2)依法订立书面协议。入伙协议经全体合伙人签名、盖章后生效。

2. 入伙的程序

入伙协议签订后,执行合伙事务的合伙人应当依法向企业登记机关申请办理变更登记。应当注意的是,未登记并不影响入伙协议本身的效力。

(三)入伙的法律效力

入伙的法律效力主要表现在两个方面:

1. 新合伙人与原合伙人享有同等权利,承担同等责任

一般情况下,新合伙人与原合伙人享有同等权利,承担同等责任。但入伙协议另有约定的,从其约定。

2. 新入伙的普通合伙人对入伙前合伙企业的债务承担无限连带责任;新入伙的有限合伙人对入伙前合伙企业的债务,以其认缴的出资额为限承担责任

为减少入伙风险,订立入伙协议时,新合伙人应全面了解原合伙企业的经营状况和财务状况,原合伙人应当如实告知相关情况。

二、退伙

(一)退伙的概念及情形

退伙,是指合伙企业存续期间,合伙人依法退出在合伙企业的财产份额,消除合伙人资格的行为。

退伙的情形因合伙人退伙事由的不同,依法可以分为以下三种:

1. 声明退伙

声明退伙,也称任意退伙,是指合伙人有权自主选择是否退伙情形下的退伙。根据合伙企业在合伙协议中是否约定期限,声明退伙的法定条件可细分为两种情形:一是合伙协议约定合伙期限的,有下列情形之一时,合伙人可以退伙:(1)合伙协议约定的退伙事由出现;(2)经全体合伙人一致同意;(3)发生合伙人难于继续参加合伙企业的事由;(4)其他合伙人严重违反合伙协议约定的义务。二是合伙协议未约定合伙期限的,合伙人在不给合伙企业事务执行造成不利影响的情况下,可以退伙,但应当提前30日通知其他合伙人。合伙人未按规定擅自退伙的,应当赔偿由此给其他合伙人造成的损失。

2. 法定退伙

法定退伙,也称当然退伙,是指合伙人因法定事由的出现,不再具备合伙人的基本条件而必须退伙的情形。普通合伙人有下列情况之一的,依法当然退伙:(1)作为合伙人的自然人死亡或者被依法宣告死亡。(2)个人丧失偿债能力。个人丧失偿债能力的认定标准,目前我国法律未作规定,合伙人可以在合伙协议中作出约定。(3)作为合伙人的法人或者其他组织依法被吊销营业执照、责令关闭撤销,或者被宣告破产。(4)法律规定或者合伙协议约定合伙人必须具有相关资格而丧失该资格。(5)合伙人在合伙企业中的全部财产份额被人民法院强制执行。

普通合伙人被依法认定为无民事行为能力人或者限制民事行为能力人的,经其他合伙人一致同意,可以依法转为有限合伙人,普通合伙企业依法转为有限合伙企业。此种转变有利于保持企业财产的稳定性。当然,如果其他合伙人不同意,则该合伙人应当退伙。有限合伙人没有合伙事务执行权,作为有限合伙人的自然人在有限合伙企业存续期间丧失民事行为能力的,其他合伙人不得因此要求其退伙。

法定退伙事由实际发生之日为退伙生效日。普通合伙人死亡或者被依法宣告死亡的,对该合伙人在合伙企业中的财产份额享有合法继承权的继承人,按照合伙协议的约定或者经全体合伙人一致同意,从继承开始之日起,取得该合伙企业的合伙人资格。普通合伙人的继承人为无民事行为能力人或者限制民事行为能力人的,经全体合伙人一致同意,可以依法成为有限合伙人,普通合伙企业依法转为有限合伙企业。全体合伙人未能一致同意的,合伙企业应当将被继承合伙人的财产份额退还该继承人。作为有限合伙人的自然人死亡、被依法宣告死亡或者作为有限合伙人的法人及其他组织终止时,其继承人或者权利承受人可以依法取得该有限合伙人在有限合伙企业中的资格。

有下列情形之一的,合伙企业应当向合伙人的继承人退还被继承合伙人的财产份额:(1)继承人不愿意成为合伙人;(2)法律规定或者合伙协议约定合伙人必须具有相关资格,而该继承人未取得该资格;(3)合伙协议约定不能成为合伙人的其他情形。

3. 除名退伙

除名退伙，即指在法定条件下，经其他合伙人一致同意，合伙人被合伙企业除名而发生的退伙。合伙人有下列情形之一的，经其他合伙人一致同意，依法可以决议将其除名：(1) 未履行出资义务；(2) 因故意或重大过失给合伙企业造成损失；(3) 执行合伙企业事务时有不正当行为；(4) 发生合伙协议约定的事由。

对合伙人的除名决议应当书面通知被除名人。被除名人接到除名通知之日，除名生效，被除名人退伙。除名是强制被除名的合伙人退出，具有一定的惩罚性，可能损害被除名人的利益。为保护被除名人的合法权益，法律规定被除名人对除名决议有异议的，可以向人民法院起诉。因此，合伙企业在决定开除某个合伙人时应当慎重。从上述规定可以看出，我国法律对除名退伙的条件规定得比较原则，因此，合伙人在订立合伙协议时应尽可能细化，明确界定"重大"及"不正当"的含义，以免在出现纠纷时难以确认。

（二）退伙的法律效力

1. 退还退伙人的财产份额

合伙人退伙，其他合伙人应当与该退伙人按照退伙时的合伙企业财产状况进行结算，退还退伙人的财产份额。退伙人对给合伙企业造成的损失负有赔偿责任的，相应扣减其应当承担的赔偿数额。退伙时有未了结的合伙企业事务的，待该事务了结后进行结算。退伙人在合伙企业中财产份额的退还办法，由合伙协议约定或者由全体合伙人决定，既可以退还货币，也可以退还实物。

2. 普通退伙人对基于其退伙前的原因发生的合伙企业债务，承担无限连带责任。有限合伙人对基于其退伙前的原因发生的合伙企业债务，以其退伙时从合伙企业中取回的财产承担责任

退伙协议签订或退伙事由发生后，退伙行为生效。执行合伙事务的合伙人应当依法向企业登记机关申请办理变更登记。

第六节　合伙企业的解散与清算

一、合伙企业的解散

合伙企业的解散,是指因法定原因或约定原因发生而使合伙协议终止、分割合伙企业财产,全体合伙人的合伙关系归于消灭的程序或制度。合伙企业依法设立,也应依法终止。

合伙企业有下列情形之一的,依法应当解散:(1)合伙期限届满,合伙人决定不再经营。如果合伙协议约定的期限届满,合伙人决定继续经营的,应视为延长合伙企业的期限,可以不发生企业解散的后果,但应依法办理企业变更登记。(2)合伙协议约定的解散事由出现。(3)全体合伙人决定解散。这种解散,不论合伙企业是否有存续期限,均可适用。(4)合伙人已不具备法定人数满30天。(5)合伙协议约定的合伙目的已经实现或者无法实现。(6)依法被吊销营业执照、责令关闭或者被撤销。(7)法律、行政法规规定的其他原因。

二、合伙企业的清算

合伙企业决定解散后应依法进行清算。清算是指清理合伙企业的债权债务,了结尚未完结的事务的行为。清算期间,合伙企业存续,但不得开展与清算无关的经营活动。

(一)确定清算人

1. 清算人的确定

清算人是指负责企业清算事务的人。合伙企业的清算人一般应在合伙协议中事先约定。如果合伙协议未作约定,也可以在合伙企业解散时由合伙人协商确定。合伙企业清算人产生的法定方式有三种:(1)由全体合伙人担任。(2)由全体合伙人指定。即经全体合伙人过半数同意,可以自合伙企业解散事由出现后15日内指定一名或者数名合伙人,或者委托第三人担任清算人。(3)人民法院指定。自合伙企业解散事由出现后15日内未确定清算人的,合伙人或其他利害关系人可以申请人民法院指定清算人。

2. 清算人的职责

清算人的职责是：(1) 清理合伙企业财产，分别编制资产负债表和财产清单；(2) 处理与清算有关的合伙企业未了结的事务；(3) 清缴所欠税款；(4) 清理债权、债务；(5) 处理合伙企业清偿债务后的剩余财产；(6) 代表合伙企业参加诉讼或者仲裁活动。

清算人在履行职责时应恪尽职守，清算人在清算过程中因从事违法活动给合伙企业、其他合伙人或者债权人造成损失的，依法应承担赔偿责任。

（二）通知并公告债权人

清算人自被确定之日起10日内应将合伙企业解散事项通知债权人，并于60日内在报纸上公告。债权人应当自接到通知书之日起30日内，未接到通知书的自公告之日起45日内，向清算人申报债权。债权人申报债权，应当说明债权的有关事项，并提供证明材料。清算人应当对债权进行登记。

（三）清偿债务、分配财产

合伙企业财产在支付清算费用后，依法应按下列顺序清偿：(1) 职工工资、社会保险费用和法定补偿金；(2) 所欠税款；(3) 企业的债务。债务清偿后有剩余财产的，按照合伙协议的约定办理；合伙协议未约定或者约定不明确的，由合伙人协商决定；协商不成的，由合伙人按照实缴出资比例分配、分担；无法确定出资比例的，由合伙人平均分配、分担。合伙企业、合伙人或者清算人因违反法律规定，应当承担的民事赔偿责任和应当缴纳的罚款、罚金，其财产不足以同时支付的，依法应先承担民事赔偿责任。

合伙企业不能清偿到期债务的，债权人可以依法向人民法院提出破产清算申请，也可以要求普通合伙人清偿。与法人企业破产不同的是，合伙企业依法被宣告破产的，普通合伙人对合伙企业债务仍要承担无限连带责任。

合伙人在合伙企业清算前私自转移或者处分合伙企业财产的，合伙企业不得以此对抗善意第三人。否则善意第三人可以依法申请撤销。

（四）申请注销登记

清算结束,清算人应当编制清算报告,经全体合伙人签名、盖章后,在15日内向企业登记机关报送清算报告,申请办理合伙企业注销登记。清算人未依法向企业登记机关报送清算报告,或者报送清算报告隐瞒重要事实,或者有重大遗漏的,由企业登记机关责令改正。由此产生的费用和损失,由清算人承担和赔偿。合伙企业注销后,原普通合伙人对合伙企业存续期间的债务仍应承担无限连带责任。

参 考 阅 读

1.《中华人民共和国合伙企业法》(2006年文本)。

2. 全国人大常委会法工委:《中华人民共和国合伙企业法释义》,第1版,北京:法律出版社2006年版。

3. 姚海放:《新合伙企业法精解与运用》,第1版,北京:中国法制出版社2006年版。

4. 刘璐:《新合伙企业法疑难释解与案例评析》,第1版,北京:中国工商出版社2007年版。

复 习 思 考

1. 有限合伙企业与普通合伙企业有何不同?
2. 合伙人的法定出资方式有哪些?
3. 合伙企业事务的决策方式有哪些?
4. 合伙企业入伙和退伙的法定条件和程序是什么?其法律后果如何?
5. 合伙企业清算人的产生方式和法律责任是什么?

第四章 公 司 法

本章学习重点:公司制度是生产力发展和生产社会化以及合伙制度和法人制度巨大发展的产物。现代公司制度萌芽于欧洲中世纪,自18世纪的产业革命起开始普及和发展,至19世纪末20世纪初,公司在各主要资本主义国家已成为企业的基本组织形式。我国在实行社会主义市场经济体制后,公司制度作为现代企业制度的一种基本形式被普遍推广。为了规范公司的组织和行为,保护公司、股东和债权人的合法权益,维护社会经济秩序,促进社会主义市场经济的发展,1993年12月29日由第八届全国人民代表大会常务委员会第五次会议通过了《中华人民共和国公司法》(以下简称《公司法》),该法于1994年7月1日起施行。1999年12月25日,第九届全国人民代表大会常务委员会第十三次会议通过了《关于修改〈公司法〉的决定》。2005年10月27日,第十届全国人民代表大会常务委员会第十八次会议通过了对《公司法》进行的再次修订,修订后的《公司法》自2006年1月1日起施行。

本章共分四节,对我国现行公司法律制度作了较为全面的介绍,内容涉及公司法概述、公司法的基本制度、有限责任公司法、股份有限公司法。

本章学习的重点是:公司的特征,公司设立、变更与终止的条件和程序,公司法人治理结构等内容。

第一节 公司法概述

一、公司与公司法的概念和特征

(一) 公司的概念和特征

公司,在理论上一般是指依照公司法设立,以营利为目的的法人。

公司具有以下特征：

1. 公司是依照公司法设立

为规范公司的组织与行为，各国一般都制定有专门的公司法。公司必须严格依照公司法的规定设立。

2. 公司以营利为目的

公司的性质和设立宗旨主要是通过从事经营活动以获取利润，并将其分配于股东，因此，它与机关、事业单位和社会团体有着本质的不同。

3. 公司一般是法人

公司的法人性在很多国家和地区的公司法中都有明确规定，从而使公司能够区别于出资人成为独立的市场主体，能够以自己的名义独立地对外承担民事责任。我国《公司法》也将公司规定为法人，要求公司必须有独立的法人财产，并享有法人财产权。公司以其全部财产对公司的债务承担责任。有限责任公司的股东以其认缴的出资额为限对公司承担责任；股份有限公司的股东以其认购的股份为限对公司承担责任。

股东的有限责任有利于降低股东的投资风险。为防止股东滥用公司的法人资格，英美等国确立了"揭开法人面纱"的原则，即当具有法人资格的公司在形式上的独立性造成违反正义与公平的结果时，可以针对特定的法律关系单独地、相对地否定公司的独立性。我国以往的公司法对此未予规定。2005年《公司法》对此作了补充，规定公司股东滥用公司法人独立地位和股东有限责任，逃避债务，严重损害公司债权人利益的，应当对公司债务承担连带责任。

4. 公司一般由两个以上发起人或股东出资组成

公司制度是适应多数人联合投资的需要而创设的，因此许多国家或地区的公司法都规定，公司的发起人或股东不能少于两个人。但随着个人资本实力的提高和公司内部治理结构的完善，在现代法律中公司的社团性在逐步淡化，有些国家已允许一人公司的存在，但标准的公司还是由两个以上发起人或股东出资组成。

我国《公司法》也将两个以上的发起人或股东出资组成的公司

作为公司的基本存在形式。国有独资公司和其他一人公司虽然可以设立,但在某些方面需要适用特别规定。

5. 公司是股东资本的集合,决策一般遵循资本至上原则

为鼓励股东出资,各国公司法一般都根据资本至上的原则,规定公司股东会或股东大会按照股东出资比例或所持有的股份行使表决权。这种规定在大小股东利益一致的情况下,并不会导致不公平。但在实践中,大小股东的利益可能存在冲突,大股东直接或通过公司董事、监事和高级管理人员滥用权利,则很容易损害中小股东的利益。为解决这一问题,我国《公司法》在坚持资本至上原则的同时,也作出了例外规定:(1) 公司为公司股东或者实际控制人提供担保的,必须经股东会或者股东大会决议。前述股东或者受实际控制人支配的股东不得参加该事项的表决。该项表决由出席会议的其他股东所持表决权的过半数通过。所谓实际控制人,是指虽不是公司的股东,但通过投资关系、协议或者其他安排,能够实际支配公司行为的人。(2) 有限责任公司股东可以在章程中约定股东会会议由股东按照出资比例以外的方式行使表决权。(3) 公司的控股股东、实际控制人、董事、监事、高级管理人员不得利用其关联关系损害公司利益。否则,给公司造成损失的,应当承担赔偿责任。所谓控股股东,是指其出资额占有限责任公司资本总额50%以上或者其持有的股份占股份有限公司股本总额50%以上的股东;出资额或者持有股份的比例虽然不足50%,但依其出资额或者持有的股份所享有的表决权已足以对股东会、股东大会的决议产生重大影响的股东。所谓高级管理人员,是指公司的经理、副经理、财务负责人,上市公司董事会秘书和公司章程规定的其他人员。

(二) 公司法的概念和特征

公司法,是国家制定的调整公司在设立、组织、活动与解散过程中发生的经济关系的法律规范的总称。它一般有狭义与广义之分。狭义的公司法仅指公司基本法。广义的公司法还包括与调整公司的组织与行为有关的其他法律规范,如公司登记管理条例、证券法、商业银行法等。

公司法的特征主要表现在三个方面:

1. 公司法是组织法

公司法是全面调整公司组织关系的法,其内容涉及公司设立、变更、解散、组织机构的组建及各机构之间的关系、公司的法律地位、股东的权利义务等各个方面。

2. 公司法是调整公司特有行为的活动法

公司是从事生产经营活动的企业,其生产经营活动的规则需要由法律加以规定。公司的活动内容广泛,一般可以分为两大类。一类是与公司组织特点有关的活动,如股票的发行、股权转让等;另一类是与公司组织特点无关的活动,如商品的买卖等。前者由公司法调整,后者则由其他法调整。

3. 公司法既强调股东自治,也保障社会利益

公司法是鼓励投资的法。为促进投资、激发经济活力,公司法允许公司在法律的规定下,自主选择确定公司的组织形式、出资方式等。但是,公司的设立及活动会直接影响社会的利益,为保证交易安全,防止公司大股东侵犯公司财产,维护小股东和债权人利益,我国在公司法中对大股东权利的行使等作出了一定的限制,并对公司设立、变更、解散的条件作出了一些强制性规定。

二、公司的分类

从国际上看,公司制度经过长期的发展已形成了多种形态的公司。各种公司在具备一般公司的基本特征的同时,又有着各自不同的特点。在法律上或学理上对公司一般可以作如下分类:

(一) 无限公司、有限责任公司、两合公司、股份有限公司及股份两合公司

这是大陆法系国家的公司法主要根据股东对公司承担责任的不同,对公司所作的法定分类。无限公司,在日本称为合名公司,是指全体股东对公司债务承担无限连带清偿责任的公司。有限责任公司,是指全体股东对公司债务仅以各自的出资额为限承担责任的公司。两合公司,在日本称为合资公司,是指公司的一部分股东对公司债务承担无限连带责任,另一部分股东对公司债务仅以其出资额为限承担责任的公司。股份有限公司,是指公司资本划分为等额股份,

全体股东仅以各自持有的股份额为限对公司债务承担责任的公司。股份两合公司,是指公司资本划分为等额股份,一部分股东对公司债务承担无限连带责任,另一部分股东对公司债务仅以其持有的股份额为限承担责任的公司。

我国《公司法》只规定了两种公司形式,即有限责任公司和股份有限公司。

(二) 封闭式公司和开放式公司

这是英美法系国家根据公司股权掌握的对象及其股权转让方式的不同,对公司所作的法定分类。封闭式公司,英国称 Private Company,美国称 Closely Held Corporation,是指股东人数较少,股权转让受较多限制,不得向社会公众募股,实行封闭式经营的公司。开放式公司,英国称 Public Company,美国称 Publicly Held Corporation,是指可以公开募股并由社会公众持股,股权可以自由转让的公司。

(三) 人合公司、资合公司和人合兼资合公司

这是大陆法系学者根据公司信用基础的不同,对公司所作的学理分类。人合公司的信用基础侧重于股东个人信用而不在于公司资本额。无限公司就是典型的人合公司。资合公司的信用基础侧重于公司资本额而不在于股东个人信用。股份有限公司是其典型。人合兼资合公司的信用基础兼具股东个人信用和公司资本额。两合公司即是其典型。

(四) 母公司和子公司

这是根据公司间的控制或支配关系所作的分类。母公司,也称控股公司,是指掌握其他公司多数股份,从而能实际控制其他公司经营决策的公司。子公司,是指其半数以上的股份受母公司控制,经营决策受母公司影响的公司。母公司与子公司在法律上均具有独立的法人资格。

与子公司相近的是分公司,分公司是指公司在其住所以外设立的从事经营活动的机构,是总公司的分支机构,在经营决策上直接受控于总公司,虽然其设立要依法登记,但不是独立法人,分公司对外负债,总公司要为其承担连带责任。公司设立分公司的,应当向分公司所在地的市、县公司登记机关申请登记;核准登记的,发给营业

执照。

(五) 中国公司和外国公司

中国公司是指依照中国法律在中国境内设立的公司。外国公司是指依照外国法律在中国境外设立的公司。外国公司在中国境内设立分支机构,采用行政许可设立原则,即依法必须向中国主管机关提出申请,并提交其公司章程、所属国的公司登记证书等有关文件,经批准后,向公司登记机关依法办理登记,领取营业执照。外国公司在中国境内设立的分支机构不具有中国法人资格。外国公司对其分支机构在中国境内进行经营活动承担民事责任。经批准设立的外国公司分支机构,在中国境内从事业务活动,必须遵守中国的法律,不得损害中国的社会公共利益,其合法权益受中国法律保护。

第二节 公司法的基本制度

一、公司的设立

公司设立,是指为创设公司并使之取得公司主体资格,依照法定条件和程序所进行的一系列法律行为的总称。

(一) 公司设立的要件

设立行为的内容,因公司种类不同而有差异,但都要具备三个要件,即发起人、资本和章程。

1. 发起人

发起人是指为了成立公司而筹划设立事务,从事设立行为,并在公司章程中签名盖章的出资人。发起人是公司成立后的首批股东。

发起人应具备法定的资格。在我国,发起人既可以是具有完全民事行为能力的自然人,也可以是法人。但法律、行政法规禁止从事营利性活动的人除外。发起人的人数应符合法律规定。从各国的规定上看,有限责任公司一般既有最低人数的规定,也有最高人数的限制;股份有限公司只有最低人数的规定,没有最高人数的限制。

为规范发起人的行为,各国公司法一般都规定了发起人的法律责任。综合我国《公司法》的规定,发起人的责任主要有:(1) 在公司筹备期间,发起人之间的关系具有合伙性质。当公司不能成立时,发起人应当对设立行为所产生的债务和费用负连带责任。为明确发起人在公司筹备期间内部各自的权利和义务,发起人应当签订一份公司发起协议。(2) 公司成立后,发起人之间的关系转变为股东间的合作关系,发起人仅以其出资额为限对公司债务承担责任。(3) 有限责任公司成立后,发现作为设立公司出资的非货币财产的实际价额显著低于公司章程所定价额的,应当由交付该出资的股东补足其差额;公司设立时的其他股东承担连带责任。(4) 股份有限公司的发起人,在公司不能成立时,对认股人已缴纳的股款,负返还股款并加算银行同期存款利息的连带责任;在公司设立过程中,由于发起人的过失致使公司利益受到损害的,应当对公司承担赔偿责任;股份有限公司成立后,发起人未按照公司章程的规定缴足出资的,应当补缴;其他发起人承担连带责任;发现作为设立公司出资的非货币财产的实际价额显著低于公司章程所定价额的,应当由交付该出资的发起人补足其差额;其他发起人承担连带责任。

公司的发起人、股东虚假出资,未缴付或者未按期缴付作为出资的货币或者非货币财产的,由公司登记机关责令改正,处以虚假出资金额5%以上15%以下的罚款。公司的发起人、股东在公司成立后,抽逃其出资的,由公司登记机关责令改正,处以所抽逃出资金额5%以上15%以下的罚款。

2. 资本

资本是公司存在的物质基础。长期以来,西方各国公司法关于公司资本的规定虽然有所不同,但归纳起来,主要有法定资本制、授权资本制和认可资本制三种不同模式的资本制度。

所谓法定资本制,是指在设立公司时,注册资本由全体股东足额认缴后,股东可以在公司登记成立前后的一定期限内一次或分次缴付出资的资本制度。根据法定资本制的要求,首先,公司章程必须记载不低于法定最低资本限额的注册资本。其次,公司章程所确定的资本总额必须在公司成立之前由股东全部认足。最后,发起人的股款可以按规定或约定在公司成立前或成立后的一定期限内一次性缴纳或分期缴纳。大陆法系国家为了确保债权人的利益和公司的对外信用基础,更多地体现"社会本位"的价值观念,在传统的公司法中,关于公司资本的规定大都采用了"法定资本制",并形成了"资本三原则",即资本确定原则、资本维持原则和资本不变原则。其中,资本确定原则,是指公司在设立时,必须在章程中对公司的资本总额作出明确规定,并必须由股东全部认足,否则公司不能成立。资本维持原则,又称资本充实原则,是指在公司存续期间,应经常保持与其资本额相当的财产,以维持公司的资信。资本不变原则,是指公司的资本一经确定,在存续期间不得随意更改,如需增减,必须履行法定的程序。

法定资本制的主要优点在于:(1) 有利于确保公司资本的真实、可靠,防止公司设立中的欺诈、投机等不法行为,避免公司注册资本和认缴资本的不同而给社会公众及投资者造成的混乱局面。(2) 有利于维护债权人的合法权益和社会交易的安全。其不足主要在于:(1) 缴款期限和数额在章程中事先确定,股东在约定的缴付时间到来而无力缴付时可能导致违约责任。(2) 公司变更资本的程序较复杂,耗时较长。

所谓授权资本制,是指公司设立时,虽然要在公司章程中确定注册资本总额,但发起人只需认足或缴足部分股份,公司就可正式成立,其余的股份,授权董事会根据公司生产经营情况和证券市场行情再随时发行的公司资本制度。根据授权资本制的要求,首先,公司章程既要载明公司的注册资本又要载明公司成立之前第一次发行的资本数额。其次,注册资本、发行资本、实缴资本、授权资本同时存在,但各不相同。最后,发起人只需认购并足额缴纳章程所规定的第一次应发行的股份数,公司即可正式成立。英美法系国家的公司法为了刺激人们的投资热情和简化公司的设立程序,更多地体现"个人本位"的价值观念,关于公司资本的规定大都采用了授权资本制。

授权资本制的主要优点在于:(1) 便于公司的尽快成立。(2) 免除了变更注册资本的烦琐程序,使公司资本变更的操作成本大幅降低。其不足主要在于:(1) 容易引起公司设立中的欺诈和投机等非法行为的滋生。因为授权资本制既未规定公司首次发行股份的最低限额,也未规定公司实收资本应与公司的生产经营规模相适应。(2)不利于保护债权人的利益。因为公司章程中规定的公司资本仅仅是一种名义资本,公司的实收资本可能微乎其微,这就削减了公司的信用担保范围,从而不利于维护交易的安全。

认可资本制,也称"折中授权资本制",是指在公司设立时,对公司章程中所确定的注册资本,发起人可以只认购一部分,未认购的部分授权董事会根据需要随时发行,但首次发行的股份不得少于法定比例,发行股份的授权也须在一定期限内行使的公司资本制度。认可资本制融合了法定资本制与授权资本制的优点,兼顾了公平、安全与效率。目前采用认可资本制的国家主要有德国、法国和日本。[①]

我国1993年通过的《公司法》,采用的是严格的法定资本制。其严格性主要表现为:(1)公司的注册资本必须在公司成立前全部发行,不允许分期缴纳,否则公司不得成立。(2)法定资本最低限额较高。比如,股份有限公司的最低注册资本额为人民币1 000万元。(3)资本变更制度刚性强,程序复杂,耗时较长。(4)出资标的范围较窄,无形财产出资所占比例偏低。股东以货币以外的财产出资时,只能以实物、工业产权、非专利技术和土地使用权作价出资,不能以股权、债权等其他同样可以用货币估价并可以依法转让的非货币资产作价出资,而且无形财产出资在注册资本的比例中一般不得超过20%。这一制度的主要优点在于:(1)切实贯彻了公司资本三原则,有利于公司资本结构、财务会计结构的稳定,有效地保证公司资本的真实、可靠,防止公司设立中的欺诈、投机行为。(2)保障公司资本稳健运行,有利于扼制出资不实等严重不良现象的发生,使公司的经营活动获得坚实的资本保证。(3)债权人利益和社会交易安全获得最大限度的保障,有利于维护良好的市场经济秩序。这一制度的不足主要在于:(1)公司设立门槛较高,容易挫伤投资者设立公司的积极性。(2)容易造成公司资本的闲置和浪费。(3)公司变更资本操作成本较高。(4)不利于内资公司的发展。因为内资公司的注册资本必须在公司成立前足额缴付,而外商投资企业根据有关外商投资

---

① 参见雷兴虎:《认可资本制:中国公司资本制度的最佳选择》,载于《甘肃政法学院学报》2004年第1期。

企业法的规定可以在公司成立后分次缴付。内外资企业的差别待遇,削弱了内资企业的竞争优势,导致内外资企业间的不公平竞争,不利于我国良好经济秩序的形成。

我国2005年通过的《公司法》,虽然继续采用法定资本制,要求股东或发起人在公司成立前一次认足注册资本,但在其他方面放宽了对公司资本的要求。主要表现在:(1)大幅度降低了公司注册资本的最低限额。将一般有限责任公司和股份有限公司的注册资本的最低限额分别降低为人民币3万元和人民币500万元。(2)取消了智力成果出资在注册资本的比例中一般不得超过20%的规定,扩大了股东出资的方式。将工业产权扩大为知识产权,并且对其他可以用货币作价并可以独立转让的财产出资的合法性给予明确肯定,从而使股权、债权出资的合法性得以确立。(3)允许股东或发起人分期缴纳股款。规定有限责任公司全体股东和采用发起方式设立的股份有限公司全体发起人的首次出资额不得低于注册资本的20%,也不得低于法定的注册资本最低限额,其余部分由股东或发起人自公司成立之日起2年内缴足;其中,投资公司可以在5年内缴足。(4)取消了一般公司向其他企业转投资不得超过本公司净资产的50%的限制性规定,有利于公司信用的扩张。

3. 章程

章程是由发起人或公司最初的全体股东依法制定的,规定公司设立的宗旨与经营范围、公司组织和活动的基本规则等问题的法律文件。公司章程作为充分体现公司自治的法律文件,堪称"公司小宪法",是公司法的重要渊源。

章程必须采用书面形式。其内容可以分为依法应当记载的事项和任意记载的事项两种。2005年《公司法》对章程中应当记载的事项作了调整,并扩大了股东的自主权。比如,有限责任公司中有关股东权利与义务、股东转让股权的条件、公司的解散事由与清算办法等原来属于章程中应当记载的事项,现在转为任意记载的事项。此外,《公司法》中的强制性规定减少了,股东可以在章程中对股东表决权的行使、议事方式和表决程序、股东分红和认缴出资的比例、公司向其他企业投资或者为他人提供担保事项具体由董事会还是由股东会或者股东大会决议决定,以及自然人股权继承等许多重要事项自主作出规定。

章程内容应尽可能全面、具体,文字力求准确、通俗易懂。公司章程自公司成立之日起生效,对公司、股东、董事、监事、高级管理人员具有约束力。

(二) 公司设立的方式

公司设立的方式一般有两种,即发起设立与募集设立。

1. 发起设立

又称单纯设立,是指由发起人认足公司全部股本而设立的公司。其特点是公司不向发起人以外的任何人募集股本,公司资本由发起人全额认购。发起设立方式适用面较广,各种公司形式都可采用。

2. 募集设立

又称渐次设立,是指由发起人认购公司应发行股份的一部分,其余股份向社会公开募集或者向特定对象募集而设立的公司。其特点是公司可以向发起人以外的人募集股份。募集方式包括向社会公开募集和向特定对象募集两种形式。募集设立方式在我国只适用于股份有限公司。

向特定对象募集设立的公司,也称私募公司,它是一种非公开宣传的、私下向特定投资人募集资金而组建的公司。根据我国《证券法》的规定,向累计不超过200人的特定对象发行证券,发起人不得采用广告、公开劝诱和变相公开方式。

(三) 公司设立的原则

公司设立的原则决定了公司设立的程序。综合各国的规定,从历史上看,国际上对公司的设立先后实行过四种原则。

1. 自由主义

自由主义,又称放任主义,是指公司设立完全由当事人自行决定,无须任何条件,国家也不加任何干涉。这一原则在公司制度处于萌芽时期的古罗马曾经采用。根据罗马法的规定,一切社团基于自由设立原则而成为事实上的存在,并因此而有法律上的人格。这一原则难以保证交易安全,近代以后各国已很少采用。

2. 特许主义

特许主义,即设立公司须经国家元首颁发特许状或依国会特别法令许可。这一原则在17、18世纪的英国、荷兰等国十分盛行,如1602年经英国国王批准设立的东印度公司。这一原则是与国家元首和政府保持对公司的垄断和特权相适应的,不适合一般公司的设立,目前只在很小的范围内使用。

3. 行政许可主义

行政许可主义,又称核准主义,即设立公司除了要符合法律规定的条件外,还须经行政主管机关审核批准。这一原则首创于1673年法国路易十四颁布的《商事敕令》。其优点是便于国家对公司的设立进行统筹安排和管理,保证已成立的公司具备法定的条件并符合社会的需要。但这一原则也存在着手续烦琐、重复,容易引起行政机关滥用职权等弊端。近代以来,西方国家已很少采用这一原则。

4. 准则主义

准则主义,又称登记主义,即设立公司只要符合法律规定的条件,无须经过行政主管机关审核批准,可以直接到公司登记机关申请设立登记。首先采用这一原则的是英国1862年颁布的《公司法》,到20世纪时已为西方各国普遍采用。

我国企业设立过去长期采用行政许可主义。1993年《公司法》对公司的设立采用的是准则主义与许可主义相结合的原则,即对一般有限责任公司的设立,采取准则主义;对股份有限公司和特殊有限责任公司的设立,采取行政许可主义。为进一步减少政府对公司设立的干预,2005年《公司法》废除了原《公司法》关于"股份有限公司的设立,必须经过国务院授权的部门或者省级人民政府批准"的规定,实行以"准则主义"为主、以"行政许可主义"为辅的设立原则,即除了法律、行政法规有特别规定的之外,一般公司的设立可以直接向公司登记机关申请设立登记。

二、公司董事、监事和高级管理人员的任职资格和义务

公司董事、监事和高级管理人员在公司的职权行为直接关系到公司、股东及债权人的利益,我国《公司法》从保障公司合法经营、维

护公司正常经营秩序出发,借鉴国际上通行的做法和规则,对我国公司董事、监事和高级管理人员的任职资格和义务作出了明确规定。

(一) 公司董事、监事和高级管理人员的任职资格

公司董事、监事和高级管理人员的任职资格一般分为积极资格和消极资格。积极资格是指任职应具备的条件;消极资格是指任职的限制性条件。

公司董事、监事和高级管理人员的积极资格因其职务和公司特点的不同而有所不同,一般应由公司自行确定,法律不作规定。

对消极资格法律一般有明确的规定。根据我国《公司法》第一百四十七条的规定,有下列情形之一的人,不得担任公司的董事、监事和高级管理人员:(1) 无民事行为能力或者限制民事行为能力;(2) 因贪污、贿赂、侵占财产、挪用财产或者破坏社会经济秩序,被判处刑罚,执行期满未逾5年,或者因犯罪被剥夺政治权利,执行期满未逾5年;(3) 担任破产清算的公司、企业的董事或者厂长、经理,对该公司、企业的破产负有个人责任的,自该公司、企业破产清算完结之日起未逾3年;(4) 担任因违法被吊销营业执照、责令关闭的公司、企业的法定代表人,并负有个人责任的,自该公司、企业被吊销营业执照之日起未逾3年;(5) 个人所负数额较大的债务到期未清偿。

公司违反法律规定选举、委派董事、监事或者聘任高级管理人员的,该选举、委派或者聘任无效。董事、监事、高级管理人员在任职期间变成无民事行为能力或者限制民事行为能力人时,公司应当解除其职务。

(二) 公司董事、监事和高级管理人员的义务

公司经营离不开董事、监事和高级管理人员,为维护公司利益,我国《公司法》要求公司董事、监事和高级管理人员对公司履行忠实和勤勉义务。所谓忠实义务,是指董事、监事和高级管理人员在履行职务时始终将公司利益置于首位。所谓勤勉义务,是指董事、监事和高级管理人员在管理公司事务时应当小心谨慎,尽职尽责地开展各项工作。忠实义务是所有董事、监事和高级管理人员都应对公司承担的一种义务。它是一种严格责任,不以董事、监事和高级管理人员有过失为承担责任的必要条件。勤勉义务是一种管理性义务,一般

以董事、监事和高级管理人员有过失为承担责任的必要条件,主要由具体负责公司日常经营的董事、监事和高级管理人员承担。

为落实公司董事、监事和高级管理人员的上述义务,我国《公司法》规定,公司董事、监事和高级管理人员不得利用职权收受贿赂或者其他非法收入,不得侵占公司的财产。

董事、高级管理人员不得有下列行为:(1)挪用公司资金;(2)将公司资金以其个人名义或者以其他个人名义开立账户存储;(3)违反公司章程的规定,未经股东会、股东大会或者董事会同意,将公司资金借贷给他人或者以公司财产为他人提供担保;(4)违反公司章程的规定或者未经股东会、股东大会同意,与本公司订立合同或者进行交易;(5)未经股东会或者股东大会同意,利用职务便利为自己或者他人谋取属于公司的商业机会,自营或者为他人经营与所任职公司同类的业务;(6)接受他人与公司交易的佣金归为己有;(7)擅自披露公司秘密;(8)违反对公司忠实义务的其他行为。

董事、高级管理人员违反前述规定所得的收入应当归公司所有。董事、高级管理人员执行公司职务时违反法律、行政法规或者公司章程的规定,给公司造成损失的,应当承担赔偿责任。股东可以就此书面请求监事会或者不设监事会的监事向人民法院提起诉讼;损害股东利益的,股东可以直接向人民法院提起诉讼。监事执行公司职务时违反法律、行政法规或者公司章程的规定,给公司造成损失的,也应当承担赔偿责任。股东可以就此书面请求董事会或者执行董事向人民法院提起诉讼。

监事会、不设监事会的有限责任公司的监事,或者董事会、执行董事收到股东前述书面请求后拒绝提起诉讼,或者自收到请求之日起30日内未提起诉讼,或者情况紧急、不立即提起诉讼将会使公司利益受到难以弥补的损害的,股东有权为了公司的利益以自己的名义直接向人民法院提起诉讼。

他人侵犯公司合法权益,给公司造成损失的,股东可以依照前述程序向人民法院提起诉讼。

三、公司债券

(一) 公司债券的概念及其特征

公司债券,是指公司依照法定程序发行、约定在一定期限还本付息的有价证券。在我国,公司发行债券应当符合《证券法》规定的条件。公司债券是公司为了向社会筹集资金而发行的一种有价证券,其主要特征是:

1. 要式性

所谓要式性,是指债券必须依法定的方式制作和发行才能成立。公司债券是可以依法流通的有价证券,为保证交易安全,债券的制作、记载事项和签发必须符合法律规定,否则不具有法律效力。

2. 设权性

所谓设权性,是指权利的发生以证券的制作和存在为条件。债权与债券同时发生,债权不能脱离债券独立存在。

3. 利率固定性

债券利率固定,不论公司盈亏,债券持有人都有权要求公司按期支付约定的利息,债券的风险较小,因此收益比较可靠。债券到期时,公司应还本付息,逾期部分不计算利息。公司解散,公司债券先于股票得到清偿。

(二) 公司债券的种类

1. 记名公司债券与不记名公司债券

记名债券,是指公司发行的将债权人的姓名或者名称记载于公司债券票面及公司债券存根簿上的债券。发行记名公司债券的,应当在公司债券存根簿上载明下列事项:(1) 债券持有人的姓名或者名称及住所;(2) 债券持有人取得债券的日期及债券的编号;(3) 债券总额,债券的票面金额、利率、还本付息的期限和方式;(4) 债券的发行日期。

无记名债券,则指公司发行的不将债权人的姓名或者名称记载于公司债券票面及公司债券存根簿上的债券。发行无记名公司债券的,应当在公司债券存根簿上载明债券总额、利率、偿还期限和方式、发行日期及债券的编号。

2. 可转换公司债券与不可转换公司债券

可转换公司债券，是指依照法定程序发行，在一定期间内依据约定的条件可以转换成股票的公司债券。可转换公司债券的发行主体为上市公司，其直接后果是影响债券发行人的负债结构和资产负债率，当转换期到来时，可能会影响债券发行人的股本结构和股本总额。

可转换公司债券具有债券和股票的双重属性。在转换成股票前，其持有人处于公司债权人地位，不享有股东的权利和义务；持有人将债券转换成股票后就成为公司的股东。债券持有人有权选择是否将债券转换成股票。

对投资者来说，可转换公司债券最大的优点在于它将公司债券的安全稳定性与股票的投机性有机结合，使认购人有了更多的选择权。投资者既可以选择在可转债到期时领取稳定的利息收益，也可以在二级市场上卖出债券获取价差，还可以根据公司股价走势换成公司股票，分享公司成长收益。对发行公司来说，公司债券约定的票面利率一般低于银行贷款利率和普通公司债券利率，有利于降低融资成本。

不可转换公司债券，是指不能转换为股票的普通公司债券。普通公司债券发行主体包括股份有限公司和有限责任公司，债券发行人承担到期还本付息的义务，其直接后果是改变债券发行人的负债结构和资产负债率，但不影响债券发行人的股本结构和股本总额。

四、公司财务与会计制度

公司资本在经营期间一般是变动的，为加强对公司资本流动情况的监督，《公司法》要求公司依法建立财务会计制度，对公司资产，不得以任何个人名义开立账户存储。

公司应当在每一会计年度终了时编制财务会计报告，并依法经会计师事务所审计。公司聘用、解聘承办公司审计业务的会计师事务所，依照公司章程的规定，由股东会、股东大会或者董事会决定。为保证股东知情权的实现，有限责任公司应当按照公司章程规定的期限将财务会计报告送交各股东。股份有限公司的财务会计报告应当在召开股东大会年会的20日前置备于本公司,供股东查阅;公开发行股票的股份有限公司,由于涉及公众投资者的利益,所以其财务会计报告依法必须公告。

为保持公司资本真实,公司经营所得利润应首先用于弥补亏损和提取法定公积金。公司在弥补亏损和提取法定公积金之前向股东分配利润的,股东必须将违反规定分配的利润退还公司。我国《公司法》规定的公积金分为法定公积金和任意公积金两种。法定公积金的提取比例为公司当年税后利润的10%。公司法定公积金累计额为公司注册资本的50%以上的,可以不再提取。公司的法定公积金不足以弥补以前年度亏损的,在提取法定公积金之前,依法应当先用当年利润弥补亏损。任意公积金是在依法提取法定公积金后,从税后利润中再提取的。任意公积金的提取比例由股东会或者股东大会决议确定。公司从利润中提取的公积金可以用于弥补公司亏损、扩大公司生产经营或者转为增加公司资本。但法定公积金转为资本时,所留存的该项公积金不得少于转增前公司注册资本的25%。

资本公积金是在公司的生产经营之外,由资本、资产本身及其他原因形成的股东权益收入。资本公积金不得用于弥补公司的亏损。

五、公司的合并、分立与资本增减

(一) 公司合并

1. 公司合并的方式

公司合并,是指两个或两个以上的公司在订立合并合同的基础上,依法定程序组成一个公司的法律行为。公司合并的方式可以分为两种:一种是吸收合并,也称兼并,即一个公司被另一个公司吸收,被吸收公司解散,吸收公司存续并扩大。此种方式主要适用于强弱联合。另一种是新设合并,即两个以上的公司合并设立一个新公司,原有公司均解散。此种方式主要适用于强强联合。

2. 公司合并的程序

公司合并是具有法律意义的行为,它不仅会对合并公司的股东、经营管理等内部人员产生影响,而且会对公司债权人的利益产生重要影响。因此,各国法律一般对公司合并的原则与程序都有严格规定。根据我国《公司法》,公司合并必须坚持自愿的原则,其法定程序主要是:(1)合并各方内部应充分协商,并由股东会或股东大会作出同意的书面决议。依法应报主管部门审批的,还应报批。(2)合并双方自愿签订书面合并协议,并编制资产负债表和财产清单。合并协议须报合并各方股东会或股东大会批准。(3)通知并公告债权人。这是对债权人的特殊保护程序。我国《公司法》规定,公司应当自作出合并决议之日起10日内通知债权人,并于30日内在报纸上公告。债权人自接到通知书之日起30日内,未接到通知书的自公告之日起45日内,可以要求公司清偿债务或者提供相应的担保。(4)合并股本或股份,移交财产。合并后存续的公司召开股东会或股东大会,公司董事、监事和高级管理人员报告合并经过,修改公司章程。采用新设合并方式的,应召开创立大会,由各公司推举的设立委员报告合并经过,制定公司章程。(5)履行审批登记手续。

3. 公司合并的效力

公司合并的效力主要表现在三个方面:(1)因合并而解散的公司,在解散时无须经过清算程序。(2)股东收容。(3)权利义务概括承受。即公司合并时,合并各方的债权、债务,应当由合并后存续的公司或者新设的公司承继。

(二)公司分立

1. 公司分立的方式

公司分立,是指一个公司在订立分立合同的基础上,依法定程序分解为两个或两个以上公司的法律行为。公司分立一般有两种方式:一种是原公司仍保留,其中某些部分分离出去组成一个或几个新公司;另一种是原公司解散,分解为几个新公司。

2. 公司分立的程序

公司分立需要对财产进行分割,可能会影响债权人的利益,因此,我国《公司法》规定,公司应当自作出分立决议之日起10日内通知债权人,并于30日内在报纸上公告。公司分立前的债务由分立后的公司承担连带责任。但是,公司在分立前与债权人就债务清偿达成的书面协议另有约定的除外。

（三）公司资本的增加

公司增加资本会使公司债权人的利益有更多的保障，因此，公司股东会作出增加资本的决议后，不需要通知并公告债权人。公司股东依法认缴新增资本或认购新股即可。

（四）公司资本的减少

公司减少资本可能会损害债权人的利益，因此，公司需要减少注册资本时，一方面，必须编制资产负债表及财产清单；另一方面，公司应当自作出减少注册资本决议之日起10日内通知债权人，并于30日内在报纸上公告。债权人自接到通知书之日起30日内，未接到通知书的自公告之日起45日内，有权要求公司清偿债务或者提供相应的担保。公司减资后的注册资本不得低于法定的最低限额。

公司在合并、分立、减少注册资本时，不依法通知或者公告债权人的，由公司登记机关责令改正，对公司处以罚款。

六、公司的解散与清算

（一）公司的解散

公司解散，是指消灭公司法人资格的法律行为。公司解散必须基于法定的事由或者法律事实的出现。根据我国《公司法》的规定，公司解散的原因主要包括六种情形：（1）公司章程规定的营业期限届满或者公司章程规定的其他解散事由出现。此种情形出现时，股东会或股东大会可以通过修改公司章程而使公司存续。（2）股东会决议或者股东大会决议解散。（3）因公司合并或者分立需要解散的。（4）依法被吊销营业执照、责令关闭或者被撤销。（5）公司经营管理发生严重困难，继续存续会使股东利益受到重大损失，通过其他途径不能解决的，持有公司全部股东表决权10%以上的股东，可以请求人民法院解散公司。（6）公司被依法宣告破产。

（二）公司的清算

公司清算，是指公司于解散时，清理其财产与债权、债务，进行公平分配，以结束公司所有法律关系的法律行为。由于公司的清算涉及众多股东及债权人的利益，为规范公司清算行为，各国公司法对公司清算都规定了严格的程序。根据我国《公司法》，公司清算的基本程序是：

1. 组成清算组

公司应当在解散事由出现之日起15日内成立清算组,开始清算。有限责任公司的清算组由股东组成,股份有限公司的清算组由董事或者股东大会确定的人员组成。逾期不成立清算组进行清算的,债权人可以申请人民法院指定有关人员组成清算组进行清算。人民法院应当受理该申请,并及时组织清算组进行清算。

清算组在清算期间行使的职权主要包括:(1)清理公司财产,分别编制资产负债表和财产清单;(2)通知、公告债权人;(3)处理与清算有关的公司未了结的事务;(4)清缴所欠税款以及清算过程中产生的税款;(5)清理债权、债务;(6)处理公司清偿债务后的剩余财产;(7)代表公司参与民事诉讼活动。清算组成员应当忠于职守,依法履行清算义务,因故意或者重大过失给公司或者债权人造成损失的,应当承担赔偿责任。

2. 通知并公告债权人

为保护债权人合法权益,清算组应当自成立之日起10日内通知债权人,并于60日内在报纸上公告。债权人应当自接到通知书之日起30日内,未接到通知书的自公告之日起45日内,向清算组申报其债权。

3. 债权人申报债权

债权人申报其债权应当说明债权的有关事项,并提供证明材料。清算组应当对债权进行登记。如果债权人在法定期限内未申报债权,一般视为债权人弃权。但在公司财产能够全面清偿所有债务,并且公司剩余财产尚未分配给股东的情况下,逾期申报债权的债权人可以请求从剩余财产中得到清偿。在申报债权期间,清算组不得对债权人进行清偿。

4. 清算组调查和清理公司财产

清算组应在清产核资的基础上编制公司资产负债表和财产清单。如果公司财产能够清偿公司债务,则制定清算方案,报股东会、股东大会或者人民法院确认后实施;如果公司财产不足以清偿公司债务,清算组应当向人民法院申请破产。清算期间,公司存续,但不得开展与清算无关的经营活动。

5. 收取公司债权,清偿公司债务

清算组在清偿公司债务前应先支付清算费用、职工的工资、社会保险费用和法定补偿金,缴纳所欠税款。

6. 分配公司剩余财产

公司对外清偿债务后,如果还有剩余财产,有限责任公司按照股东的出资比例分配,股份有限公司按照股东持有的股份比例分配。公司财产在未支付清算费用、职工的工资、社会保险费用和法定补偿金,缴纳所欠税款前,不得分配给股东。清算组发现公司财产不足清偿债务的,应当依法向人民法院申请宣告破产,并将清算事务移交给人民法院。

7. 制作清算报告,申请注销公司登记

公司清算结束后,清算组应当制作清算报告,报股东会、股东大会或者人民法院确认,并报送公司登记机关,申请注销公司登记,公告公司终止。

公司在进行清算时,隐匿财产,对资产负债表或者财产清单作虚假记载或者在未清偿债务前分配公司财产的,由公司登记机关责令改正,对公司处以隐匿财产或者未清偿债务前分配公司财产金额5%以上10%以下的罚款;对直接负责的主管人员和其他直接责任人员处以1万元以上10万元以下的罚款。公司被依法宣告破产的,依照有关企业破产的法律实施破产清算。

第三节 有限责任公司法

一、有限责任公司概述

(一)有限责任公司的概念和特征

有限责任公司,是指根据公司法设立的,公司以其全部财产对公司的债务承担责任,股东以其认缴的出资额为限对公司承担责任的企业法人。有限责任公司起源于19世纪后半期的德国,吸收了无限公司与股份有限公司的优点。与其他公司形式相比较,它具有以下法律特征：

1. 全体股东仅以其认缴的出资额为限对公司债务负有限责任

股东对公司债务承担的责任以其认缴的出资额为限，股东之间一般也无连带责任关系，这种制度有利于股东控制投资风险。

2. 股东的人数一般有法定最高人数的限制

有限责任公司股东一般要参与公司管理，股东之间的合作很重要，人数过多不利于内部关系的协调。因此，适当控制股东人数，有助于公司稳定经营。

3. 公司注册资本只能由发起人认购

有限责任公司属于封闭性公司，不能通过对外发行股份筹集资金。有限责任公司成立后向股东签发的出资证明书，只是一种权利凭证，不是有价证券，不得上市流通。

4. 设立程序比较简单，内部机构比较精干

有限责任公司采用发起方式设立，只要具备公司法规定的设立条件即可到登记机关申请设立登记，一般不需要其他行政审批。公司发起人人数一般较少，因此，公司董事、监事的人数也较少，公司内部各项事务协商沟通比较方便。

5. 股东向股东以外的人转让股权有严格的限制

总之，有限责任公司是一种资本的联合，同时它在组织和经营上的封闭性以及股东相互之间的信任性，又使之具有一定的人合性。

（二）有限责任公司的优缺点

1. 有限责任公司的优点

有限责任公司的优点是：(1) 设立条件低，设立简便。(2) 股东变动小，内部凝聚力强。(3) 公司营业及财务状况无须公开，机构精干，经营效率高。(4) 股东风险小，仅负有限责任。

2. 有限责任公司的缺点

有限责任公司的缺点是：(1) 发展规模受限制。因为公司具有非公众性的特点，不便于广泛筹集社会资金。(2) 股权转让不易。股东向股东以外的人转让股权必须征求其他股东的意见。股东依法转让股权后，公司还要注销原股东的出资证明书，向新股东签发出资证明书，并相应修改公司章程和股东名册中有关股东及其出资额的

记载,办理变更登记。(3)对债权人利益保护较差。因为公司一般自有资本较少,抗风险能力较差,且全体股东均负有限责任,当严重亏损不能还债时,破产的可能性较大。此外,公司的非公开性,也使债权人平时难以了解公司营业及财务的真实情况,所以对债权人来说风险较大。

通过以上分析可以看出,有限责任公司形式比较适合中、小企业采用。

二、有限责任公司的设立

(一) 有限责任公司设立的条件

我国《公司法》第二十三条规定,设立有限责任公司,应当具备五个基本条件:

1. 股东符合法定人数

《公司法》规定了有限责任公司人数的上限,即有限责任公司依法由 50 个以下股东出资设立。

2. 股东出资达到法定资本最低限额

在我国,有限责任公司的注册资本是在公司登记机关登记的全体股东认缴的出资额,其法定最低限额为人民币 3 万元。法律、行政法规对有限责任公司注册资本的最低限额有较高规定的,从其规定。此外,有限责任公司全体股东的首次出资额依法不得低于注册资本的 20%,也不得低于法定的注册资本最低限额,其余部分由股东自公司成立之日起 2 年内缴足;其中,投资公司可以在 5 年内缴足。

股东可以用货币出资,也可以用实物、知识产权、土地使用权等可以用货币估价并可以依法转让的非货币财产作价出资;但是,法律、行政法规规定不得作为出资的财产除外。对作为出资的非货币财产应当依法评估作价,核实财产,不得高估或者低估作价。承担资产评估、验资或者验证的机构因其出具的评估结果、验资或者验证证明不实,给公司债权人造成损失的,除能够证明自己没有过错的外,在其评估或者证明不实的金额范围内承担赔偿责任。

为保证公司正常生产经营的需要,全体股东的货币出资金额依法不得低于有限责任公司注册资本的 30%。

3. 有股东共同制定的公司章程

我国《公司法》第二十五条规定,章程应当记载的事项有:(1)公司名称和住所;(2)公司经营范围;(3)公司注册资本;(4)股东的姓名或者名称;(5)股东的出资方式、出资额和出资时间;(6)公司的机构及其产生办法、职权、议事规则;(7)公司法定代表人;(8)股东会会议认为需要规定的其他事项。如股东的权利和义务、股东转让股权的条件等。全体股东就章程事项达成一致后,应当在公司章程上签名、盖章。

4. 有公司名称及符合有限责任公司要求的组织机构

有限责任公司应当在名称中标明"有限责任公司或者有限公司"字样,其组织机构一般由股东会、董事会、监事会和经理机构组成。

5. 有公司住所

公司的住所是公司主要办事机构所在地。经公司登记机关登记的公司的住所只能有一个。公司的住所应当在其公司登记机关辖区内。

(二) 有限责任公司设立的程序

1. 由全体股东指定或委托的代理人向公司登记机关申请公司名称预先核准

公司登记机关应当自收到申请所需文件之日起 10 日内作出核准或者驳回的决定。公司登记机关决定核准的,发给《企业名称预先核准通知书》。预先核准的公司名称保留期为 6 个月。预先核准的公司名称在保留期内,依法不得用于从事经营活动,不得转让。

2. 全体股东共同制定公司章程,缴付出资

股东应当按期足额缴纳公司章程中规定的各自所认缴的出资额。股东以货币出资的,应当将货币出资足额存入有限责任公司在银行开设的账户;以非货币财产出资的,应当依法办理其财产权的转移手续。股东不按照前款规定缴纳出资的,除应当向公司足额缴纳外,还应当向已按期足额缴纳出资的股东承担违约责任。

3. 验资后向登记机关申请设立

股东的首次出资经法定的验资机构验资后,由全体股东指定的

代表或者共同委托的代理人向公司登记机关申请设立登记。

4. 登记机关核准

公司登记机关对申请登记的事项及文件进行审核,对符合法定条件的,予以登记,发给公司营业执照。公司营业执照签发日期,为有限责任公司成立日期。

为防止公司在设立登记时弄虚作假,我国《公司法》还规定了严格的设立责任,即公司登记时虚报注册资本、提交虚假证明文件或者采取其他欺诈手段隐瞒重要事实取得公司登记的,责令改正,对虚报注册资本的公司,处以虚报注册资本金额5%以上15%以下的罚款;对提交虚假证明文件或者采取其他欺诈手段隐瞒重要事实的公司,处以1万元以上10万元以下的罚款;情节严重的,撤销公司登记;构成犯罪的,依法追究刑事责任。

三、有限责任公司的法人治理

现代企业组织制度的基本特征是所有者与经营者和生产者之间,通过公司的决策机构、执行机构、监督机构,形成各自独立、权责分明、相互制约的法人治理结构关系,并通过法律和公司章程加以确立和实现。根据我国《公司法》,有限责任公司的法人治理结构主要由股东会、董事会(或执行董事)、经理、监事会(或监事)等构成。

(一)有限责任公司股东的权利与义务

1. 股东的权利

股东对公司享有的权利,也称为股东权或股权,它是股东以其出资组成公司,形成公司法人财产后,再依照法律和章程的规定对公司享有的一种权利。我国《公司法》第四条规定,公司股东依法享有资产收益、参与重大决策和选择管理者等权利。具体来说,有限责任公司股东依法享有的权利主要有:

(1)表决权、质询权。股东依法可以参加或推举代表参加股东会并依法行使表决权、质询权。

(2)获取红利和优先认购公司新增资本。股东依法有权按照实缴的出资比例分取红利。公司新增资本时,股东有权优先按照实缴的出资比例认缴出资。但是,全体股东约定不按照出资比例分取红利或者不按照出资比例优先认缴出资的除外。

（3）转让股权和优先购买其他股东转让的股权。股东之间依法可以相互转让其全部或者部分股权。股东向股东以外的人转让股权，依法应当经其他股东过半数同意。股东应就其股权转让事项书面通知其他股东征求同意，其他股东自接到书面通知之日起满30日未答复的，视为同意转让。其他股东半数以上不同意转让的，不同意的股东应当购买该转让的股权；不购买的，视为同意转让。经股东同意转让的股权，在同等条件下，其他股东有优先购买权。两个以上股东主张行使优先购买权的，协商确定各自的购买比例；协商不成的，按照转让时各自的出资比例行使优先购买权。为保障公司股东的自主权，《公司法》在作出上述规定的同时，也允许股东在公司章程中对股权转让作出其他规定。

人民法院依照法律规定的强制执行程序转让股东的股权时，应当通知公司及全体股东，其他股东在同等条件下有优先购买权。其他股东自人民法院通知之日起满20日不行使优先购买权的，视为放弃优先购买权。

（4）知情权。股东有权查阅、复制公司章程、股东会会议记录、董事会会议决议、监事会会议决议和财务会计报告。股东如果要求查阅公司会计账簿，应当向公司提出书面请求，说明目的。公司有合理根据认为股东查阅会计账簿有不正当目的，可能损害公司合法利益的，可以拒绝提供查阅，并应当自股东提出书面请求之日起15日内书面答复股东并说明理由。公司拒绝提供查阅的，股东可以请求人民法院要求公司提供查阅。

（5）提议、召集和主持临时股东会的权利。股东在法定条件下有权提议、召集和主持临时股东会。1993年《公司法》只有提议权，即向公司董事会提议，但董事会不召集时，临时股东会就无法召开，从而使股东受制于董事会。为解决这一问题，2005年《公司法》增加了股东在法定条件下召集和主持临时股东会的权利。

（6）异议股东股权收购请求权。公司按股权表决有可能损害中小股东的利益，为使中小股东能够有退出渠道，《公司法》第七十五条规定，有下列情形之一的，对股东会该项决议投反对票的股东可以请求公司按照合理的价格收购其股权:① 公司连续5年不向股东分配利润,而公司该5年连续盈利,并且符合本法规定的分配利润条件的;② 公司合并、分立、转让主要财产的;③ 公司章程规定的营业期限届满或者章程规定的其他解散事由出现,股东会会议通过决议修改章程使公司存续的。自股东会会议决议通过之日起60日内,股东与公司不能达成股权收购协议的,股东可以自股东会会议决议通过之日起90日内向人民法院提起诉讼。

(7) 参与剩余财产的分配。即公司终止后,依法分得公司的剩余财产。

(8) 继承权。自然人股东死亡后,其合法继承人可以继承股东资格;但是,公司章程另有规定的除外。

(9) 请求司法救济的权利。为维护股东权益,2005年《公司法》在多处地方赋予股东请求司法救济的权利。比如董事、高级管理人员违反法律、行政法规或者公司章程的规定,损害股东利益的,股东可以向人民法院提起诉讼。股东会、董事会的会议召集程序、表决方式违反法律、行政法规或者公司章程,或者决议内容违反公司章程的,股东可以自决议作出之日起60日内,请求人民法院撤销。

2. 股东的义务

股东的义务主要有:(1) 按期足额缴纳应缴付的出资额;(2) 公司成立后,不得抽回出资,对公司债务仅以其认缴的出资额为限承担责任;(3) 公司章程规定的其他义务。

(二) 股东会

股东会是由全体股东组成的公司的权力机构,它不是常设机关,对外并不代表公司,对内也不执行业务。

1. 股东会的职权

为维护股东利益,各国公司法对股东会的职权都有明确规定。根据我国《公司法》,股东会行使下列职权:(1) 决定公司的经营方针和投资计划;(2) 选举和更换非由职工代表担任的董事、监事,决定有关董事、监事的报酬事项;(3) 审议批准董事会的报告;(4) 审议批准监事会或者监事的报告;(5) 审议批准公司的年度财务预算方案、决算方案;(6) 审议批准公司的利润分配方案和弥补亏损方案;(7)对公司增加或者减少注册资本作出决议;(8)对发行公司债券作出决议;(9)对公司合并、分立、变更公司形式、解散和清算等事项作出决议;(10)修改公司章程;(11)公司章程规定的其他职权。

2. 股东会的议事规则

股东会会议分为定期会议和临时会议。定期会议应当按照公司章程的规定按时召开。一般情况下,每个营业年度终结后,应召开股东年会,听取上一年经营情况的汇报,决定收益分配,决定下一年生产经营中的重大问题。临时会议可以由代表1/10以上表决权的股东,1/3以上的董事,监事会或者不设监事会的公司的监事提议召开。

股东会的首次会议由出资最多的股东召集和主持。公司设立董事会的,以后的股东会会议由董事会召集,董事长主持;董事长不能履行职务或者不履行职务的,由副董事长主持;副董事长不能履行职务或者不履行职务的,由半数以上董事共同推举1名董事主持。公司不设董事会的,股东会会议由执行董事召集和主持。董事会或者执行董事不能履行或者不履行召集股东会会议职责的,由监事会或者不设监事会的公司的监事召集和主持;监事会或者监事不召集和主持的,代表1/10以上表决权的股东可以自行召集和主持。召开股东会会议,一般应当于会议召开15日以前通知全体股东。

股东对需要决议的事项以书面形式一致表示同意的,可以不召开股东会会议,直接作出决定,并由全体股东在决定文件上签名、盖章。股东会会议股东表决权的确定方式可以由公司章程规定,章程未规定的由股东按照出资比例行使表决权。股东会会议对一般事项作出决议,只需要半数以上表决权的股东通过即可,但作出修改公司章程、增加或者减少注册资本的决议,以及公司合并、分立、解散或者变更公司形式的决议,依法必须经代表2/3以上表决权的股东通过。

股东会应当对所议事项的决定作成会议记录,出席会议的股东应当在会议记录上签名。

(三) 董事会(或执行董事)

有限责任公司应当设立董事会或执行董事。董事会是公司的常设领导机构,对外代表公司,对内负责执行股东会的决议、对公司日常重大事务进行决策、指导和监督公司经理的日常经营活动。董事会对股东会负责。

1. 董事会的组建

董事会是由所有董事组成的一个领导集体,董事由股东会在股东或股东委派的代表中选举产生。两个以上国有企业或者其他两个以上国有投资主体投资设立的有限责任公司的董事会中应有公司职工的代表。其他有限责任公司董事会成员中也可以有公司职工代表。董事会中的职工代表由公司职工通过职工代表大会、职工大会或者其他形式民主选举产生。董事会设董事长1人,可以设副董事长。董事长、副董事长的产生办法由公司章程规定。

董事的人数,对公司经营管理影响很大。人数太少,容易造成独裁,危害股东利益;人数太多,机构臃肿,形成决议比较困难,办事效率较低。我国《公司法》规定,有限责任公司董事会的成员应为3至13人。公司在规定具体人数时,一般应规定董事的人数为奇数,以减少董事会表决出现僵局的机会。股东人数较少和规模较小的,可以设1名执行董事,不设立董事会。执行董事可以兼任公司经理,其职权由公司章程规定。

董事的任期由章程规定,每届任期不得超过3年。董事任期届满,连选可以连任。为保证董事人数不低于法定人数,法律规定董事任期届满未及时改选,或者董事在任期内辞职导致董事会成员低于法定人数的,在改选出的董事就任前,原董事仍应当依照法律、行政法规和公司章程的规定,履行董事职务。

2. 董事会的职权和议事规则

董事会对股东会负责,我国《公司法》第四十七条规定,董事会的职权主要有:(1)召集股东会会议,并向股东会报告工作;(2)执行股东会的决议;(3)决定公司的经营计划和投资方案;(4)制订公司的年度财务预算方案、决算方案;(5)制订公司的利润分配方案和弥补亏损方案;(6)制订公司增加或者减少注册资本以及发行公司债券的方案;(7)制订公司合并、分立、解散或者变更公司形式的方案;(8)决定公司内部管理机构的设置;(9)决定聘任或者解聘公司经理及其报酬事项,并根据经理的提名决定聘任或者解聘公司副经理、财务负责人及其报酬事项；(10) 制定公司的基本管理制度；(11) 公司章程规定的其他职权。

董事会的职权是通过董事会集体行使的。董事会会议由董事长召集和主持；董事长不能履行职务或者不履行职务的，由副董事长召集和主持；副董事长不能履行职务或者不履行职务的，由半数以上董事共同推举1名董事召集和主持。

董事会决议的表决，实行一人一票。董事会应当对所议事项的决定作成会议记录，出席会议的董事应当在会议记录上签名。董事会的其他议事方式和表决程序，由章程规定。

（四）经理

有限责任公司可以设经理，经理是由董事会聘请的负责公司日常经营活动的高级管理人员。经理对董事会负责，并有权列席董事会会议。

经理的职权可以由章程规定。章程未规定的适用法律的规定。我国《公司法》第五十条规定，经理应行使下列职权：(1) 主持公司的生产经营管理工作，组织实施董事会决议；(2) 组织实施公司年度经营计划和投资方案；(3) 拟订公司内部管理机构设置方案；(4) 拟定公司的基本管理制度；(5) 制定公司的具体规章；(6) 提请聘任或者解聘公司副经理、财务负责人；(7) 决定聘任或者解聘除应由董事会决定聘任或者解聘以外的负责管理人员；(8) 董事会授予的其他职权。

（五）监事会(或监事)

有限责任公司依法应设立监事会或监事作为公司常设监督机构，对股东会和全体职工负责。其中，公司经营规模较大的，设立监事会，其成员不得少于3人；公司股东人数较少或者规模较小的，可以只设1至2名监事，不设监事会。

1. 监事会的组建

监事会由股东代表和适当比例的公司职工代表组成，其中职工代表的比例不得低于1/3，具体比例由公司章程规定。监事会中的职工代表由公司职工通过职工代表大会、职工大会或者其他形式民主选举产生。监事会设主席1人，由全体监事过半数选举产生。董事、高级管理人员不得兼任监事。

监事的任期每届为3年。监事任期届满,连选可以连任。监事任期届满未及时改选,或者监事在任期内辞职导致监事会成员低于法定人数的,在改选出的监事就任前,原监事仍应当依照法律、行政法规和公司章程的规定,履行监事职务。

2. 监事会、不设监事会的公司的监事的职权

我国《公司法》第五十四条规定,其职权主要包括:(1)检查公司财务。比如,对董事会编报的公司每一会计年度财务会计报告进行稽查,签署审查意见等。(2)对董事、高级管理人员执行公司职务的行为进行监督,对违反法律、行政法规、公司章程或者股东会决议的董事、高级管理人员提出罢免的建议。(3)当董事、高级管理人员的行为损害公司的利益时,要求董事、高级管理人员予以纠正。(4)提议召开临时股东会会议,在董事会不依法召集和主持股东会会议时召集和主持股东会会议。(5)向股东会会议提出提案。(6)依法代表公司对董事、高级管理人员提起诉讼。(7)公司章程规定的其他职权。

监事有权列席董事会会议,并对董事会决议事项提出质询或者建议。监事会、不设监事会的公司的监事发现公司经营情况异常,可以进行调查;必要时,可以聘请会计师事务所等协助其工作。监事会、不设监事会的公司的监事行使职权所必需的费用,以及依法聘请外部人员的费用,由公司承担。

3. 监事会的议事规则

监事会每年度至少召开一次会议,监事可以提议召开临时监事会会议。监事会主席召集和主持监事会会议;监事会主席不能履行职务或者不履行职务的,由半数以上监事共同推举1名监事召集和主持监事会会议。监事会决议应当经半数以上监事通过。监事会应当对所议事项的决定作成会议记录,出席会议的监事应当在会议记录上签名。监事会的其他议事方式和表决程序,由公司章程规定。

(六)工会

有限责任公司职工有权依法组建工会,开展工会活动,维护职工合法权益。公司工会有权代表职工就职工的劳动报酬、工作时间、福

利、保险和劳动安全卫生等事项依法与公司签订集体合同。公司应当为本公司工会提供必要的活动条件,并依法通过职工代表大会或者其他形式,实行民主管理。公司研究决定改制以及经营方面的重大问题、制定重要的规章制度时,应当听取工会的意见,并通过职工代表大会或者其他形式听取职工的意见和建议。

四、一人有限责任公司的特别规定

（一）一人有限责任公司的概念

一人有限责任公司,是指只有一个自然人股东或者一个法人股东的有限责任公司。它是有限责任公司的一种特殊形式。

由于有限责任公司在经营期间内部信息一般不公开,因此,当公司只有一个股东时,复数股东之间的相互制衡不复存在,股东很容易将公司财产与本人财产混同,这就使公司债权人或相对人承担了过大的风险。为降低交易风险,我国《公司法》对一人有限责任公司在资本、对外公示等方面作出了特别规定。

（二）一人有限责任公司的特殊性

与一般有限责任公司相比,其特殊性主要表现在以下几个方面:

1. 资本制度更严格

一人有限责任公司的注册资本最低限额为人民币10万元,高于一般有限责任公司。股东注册资本实行实缴制,股东应当在公司成立前足额缴纳公司章程规定的出资额。一个自然人只能投资设立一个一人有限责任公司,该一人有限责任公司不能投资设立新的一人有限责任公司。

2. 信息公开

一人有限责任公司在公司登记中应当注明自然人独资或者法人独资,并在公司营业执照中载明。公司在每一会计年度终了时应当编制财务会计报告,并经会计师事务所审计。

3. 法人治理结构和决策程序简化

一人有限责任公司章程由股东制定,不设股东会。但股东在决定公司的经营方针和投资计划时应当采用书面形式,并由股东签字后置备于公司。

4. 股东对公司财产的独立性负举证责任

针对一人有限责任公司股东很容易将公司财产与本人财产混同的问题，法律规定，一人有限责任公司的股东不能证明公司财产独立于股东自己财产的，应当对公司债务承担连带责任。

五、国有独资公司的特别规定

(一) 国有独资公司的概念

国有独资公司，是指国家单独出资、由国务院或者地方人民政府委托本级人民政府国有资产监督管理机构履行出资人职责的有限责任公司。它与一人有限责任公司的区别主要在于投资主体身份不同。根据国有资产管理的特点，为既维护国家利益，又保证公司经营自主权，我国《公司法》对国有独资公司在法人治理结构和公司董事、监事和高级管理人员对外兼职等方面作出了特别规定。

(二) 国有独资公司法人治理结构及职权划分的特点

国有独资公司与一般有限责任公司相比，在法人治理结构及职权划分上主要有以下特点：

1. 国有独资公司不设股东会

一般有限责任公司股东会的职权由国有资产监督管理机构行使。国有资产监督管理机构可以授权公司董事会行使股东会的部分职权，决定公司的重大事项，但公司的合并、分立、解散、增减注册资本和发行公司债券，必须由国有资产监督管理机构决定；其中，按照国务院的规定确定的重要的国有独资公司合并、分立、解散、申请破产的，应当由国有资产监督管理机构审核后，报本级人民政府批准。公司章程由国有资产监督管理机构制定，或者由董事会制定报国有资产监督管理机构批准。

2. 国有独资公司董事会的法定职权大于一般有限责任公司

董事会除享有一般有限责任公司董事会的法定职权外，还享有国有资产监督管理机构授予的股东会的部分职权。公司董事会成员由股东代表和职工代表组成，其中，股东代表由国有资产监督管理机构委派，职工代表由公司职工代表大会选举产生。董事会设董事长1人，可以设副董事长。董事长、副董事长由国有资产监督管理机构从董事会成员中指定。

3. 国有独资公司经理由董事会聘任或者解聘

国有独资公司经理的法定职权与一般有限公司相同。董事会成员兼任经理的,应取得国有资产监督管理机构的同意。

4. 国有独资公司监事会成员不得少于5人,其中,职工代表的比例不得低于1/3,具体比例由公司章程规定

监事会成员中的股东代表由国有资产监督管理机构委派;职工代表由公司职工代表大会选举产生。监事会主席由国有资产监督管理机构从监事会成员中指定。监事会的法定职权少于一般有限责任公司,只享有一般有限责任公司监事会法定职权中的前三项,但国务院另有规定的除外。

(三) 对国有独资公司董事、监事和高级管理人员兼职的限制

为保证公司董事、监事和高级管理人员更好地履行职责,国有独资公司的董事长、副董事长、董事、高级管理人员,未经国有资产监督管理机构同意,不得在其他有限责任公司、股份有限公司或者其他经济组织兼职。

第四节 股份有限公司法

一、股份有限公司概述

(一) 股份有限公司的概念和特征

股份有限公司,是指依照公司法设立的,全部资本分为等额股份,公司以其全部财产对公司的债务承担责任,股东以其认购的股份为限对公司承担责任的企业法人。近代意义上的股份有限公司是随着资本主义经济的发展而在17世纪诞生并成长起来的。荷兰1602年成立的东印度公司被学者们认为是近代股份有限公司最早的典型代表。现代意义上的股份有限公司在19世纪得到很快的发展和普及。1807年法国《商法典》首次对股份有限公司作了规定。在现代,股份有限公司已成为资本主义国家中占统治地位的公司形式。股份有限公司与有限责任公司相比较,具有以下法律特征:

1. 全部资本分为等额股份,并可依法向社会公众募集资金

这是它与有限责任公司在资本计算方式上的重要区别。公司资本的股份化不仅便于公司公开募集资本,而且便于公司资本数额的计算和股东权利的确定和转让。

2. 公司股东有最低人数的限制,而没有最高人数的限制

股份有限公司制度主要是为面向社会广泛筹集资本而设计的,如果股东人数太少,则不利于资金的筹集,因此,多数国家公司法对股东人数的上限未作出限制性规定。

3. 股份有限公司是典型的资合公司

公司的信用基础主要在于公司的资本,而不在于公司的股东。因此,公司法对股份有限公司股东的资格及股权转让一般不作限制。

(二)股份有限公司的优缺点

1. 股份有限公司的优点

股份有限公司的优点是:(1)可以广泛筹集资金。这不仅是由于它可以对外公开发行股份和债券,而且由于股份每股金额很小,即使只拥有少量资金的人也可以参与投资,所以,它能广泛吸收社会上的闲散资金。(2)适应了所有权与经营权相互分离的现代生产方式的需要。现代企业制度要求企业由具有专门经营管理才能的人员来进行经营管理。股份有限公司股东只通过股东大会参与公司的重大决策,大部分股东不参与公司的日常决策与管理,经营者有较大的经营自主权。(3)公司股票上市后可以自由转让。股东遇有急需或者对公司的经营发展不看好,可以将持有的股票转让出去,收回投资。此外,开办股票交易市场,既可以增加国家的税收,又在客观上起到了自发调节生产结构、平衡各行业投资比例的作用,有利于国家从中掌握有关信息,自觉地采取相应的宏观调控措施。(4)股东投资风险较小。股份有限公司总股本一般较大,一方面它的抗经营风险的能力相对较强,另一方面有可能获得规模经营所带来的高收益。因此,单个股东有可能以较小的投入分享规模经营所获得的高收益。

2. 股份有限公司的缺点

股份有限公司的缺点是:(1)公司设立条件和程序比较严格、复杂,发起人设立责任比较重,审批环节多。(2)公司易被少数大股东

操纵和控制。为减少大股东的操纵和控制,使小股东也有反映他们利益的董事或监事,我国《公司法》规定,股东大会选举董事、监事,可以根据公司章程的规定或者股东大会的决议,实行累积投票制。所谓累积投票制,是指股东大会选举董事或者监事时,每一股份拥有与应选董事或者监事人数相同的表决权,股东拥有的表决权既可以集中使用,也可以分散使用。(3)中小股东对公司缺乏责任感。公司股东流动性较强,不容易控制。公司经营状况好,投资者就多;公司经营不佳,股东便抛售股票,转移风险,这使有可能扭亏为盈的公司因股票价格暴跌、融资困难而一蹶不振。(4)公司经营和财务信息不能严格保密。因为公司上市后依法应定期向公众公开其经营和财务状况,并及时、全面地提供可能对公司证券的买卖活动及价格有重大影响的任何信息。

通过以上分析可以看出,股份有限公司形式比较适合需要资金比较多、成长性好的大型企业采用。

二、股份有限公司的设立

(一)股份有限公司设立的条件

我国《公司法》第七十七条规定,设立股份有限公司,应当具备六个基本条件:

1. 发起人符合法定人数

设立股份有限公司,应当有2人以上200人以下为发起人。对发起人的资格,多数国家没有限制。有些国家规定发起人必须是本国人。我国《公司法》规定,发起人中须有过半数在中国境内有住所。

2. 发起人认购和募集的股本达到法定资本最低限额

除法律、行政法规有特别规定外,我国股份有限公司注册资本的法定最低限额为人民币500万元。采取发起方式设立的,注册资本为在公司登记机关登记的全体发起人认购的股本总额。公司全体发起人的首次出资额不得低于注册资本的20%,其余部分由发起人自公司成立之日起2年内缴足;其中,投资公司可以在5年内缴足。在缴足前,不得向他人募集股份。采取募集方式设立的,注册资本为在公司登记机关登记的实收股本总额。

3. 股份发行、筹办事项符合法律规定

4. 发起人制定公司章程,采取募集方式设立的经创立大会通过

以发起方式设立公司的,公司章程由发起人制定。以募集方式设立公司的,公司章程先由发起人拟定;募集成功后,公司召开全体股东参加的创立大会,经创立大会决议通过的章程,作为公司的正式章程。我国《公司法》第八十二条规定,股份有限公司章程应当载明下列事项:(1)公司名称和住所;(2)公司经营范围;(3)公司设立方式;(4)公司股份总数、每股金额和注册资本;(5)发起人的姓名或者名称、认购的股份数、出资方式和出资时间;(6)董事会的组成、职权和议事规则;(7)公司法定代表人;(8)监事会的组成、职权和议事规则;(9)公司利润分配办法;(10)公司的解散事由与清算办法;(11)公司的通知和公告办法;(12)股东大会会议认为需要规定的其他事项。

5. 有公司名称及符合股份有限公司要求的组织机构

股份有限公司依法必须在公司名称中标明"股份有限公司或者股份公司"字样,以表明公司的性质。股份有限公司的组织机构主要包括股东大会、董事会、经理机构、监事会等。

6. 有公司住所

(二) 股份有限公司设立的程序

股份有限公司的设立,可以采取发起设立或者募集设立的方式。

1. 发起设立的程序

以发起方式设立的程序是:(1)发起人签订发起人协议,明确各自在公司设立过程中的权利和义务。(2)由全体发起人指定的代表或者共同委托的代理人向公司登记机关申请名称预先核准。(3)发起人制定公司章程。(4)发起人书面认足公司章程规定其认购的股份。一次缴纳的,应即缴纳全部出资;分期缴纳的,应即缴纳首期出资;以非货币财产出资的,应当依法办理其财产权的转移手续。发起人不按照前述规定缴纳出资的,应当按照发起人协议的约定承担违约责任。(5)发起人首次缴纳出资后,应当选举董事会和监事会,由董事会向公司登记机关报送公司章程、由依法设定的验资机构出具

的验资证明以及法律、行政法规规定的其他文件,申请设立登记。(6)公司登记机关自接到股份有限公司设立登记申请之日起30日内作出是否予以登记的决定。对符合公司法规定条件的,予以登记,发给公司营业执照。公司营业执照签发日期,为公司成立日期。

2. 募集设立的程序

根据我国《公司法》,发起人可以通过向社会公开募集或者向特定对象募集而设立股份有限公司。募集设立与发起设立在程序上的区别主要表现在以下几个方面:(1)发起人认购的股份一般不得少于公司股份总数的35%。(2)发起人应向国务院证券监督管理机构提出股票发行申请。(3)向社会公开募集股份的,发起人必须公告招股说明书、制作认股书,并与依法设立的证券经营机构签订承销协议,与银行签订代收股款协议。(4)认股人填写认股书并签名、盖章。认股人按照所认购股数缴纳股款。发行股份的股款缴足后经法定验资机构验资并开具验资证明。(5)发行股份的股款缴足后,发起人在30日内主持召开由认股人组成的创立大会,审议发起人关于公司筹办情况的报告、讨论通过发起人拟定的公司章程、选举董事会和监事会成员、审核公司的设立费用和发起人用于抵作股款的财产的作价。发生不可抗力或者经营条件发生重大变化直接影响公司设立的,可以作出不设立公司的决议。发起人应当在创立大会召开15日前将会议日期通知各认股人或者予以公告。创立大会应有代表股份总数过半数以上的认股人出席,方可举行。创立大会作出决议,必须经出席会议的认股人所持表决权过半数通过。发行的股份超过招股说明书规定的截止期限尚未募足的,或者发行股份的股款缴足后,发起人在30日内未召开创立大会的,认股人可以按照所缴股款并加算银行同期存款利息,要求发起人返还。(6)董事会应于创立大会结束后30日内,向公司登记机关申请设立登记。

三、股份有限公司的股份

(一)股份的概念和特征

股份有限公司的资本应分为等额股份。股份是股份有限公司资本的基本构成单位,也是计算股东权利和义务的基本计量单位。股

份代表了股东的出资,在这一点上它与其他类型公司的股东出资并无区别。但与其他出资相比,它还有自己显著的特征:

1. 每一股的金额相等

即每股所代表的资本额一律相等。同种类的每一股份应当具有同等权利。同次发行的同种类股票,每股的发行条件和价格应当相同。任何单位或者个人所认购的股份,每股应当支付相同价额。这样规定既有利于公司计算股东的权利和义务,也有利于股份交易。

2. 股东持有的股份可以依法转让

股份有限公司是典型的资合公司,股东的信用不受重视。因此,除法律有特别规定外,公司一般不得以章程或其他方式对股份的转让进行限制。《公司法》对股份转让的限制主要有:(1) 发起人持有的本公司股份,自公司成立之日起1年内不得转让。公司公开发行股份前已发行的股份,自公司股票在证券交易所上市交易之日起1年内不得转让。(2) 公司董事、监事、高级管理人员应当向公司申报所持有的本公司的股份及其变动情况,在任职期间每年转让的股份不得超过其所持有本公司股份总数的25%;所持本公司股份自公司股票上市交易之日起1年内不得转让。上述人员离职后半年内,不得转让其所持有的本公司股份。公司章程可以对公司董事、监事、高级管理人员转让其所持有的本公司股份作出其他限制性规定。(3) 股东转让其股份,应当在依法设立的证券交易场所进行或者按照国务院规定的其他方式进行。

3. 股份表现为有价证券——股票

股份是股票的实质内容,股票是股份的证券化形式,主要用于证明股东持有公司的股份和便于股份的转让。

(二) 股票的概念和特征

股票是股份有限公司签发的证明股东持有公司股份的凭证,是股东借以取得股利的一种有价证券。它与其他有价证券相比,具有以下特征:

1. 股票是股份有限公司成立后以公司名义签发的

虽然在新设公司时,股份是在公司成立前发行并认购的,但股票只能在公司依法成立后才能发行。

2. 股票是证权证券

所谓证权证券,是指证券是权利的一种物化的外在形式,它是作为权利的载体,权利是已经存在的。股东所享有的权利并非由股票单独创设,而是因股份的认缴而发生。股票是专为股东转让股份方便而创设的证权证券,只起证明作用。股权可以脱离股票单独存在。

3. 股票是一种可转让但不能退还的证券

股票一经发行,概不退还。如果持票人在公司经营期间想退出对公司的投资,只能依法将股票转让给他人。

4. 股票是非固定收益证券

股票的收益与公司的经营状况紧密联系,既可能具有较高收益,也可能具有较高风险。

5. 股票是要式证券

股票是可依法流通的有价证券,为保证交易安全,股票的制作、记载事项和签发必须符合法律规定,否则不发生法律效力。股票依法应由法定代表人签名、公司盖章。

(三) 股份的种类

股份有限公司的股份依据不同标准,可以分为不同种类。根据我国股份有限公司股份发行的情况,股份可以分为以下几种:

1. 普通股与优先股

普通股是公司发行的对股东权利和义务没有特别约定的股份。它具有股份的基本特征,是构成公司资本的基本股份。股东享有公司法规定的一般股东权。

优先股是指少数股东持有,在财产权利方面享有优先于普通股权利的股份。发行优先股主要是为了吸引保守的投资者。因为优先股有固定的分红股息,而且其股息率一般高于公司债券的利率,有高收益、低风险的特征;同时,优先股在利润和剩余财产分配的顺序上先于普通股,进一步降低了投资风险,使投资具有较强的安全性特征。但优先股的优先权是以放弃其他权利为代价的,其不足主要表现在四个方面:(1) 优先股不能参与股息以外的红利分配,当公司利润较高时,其实际获利可能低于普通股;(2) 优先股缺乏投资上的投机性,在股票市场上的流动性较小;(3) 在通常情况下,优先股的投票表决权和参与决策权会受到较多限制;(4)在公司增资扩股时,普通股股东享有优先认股权,而优先股股东则不具有这种权利。

2. 记名股与不记名股

记名股,是指将股东姓名或名称记载在股票和公司股东名册的股票。记名股的权利只能由股东本人行使。记名股转让时,由股东以背书方式或者法律、行政法规规定的其他方式转让,并由公司将受让人的姓名或者名称及住所记载于股东名册。股东大会召开前20日内或者公司决定分配股利的基准日前5日内,不得进行股东名册的变更登记。但是,法律对上市公司股东名册变更登记另有规定的,从其规定。不记名股,是指不将股东姓名或名称记载在股票和公司股东名册的股票。股东行使权利只需出示股票,无须证明自己的身份。股东只需要将股票交付给受让人后即发生转让的效力。

记名股与不记名股各有利弊。记名股便于公司掌握股份流通的情况和股东状况,但转让手续复杂,股东流动性小。不记名股转让方便,但股东流动性过大,发行公司不易控制。我国《公司法》规定,公司向发起人、法人发行的股票,应当为记名股票,并应当记载该发起人、法人的名称或者姓名,不得另立户名或者以代表人姓名记名。对社会公众发行的股票,可以为记名股票,也可以为不记名股票。

3. 额面股与无额面股

额面股,是指股票票面上标明一定金额的股份。额面每股金额必须相等,一般为每股一元。股票发行价格可以按票面金额,也可以超过票面金额,但不得低于票面金额。以超过票面金额为股票发行价格的,发行价由发行公司与证券商协商确定。以超过票面金额发行股票所得溢价款列入公司资本公积金。

无额面股,又称比例股,是指股票票面上不标明一定金额,只标明该股份占公司资本总额的比例的股份。我国《公司法》对无额面股的发行未作规定,因而不能发行。目前只有美国、加拿大等少数国家公司法允许发行无额面股。

4. 国家股、法人股、社会公众股

国家股,是指有权代表国家投资的部门或机构以国有资产向股份有限公司投资形成的股份。法人股,是指法人以其依法可以支配的财产向股份有限公司投资形成的股份。社会公众股,是指我国境内个人和机构,以其合法财产向股份有限公司投资形成的股份。社会公众股包括一般社会公众股和公司内部职工股。

5. A股、B股、H股、N股、S股、T股

A股与B股均为我国境内的股份有限公司发行、在上海或深圳证券交易所上市交易的,以人民币标明股票面值的股份。其中,A股,也称人民币普通股票,是供我国境内机构、组织或个人(不含中国香港、澳门、台湾地区投资者)以人民币认购和交易的普通股股票。B股,又称人民币特种股票,原来主要是供外国和中国香港、澳门、台湾地区的自然人、法人和其他组织,以及定居在国外的中国公民用外币认购和交易的一种股票。2001年2月19日,中国证券监督管理委员会发布《境内居民可投资B股市场的决定》,境内居民个人也可以依法从事B股投资。

H股是指我国的股份有限公司在香港地区发行、上市,以人民币标明股票面值,以外币认购的股份。

N股、S股、T股均为境外上市外资股,即我国股份有限公司向我国境外投资者发行、境外上市交易,以人民币标明股票面值,以外币认购的股份。其中,N股是指在美国纽约上市的境外外资股;S股是指在新加坡上市的境外外资股;T股是指在日本东京上市的境外外资股。

(四)股份的回购

为保证公司注册资本的真实性,法律规定公司成立后一般不得收购本公司股份,也不得接受本公司的股票作为质押权的标的。但公司有下列情形之一的依法可以收购本公司股份:(1)减少公司注册资本;(2)与持有本公司股份的其他公司合并;(3)将股份奖励给本公司职工;(4)股东因对股东大会作出的公司合并、分立决议持异议,要求公司收购其股份的。

公司因前三种情形收购本公司股份的,应当经股东大会决议。公司依法收购本公司股份后,属于第一种情形的,应当自收购之日起10日内注销;属于第二、第四种情形的,应当在6个月内转让或者注销。公司因第三种情形收购的本公司股份,不得超过本公司已发行

股份总额的5%;用于收购的资金应当从公司的税后利润中支出;所收购的股份应当在1年内转让给职工。

四、股份有限公司的法人治理

(一)股份有限公司股东的权利与义务

1. 股份有限公司股东的权利

股份有限公司的股东权在性质上与有限责任公司是相同的,因此《公司法》在股东的权利与义务的规定上有许多方面是相同的。此外,结合股份有限公司的特点,《公司法》在个别权利的行使上也有一些特别规定,主要表现在:(1)股份转让、收购条件不同。股份有限公司股东可以依法自由转让股份,不需要征得其他股东的意见;对其他股东转让的股份一般没有优先购买权。(2)查阅项目不同。股份有限公司的股东依法有权查阅公司章程、股东名册、公司债券存根、股东大会会议记录、董事会会议决议、监事会会议决议、财务会计报告,但不能要求查阅公司会计账簿。(3)多数股东不直接参与公司管理,为更好地维护股东合法权益,股份有限公司股东除有质询权外,还有权对公司经营提出建议。

2. 股份有限公司股东的义务

股份有限公司股东的义务主要有:(1)在公司申请设立登记前,足额缴纳应缴付的股款;(2)公司成立后,不得抽回其股本,对公司债务仅以其认购的股份为限承担责任;(3)公司章程规定的其他义务。

(二)股东大会

股东大会是由公司全体股东所组成的公司权力机构。它不是常设机关,对外并不代表公司,对内也不执行业务。

1. 股东大会的职权

股东大会属于法定机构,其职权由公司法规定。股东大会的法定职权与有限责任公司股东会的职权相同。

2. 股东大会的议事规则

股东大会会议分为定期会议和临时会议。股东大会应当每年召开一次年会。有下列情形之一的,应当在2个月内召开临时股东大会:(1)董事人数不足公司法规定人数或者公司章程所定人数的2/3时;(2)公司未弥补的亏损达实收股本总额1/3时;(3)单独或者合计持有公司10%以上股份的股东请求时;(4)董事会认为必要时;(5)监事会提议召开时;(6)公司章程规定的其他情形。

此外,公司法和公司章程规定公司转让、受让重大资产或者对外提供担保等事项必须经股东大会作出决议的,董事会应当及时召集股东大会会议,由股东大会就上述事项进行表决。

股东大会会议依法由董事会召集,董事长主持;董事长不能履行职务或者不履行职务的,由副董事长主持;副董事长不能履行职务或者不履行职务的,由半数以上董事共同推举1名董事主持。董事会不能履行或者不履行召集股东大会会议职责的,监事会应当及时召集和主持;监事会不召集和主持的,连续90日以上单独或者合计持有公司10%以上股份的股东可以自行召集和主持。

召开股东大会会议,应当将会议召开的时间、地点和审议的事项于会议召开20日前通知各股东;临时股东大会应当于会议召开15日前通知各股东;发行无记名股票的,应当于会议召开30日前公告会议召开的时间、地点和审议事项。

单独或者合计持有公司3%以上股份的股东,可以在股东大会召开10日前提出临时提案并书面提交董事会;董事会应当在收到提案后2日内通知其他股东,并将该临时提案提交股东大会审议。临时提案的内容应当属于股东大会职权范围,并有明确议题和具体决议事项。股东大会不得对前两款通知中未列明的事项作出决议。无记名股票持有人出席股东大会会议的,应当于会议召开5日前至股东大会闭会时将股票交存于公司。

股东出席股东大会会议,所持每一股份有一表决权。但是,公司持有的本公司股份没有表决权。此外,股东可以委托代理人出席股东大会会议。股东大会作出决议,必须经出席会议的股东所持表决权过半数通过。但是,股东大会作出修改公司章程、增加或者减少注册资本的决议,以及公司合并、分立、解散或者变更公司形式的决议,必须经出席会议的股东所持表决权的2/3以上通过。

股东大会应当对所议事项的决定作成会议记录,主持人、出席会议的董事应当在会议记录上签名。会议记录应当与出席股东的签名册及代理出席的委托书一并保存。

(三) 董事会

股份有限公司董事会是公司常设业务决策机构。

1. 董事会的组建

董事会一般由股东大会选举的董事组成,董事会成员中可以有公司职工代表。董事的人数为5至19人。董事会设董事长1人,可以设副董事长1至2人。董事长和副董事长由董事会以全体董事的过半数选举产生。董事长召集和主持董事会会议,检查董事会决议的实施情况。副董事长协助董事长工作,董事长不能履行职务或者不履行职务的,由副董事长履行职务;副董事长不能履行职务或者不履行职务的,由半数以上董事共同推举1名董事履行职务。关于董事任期的规定与有限责任公司的规定相同。

2. 董事会的职权和议事规则

董事会对股东大会负责,其法定职权与有限责任公司的规定相同。

董事会每年度至少召开2次会议,每次会议应当于会议召开10日前通知全体董事和监事。代表1/10以上表决权的股东、1/3以上董事或者监事会,可以提议召开董事会临时会议。董事长应当自接到提议后10日内,召集和主持董事会会议。董事会召开临时会议,可以另定召集董事会的通知方式和通知时限。为保证董事会的决议真正体现多数董事的意见,法律特别规定董事会会议应有过半数的董事出席方可举行。董事会会议,应由董事本人出席;董事因故不能出席,可以书面委托其他董事代为出席。董事会作出决议,必须经全体董事过半数通过。董事会决议的表决,实行一人一票。

董事会应当对会议所议事项的决定作成会议记录,出席会议的董事应当在会议记录上签名。为防止董事滥用权利,法律规定,董事应当对董事会的决议承担责任。董事会的决议违反法律、行政法规或者公司章程、股东大会决议,致使公司遭受严重损失的,参与决议的董事对公司负赔偿责任。但经证明在表决时曾表明异议并记载于会议记录的,该董事可以免除责任。

（四）经理机构

经理机构是董事会领导下的常设业务执行机构。股份有限公司的经理，由董事会决定聘任或者解聘。经理对董事会负责，其法定职权与有限责任公司的规定相同。

公司董事会可以决定由董事会成员兼任经理。公司应当定期向股东披露董事、监事、高级管理人员从公司获得报酬的情况，不得直接或者通过子公司向董事、监事、高级管理人员提供借款。

（五）监事会

股份有限公司经营规模较大，依法必须设立监事会。

1. 监事会的组建

监事会由股东代表和适当比例的公司职工代表组成，其中职工代表的比例不得低于1/3，具体比例由公司章程规定。监事会中的职工代表由公司职工通过职工代表大会、职工大会或者其他形式民主选举产生。董事、高级管理人员不得兼任监事。《公司法》关于有限责任公司监事任期的规定，适用于股份有限公司监事。

监事会设主席1人，可以设副主席。监事会主席和副主席由全体监事过半数选举产生。监事会主席召集和主持监事会会议；监事会主席不能履行职务或者不履行职务的，由监事会副主席召集和主持监事会会议；监事会副主席不能履行职务或者不履行职务的，由半数以上监事共同推举1名监事召集和主持监事会会议。

2. 监事会的职权和议事规则

股份有限公司监事会的法定职权及行使职权所必需的费用的承担与有限责任公司的规定相同。

监事会每6个月至少召开一次会议。监事可以提议召开临时监事会会议。监事会的议事方式和表决程序，除《公司法》有规定的外，由公司章程规定。监事会应当对所议事项的决定作成会议记录，出席会议的监事应当在会议记录上签名。

（六）工会

公司应依法组建工会。我国《公司法》对股份有限公司工会的规定与有限责任公司相同。

(七) 上市公司法人治理的特别规定

上市公司,是指其股票在证券交易所上市交易的股份有限公司。股份有限公司申请其股票上市必须具备《证券法》规定的条件。上市公司有较多的社会公众持股人,为更好地保护中小投资者的利益《公司法》对上市公司法人治理作出了特别规定。

1. 上市公司应设立董事会秘书和独立董事

董事会秘书负责公司股东大会和董事会会议的筹备、文件保管以及公司股权管理、办理信息披露事务等事宜。独立董事是指不在公司担任除董事外的其他职务,并与其所受聘的上市公司及其主要股东不存在可能妨碍其进行独立客观判断的关系的董事。独立董事的具体办法由国务院另外规定。

2. 一些重大事项的表决比例提高

上市公司在一年内购买、出售重大资产或者担保金额超过公司资产总额30%的,应当由股东大会作出决议,并经出席会议的股东所持表决权的2/3以上通过。

3. 对关联关系的交易采用特别的表决规则

所谓关联关系,是指公司控股股东、实际控制人、董事、监事、高级管理人员与其直接或者间接控制的企业之间的关系,以及可能导致公司利益转移的其他关系。但是,国家控股的企业之间不仅仅因为同受国家控股而具有关联关系。为防止上市公司的控股股东、董事、监事、高级管理人员和其他实际控制公司的人利用关联交易"掏空"公司,侵害公司、公司中小股东和银行等债权人的利益,我国《公司法》规定,上市公司董事与董事会会议决议事项所涉及的企业有关联关系的,不得对该项决议行使表决权,也不得代理其他董事行使表决权。该董事会会议由过半数的无关联关系董事出席即可举行,董事会会议所作决议须经无关联关系董事过半数通过。出席董事会的无关联关系董事人数不足3人的,应将该事项提交上市公司股东大会审议。

4. 上市公司必须依照法律、行政法规的规定,公开其财务状况、经营情况及重大诉讼,在每会计年度内半年公布一次财务会计报告

参 考 阅 读

1. 《中华人民共和国公司法》(2005年修订文本)。

2. 江平、李国光:《最新公司法案例评析》,第1版,北京:人民法院出版社2006年版。

3. 江平、李国光:《最新公司法条文释义》,第1版,北京:人民法院出版社2006年版。

4. 张小奕、杜东亚:《新公司登记管理条例实用问答》,第1版,北京:中国工商出版社2007年版。

复 习 思 考

1. 2005年《公司法》与原《公司法》相比在资本制度上有何不同?

2. 公司合并、分立时为什么应通知公告债权人?

3. 有限责任公司与股份有限公司各有什么优缺点?

4. 国有独资公司与一般有限责任公司有什么不同?

5. 我国《公司法》对一人有限责任公司有何特别规定?

6. 我国《公司法》对有限责任公司与股份有限公司在法人治理方面的规定有何不同?

7. 股票和公司债券有何不同?

第五章 企业破产法

本章学习重点:破产作为一种经济现象,是商品经济出现之后信用关系建立和发展的产物。只要存在商品生产和商品交换,就会有竞争,就会有优胜劣汰,就会出现破产现象。市场经济是竞争经济,企业在激烈的竞争中必须遵循优胜劣汰的规则,破产制度就是保证被淘汰的企业能够顺利地退出市场,从而维护公平的市场竞争秩序。它实际上是一种企业退出市场的法律机制,因此,国内外许多学者认为,一个国家破产制度的完善与否是衡量该国市场经济成熟程度的重要标志,企业破产法是市场经济的最基本的法律规范。目前我国调整企业破产关系的基本法是2006年8月27日第十届全国人民代表大会常务委员会第二十三次会议通过的《中华人民共和国企业破产法》(以下简称《企业破产法》),该法自2007年6月1日起施行。

本章共分六节,对我国企业破产制度作了较为全面的介绍,内容涉及企业破产法概述、企业破产申请与受理、管理人与债权人会议、债务人的财产及有关费用、企业破产重整与和解、企业破产清算。

本章学习的重点是:企业破产制度的概念及其特征、企业破产原因、人民法院受理债务人破产案件的法律后果、管理人的职责、债权人会议的职权和议事规则、债务人的财产及有关费用、企业破产重整与和解的条件、企业破产宣告的法律效力、企业破产财产的变价和分配等内容。

第一节 企业破产法概述

一、企业破产制度的概念及其特征

企业破产制度,是指在债务人不能清偿到期债务的情况下,在法院的主持下,将债务人的全部财产集中起来对债权人进行公平清偿的制度。作为一种法律制度，其主要特征是：

（一）破产以债务人不能清偿到期债务为基本前提

不能清偿到期债务是指债务人以现金、资产、信用、能力等各方面因素都不能还债，而且是对债务整体性、长期性的不能清偿。虽然各国对破产原因或条件的规定不尽相同，但都将债务人不能清偿到期债务作为破产的基本前提。因为只有当债务人不能清偿到期债务时，才会严重影响债权人利益的实现，妨碍财产流转的安全。应当指出的是，将债务人不能清偿到期债务作为破产的一般原因，并不意味着凡是符合该原因的债务人都必须实行破产清算。债务人和债权人可以在破产清算、和解、重整三种程序中进行选择。如果债权人认为通过和解得到的利益优于破产清算，债权人出于自身利益的考虑，也会同意和解。对符合产业政策或公共利益又有复苏希望的债务人，债权人或债务人也可以通过申请重整等手段，使其摆脱困境，免于破产清算。

（二）破产是将债务人的全部财产集中起来对债权人进行公平清偿

在现代市场经济条件下，一个债务人往往有多个债权人，当债务人的财产不足以清偿多个到期债权时，债权人分别行使权利则会使原本在法律上平等的多个债权人难以获得同等的受偿机会。通过破产制度，则可以将债务人的全部财产集中起来，按照法定顺序和债权比例分配给各债权人，不能清偿的部分也由各债权人共同分担损失，从而使债权人的债权得到较公平的清偿。

（三）破产是在法院的主持和监督下依法定程序实施的债务清理程序

破产是关系债权能否公平实现和债务人"生死存亡"的大事，因此，破产必须在法院的主持和监督下依法定程序进行。为规范债务人的破产行为，维护债权人和债务人的合法权益，实行债务人破产制度的国家都制定有专门的破产法，法院在受理、主持和监督债务人破产时必须严格执行破产法。破产程序优于一般民事执行程序。

二、我国企业破产法的立法情况

企业破产法,是国家为规范企业破产程序,公平清理债权债务,保护债权人和债务人的合法权益,维护社会主义市场经济秩序而制定的,调整因债务人不能清偿到期债务而通过和解、重整或者宣告破产等方式处理债务关系时所发生的社会关系的法律规范的总称。其内容主要包括破产程序规范、破产实体规范和法律责任三个部分。企业破产法是法院处理企业破产案件以及破产关系人行使权利的客观标准。

我国的企业破产法律制度是随着经济体制改革的深入而逐步发展起来的。在计划经济时代,企业按国家计划设立和经营,企业之间缺乏有效的竞争,因而也不会破产。在计划经济向社会主义市场经济转变的过程中,为促进国有企业法人自主经营,改善经营状况,提高经济效益,保护债权人、债务人的合法权益,全国人民代表大会于1986年12月发布了《企业破产法(试行)》,该法自1988年11月1日生效。由于该法只适用于全民所有制企业法人,而在实践中,非全民所有制企业也存在破产问题,于是在1991年修订《中华人民共和国民事诉讼法》(以下简称《民事诉讼法》)的时候,在其中第十九章专设了"企业法人破产还债程序",对非全民所有制企业法人的破产问题作出简要规定。

《企业破产法(试行)》和《民事诉讼法》对破产的规定比较粗略,前者有43条,后者只有8条,操作性不强。为满足司法审判的需要,最高人民法院先后发布了一些司法解释,其中比较系统的是1991年11月和1992年7月发布的《关于贯彻执行〈企业破产法(试行)〉若干问题的意见》和《关于适用〈民事诉讼法〉若干问题的意见》。2002年7月,为进一步规范对企业破产案件的审理,最高人民法院结合司法实践中出现的新问题,在对以往发布的有关企业破产的司法解释进行清理的基础上,发布了《最高人民法院〈关于审理企业破产案件若干问题的规定〉》(以下简称《规定》)。该规定统一了最高人民法院以往有关企业破产的司法解释,对指导司法实践无疑起到了积极作用。此外,由国务院及有关部门发布的政策性文件对国有企业破产发挥了重要的指导作用。其中,有代表性的文件是1994年国务院发布的《关于在若干城市试行国有企业破产有关问题的通知》和1997年国务院出台的《关于在若干城市试行国有企业兼并破产和职工再就业有关问题的补充通知》,但无论是司法解释还是政策性文件都不能解决《企业破产法(试行)》和《民事诉讼法》本身存在的根本性问题:一是适用范围过窄。企业破产法作为调整市场经济的基本法律,作为一种优胜劣汰的法律机制,它应当是一部统一的、普遍适用于各类市场经济主体的破产法。任何个人和企业只要进入市场,其权益都应当受到平等保护,在其符合破产条件时,就应统一按照破产法的规定平等对待。但在我国,以往的企业破产制度只适用于法人企业,不包括合伙企业、独资企业。二是不同企业政策不统一,客观上形成了依法破产和依政策破产两套不同的实施制度。即有一部分破产案件是按照《企业破产法》的程序(包括《民事诉讼法》的程序)进行的,还有一部分国有企业的破产案件是按照国务院有关国有企业试行破产的政策性文件进行的。三是缺乏许多基本的破产规则,如管理人、重整制度等的规定都很不完善,导致债权人利益难以维护。

《企业破产法》的起草工作自1994年就开始了,但由于破产涉及债权人、债务人及职工等多方面的利益,协调起来比较困难,所以立法进程比较缓慢。近几年随着国企改革的深化,国企破产中的许多矛盾已经化解,极大地释放了破产风险;加上社会保障制度建设已经有较大进展,破产企业职工安置的压力也明显减轻,所以立法进程加快,《企业破产法》最终于2006年8月获得通过。该法将破产制度的适用范围从企业法人扩大到企业法人及"其他法律规定企业法人以外的组织的清算",从而使其适用范围从封闭走向开放。《企业破产法》确立了要以市场经济原则、市场化的模式解决破产问题的基本原则,合理界定了破产原因,减少了行政对破产的干预,进一步理顺了债务人与债权人、职工的利益分配关系。

三、企业破产原因

（一）企业破产原因的立法

企业破产原因,也称企业破产界限,是指债务人存在的,当事人能够据此提出破产申请,法院可以据此启动破产程序的法律事实。它既是当事人申请债务人破产的前提,也是法院判断破产申请能否受理以及能否作出破产宣告的重要根据。对破产原因规定得宽或者严,不仅涉及对债权人和债务人利益保护的平衡,而且还会涉及破产企业和社会失业职工数量的多少,影响到社会经济秩序。所以在我国企业破产立法中曾经是一个争议比较大的问题。

我国关于企业破产原因的立法,虽然不同的规范性文件对破产原因的表述不尽相同,但均采用概括主义立法模式。在《企业破产法》颁布之前,我国规范性文件对破产原因的表述主要有三种:(1)《企业破产法(试行)》第三条的规定是"因经营管理不善造成严重亏损,不能清偿到期债务"。所谓"不能清偿到期债务",《规定》第三十一条的解释是:① 债务的履行期限已届满;② 债务人明显缺乏清偿债务的能力。债务人停止清偿到期债务并呈连续状态,如无相反证据,可推定为"不能清偿到期债务"。(2)《民事诉讼法》第一百九十九条的规定是"因严重亏损,无力清偿到期债务";(3)《公司法》第一百八十八条规定的是"清算组在清理公司财产、编制资产负债表和财产清单后,发现公司财产不足清偿债务的,应当立即向人民法院申请宣告破产"。

《企业破产法》第二条第一款规定:"企业法人不能清偿到期债务,并且资产不足以清偿全部债务或者明显缺乏清偿能力的,依照本法规定清理债务。"很明显,《企业破产法》把《企业破产法(试行)》在破产原因上规定的债务人必须是经营管理不善、造成严重亏损这些非市场因素删除了。因为在市场经济条件下,不管债务人是因为什么原因,只要是到期还不起债务而且丧失清偿能力,都必须依破产程序解决问题。也就是说,破产原因和破产原因发生的原因没有关系,这两个必须得分开。

(二) 企业破产的条件

根据《企业破产法》,债务人破产应同时具备以下两个条件:

1. 债务人不能清偿到期债务

债务人不能清偿到期债务,是各国破产法普遍适用的破产原因。

2. 资产不足以清偿全部债务或者明显缺乏清偿能力

这是一个二选一的条件,即只要具备其中一个情形即可。"资产不足以清偿全部债务"通常要根据资产负债表来确定。由于企业法人的股东仅对企业法人的债务承担有限责任,在资不抵债的情况下,会使企业用于清偿还债的资产不足,从而影响到债权人利益。但是,发生资不抵债,只能推定债务人不能清偿到期债务,如果债务人能够证明其支付信用良好、债权人的利益没有受到实际损害,就能够推翻对其不能清偿到期债务的推定。

对"明显缺乏清偿能力"的判断标准法律未作规定,在实际操作中,法院将有较大的裁量权,必要时可以不受债务人自己提供的资产负债表的限制,直接以"明显缺乏清偿能力"的标准来决定是否受理破产案件。

债务人既不能清偿又资不抵债的情形,主要适用于债务人自己申请破产的情况。因为债务人对自己的资产负债情况比较了解,在申请破产的时候,可以提供一些关于自己资产、负债的情况证明。债务人既不能清偿又明显缺乏清偿能力的情形,主要适用于债权人申请债务人破产的情况。因为债权人很难举证证明债务人资不抵债,只能举证证明债务人停止支付。当然债权人以停止支付为由申请债务人破产时,债务人可以举反证加以推翻。

债务人具备破产条件的,并不意味着有关当事人只能申请债务人破产,有关当事人也可以依法申请债务人重整或和解。

第二节　企业破产申请与受理

一、企业破产申请

破产申请,是指申请人向有管辖权的法院提出宣告债务人破产请求的行为。

（一）破产申请人

破产程序的开始，一般由债权人或债务人的申请提起，有些国家或地区也允许法院依据职权启动破产程序。我国《企业破产法》规定，在债务人具备破产原因的情况下，债务人可以向人民法院提出破产清算申请，债权人也可以向人民法院提出对债务人进行破产清算的申请。此外，企业法人已解散但未清算或者未清算完毕，资产不足以清偿债务的，依法负有清算责任的人应当向人民法院申请破产清算。在金融机构具备破产原因的情况下，国务院金融监督管理机构可以向人民法院提出对该金融机构进行破产清算的申请。可见，在我国，一般企业破产申请人可以是债务人自己、债权人、负有清算义务的人，金融机构的破产申请人可以是国务院金融监督管理机构，人民法院不能直接宣告企业破产。

当事人向人民法院提出破产申请，应当提交破产申请书和有关证据。债务人自己提出申请的，还应当向人民法院提交财产状况说明、债务清册、债权清册、有关财务会计报告、职工安置预案以及职工工资的支付和社会保险费用的缴纳情况。

（二）破产案件的管辖

破产申请应向有管辖权的人民法院提出。为方便对债务人破产全过程的监督，破产案件依法应由债务人住所地人民法院管辖。

二、企业破产案件的受理

破产案件的受理，是指人民法院对当事人提出的破产申请进行审查，对符合受理条件的案件予以立案的行为。

（一）审查

人民法院收到破产申请后，应当依法对申请人提交的材料进行审查。

对于债权人提出的破产申请，人民法院应当自收到申请之日起 5 日内通知债务人。债务人对申请有异议的，应当自收到人民法院的通知之日起 7 日内向人民法院提出。人民法院应当自异议期满之日起 10 日内裁定是否受理。

对于债务人及其他主体提出的破产申请,人民法院应当自收到破产申请之日起15日内裁定是否受理。有特殊情况需要延长裁定受理期限的,经上一级人民法院批准,可以延长15日。

(二) 通知当事人

人民法院受理破产申请的,应当自裁定作出之日起5日内送达申请人,同时指定管理人;人民法院自裁定受理破产申请之日起25日内通知已知债权人,并予以公告;人民法院裁定不受理破产申请的,应当自裁定作出之日起5日内送达申请人并说明理由。申请人对裁定不服的,可以自裁定送达之日起10日内向上一级人民法院提起上诉。

(三) 受理破产申请的法律后果

1. 管理人接管债务人,债权人开始向管理人申报债权
2. 债务人和有关人员承担法定义务

自人民法院受理破产申请的裁定送达债务人之日起至破产程序终结之日,债务人的有关人员承担下列义务:(1) 妥善保管其占有和管理的财产、印章和账簿、文书等资料;(2) 根据人民法院、管理人的要求进行工作,并如实回答询问;(3) 列席债权人会议并如实回答债权人的询问;(4) 未经人民法院许可,不得离开住所地;(5) 不得新任其他企业的董事、监事、高级管理人员。

其中的有关人员,依法是指企业的法定代表人;经人民法院决定,可以包括企业的财务管理人员和其他经营管理人员。

3. 债务人对个别债权人的债务清偿无效

人民法院受理案件后,债务人的财产由管理人接管。因此,债务人的债务人或者财产持有人应当向管理人清偿债务或者交付财产。债务人的债务人或者财产持有人故意违反规定向债务人清偿债务或者交付财产,使债权人受到损失的,不免除其清偿债务或者交付财产的义务。

4. 管理人对破产申请受理前成立而债务人和对方当事人均未履行完毕的合同有权决定解除或者继续履行,并通知对方当事人

管理人自破产申请受理之日起2个月内未通知对方当事人,或者自收到对方当事人催告之日起30日内未答复的,视为解除合同。

管理人决定继续履行合同的,对方当事人应当履行;但是,对方当事人有权要求管理人提供担保。管理人不提供担保的,视为解除合同。

5. 有关债务人财产的保全措施应当解除,执行程序应当中止

已经开始而尚未终结的有关债务人的民事诉讼或者仲裁应当中止;在管理人接管债务人的财产后,该诉讼或者仲裁继续进行。有关债务人的民事诉讼,只能向受理破产申请的人民法院提起。

6. 依法开始的破产程序,对债务人在中华人民共和国领域外的财产发生效力

第三节　管理人与债权人会议

一、管理人

管理人是企业破产程序中最为重要的一个机构。管理人概念本身有狭义和广义之分。所谓狭义的管理人,专指在破产宣告以后成立的全面接管破产企业、负责其清算分配的机构,其职责是专门负责破产清算,所以也被称为破产管理人。广义的管理人,除了负责破产清算事务之外,还可能负责破产重整等工作,在企业的破产重整、和解程序方面发挥相应的职能。我国《企业破产法(试行)》中的清算组,属于狭义上的管理人,仅负责破产清算活动。《企业破产法》中的管理人概念是在广义上使用的。

(一) 管理人的确定

管理人的确定国际上有两种基本模式。一种是由法院指定,一种是由债权人会议指定,二者各有利弊。法院指定的好处是效率高,但是如果没有细化的规范,法官的自由决定权太大。由债权人会议指定虽然能够充分体现债权人的意志自由,但如果各个债权人都想指定自己推荐的管理人,则有可能相持不下,或是被大债权人操纵,出现不公正的现象。而且债权人与管理人有时利益是对立的,给管理人的报酬多了,债权人就分得少,债权人之间也会有利益冲突。因此,管理人的报酬交给债权人会议确定也可能出现争执不休的现象,不利于提高效率,不利于保障破产案件顺利进行。

我国《企业破产法》采用折中的做法,规定管理人由人民法院指定,管理人的报酬由人民法院确定。债权人会议认为管理人不能依法、公正执行职务或者有其他不能胜任职务情形的,可以申请人民法院予以更换。对管理人的报酬有异议的,债权人会议可以向人民法院提出。为使法院在具体指定管理人时有章可循,最高人民法院对指定管理人和确定管理人报酬的办法作出了具体规定。

(二) 管理人的任职资格

管理人应当具有一定的独立性和专业性。《企业破产法(试行)》的清算组主要由政府各有关部门派员组成。实践证明,这种做法不利于保护债权人的利益。因为政府参与清算,债权人会议对清算组根本无法行使监督权,从而使整个清算过程缺乏有效的制约机制。即使清算组行为不当,造成破产财产损失、破产成本过高或侵犯了有关权利人的权利,甚至出现了地方保护主义,债权人或投资者都很难追究清算组的责任。《企业破产法》对此作了调整,规定管理人可以由有关部门、机构的人员组成的清算组或者依法设立的律师事务所、会计师事务所、破产清算事务所等社会中介机构担任。从发展趋势上看,管理人应更多地由社会中介机构担任。为降低管理费用,对资产数额比较小的破产案件,人民法院可以在征询有关社会中介机构的意见后,指定中介机构中具备相关专业知识并取得执业资格的人员以个人名义担任管理人。以个人名义担任管理人的,依法应当参加执业责任保险。

有下列情形之一的,依法不得担任管理人:(1) 因故意犯罪受过刑事处罚;(2) 曾被吊销相关专业执业证书;(3) 与本案有利害关系;(4) 人民法院认为不宜担任管理人的其他情形。

(三) 管理人的职责

管理人依法执行职务,向人民法院报告工作,并接受债权人会议和债权人委员会的监督。管理人应当列席债权人会议,向债权人会议报告职务执行情况,并回答询问。管理人的法定职责主要包括:(1) 接管债务人的财产、印章和账簿、文书等资料;(2) 调查债务人财产状况,制作财产状况报告;(3) 决定债务人的内部管理事务;(4) 决定债务人的日常开支和其他必要开支;(5) 在第一次债权人会议召开之前,决定继续或者停止债务人的营业;(6)管理和处分债务人的财产;(7)代表债务人参加诉讼、仲裁或者其他法律程序;(8)提议召开债权人会议;(9)人民法院认为管理人应当履行的其他职责。

管理人应当勤勉尽责,忠实执行职务。否则,人民法院可以依法处以罚款。给债权人、债务人或者第三人造成损失的,管理人依法承担赔偿责任。为保证破产管理工作的连续性,管理人辞职必须具备正当理由并经人民法院许可。此外,经人民法院许可,管理人可以聘用必要的工作人员。

二、债权人会议

(一)债权申报

人民法院受理破产申请后,应当确定债权人申报债权的期限。债权申报期限自人民法院发布受理破产申请公告之日起计算,最短不得少于30日,最长不得超过3个月。

根据《企业破产法》,下列债权人有权向管理人申报债权:

1. 直接债权人

直接债权主要包括到期的债权、未到期的债权、附条件或附期限的债权、诉讼或仲裁未决的债权。管理人或者债务人依法解除合同的,对方当事人可以以因合同解除所产生的损害赔偿请求权申报债权。

2. 连带债权人

连带债权可以由其中一人代表全体连带债权人申报债权,也可以共同申报债权。但申报时应当说明债权的连带情况。

3. 债务人的保证人或者其他连带债务人

已经代替债务人清偿债务的,以其对债务人的求偿权申报债权。尚未代替债务人清偿债务的,以其对债务人的将来求偿权申报债权。但是,债权人已经向管理人申报全部债权的除外,否则会导致重复申报。

4. 受托人

债务人是委托合同的委托人,被裁定破产,受托人不知该事实,继续处理委托事务的,受托人可以以由此产生的请求权申报债权。

5. 票据的付款人

债务人是票据的出票人,被裁定破产,该票据的付款人继续付款或者承兑的,付款人以由此产生的请求权申报债权。

对债务人享有债权的人应在人民法院确定的债权申报期内向管理人申报债权。债权人未在申报期限内申报债权的,可以在破产财产最后分配前补充申报;但是,此前已进行的分配,不再对其补充分配。债权人申报债权时,应当书面说明债权的数额和有无财产担保,并提交有关证据。附利息的债权自破产申请受理时起停止计息。

职工债权依法不必申报。所谓职工债权,也称劳动债权,是指破产债务人的职工对债务人享有的财产请求权,包括债务人所欠职工的工资和医疗、伤残补助、抚恤费用,所欠的应当划入职工个人账户的基本养老保险、基本医疗保险费用,以及法律、行政法规规定应当支付给职工的补偿金。债务人对其职工的负债由管理人调查后列出清单并予以公示。职工对清单记载有异议的,可以要求管理人更正;管理人不予更正的,职工可以向人民法院提起诉讼。

管理人收到债权申报材料后,应当登记造册,对申报的债权进行审查,并编制债权表。债务人、债权人对债权表记载的债权无异议的,由人民法院裁定确认。

(二)债权人会议的组成

债权人会议,是指在人民法院受理破产案件后,为保障债权人的合法权益、表达债权人的意志和统一债权人的意见而由已申报债权的债权人组成的临时性机构。债权人会议设主席1人,由人民法院从有表决权的债权人中指定。债权人会议主席负责主持债权人会议。

债权人会议由依法申报债权的债权人组成,他们有权参加债权人会议,享有表决权。但下列债权人的表决权依法受到一定的限制:(1)债权尚未确定的债权人,除人民法院能够为其行使表决权而临时确定债权额的外,不得行使表决权;(2)对债务人的特定财产享有担保权的债权人,未放弃优先受偿权利的,对于有关和解协议、破产财产的分配方案不享有表决权。因为此类债权人,自人民法院裁定和解之日起可以行使权利,在破产财产分配前享有优先受偿权。

债务人的职工和工会的代表依法有权参加债权人会议,对有关事项发表意见。

(三) 债权人会议的职权和议事规则

1. 债权人会议的职权

在《企业破产法(试行)》中,债权人会议的职权只有三项,即(1) 审查有关债权的证明材料,确认债权有无财产担保及其数额;(2) 讨论通过和解协议草案;(3) 讨论通过破产财产的处理和分配方案。为更好地保障债权人利益,《企业破产法》对债权人会议的职权作了扩充,达到 11 项:(1) 核查债权;(2) 申请人民法院更换管理人,审查管理人的费用和报酬;(3) 监督管理人;(4) 选任和更换债权人委员会成员;(5) 决定继续或者停止债务人的营业;(6) 通过重整计划;(7) 通过和解协议;(8) 通过债务人财产的管理方案;(9) 通过破产财产的变价方案;(10) 通过破产财产的分配方案;(11) 人民法院认为应当由债权人会议行使的其他职权。

2. 债权人会议的议事规则

第一次债权人会议由人民法院召集,自债权申报期限届满之日起 15 日内召开。以后的债权人会议,在人民法院认为必要时,或者管理人、债权人委员会、占债权总额 1/4 以上的债权人向债权人会议主席提议时召开。召开债权人会议,管理人应当提前 15 日通知已知的债权人。

债权人会议的决议,除法律另有规定的外,应由出席会议的有表决权的债权人过半数通过,并且其所代表的债权额占无财产担保债权总额的 1/2 以上。对债务人财产的管理方案和破产财产的变价方案,经债权人会议一次表决未通过的,以及对破产财产的分配方案,经债权人会议两次表决仍未通过的,依法由人民法院裁定,这样可以避免久拖不决。

债权人会议的决议,对于全体债权人均有约束力。债权人认为债权人会议的决议违反法律规定,损害其利益的,可以自债权人会议作出决议之日起 15 日内,请求人民法院裁定撤销该决议,责令债权人会议依法重新作出决议。债权人对人民法院对于债务人财产的管理方案和破产财产的变价方案作出的裁定不服的,或者债权额占无财产担保债权总额 1/2 以上的债权人对人民法院对于破产财产的分配方案作出的裁定不服的,可以自裁定宣布之日或者收到通知之日起 15 日内向该人民法院申请复议。

(四) 债权人委员会

为降低债权人的求偿成本,债权人会议只能在必要时才召开。但破产案件从受理到终结一般要经过较长时间,其间债权人很难对债务人及管理人的行为进行监督,为解决这一问题,《企业破产法》增设了债权人委员会,允许债权人会议根据需要设立债权人委员会,代表债权人会议对债务人行使部分监督权。

1. 债权人委员会的组建

债权人委员会成员依法不得超过 9 人,由债权人会议选任的债权人代表和 1 名债务人的职工代表或者工会代表组成。债权人委员会成员确定后,提交人民法院书面决定认可。

2. 债权人委员会的职权

债权人委员会行使下列职权:(1) 监督债务人财产的管理和处分;(2) 监督破产财产分配;(3) 提议召开债权人会议;(4) 债权人会议委托的其他职权。

债权人委员会执行职务时,有权要求管理人、债务人的有关人员对其职权范围内的事务作出说明或者提供有关文件。管理人、债务人的有关人员违反规定拒绝接受监督的,债权人委员会有权就监督事项请求人民法院作出决定;人民法院应当在 5 日内作出决定。

为确保债权人委员及时了解管理人对债务人财产的处理情况,管理人实施下列行为时,应当及时报告债权人委员会:(1) 涉及土地、房屋等不动产权益的转让;(2) 探矿权、采矿权、知识产权等财产权的转让;(3) 全部库存或者营业的转让;(4) 借款;(5) 设定财产担保;(6) 债权和有价证券的转让;(7) 履行债务人和对方当事人均未履行完毕的合同;(8) 放弃权利;(9) 担保物的取回;(10) 对债权人利益有重大影响的其他财产处分行为。

未设立债权人委员会的,管理人实施上述行为应当及时报告人民法院。

第四节　债务人的财产及有关费用

一、债务人的财产

（一）债务人的财产及其特征

债务人的财产，是指破产申请受理时属于债务人的全部财产，以及破产申请受理后至破产程序终结前债务人取得的财产。其法律特征是：

1. 是管理人可以支配的属于债务人的全部财产

债务人的财产既可以是有形财产，也可以是无形财产或其他财产权利。但第三人拥有取回权的财产不属于债务人的财产。

2. 是破产程序终结前债务人取得的财产

债务人的财产既包括破产申请受理时属于债务人的全部财产，也包括破产申请受理后至破产程序终结前债务人取得的财产。人民法院受理破产申请后，债务人的出资人尚未完全履行出资义务的，管理人应当要求该出资人缴纳所认缴的出资，而不受出资期限的限制。管理人接管的财产通常不等同于债务人的财产。管理人接管的财产可能因为管理人行使否认权而增加，也可能因为利害关系人向管理人主张别除权、取回权或抵消权而减少。

（二）否认权

否认权，是指对于债务人及其负责人实施的危害债权人利益的行为，管理人享有的请求人民法院撤销该行为或确认该行为无效，从而追回所转移财产的权利。否认权应由管理人行使并向人民法院提起，追回的财产并入债务人的财产。根据《企业破产法》，管理人可以行使否定权的情形有以下三种：

1. 人民法院受理破产申请前一年内可以否认的行为

人民法院受理破产申请前一年内，涉及债务人财产的下列行为，管理人有权请求人民法院予以撤销：(1) 无偿转让财产的；(2) 以明显不合理的价格进行交易的；(3) 对没有财产担保的债务提供财产担保的；(4) 对未到期的债务提前清偿的；(5) 放弃债权的。

2. 人民法院受理破产申请前6个月内可以否认的行为

人民法院受理破产申请前6个月内,债务人不能清偿到期债务,并且资产不足以清偿全部债务或者明显缺乏清偿能力,仍对个别债权人进行清偿的,管理人有权请求人民法院予以撤销。但是,个别清偿使债务人财产受益的除外。

3. 可以否认的其他行为

涉及债务人财产的下列行为无效:(1)为逃避债务而隐匿、转移财产的;(2)虚构债务或者承认不真实的债务的。

债务人有前述行为,损害债权人利益的,债务人的法定代表人和其他直接责任人员依法承担赔偿责任。

此外,债务人的董事、监事和高级管理人员利用职权从企业获取的非正常收入和侵占的企业财产,管理人应当追回。追回的财产并入债务人的财产。

(三)别除权

别除权,是指破产宣告前依法成立的对破产人的特定财产享有担保权的人享有的不依破产程序,就该特定财产优先受偿的权利。别除权将破产人的特定财产从债务人其他财产中区别出来,授予别除权人就该财产变卖所得价款优先其他债权人受偿的权利。这种权利从本质上讲,并不是破产法所创设的,而是担保物权在破产法上的转化形式,其基础是担保物权,其优先受偿权来自担保物权的优先性和排他性。所谓别除权,是针对这种民事权利在破产程序中运用的特点而起的名称。

行使别除权依法应当具备两个条件:(1)有财产担保的权利应在破产宣告前依法成立并申报;(2)该权利的担保应为物权担保。《中华人民共和国物权法》规定的物权担保形式有抵押、质押和留置三种,因此,以这三种方式担保的权利可以构成别除权。

有财产担保的债权人依法有权自主选择是否行使别除权。如果选择行使别除权,则债权人自人民法院裁定和解或破产清算之日起可以就该项担保财产行使优先受偿的权利;如果选择放弃别除权,则其债权成为普通债权,与其他债权人平等参加破产财产分配。人民法院受理破产申请后,管理人可以通过清偿债务或者另外提供为债权人接受的担保,取回质物、留置物。在质物或者留置物的价值低于被担保的债权额时,取回时以该质物或者留置物当时的市场价值为限。

这里应当特别说明的是,为解决职工在社会保障制度改革中的历史遗留问题,《企业破产法》第一百三十二条对别除权在一定期限内的行使作出了限制,即在《企业破产法》施行后,对破产人在《企业破产法》公布之日(即2006年8月27日)前形成的职工债权,按《企业破产法》规定的清偿顺序清偿后不足以清偿的部分,以已设定担保的特定财产优先于对该特定财产享有担保权的权利人受偿。也就是说,在《企业破产法》公布之日前形成的职工债权享有优先于担保物权受偿的效力。在此之后形成的不能偿还的职工债权,不再优先于担保物权受偿,职工权益主要通过完善相关法律和社会保障制度加以解决。

(四) 取回权

我国《企业破产法》规定的取回权分为一般取回权与出卖人取回权两种。

1. 一般取回权

是指人民法院受理破产申请后,对于债务人占有的不属于债务人的财产,该财产的权利人享有的向管理人取回该财产的权利。管理人接管债务人的财产本应以债务人的财产范围为限,但为保护全体债权人和其他利害关系人的合法权益,法律规定管理人应概括接管债务人占有的一切财产。取回权人行使取回权,表面上会使债务人的财产减少,但在本质上取回权人只是在对自己的财产行使权利。

一般取回权人依法应通过管理人取回自己的财产。取回权的标的物一般为债务人占有的租赁物、借用物、寄存保管物、定作物、尚未售出的寄售物等。一般取回权行使的法定条件是:(1) 人民法院受理破产申请后取回权的标的物已被管理人接管。取回权的行使,只限于取回原物。如原物在管理人接管前已被破产人卖出或毁损灭失的,财产权利人仅能以价款或损失额为限申报债权。例如委托寄售的商店破产时,权利人委托商店代为出售的财产如尚未售出,权利人可以行使取回权取回;如已经售出,权利人就只能作为破产债权人要求偿还了。(2) 取回权人是该标的物的合法权利人。(3) 权利人在取回财产时,应当根据原合同的约定,向管理人履行相应的义务,如交付保管费、劳务费等。

2. 出卖人取回权

是指人民法院受理破产申请时,出卖人已将买卖标的物向作为买受人的债务人发运,债务人尚未收到且未付清全部价款时,出卖人享有的取回在运途中标的物的权利。出卖人取回权行使的条件是:(1) 人民法院受理破产申请时,买方尚未付清货款;(2) 买方尚未收到货物。

在买卖合同中,标的物的所有权一般自标的物交付时起转移,交付前所有权仍属卖方,所以,法律赋予卖方取回权,允许卖方在买方收到货物之前有取回的权利,以免遭受损失。因为在人民法院受理破产申请后,卖方未得到的货款只能作为债权申报,可能得不到完全的清偿。

如果管理人可以支付全部价款,则可以请求出卖人交付标的物。

(五) 抵消权

抵消权,是指债务人在破产申请受理后,在立案前与债务人互负债务的债权人享有的不依破产程序,而以其对该债务人的债权和所欠债务在对等数额内相互抵消的权利。破产法上的抵消权是由民法中的抵消权转化而来的,虽然二者在法律效果上是相同的,但在行使要件上略有不同。民法中的法定抵消要求双方债务种类相同,而且均届清偿期。而破产法上的抵消,对不同种类的债务可以折价抵消,对未到期的债务,可以扣除期限利益后抵消。

《企业破产法》中抵消权的行使应当具备三个条件:(1) 债权人的债权已经依法申报并得到确认;(2) 主张抵消的债权债务均发生在破产申请受理之前;(3) 不属于法律禁止的情形。《企业破产法》禁止的情形包括:(1) 债务人的债务人在破产申请受理后取得他人对债务人的债权的。(2) 债权人已知债务人有不能清偿到期债务或者破产申请的事实,对债务人负担债务的;但是,债权人因为法律规定或者有破产申请一年前所发生的原因而负担债务的除外。(3) 债务人的债务人已知债务人有不能清偿到期债务或者破产申请的事实,对债务人取得债权的;但是,债务人的债务人因为法律规定或者有破产申请一年前所发生的原因而取得债权的除外。

有抵消权的债权人可以向管理人主张抵消。破产法上的抵消权是对破产债权人利益的一种特别保护措施,其实质是给予对破产人负有债务的债权人一种优先权,避免在破产宣告后,债权人对破产人所享有的债权只能从破产人处得到不完全清偿,而债权人对破产人的债务却必须完全清偿的不公平现象的发生。

二、破产费用和共益债务

（一）破产费用

破产费用,是人民法院在受理破产申请后在诉讼中所发生的费用及管理人管理财产过程中所产生的费用的总称。其法定范围包括:(1) 破产案件的诉讼费用。包括破产案件本身的诉讼费和其他诉讼费;管理人为全体债权人的利益而对他人起诉或应诉、申请仲裁及进行其他法律程序所支付的费用。(2) 管理、变价和分配债务人财产的费用。(3) 管理人执行职务的费用、报酬和聘用工作人员的费用。

（二）共益债务

共益债务,是人民法院受理破产申请后,为全体债权人利益或为程序进行之必需而对破产债务人产生的一切请求权的统称。它是破产费用以外的应由债务人承担的债务。主要包括:(1) 因管理人或者债务人请求对方当事人履行双方均未履行完毕的合同所产生的债务;(2) 债务人财产受无因管理所产生的债务;(3) 因债务人不当得利所产生的债务;(4) 为债务人继续营业而应支付的劳动报酬和社会保险费用以及由此产生的其他债务;(5) 管理人或者相关人员执行职务致人损害所产生的债务;(6) 债务人财产致人损害所产生的债务。

破产费用和共益债务的支付范围决定了其拨付与清偿应适用特殊规则。根据《企业破产法》,破产费用和共益债务的拨付与清偿应遵循以下原则:(1) 优先拨付与清偿原则。即破产费用和共益债务应优先于其他债权得到清偿。因为该费用与债务的满足是破产程序顺利进行的前提条件。(2)随时拨付和清偿原则。即破产费用和共益债务可以根据破产案件处理的需要随时清偿。不论破产程序进行到哪个阶段,均应随时清偿该费用和债务。在程序进行中,管理人应对破产费用和共益债务及时进行调查、核实和确认,并及时作出处理。(3)足额清偿原则。即对破产费用和共益债务应全额清偿。债务人财产不足以清偿所有破产费用和共益债务的,先行清偿破产费用。债务人财产不足以清偿所有破产费用或者共益债务的,按照比例清偿。债务人财产不足以清偿破产费用的,管理人应当提请人民法院终结破产程序。人民法院应当自收到请求之日起15日内裁定终结破产程序,并予以公告。

第五节 企业破产重整与和解

在《企业破产法》中,破产程序分为三种:第一种是破产清算程序,第二种是重整程序,第三种是和解程序。《企业破产法(试行)》中除规定有破产清算程序外,也规定了整顿与和解程序,但其整顿与和解程序是联动的,只有达成和解,才能进入整顿程序;而和解程序的启动是以行政权力为中心的,申请进行和解整顿是由债务人的上级主管部门提出,整顿也由上级主管部门主持,所以它实际上不是破产法上的重整制度,而是行政整顿。《企业破产法》取消了行政整顿制度,创设了市场化的重整制度与和解制度。

一、重整

重整是在企业无力偿债但有复苏希望的情况下,经债权人同意,允许企业继续经营,实现债务调整和企业重组,使企业摆脱困境、走向复兴的一项制度。在重整保护期内,债务人在管理人的监督下可以继续经营,以经营所得逐步偿还债务,最终使债权人获得最大利益,从而避免在实行破产清算的情况下的财产损失及其他消极后果。实行重整,债权人必须要作出某种让步,按照重整计划的安排接受清偿。在重整期内,对所有债权实行冻结,甚至享有担保物权的债权人也不能优先受偿,而必须按照重整计划实现债权。

（一）重整程序的开始

1. 提出重整申请

从国际上看，规定重整制度的目的在于挽救债务人。因此，重整制度的启动条件与清算程序相比一般要低一些，而且申请主体更加多元化，我国《企业破产法》的规定也体现了这一精神。根据该法，具备下列条件之一的，有关当事人可以向人民法院申请重整：(1) 债务人达到破产界限时，债务人或者债权人可以申请重整；(2) 债务人有明显丧失清偿能力可能时，债务人或者债权人可以申请重整；(3) 债权人申请对债务人进行破产清算的，在人民法院受理破产申请后、宣告债务人破产前，债务人或者出资额占债务人注册资本 1/10 以上的出资人可以申请重整；(4) 金融机构达到破产界限或有明显丧失清偿能力可能时，国务院金融监督管理机构可以向人民法院提出对该金融机构进行重整或者破产清算的申请。

2. 人民法院审查确认

人民法院经审查认为重整申请符合法定条件的，应当裁定债务人重整，并予以公告。重整期间自人民法院裁定债务人重整之日起至重整程序终止。重整期间的主要任务是确定重整计划。

债务人对企业情况最了解，由债务人自行管理企业财产和营业事务，有利于及早提出切实可行的重整计划并使计划得到实施。因此，法律规定，在重整期间，经债务人申请，人民法院批准，债务人可以在管理人的监督下自行管理财产和营业事务。在此种情况下，管理人应当向债务人移交财产和营业事务，管理人的职权同时由债务人行使。如果债务人未提出自营申请，或其申请未获人民法院批准，则管理人应继续负责管理财产和营业事务，可以聘任债务人的经营管理人员负责营业事务。

（二）重整计划的提出和审批

1. 提出重整计划

债务人或者管理人应当自人民法院裁定债务人重整之日起 6 个月内，同时向人民法院和债权人会议提交重整计划草案。经债务人或者管理人请求，有正当理由的，人民法院可以裁定延期 3 个月。重整计划草案应当包括下列内容：(1) 债务人的经营方案；(2) 债权分类;(3)债权调整方案;(4)债权受偿方案;(5)重整计划的执行期限;(6)重整计划执行的监督期限;(7)有利于债务人重整的其他方案。重整计划不得规定减免债务人欠缴的对债务人的特定财产享有担保权的债权,以及职工债权以外的社会保险费用。

债务人或者管理人未按期提出重整计划草案的,人民法院应当裁定终止重整程序,并宣告债务人破产。

2. 利害关系人表决

人民法院应当自收到重整计划草案之日起30日内召开债权人会议,对重整计划草案进行表决。重整计划的实施可能对所有债权人的利益产生较大的影响,并且不同种类的债权人可能存在着此消彼长的利益冲突,所以,对重整计划草案有必要采取分类表决的方式。《企业破产法》根据债权性质将债权分为四类:(1)对债务人的特定财产享有担保权的债权;(2)职工债权;(3)国家债权,即债务人所欠税款;(4)普通债权。债权人在对重整计划草案进行表决时,应按法定债权类别分组进行。出席会议的同一表决组的债权人过半数同意重整计划草案,并且其所代表的债权额占该组债权总额的2/3以上的,即为该组通过重整计划草案。

重整债务人的出资人代表可以列席讨论重整计划草案的债权人会议。重整计划草案涉及出资人权益调整事项的,应当设出资人组,对该事项进行表决。

各表决组均通过重整计划草案时,计划即为通过。部分表决组未通过重整计划草案的,债务人或者管理人可以同未通过重整计划草案的表决组协商。该表决组可以在协商后再表决一次。

在实际操作中各组都同意的难度比较大,为降低重整计划通过的难度,使更多的债务人获得挽救重生的机会,法律规定重整计划草案符合下列条件的,债务人或者管理人可以申请人民法院批准重整计划草案:(1)按照重整计划草案,对债务人的特定财产享有担保权的债权就该特定财产将获得全额清偿,其因延期清偿所受的损失将得到公平补偿,并且其担保权未受到实质性损害,或者该表决组已经通过重整计划草案。(2)按照重整计划草案,职工债权、债务人所欠税款将获得全额清偿,或者相应表决组已经通过重整计划草案。

(3)按照重整计划草案,普通债权所获得的清偿比例,不低于其在重整计划草案被提请批准时依照破产清算程序所能获得的清偿比例,或者该表决组已经通过重整计划草案。(4)重整计划草案对出资人权益的调整公平、公正,或者出资人组已经通过重整计划草案。(5)重整计划草案公平对待同一表决组的成员,并且所规定的债权清偿顺序合法。(6)债务人的经营方案具有可行性。

3. 人民法院审查确认

自重整计划通过之日起 10 日内,债务人或者管理人应当向人民法院提出批准重整计划的申请。人民法院经审查认为符合法律规定的,应当自收到申请之日起 30 日内裁定批准,终止重整程序,并予以公告。

未通过重整计划草案的表决组拒绝再次表决或者再次表决仍未通过重整计划草案,债务人或者管理人向人民法院申请批准的,人民法院经审查认为重整计划草案符合法律规定,所有拒绝重整计划的当事人依照重整计划所得到的清偿都不会少于即时清算时得到的清偿,则应当自收到申请之日起 30 日内裁定批准,终止重整程序,并予以公告。

经人民法院裁定批准的重整计划,对债务人和全体债权人均有约束力。重整计划草案未获得通过且未获得人民法院的批准,或者已通过的重整计划未获得批准的,人民法院应当裁定终止重整程序,并宣告债务人破产。

(三)重整期间有关当事人的权利和义务

重整期间有关当事人的权利和义务如下:(1)担保权人对债务人的特定财产享有的担保权暂停行使。但是,担保物有损坏或者价值明显减少的可能,足以危害担保权人权利的,担保权人可以向人民法院请求恢复行使担保权。(2)债务人或者管理人为继续营业而借款的,可以为该借款设定担保。(3)债务人的出资人不得请求投资收益分配。(4)债务人合法占有的他人财产,该财产的权利人要求取回的,应当符合事先约定的条件。(5)债务人的董事、监事、高级管理人员不得向第三人转让其持有的债务人的股权。但是,经人民法院同意的除外。(6)重整计划的利害关系人有权查阅管理人向人民法院提交的监督报告。

在重整期间,有下列情形之一的,经管理人或者利害关系人请求,人民法院应当裁定终止重整程序,并宣告债务人破产:(1)债务人的经营状况和财产状况继续恶化,缺乏挽救的可能性;(2)债务人有欺诈、恶意减少债务人财产或者其他显著不利于债权人的行为;(3)由于债务人的行为致使管理人无法执行职务。

(四)重整计划的执行

1. 负责人

重整计划由债务人负责执行。人民法院裁定批准重整计划后,管理人应当向债务人移交财产和营业事务。

2. 监督人

自人民法院裁定批准重整计划之日起,在重整计划规定的监督期内,由管理人监督重整计划的执行。债务人应当向管理人报告重整计划执行情况和债务人财务状况。监督期届满时,管理人应当向人民法院提交监督报告。自监督报告提交之日起,管理人的监督职责终止。经管理人申请,人民法院可以裁定延长重整计划执行的监督期限。

3. 执行的法律后果

重整计划执行的法律后果是:(1)按照重整计划减免的债务,自重整计划执行完毕时起,债务人不再承担清偿责任。(2)债务人不能执行或者不执行重整计划的,人民法院经管理人或者利害关系人请求,应当裁定终止重整计划的执行,并宣告债务人破产。此时,债权人在重整计划中作出的债权调整的承诺失去效力。为重整计划的执行提供的担保和债权人因执行重整计划所受的清偿继续有效。债权未受清偿的部分作为破产债权,但只有在其他同顺位债权人同自己所受的清偿达到同一比例时,才能继续接受分配。

二、和解

破产和解,是指人民法院受理和解申请或破产申请后、宣告债务人破产前,债务人和债权人会议就债务人延期清偿债务、减少债务数额等事项达成和解协议,经人民法院认定后,终止破产程序的一种制度。和解的目的在于预防和避免债务人破产,并使债权人有可能从债务人处获得比通过破产程序更多的清偿。

(一) 和解程序的开始

1. 债务人提出申请

根据《企业破产法》,具备破产原因的债务人依法可以直接向人民法院申请和解,也可以在人民法院受理破产申请后、宣告债务人破产前,向人民法院申请和解。债务人申请和解,应当提出和解协议草案。债务人在拟定和解协议草案时要注意与有财产担保的债权人进行沟通,因为有财产担保的债权人自人民法院裁定和解之日起可以行使权利,一旦其行使权利,有可能影响和解协议的执行。

人民法院受理破产申请后,债务人与全体债权人就债权债务的处理自行达成协议的,可以请求人民法院裁定认可,并终结破产程序。

2. 人民法院审查确认

人民法院经审查认为和解申请符合法定条件的,应当裁定和解,予以公告,并召集债权人会议讨论和解协议草案。

(二) 债权人会议表决

和解协议草案应提交到债权人会议进行表决,通过决议依法需要由出席会议的有表决权的债权人过半数同意,并且其所代表的债权额占无财产担保债权总额的2/3以上。

(三) 和解程序的终止

1. 债权人会议通过和解协议的,由人民法院裁定认可,终止和解程序,并予以公告

管理人应当向债务人移交财产和营业事务,并向人民法院提交执行职务的报告。经人民法院裁定认可的和解协议,对债务人和全体和解债权人均有约束力。所谓和解债权人,是指人民法院受理破产申请时对债务人享有无财产担保债权的人。按照和解协议减免的债务,自和解协议执行完毕时起,债务人不再承担清偿责任。

2. 和解协议草案经债权人会议表决未获得通过,或者已经债权人会议通过的和解协议未获得人民法院认可的,人民法院应当裁定终止和解程序,并宣告债务人破产

3. 因债务人的欺诈或者其他违法行为而成立的和解协议，人民法院应当裁定无效，并宣告债务人破产。和解债权人因执行和解协议所受的清偿，在其他债权人所受清偿同等比例的范围内，不予返还

4. 债务人不能执行或者不执行和解协议的，人民法院经和解债权人请求，应当裁定终止和解协议的执行，并宣告债务人破产。和解债权人在和解协议中作出的债权调整的承诺失去效力，但为和解协议的执行提供的担保继续有效

第六节 企业破产清算

一、企业破产宣告

（一）破产宣告及情形

破产宣告，是指人民法院对符合破产条件的债务人，依法作出裁定，宣告债务人破产实施清算的行为。破产宣告，标志着债务人的破产进入破产清算阶段。人民法院宣告债务人破产的，应当自裁定作出之日起5日内送达债务人和管理人，自裁定作出之日起10日内通知已知债权人，并予以公告。

破产宣告前，有下列情形之一的，人民法院应当裁定终结破产程序，并予以公告：(1) 第三人为债务人提供足额担保或者为债务人清偿全部到期债务的；(2) 债务人已清偿全部到期债务的。

（二）破产宣告的效力

1. 破产宣告对债务人的效力

破产宣告后对债务人产生的法律效力是：(1) 债务人被宣告破产后，债务人称为破产人，其财产称为破产财产。破产人仅在清算意义上存续。(2) 债务人与其职工订立的劳动合同即告解除，职工依法有权领取失业救济金，但债务人的留守人员作为管理人聘用的工作人员，其在留守期间的工资、社会保险费用等列入破产费用。

2. 破产宣告对债权人的效力

破产宣告对债权人产生的法律效力是：(1) 人民法院受理破产

申请时对债务人享有的债权称为破产债权。在《企业破产法(试行)》中,破产债权只包括破产宣告前成立的无财产担保的债权和放弃优先受偿权利的有财产担保的债权。《企业破产法》将破产债权的内涵作了调整,一是将债权的形成时间规定为人民法院受理破产申请时;二是将债权的范围扩大到未放弃优先受偿权利的有财产担保的债权。(2)对破产人的特定财产享有担保权的权利人,对该特定财产享有优先受偿的权利。受偿不足的部分作为普通债权;放弃优先受偿权利的,其债权作为普通债权。(3)破产人的保证人和其他连带债务人,在破产程序终结后,对债权人依照破产清算程序未受清偿的债权,依法继续承担清偿责任。

二、企业破产财产的变价和分配

(一)破产财产

在《企业破产法(试行)》中,已作为担保物的财产不属于破产财产;担保物的价款超过其所担保的债务数额的,超过部分属于破产财产。但在《企业破产法》中,破产财产是指被宣告破产后债务人的财产,未扣除已作为担保物的财产,从而将破产债务人的财产等同于破产财产。这一改变只是对破产财产概念的理解上有一定影响,在实际分配中不影响别除权人优先权的行使。

(二)破产财产的变价

破产财产的分配一般应当以货币分配方式进行。因此,人民法院宣告债务人破产后,管理人应当及时拟订破产财产变价方案,提交债权人会议讨论。破产财产变价方案经债权人会议通过或者人民法院依法裁定确认后,管理人应当适时变价出售破产财产。除债权人会议另有决议外,变价出售破产财产应当通过拍卖进行。但是,按照国家规定不能拍卖或者限制转让的财产,应当按照国家规定的方式处理。

(三)破产财产的分配

1. 确定破产财产分配方案

破产财产变价处理后,管理人应当及时拟订破产财产分配方案,提交债权人会议讨论。破产财产分配方案应当载明下列事项:(1)

参加破产财产分配的债权人名称或者姓名、住所;(2)参加破产财产分配的债权额;(3)可供分配的破产财产数额;(4)破产财产分配的顺序、比例及数额;(5)实施破产财产分配的方法。

债权人会议通过破产财产分配方案后,由管理人将该方案提请人民法院裁定认可。经人民法院裁定认可后,由管理人执行。

2. 按法定顺序分配

破产财产在优先清偿破产费用和共益债务后,应按下列顺序清偿:(1)职工债权。包括破产人所欠职工的工资和医疗、伤残补助、抚恤费用,所欠的应当划入职工个人账户的基本养老保险、基本医疗保险费用,以及法律、行政法规规定应当支付给职工的补偿金。其中,破产企业的董事、监事和高级管理人员的工资按照该企业职工的平均工资计算。(2)国家债权。包括破产人欠缴的除前项规定以外的社会保险费用和破产人所欠税款。(3)普通债权。

破产财产不足以清偿同一顺序的清偿要求的,按照比例分配。对于附生效条件或者解除条件的债权,管理人应当将其分配额提存。对于诉讼或者仲裁未决的债权,管理人应当将其分配额提存。自破产程序终结之日起满2年仍不能受领分配的,人民法院应当将提存的分配额分配给其他债权人。

三、企业破产程序的终结

(一)宣告后应终结破产程序的法定情形

应当终结企业破产程序的法定情形有:(1)破产人无财产可供分配的,管理人应当请求人民法院裁定终结破产程序。(2)管理人在最后分配完结后,应当及时向人民法院提交破产财产分配报告,并提请人民法院裁定终结破产程序。人民法院裁定终结的,应当予以公告。

(二)办理债务人注销登记

管理人持人民法院终结破产程序的裁定,向破产人的原登记机关办理注销登记。管理人于办理注销登记完毕的次日终止执行职务。但是,存在诉讼或者仲裁未决情况的除外。

破产程序自因无财产可供分配而终结之日起2年内,有下列情形之一的,债权人可以请求人民法院按照破产财产分配方案进行追加分配:(1)发现有依法可以行使否认权而应当追回的财产的;(2)发现破产人有应当供分配的其他财产的。但财产数量不足以支付分配费用的,不再进行追加分配,由人民法院将其上交国库。

参 考 阅 读

1. 《中华人民共和国企业破产法》(2006 年文本)。
2. 《中华人民共和国企业破产法(试行)》(1986 年文本)。
3. 《中华人民共和国民事诉讼法》(1991 年文本)。
4. 《最高人民法院〈关于审理企业破产案件若干问题的规定〉》(2002 年文本)。
5. 《中华人民共和国企业破产法》起草组:《〈中华人民共和国企业破产法〉释义》,第 1 版,北京:人民出版社 2006 年版。
6. 汤维建:《企业破产法新旧专题比较与案例应用》,第 1 版,北京:中国法制出版社 2006 年版。
7. 李国光:《新企业破产法条文释义》,第 1 版,北京:人民法院出版社 2006 年版。
8. 李国光:《新企业破产法适用指南》,第 1 版,北京:人民法院出版社 2006 年版。
9. 李国光:《新企业破产法案例评析》,第 1 版,北京:人民法院出版社 2006 年版。

复 习 思 考

1. 什么是企业破产?它有什么法律特征?
2. 我国新旧《企业破产法》在破产原因的规定上有何不同?
3. 什么是债务人财产?影响债务人财产数量的因素有哪些?
4. 债权人会议的法定职权和议事规则是什么?
5. 债权人委员会的组成及职权是什么?
6. 企业破产重整与和解的主要区别是什么?
7. 破产立案与破产宣告的法律后果分别是什么?

第六章 合 同 法

本章学习重点:市场经济离不开商品交易,为了保护合同当事人的合法权益,维护社会经济秩序,促进社会主义现代化建设,我国于1999年3月15日由第九届全国人民代表大会第二次会议通过了《中华人民共和国合同法》(以下简称《合同法》),该法于1999年10月1日起施行。

本章共分七节,对我国合同法作了较为全面的介绍,内容涉及合同和合同法概述、合同的订立、合同的效力、合同的履行、合同的变更和转让、合同权利义务的终止和当事人的违约责任。

本章的学习重点是:合同订立的程序、合同成立与有效的要件、合同约定不明的履行、合同变更和转让的条件与程序、合同解除的条件与程序、违约责任的归责原则、违约责任的一般构成要件和承担违约责任的方式等内容。

第一节 合同和合同法概述

一、合同与合同法的概念及其特征

(一) 合同及其特征

合同一词在我国两千年以前即已存在,但并未被普遍运用。当时应用广泛的是"契约"一词。近代以来,合同一词逐渐流行,并最终取代了"契约"一词。现在虽然仍有一些学者认为契约与合同各有其确切的含义,即认为,合同是指两个或两个以上具有并行性或同向性的意思表示的一致;契约则是指两个或两个以上具有对应性或对向性的意思表示的一致。[①] 但由于契约与合同均是当事人的合

---

① 李宗锷:《香港合同法与公司法》,第1版,香港:商务印书馆香港分馆1986年版,第25—27页。

意,对于同向性与对向性的区分可在具体合同制度中加以区别,所以现在人们普遍将合同与契约当作同一概念。我国目前的立法、司法实践及法学著述中依据习惯一般均用合同一词概括这两种合意。

根据《合同法》第二条,"合同是平等主体的自然人、法人、其他组织之间设立、变更、终止民事权利义务关系的协议。婚姻、收养、监护等有关身份关系的协议,适用其他法律的规定。"由此可以看出,我国《合同法》调整的合同具有下列四个基本特征:

1. 合同是平等主体之间的协议

合同当事人在法律上地位平等,即一方当事人与他方当事人人格平等、地位对等。民事合同注重意思自治、契约自由,其基础就在于缔约各方法律地位平等,当事人之间不存在一方可以凌驾于他方之上的情形,更不存在命令与服从的关系。

2. 合同的主体具有多方性和广泛性

合同是当事人之间的一种合意,至少要有两个当事人参加才能构成。合同的主体具有广泛性,可以是自然人,也可以是法人或其他组织;可以是中国人,也可以是外国人。只要当事人具有合同能力,都可以成为合同的主体。

3. 合同的内容是设立、变更、终止当事人之间的债权债务关系

合同规范的民事权利义务在《民法通则》中是作为债的关系来规定的。婚姻、收养、监护等有关身份关系的协议虽然也属于民事法律关系,但其处理的原则与债的关系的处理原则完全不同,因此,此类协议不能适用《合同法》。

4. 合同是一种协议,反映了当事人的共同意志

合同是当事人的意思表示一致的产物。合同依法成立后就受到法律保护,对所有当事人均有约束力。

(二) 合同法及其特征

合同法是国家制定的调整平等主体之间交易关系的法律规范的总称。我国调整合同关系的基本法是《合同法》,它由总则、分则及附则三部分构成,共二十三章四百二十八条。我国合同法的基本特征是:

1. 合同法以任意性规范为主

在市场经济条件下,要求交易主体能够享有较多的自由,以充分发挥交易主体的活力和创造力。合同法为适应这一要求,尽可能为交易主体留下广阔的自主决定空间,将政府对合同的干预限制在较小的范围内。表现在立法上便是以任意性规范为主,合同中可以由当事人自行约定的任意性条款较多,强制性条款较少。

2. 合同法旨在规范交易行为

合同法旨在调整动态的财产流转关系,维护财产的交易安全。如果说侵权行为法旨在对遭受侵权损害的人提供事后补救,那么,合同法则是为市场经济提供预定的交易规则,通过规范交易行为,保障当事人的订约目的和期待利益得以实现。

二、合同的分类

合同可以从不同角度作多种分类,常用的分类主要有:

(一)按照合同标的的不同划分为转移财产的合同、完成工作的合同和提供服务的合同

转移财产的合同,是指一方将一定的财产所有权或用益权转移给对方,由对方支付相应报酬的合同,如买卖合同、赠与合同、租赁合同、借款合同等。完成工作的合同是指一方完成另一方交给的工作任务,另一方根据数量和质量给付一定报酬的合同,如承揽合同、建设工程合同等。提供服务的合同是指一方按照约定条件,使用自己的工具,为对方提供服务,由对方支付一定报酬的合同,如运输合同、保管合同等。

此种区分的法律意义在于,不同合同的标的、履行要求和违约责任不同,比如买卖合同可以提供种类物,而承揽合同只能提供特定物。

(二)按照合同名称的不同划分为有名合同和无名合同

有名合同也称典型合同,是指法律对其名称和内容作了专门规定的合同。如我国《合同法》规定的买卖合同等15种合同。无名合同也称非典型合同,是指法律没有对其名称和内容作专门规定的合同。

此种区分的法律意义在于,对于有名合同,由于专门法律对其有较详细的规定,因而应首先适用这些规定;没有具体规定的,才适用一般的原则性规定。对于无名合同,只能在适用我国《合同法》总则的同时,根据合同的性质比照适用近似的有名合同的规定。

(三)按照合同条款产生方式的不同划分为格式合同和非格式合同

格式条款是一方当事人为了重复使用而预先拟定,并在订立合同时未与对方协商的条款。采用格式条款订立的合同就是格式合同,如保险合同。非格式合同是指合同条款全部由双方当事人在订立合同时协商确定的合同。

对于格式合同,对方当事人只能对格式条款表示愿意或不愿意接受,一般不能对其进行修改,因此,对方当事人在签订此类合同时处于不利地位。有鉴于此,为维护当事人之间的公平,我国《合同法》第三十九条至第四十一条规定:(1)采用格式条款订立合同的,提供格式条款的一方应当遵循公平原则确定当事人之间的权利和义务,并采取合理的方式提请对方注意免除或者限制其责任的条款,按照对方的要求,对该条款予以说明。(2)格式条款具有本法第五十二条和第五十三条规定情形的[①],或者提供格式条款一方免除其责任、加重对方责任、排除对方主要权利的,该条款无效。(3)对格式条款理解发生争议的,应当按照通常理解予以解释。对格式条款有两种以上解释的,应当作出不利于提供格式条款一方的解释。格式条款与非格式条款不一致的,应当采用非格式条款。

三、合同法的基本原则

合同法的基本原则是制定、执行、解释合同法的最高准则。根据我国《合同法》及有关规定,我国合同法的基本原则主要有:平等原则、自愿原则、公平原则、诚实信用原则、守法原则和尊重公序良俗原则。

(一)平等原则

平等原则,是指合同当事人的法律地位平等,一方不得将自己的

---

① 参见本章第三节第五目无效合同。

意志强加给另一方。在市场经济条件下,合同双方当事人都是独立核算的经济实体,尽管双方经济实力可能不同,但在订立合同时依法具有平等的法律地位,因此,双方应平等地进行协商,使合同内容对双方都有利。

(二) 自愿原则

自愿原则,是指合同当事人在法律许可的范围内有权根据自己的真实愿望,自由地进行合同的设立、变更和终止的活动,任何单位和个人不得非法干预。自愿原则主要表现在合同当事人在法律允许的范围内有权自主决定是否订立、变更或者终止合同,有权依法选择合同的相对人、合同的形式等。

(三) 公平原则

公平原则,是指因合同所确立的当事人之间权利的享有与义务的分担应当公平合理,对双方都有利。公平是在一定社会的经济、政治、文化和意识形态基础上形成的社会道德行为准则、价值观念。道德和法律虽属两种不同的社会规范,但二者相互联系、相互渗透,法律一般都以道德准则为自己的内容,重要的道德规范往往以法律为自己的载体。由于公平是交易道德的重要规范之一,所以,调整交易行为的合同法必然要将公平原则作为其最基本的原则之一。

(四) 诚实信用原则

诚实信用原则,是指合同当事人从事合同行为时,应当向对方当事人承担善意、真实、守信的责任,保证不向对方实施欺诈、蒙骗、损害对方合法利益的行为。诚实信用原则既是道德原则,也是法律原则。作为一项法律原则,它还具有弹性规定的特点,即司法机关在适用法律时,如果没有相应的具体法律规定,可以根据这一原则作出司法解释,从而解决法律的适用问题。

(五) 守法原则

守法原则,是指合同当事人订立、履行合同,应当遵守全国人民代表大会及其常务委员会制定的法律和国务院制定的行政法规。此外,省、自治区、直辖市的人民代表大会及其常务委员会、较大的市依法制定的地方性法规,以及国务院各部委、中国人民银行、审计署和具有行政管理职能的直属机构,以及省、自治区、直辖市、较大的市的人民政府依法制定的规章,当事人也应当遵守。但如果地方性法规及规章与国家的法律、行政法规相抵触,则不能作为当事人行为合法的依据。人民法院在处理合同纠纷时,所依据的法律规范应当是国家的法律和行政法规,而地方性法规及规章只能作为处理案件的参考。

(六)尊重公序良俗原则

尊重公序良俗原则,是指合同当事人订立、履行合同,应当尊重社会公德,不得扰乱社会经济秩序、损害社会公共利益。

第二节 合同的订立

一、合同的内容与形式

(一)合同的内容

合同的内容主要是规定合同当事人的权利与义务。除少数由法律直接规定外,绝大多数合同内容由当事人根据意思自治原则自行协商确定,只要当事人的约定不违背国家法律的禁止性规定,国家不作干涉。为了保证当事人在协商过程中充分表达自己的意愿,避免在以后的合同履行中出现纠纷,根据我国《合同法》,合同一般应包括以下内容:

1. 当事人的名称或者姓名、住所

约定的目的在于明确合同当事人。

2. 标的

即合同当事人权利义务所指向的对象。它可以是财物、劳务、工作成果、知识产权。

3. 数量

即用计量单位和数字来衡量标的的尺度,它决定当事人权利义务的大小。数量的计量标准应符合我国《计量法》及其实施细则的规定。此外,定量包装的商品,还应符合国家技术监督局制定并于1996年实施的《定量包装商品计量监督管理规定》。

4. 质量

即合同标的的具体特征,它是标的内在素质和外观形态的综合。

5. 价款或者报酬

即当事人一方向交付标的的另一方支付的货币。价款通常指转移财产时支付的货币,报酬通常指提供劳务或工作成果的酬金。价款或者报酬的约定一般应包括单价、总价、计算标准、结算方式、运费、保险费、保管费、检验费及其他费用等。

6. 履行期限、地点和方式

即当事人全面完成自己的合同义务的时间、地点和方式。

7. 违约责任

即当事人不履行或者不完全履行合同时应承担的责任。

8. 解决争议的方法

当事人在签订合同时除了可以参考上述条款外,还可以参考国家有关机关制作的合同示范文本。这些示范文本虽然不具有法律约束力,但对于提示当事人在订立合同时更好地明确各自的权利义务,防止或减少合同纠纷有重要作用。

(二) 合同的形式

合同形式是当事人意思表示一致,达成协议的外部表现形式。我国《合同法》第十条规定,当事人订立合同,有口头形式、书面形式和其他形式。

口头形式,是指当事人以对话方式达成协议的合同形式。其优点是简便易行、快捷,有利于加快财产流转速度,是即时清结合同普遍采用的合同形式。其缺点是举证比较困难。

书面形式,是指当事人以合同书、信件以及数据电文(包括电报、电传、传真、电子数据交换和电子邮件)等可以有形地表现所载内容的方式订立合同的形式。其优点是权利义务明确,有利于防止和处理合同纠纷。非即时清结的合同一般应采用书面形式。

法律、行政法规规定或当事人约定采用书面形式的,应当采用书面形式。当事人应当采用书面形式但未采用的,或当事人虽采用了书面形式但未签字或盖章的,属于形式有欠缺的合同,对这类合同,只要当事人一方已履行了主要义务,对方接受的,合同应被推定为成立。采用书面形式,合同当事人应在书面合同上签名或盖章。

其他形式是指除口头和书面之外的合同形式。如以实际行为承诺的形式。

二、合同订立的程序

合同的订立一般要经过要约和承诺两个阶段。

(一)要约

1. 要约及其构成要件

要约,也称订约提议,是当事人一方向他方提出的,希望和他方订立合同的意思表示。其构成要件为:(1)应当是由特定的要约人发出的意思表示。(2)内容应当十分确定。所谓十分确定,我国《合同法》未对此具体说明,但根据《合同法》第六十二条关于合同约定不清的履行原则,要约内容应有明确的要约人、标的和数量。《联合国国际货物销售合同公约》(以下简称《公约》)认为:"一个建议如果写明货物并且明示或暗示地规定数量和价格,或规定如何确定数量和价格,即为十分确定。"这一规定可以看作国际上对要约内容确定的最低要求。(3)应表明经受要约人承诺,要约人即受该意思表示约束。(4)必须传达到受要约人。

要约是具有法律意义的行为。生效的要约对要约人具有法律效力,其效力主要表现在两个方面:(1)要约人在要约有效期内不得随意撤销或变更要约。否则,给受要约人造成损失应当赔偿。(2)如果受要约人依法作出承诺,在没有特别规定且符合合同有效要件的情况下,合同即成立并生效。要约人如果反悔,应当承担违约责任。要约对受要约人一般没有约束力,只在法律上取得了承诺的权利,除法律有特殊规定外,受要约人并不因此承担必须回复的义务。

与要约相近的概念是要约邀请。它是希望他人向自己发出要约的一种意思表示,是订立合同的一种预备行为。其特点是内容不太确定,一般向不特定的人发出。比如,为了邀请对方向自己订货而散发的商品目录单、报价单等。该提议对发出要约邀请的人一般不具有要约的法律约束力。受要约邀请人作出的回应仅是要约,要约邀请人有权决定承诺或拒绝。我国《合同法》明确规定,寄送的价目表、拍卖公告、招标公告、招股说明书属于要约邀请。

对于向不特定人发出的普通商业广告是否构成要约？各国规定不同。北欧各国及《公约》认为，普通商业广告是要约邀请；英美法则认为是要约。① 我国《合同法》规定，商业广告一般应视为要约邀请，但商业广告内容符合要约规定的，视为要约。

2. 要约的生效、撤回与撤销

要约可以采用口头或书面形式。根据要约理论，要约在送达受要约人时生效。我国法律规定，口头要约一般自受要约人了解时生效；书面要约一般自到达受要约人时生效。

要约的撤回，是指要约生效前，要约人使其不发生法律效力的意思表示。要约在尚未到达对方时对要约人没有约束力，要约人可将其撤回。要约的撤回一般只发生在书面形式的要约中。为阻止已发出的要约生效，撤回要约的通知应当采取比原要约更迅速的通知方式，在原要约到达受要约人之前或同时到达。

要约的撤销，是指要约生效后，要约人使其要约丧失法律效力的意思表示。要约能否撤销？各国对此有不同规定：传统英美法认为，要约原则上对要约人无拘束力。无论要约人是否规定有效期限，要约人在受要约人对要约作出承诺前随时可以撤销或更改要约。这一原则对受要约人缺乏应有的保障。现代英美法已作了适当变通，如美国《统一商法典》规定，在货物买卖中，在要约有效期内，要约对要约人有拘束力，不能随意撤销。如要撤销，须符合三个条件：一是要约人必须是商人；二是要约中所规定的期限不超过3个月；三是要约须以书面作成，并由要约人签字。

大陆法认为，要约原则上对要约人有约束力，但在具体规定上也有不同：德国法认为，如果要约规定了有效期，则在有效期内不得撤销或变更其要约。如果要约没有规定有效期，则依通常情形，在可望得到答复以前，不得撤销或变更其要约。法国法认为，要约被受要约人承诺之前，可以撤销，但若因此发生损失，则要约人应负损害赔偿

---

① 参见姚梅镇主编、余劲松主持修订：《国际经济法概论》修订版，武汉：武汉大学出版社1999年版，第104页。

责任。

《公约》第十六条规定,要约被受要约人承诺之前,原则上可以撤销,但有下列情形之一者不能撤销:一是要约写明承诺期限或以其他方式表明要约是不可撤销的;二是受要约人有理由信赖该项要约是不可撤销的,并已本着对该项要约的信赖行事。如买方发出要约称:"能否供应,请尽快答复,未获贵方答复前,我将不另询价。"

我国《合同法》的规定与《公约》相近,即除法定情形外,要约可以撤销。我国《合同法》规定的不得撤销的要约有两种:一是要约人确定了承诺期限或者以其他形式明示要约不可撤销;二是受要约人有理由认为要约是不可撤销的,并已经为履行合同做了准备工作。撤销要约的通知应当在受要约人发出承诺之前到达受要约人。

3. 要约的失效

我国《合同法》规定,要约在下列情形下失效:(1)受要约人拒绝承诺。(2)期限届满未承诺。承诺的起算期限,根据要约的情况确定,要约以信件或者电报作出的,承诺期限自信件载明的日期或者电报交发之日开始计算。信件未载明日期的,自投寄该信件的邮戳日期开始计算。要约以电话、传真等快速通信方式作出的,承诺期限自要约到达受要约人时开始计算。(3)要约人依法撤销。(4)受约人提出新要约。

(二) 承诺

1. 承诺及有效要件

承诺,是指受要约人收到要约后按照要约所规定的时间与方式,用诺言或行动对要约表示完全同意的一种法律行为。受要约人表示承诺后,就对自己产生约束力。

承诺是具有法律意义的行为,有效的承诺应具备以下三个条件:

第一,承诺必须由受要约人作出,并传达给要约人。承诺应由受要约人本人或其法定代表人、代理人作出。承诺的方式依法可采取通知或以行为表示的方式。承诺的通知可以是口头,也可以是书面,但一般应与要约的形式一致或符合要约的要求。以行为表示,是指根据交易习惯或者在要约表明可以通过行为承诺时,以具体行为表示承诺。《公约》规定的承诺方式与我国相似。法国法认为基于交易习惯,沉默可以构成承诺;日本法规定,经常交易的人之间,沉默可以构成承诺。英美法规定沉默在三种情况下有效:(1)要约有明确相反的规定;(2)受要约人以行为履行了要约的要求;(3)基于交易习惯。

第二,承诺应当在要约的有效期内传达到要约人。承诺期限的确定有两种方式:一是要约中确定的期限;二是法定的期限。我国《合同法》规定,要约以对话方式作出的,应当即时作出承诺,但当事人另有约定的除外;要约以非对话方式作出的,承诺应当在合理期限内到达。国外的法律也有类似的规定。对于"合理期限"的认定,各国法律一般均未作规定,一般根据实际需要确定。

超过要约有效期的承诺,称为迟到或逾期承诺。除要约人及时通知受要约人该承诺有效的以外,应视为新要约或称反要约。如果受要约人在承诺期限内发出承诺,按照通常情形能够及时到达要约人,但因其他原因导致承诺到达要约人时超过承诺期限的,除要约人及时通知受要约人因承诺超过期限不接受该承诺的以外,该承诺有效。《公约》的规定与我国的规定类似。

第三,承诺的内容应与要约的内容基本一致。承诺的内容与要约的内容一致,表明要约人与承诺人意思表示一致,双方达成了合意。是否允许承诺人对要约作适当变更,各国规定不一。我国法律规定,受要约人对要约内容作出实质性变更的,应视为新要约。所谓实质性变更,是指有关合同标的、数量、质量、价款或者报酬、履行期限、履行地点和方式、违约责任和解决争议的方法等的变更。在具体判断时还应考虑当事人提出有关条款的目的。承诺对要约的内容作出非实质性变更的,除要约人及时表示反对或者要约表示承诺不得对要约的内容作出任何变更以外,该承诺有效,合同内容以承诺的内容为准。

传统英美法认为,承诺不能对要约有任何改变。但现代美国《统一商法典》则规定得较灵活,规定商人之间如果受要约人在承诺中附加了某些条款,承诺仍可有效。这些附加条件应视为合同的一个组成部分,除非:(1)要约中已明确规定承诺时不得附加任何条件;(2)承诺中的附加条件对要约作出了重大修改;(3)要约人在接到承诺后已在合理时间内作出拒绝这些附加条件的通知。只要符合上述三者之一,则承诺无效。

《公约》第十九条,对附加条件的承诺的效力认定分为两种情况:(1)对要约所作的承诺如载有附加、限制或其他更改,应视为对要约的拒绝,并构成反要约;(2)若承诺所载的附加或不同条件在实质上并不变更该项要约的条件,则除要约人及时提出反对外,仍可构成承诺。若要约人不提出异议,合同条件即以要约的条件及承诺中所载的更改为准。所谓实质上变更要约的条件,是指承诺中载有关于价格、付款方式、货物的质量和数量、交货地点和时间、当事人一方对他方的赔偿责任范围或解决争议等方面的更改或提出的附加条件。

2. 承诺的生效与撤回

承诺的生效时间目前国际上主要有两种规定方式,即投邮生效和到达生效。英美法系国家一般采取"投邮生效",承诺发出后即不能撤回;大陆法系国家一般采用"到达生效",承诺到达相对人之前可以撤回。我国的规定与《公约》的规定相同,即在原则上采取"到达生效"的原则,但也有例外。我国《合同法》第二十六条规定,承诺自通知到达要约人时生效。承诺不需要通知的,根据交易习惯或者要约的要求作出承诺的行为时生效。

承诺的撤回,是指在承诺生效前,承诺人阻止其发生法律效力的意思表示。由于我国采取"到达生效"的原则,因此,在承诺到达要约人之前,承诺人可以将其承诺撤回。撤回的通知应当在承诺通知到达要约人之前或者与承诺通知同时到达要约人。

三、合同的成立

(一)合同的成立及其构成要件

合同的成立,是指当事人经协商达成一致而建立了合同关系。合同成立依法应当具备三个要件:(1)订约主体应当是有权订立合同的当事人或其合法代理人。(2)订约双方对合同的实质性条款达成一致。这是合同成立的核心要件。(3)合同的成立应经过要约和承诺阶段。

(二) 合同成立的时间与地点

一般合同自承诺生效时成立,承诺生效的地点为合同成立的地点。当事人采用书面形式订立合同的,自双方当事人签字或者盖章时合同成立。当事人采用信件、数据电文等形式订立合同的,可以在合同成立之前要求签订确认书,签订确认书时合同成立。

法律、行政法规规定或者当事人约定采用书面形式订立合同,当事人未采用书面形式但一方已经履行主要义务,对方接受的,该合同成立。采用合同书形式订立合同,在签字或者盖章之前,当事人一方已经履行主要义务,对方接受的,该合同成立。

四、缔约过失责任

(一) 缔约过失责任及其构成要件

缔约过失责任,是指缔约人在订立合同的过程中,因故意或过失违背诚实信用原则,给对方当事人的利益造成损失所应承担的责任。缔约过失责任是一种"先合同义务",即在要约生效后、合同成立以前,基于诚实信用的原则而由当事人必须承担的义务。这种义务主要包括互相协助、及时通知、相互保护等诚信义务。

缔约过失责任的构成包括四个要件:(1) 缔约人实施了与诚实信用原则相违背的行为;(2) 缔约人在实施与诚实信用原则相违背的行为时主观上有过错;(3) 对方当事人遭受损失;(4) 损失与缔约人的过错存在因果关系。

(二) 缔约过失责任与违约责任的区别

缔约过失责任作为一种违反先合同义务的行为,它与违约责任是不同的,二者的区别主要表现在以下几个方面:

1. 性质不同

违约责任是因一方违反有效合同约定的义务而产生的责任,它是以有效合同关系的存在为前提的;而缔约过失责任的当事人之间并不存在合同关系,它是以违反合同法上的义务为前提的,是一种合同法上的责任。

2. 发生时间不同

违约责任发生于合同成立生效之后;缔约过失责任发生在合同

订立过程中。

3. 归责原则不同

违约责任一般适用严格责任原则,除法定免责情形外,只要当事人违约就应当承担违约责任,而不必证明这种违约是由于当事人的主观过错造成的;缔约过失责任适用过错责任原则,即由于当事人主观上的故意或过失,造成缔约过程中对方的损失时,才承担损害赔偿责任。

4. 承担责任的方式不同

违约责任形式多样;缔约过失责任只有一种方式,即赔偿损失。

(三)缔约过失的表现形式

我国《合同法》第四十二条、第四十三条规定,当事人承担缔约过失责任的情形主要有以下四种:

1. 假借订立合同,恶意进行磋商

如以订立合同为名,参观生产基地或故意拖延谈判时间,以争取更好的交易机会、条件等。

2. 故意隐瞒与订立合同有关的重要事实或者提供虚假情况

如出具虚假资信证明,夸大自己的生产能力等。

3. 泄露或不正当使用在订立合同时知悉的对方的商业秘密

在订立合同时,有时相互告知一些商业秘密是达成合同所必需的。但无论合同是否成立,都不得泄露对方的秘密,否则,要赔偿因此而给对方造成的损失。

4. 其他违背诚实信用原则的行为

第三节 合同的效力

一、合同效力的概念和表现

(一)合同效力的概念

合同效力,是指已经成立的合同在当事人之间产生的法律约束力,即通常所说的合同的法律效力。合同的本质在于合意。从严格意义上讲,如果没有相应的法律借以援引,纯粹的合同仅为某种事实行为。只有合同法律的存在,才使得当事人的意志呈现法律上的效果。

合同具有法律上的效力并不是说合同等于法律。合同的效力来自于法律的赋予,只有当事人的意志符合国家的意志,它才能得到作为国家意志体现的法律的认可和保护。

(二) 合同效力的表现

一般而言,合同的效力主要指其内部效力,即合同仅能约束其当事人。但随着社会经济的发展,市场主体的外部经济关系日益复杂,当事人之间的合同关系往往会影响到其他人的合法权益。因此,各国法律逐步赋予合同一定的外部效力。具体而言,合同的效力表现在以下两个方面:

1. 合同对当事人的效力

合同对当事人的效力具体体现在权利和义务两个方面。就合同权利而言,主要包括请求并接受债务人履行债务的权利、抗辩权以及各种请求救济权,当事人通过行使这些权利而实现其利益。就义务而言,全面履行义务具有法律上的强制性。如果当事人违反合同义务,则应承担违约责任。法律责任是合同义务的保障,如果失去责任制度,合同效力也难以有效发挥。

2. 合同对第三人的效力

合同对第三人的效力目前主要表现在两个方面:一是依法成立的合同具有排斥第三人非法干预和侵害的效力;二是为保全合同利益,法律允许债权人在特定情况下向第三人行使代位权和撤销权。

二、有效的合同

(一) 合同有效的要件

有效的合同,是指具备法定条件,受到国家承认和保护的、具有法律效力的合同。合同有效的要件是判断合同是否发生法律效力的标准。根据我国《民法通则》和《合同法》的规定,合同有效的基本要件是:

1. 主体合格

即当事人应具有相应的民事行为能力,并在自己的经营范围内订立合同。当事人超越经营范围订立的合同是否有效?根据《最高人民法院关于适用〈中华人民共和国合同法〉若干问题的解释(一)》第十条的规定,当事人超越经营范围订立合同,人民法院不因此认定该合同无效。但违反国家限制经营、特许经营以及法律、行政法规禁止经营规定的除外。

2. 内容合法

即合同内容不违反法律和社会公共利益。我国《合同法》第五十二条规定,违反法律、行政法规的强制性规定的合同无效。因此,这里不违反法律应是指不违反法律的强制性规定。

3. 当事人意思表示真实

即不存在欺诈、胁迫或重大误解等违背当事人意愿的情形。

4. 形式、程序合法

即如果法律、行政法规有特别规定或当事人约定,合同生效应当采用书面形式或办理批准、登记等手续的,应在办完有关手续后合同才能生效。比如,房屋抵押合同签订后应依法办理抵押物登记,否则抵押合同不生效。

(二) 合同有效与合同成立的区别

1. 合同成立是合同有效的前提条件

合同没有成立,自然不可能发生效力。合同成立是指合同订立过程的完成。它解决的是合同自身有无的问题。而合同有效则指已经成立的合同因为具备有效条件而在当事人之间具有法律拘束力。它解决的是已经成立的合同有无法律拘束力的问题。因此,考察合同是否有效,首先必须考察合同是否成立。

2. 合同成立侧重于合同当事人订约时的意思表示一致

只要当事人在实质条款上意思表示一致,合同即告成立;而合同的有效则侧重于合同是否违背法律规定,只有符合法律规定,已成立的合同才能有效,违法合同虽已成立但不受法律保护。

进一步地说,合同成立主要体现了当事人的意志,体现了合同自由的原则;而合同有效则体现了国家对合同关系的肯定或否定评价,反映了国家对合同关系的干预。

3. 合同的成立侧重于形式

只要当事人在形式上达成一致,合同即告成立;而合同有效则侧重于考虑是否体现了当事人的真实意思,如果意思表示不真实,则该合同不能产生法律效力。

(三) 合同生效的时间

依法成立的合同,一般自成立时生效。依据法律、行政法规规定应当办理批准、登记等手续的,则在履行完相应手续时合同生效。法律、行政法规规定应当办理登记手续,但未规定登记后生效的,当事人未办理登记手续不影响合同的效力。当事人对合同生效约定附条件的,所附生效条件成就时,合同生效。当事人对合同生效约定附期限的,所附生效期限届至时,合同生效。

三、效力待定的合同

(一) 效力待定的合同及其特点

效力待定的合同,是指虽已成立,但因其主体有瑕疵,不完全满足有效要件的规定,致使其效力不确定的合同。

效力待定的合同的特点是:(1) 合同主体资格有瑕疵;(2) 合同虽已成立,但经合格主体予以追认才能生效;(3) 该合同经补正后开始生效。

由于与资格有瑕疵的主体订立的合同效力不确定,为防止相对人的利益受到损害,我国《合同法》规定相对人享有催告权和撤销权。即相对人可以催告有合法资格的主体在一个月内予以追认。有合法资格的主体未作表示的,视为拒绝追认。合同被追认之前,善意相对人有撤销的权利,但撤销应以通知方式作出。所谓善意,一般是指在签订合同时不知道或者不可能知道对方主体资格有瑕疵。

(二) 效力待定的合同的种类

效力待定的合同主要有四种:一是限制行为能力人订立的合同;二是代理权有瑕疵的人订立的合同;三是相对人知道或应当知道负责人越权订立的合同;四是无处分权人订立的合同。

1. 限制行为能力人订立的合同

限制行为能力人不能完全判断自己行为的后果,为保障其利益,我国《民法通则》及《合同法》规定,限制行为能力人只能与他人订立与其年龄、智力、精神健康状况相适应的合同,以及对自己纯获利益的合同。限制行为能力人要从事超越其能力的行为时,应由其法定代理人代理或经其法定代理人追认才能生效。法定代理人的追认是单方的意思表示,无须相对人的同意即可发生效力。法定代理人的追认一般应以明示通知方式作出,但法定代理人以行动自愿履行合同的行为,也可视为对合同的追认。

2. 代理权有瑕疵的人订立的合同

代理权有瑕疵的人订立的合同,是指行为人没有代理权、超越代理权或者代理权终止后以被代理人名义订立的合同。此类合同,除表见代理情形外,未经被代理人追认的,依法对被代理人不发生法律效力。相应的合同责任由无权代理行为人承担。

所谓表见代理,是指代理人虽无代理权,但善意第三人在客观上有充分的理由相信其有代理权,并因此与无权代理人为民事法律行为,并使该项法律行为的后果直接由被代理人承担的法律制度。表见代理的成立有三个要件:(1) 行为人没有代理权;(2) 客观上存在使相对人确信行为人有代理权的事实;(3) 相对人在主观上须为善意、无过错。

我国《合同法》第四十九条规定,表见代理应视同有权代理。因此,如果行为人与相对人之间订立的合同具备合同的其他有效要件,则因表见代理行为订立的合同所设定的权利义务,由被代理人承担。被代理人由此受到损失的,被代理人有权向代理人请求赔偿。表见代理制度实质上是依法将无权代理作为有权代理来认定的法律制度。其目的是既维护交易安全,又支持交易的效率;既保证被代理人的利益不受损害,又维护相对人的交易安全。

3. 相对人知道或应当知道负责人越权订立的合同

法人的法定代表人或其他组织负责人的权限依法或依其组织章程、合伙协议等都是受限制的。如果按照"越权行为无效"的原则来处理法定代表人、负责人的行为,相对人的合法利益将难以保证。因为在法定代表人、负责人的越权行为中,有不少是直接为本组织利益而实施的。如果采用"越权行为无效"的原则来处理这一行为,有可能出现两种情况:一是当该行为的确能使组织产生利益时,组织可以通过追认方式使该行为产生法律效力,使越权行为合法化;二是为组织利益而实施的越权行为在后来变得对组织不利时,组织可以利用"越权行为无效"原则使合同无效。这样,法定代表人、负责人完全可以利用这一原则使合同成为自己手中的玩物,相对人的利益则将在这场游戏中受到损害。

此外,相对人对法定代表人、负责人的越权行为难以判断,无法有效地保护自己。如果法律要求相对人对法定代表人、负责人的每一个行为都进行审查,又必将影响交易的效率。

为平衡组织与相对人的利益关系,目前我国及世界上大多数国家均在一定条件下采用"越权行为有效"的原则,即法定代表人、负责人的越权行为,除非相对人知道或者应当知道他们的行为超越权限的以外,他们的越权行为有效。

4. 无处分权人订立的合同

无处分权人订立的合同,是指无处分权人处分他人财产而与第三人订立的合同。《合同法》第五十一条规定,无处分权的人处分他人的财产,经权利人追认或者无处分权的人在签订合同后取得处分权的,该合同有效。

无处分权人订立的合同与无权代理人订立的合同的区别在于:(1)前者是无处分权人以自己的名义签订合同;后者是无权代理人以被代理人的名义签订合同。(2)前者如果被财产权利人追认的,合同当事人将发生变更,即由财产权利人作为合同的当事人;后者合同当事人不变。

四、可变更或撤销的合同

(一) 可变更或撤销的合同及其特点

1. 可变更或撤销的合同

可变更或撤销的合同,是指合同订立后,因意思表示不真实,可由当事人行使撤销权使其归于无效,或行使变更权使其内容变更的合同。

2. 可变更或撤销的合同的特点

可变更或撤销的合同的特点是:(1)订立合同时存在意思表示不真实的情况。(2)在提出撤销或变更前,合同已成立,但因欠缺某些对社会、对他人无甚影响的有效要件,如果当事人无异议,则可正常履行,视为有效合同。(3)意思表示不真实的一方对合同的变更或撤销有选择权。(4)经当事人变更符合生效条件的,合同自变更协议达成后生效。合同被撤销的,合同从订立时起即丧失法律效力。有关民事责任按无效合同的责任处理。

(二)可变更或撤销的合同的情形

根据我国《合同法》的规定,可变更或撤销的合同的情形是:

1. 因重大误解订立的合同

是指当事人对合同的重要内容发生重大误解后,违背其真实意思而订立的合同。重大误解的构成要件是:(1)当事人因自己的误解而作出了意思表示。(2)对方当事人无误导他人的主观上的故意。(3)在重要内容上有重大误解。比如,对合同或合同标的物性质有误解、对合同标的物质量的认识有错误等。

2. 在订立合同时显失公平的合同

是指订立合同时明显违反公平原则的合同。显失公平合同的构成要件是:(1)属于双务有偿合同。(2)合同内容在订立时明显背离公平原则,一方获得的利益超过了法律所允许的限度。如果显失公平不是在订立合同时出现的,而是在合同签订后,因经营风险等原因导致合同显失公平的,则不适用。(3)该不公平系一方利用优势或对方没有经验所致。

3. 一方以欺诈、胁迫或乘人之危订立的合同

一方以欺诈、胁迫手段订立的合同,如果同时损害了国家利益,则为无效的合同;否则,属于可变更或撤销的合同。乘人之危订立的合同,是指行为人利用他人危难处境或紧急需要,为谋取不正当利益,迫使对方违背自己的真实意愿而订立的合同。其构成要件:(1)一方当事人陷入危难处境;(2)对方有乘人之危的行为;(3)对方主观上具有故意性;(4)受害人的意思表示内容对自己严重不利。

(三)变更或撤销权的行使

对于可变更或撤销的合同,受害当事人可选择申请变更或撤销。当事人请求变更的,人民法院或者仲裁机构不得撤销。当事人申请变更或撤销的权利必须在法定期间内行使。根据《合同法》第五十

五条,具有撤销权的当事人应当在其知道或应当知道撤销事由之日起1年内行使撤销权,超过期限,撤销权消灭。具有撤销权的当事人知道撤销事由后明确表示或者以自己的行为放弃撤销权的,当事人的撤销权消灭。

五、无效合同

(一) 无效合同及其情形

1. 无效合同

无效合同,是指已经成立的合同因违反法律、行政法规或社会公共利益,从而自始就没有法律约束力的合同。

2. 无效合同的情形

根据《合同法》第五十二条,无效合同包括以下五种情形:

1. 一方以欺诈、胁迫的手段订立合同,损害国家利益

欺诈,是指一方当事人故意实施的欺骗他人的行为,其目的是使他人陷入错误而作出不真实的意思表示。《最高人民法院关于贯彻执行〈中华人民共和国民法通则〉若干问题的意见(试行)》第六十八条规定:"一方当事人故意告知对方虚假情况,或者故意隐瞒真实情况,诱使对方当事人作出错误意思表示的,可以认定为欺诈行为。"

因欺诈而订立的合同的构成要件有四个:(1) 欺诈方具有欺诈的故意;(2) 欺诈方实施了欺诈行为;(3) 被欺诈方因欺诈方的欺诈行为而陷入对合同内容的错误理解;(4) 被欺诈方因被欺诈而错误地作出了订立合同的意思表示。

胁迫,是指以将来要发生的损害或以直接施加损害相威胁,使对方产生恐惧的行为。因胁迫而订立的合同的构成要件有三个:(1) 胁迫方具有胁迫的故意;(2) 胁迫方实施了胁迫行为;(3) 受胁迫方因被胁迫而订立了合同。

将合同一方以欺诈、胁迫的手段,订立的损害国家利益的合同规定为无效,有利于有关国家机关和司法机关对此类合同作出积极的干预,司法机关也可以主动确认该合同无效,从而维护国家的利益,并对违法方实施制裁。

2. 恶意串通,损害国家、集体或者第三人利益

恶意串通,是指双方当事人为实现不法目的而非法串通在一起的行为。因恶意串通而订立的合同的构成要件有三个:(1)当事人存在主观恶意,即明知某种行为将造成对国家、集体或者第三人利益的损害,而故意为之;(2)当事人实施了相互串通的行为;(3)合同的内容损害国家、集体或者第三人利益。

3. 以合法形式掩盖非法目的

以合法形式掩盖非法目的,是指当事人通过实施合法的行为来掩盖其非法目的,或从事的行为在形式上是合法的,但在内容上是非法的。这种行为又称规避法律的行为。以合法形式掩盖非法目的在本质上仍是非法的,因此这种行为是无效的。

4. 损害社会公共利益

社会公共利益的内涵,通常是指社会公共秩序和善良风俗,但其外延却相当广泛,难以穷尽。它涉及全体社会成员的共同利益,如果不予以保护,社会将处于混乱状态,个人利益也将受到损害。

5. 违反法律、行政法规的强制性规定

(二) 无效合同的确认及处理

无效合同的确认权依法由人民法院和仲裁机构行使。合同被确认无效后,视为自始没有法律效力;如果部分无效且不影响其他条款效力的,其他部分仍有效。比如,在合同中如果约定有"在履行合同过程中造成对方人身伤害、因故意或者重大过失造成对方财产损失可免责"的条款,则该条款依《合同法》第五十三条就是无效的,但此种无效不影响合同其他部分的效力。对无效合同引起的财产后果,一般根据无效合同的性质、损害程度和当事人的过错情况进行处理,具体处理方法有:

1. 返还财产

合同被确认无效后,当事人依据该合同所取得的财产应当予以返还。返还财产的目的是使当事人的财产关系恢复到合同签订以前的状态。当事人恶意串通,损害集体或者第三人利益的,当事人应将因此取得的财产返还给集体或者第三人。

2. 折价补偿

合同被确认无效后,当事人依据该合同所取得的财产如果不能返还或者没有必要返还,应当折价赔偿。

3. 赔偿损失

合同被确认无效后,有过错的一方应当赔偿对方因此所受到的损失;双方都有过错的,应当各自承担相应的责任。

4. 收归国有

适用于当事人恶意串通,损害国家利益的情形。

第四节 合同的履行

一、合同履行的概念及其原则

(一)合同履行的概念

合同履行,是指合同生效后,当事人按照法律规定或者合同约定,全面、适当地履行合同义务的行为。当事人全部完成自己应尽的义务,称为全部履行;当事人部分完成自己应尽的义务,称为部分履行;当事人完全未履行自己应尽的义务,称为不履行。在正常情况下,合同因双方当事人全部履行各自的义务而终止。

合同的履行以合同有效为前提和依据,合同当事人应重合同、守信用,严格地、全面地履行合同。

(二)合同履行的原则

合同履行的原则,是指当事人在履行合同义务的过程中,应当共同遵守的原则。合同履行应遵循下面两个原则:

1. 全面履行原则

全面履行,是指当事人按照合同规定的标的、质量、数量等,由适当的主体在适当的履行时间、地点,并以适当的履行方式,全面完成合同义务。全面履行原则要求当事人严格按合同约定的各项条款履行。比如,合同约定必须由义务人本人履行的,当事人必须亲自履行。合同约定由第三人履行的,义务人应对第三人的履行行为负责。履行期限合同有约定时,应按约定履行。债权人依法可以拒绝债务人提前履行债务,但提前履行不损害债权人利益的除外。债务人提前履行债务给债权人增加的费用,由债务人负担。债务人应全部履行合同债务,债务人部分履行债务的,债权人依法可以拒绝,但部分履行不损害债权人利益的除外。债务人部分履行债务给债权人增加的费用,依法由债务人负担。规定全面履行原则的目的,在于指导和督促当事人全面完成合同规定的各项义务,达到签订合同时预期的目的。全面履行原则是判定合同是否履行和违约的法律标准,是衡量合同履行程度的尺度。

2. 诚实信用原则

诚实信用原则是合同法的基本原则,也是合同履行的原则。根据这一原则,当事人在履行合同时,一是应以对待自己事务的注意来对待对方的事务,保证对方当事人能得到自己应得的利益。二是应根据合同的性质、目的和交易习惯,履行保证合同约定的权利和义务实现的各种相关的附随义务。这些附随义务主要包括:相互协助和照顾的义务、瑕疵告知的义务、使用方法和重要事项告知的义务、忠实和保密的义务等。三是在法律和合同规定的义务内容不明确或有欠缺时,应及时与对方协商,依据诚实信用原则履行义务。

二、合同约定不明的履行

为保证合同全面履行,合同当事人应当将合同条款明确详细。但在实践中,仍有许多合同条款有遗漏或规定不清,使履行发生困难。如何解决这一问题?我国《合同法》对此规定了比较明确的处理原则和解决方法。

(一) 合同约定不明的履行原则

从原则上看,《合同法》第六十一条规定,合同生效后,当事人就质量、价款或报酬、履行地点等内容没有约定或者约定不明确的,可以协议补充;不能达成补充协议的,按照合同有关条款或交易习惯确定。可见,当事人如果就合同的标的、数量没有约定时,会使合同不能成立和生效;而就其他条款约定不明时,可以根据协议原则、按照合同有关条款原则或按照交易习惯原则确定。

(二)合同约定不明的履行补缺规则

从方法上看,如果按上述原则仍不能确定合同内容,则应适用《合同法》第六十二条的规定,对合同的内容进行补缺,以使合同能够履行。具体是:(1)质量要求不明确的,按照国家标准、行业标准履行;没有国家标准、行业标准的,按照通常标准或者符合合同目的的特定标准履行。(2)价款或者报酬不明确的,按照订立合同时履行地的市场价格履行;依法应当执行政府定价或者政府指导价的,按照规定执行。(3)履行地点不明确的,给付货币的,在接受货币一方所在地履行;交付不动产的,在不动产所在地履行;其他标的,在履行义务一方所在地履行。(4)履行期限不明确的,债务人随时履行,债权人也可以随时要求履行,但应当给对方必要的准备时间。(5)履行方式不明确的,按照有利于实现合同目的的方式履行。(6)履行费用的负担不明确的,由履行义务一方负担。

此外,我国《合同法》第六十三条规定,执行政府定价或者政府指导价的,在合同约定的交付期限内政府价格调整时,按交付时的价格计价。逾期交付标的物的,遇价格上涨时,按照原价格执行;价格下降时,按照新价格执行。逾期提取标的物或者逾期付款的,遇价格上涨时,按照新价格执行;价格下降时,按照原价格执行。

三、对合同条款的解释

在履行合同过程中,当事人对合同条款的理解有时会存在争议。为解决理解上的分歧,我国《合同法》第一百二十五条规定,当事人对合同条款的理解有争议,应当采用以下五种方式来确定合同条款的真实意思:(1)根据合同所使用的词语来确定双方的真实意思。在分析时要注意结合特定的语言环境。(2)对合同某一条款的理解,应当根据合同的其他有关条款的含义来确定。(3)根据当事人通常的交易习惯来理解。(4)根据诚实信用原则来确定双方的真实意思。(5)根据合同的目的来确定合同条款的真实意思。

作为解决合同条款争议的基本方法,上述五种方式可以同时使用,也可以根据情况选择使用。如果合同为格式合同,应按《合同法》中关于格式合同的处理原则处理。

四、合同履行中当事人的特别权利

（一）抗辩权

抗辩权是指阻止对方当事人行使请求权的对抗权。《合同法》规定的抗辩权主要有三种，即同时履行抗辩权、不安抗辩权和后履行抗辩权。

1. 同时履行抗辩权

是指在没有规定履行顺序的双务合同中，当事人一方在对方当事人未为对待给付之前，或者履行不适当时，有拒绝先履行自己债务的权利。同时履行抗辩权反映了双务合同中权利义务的关联性。

同时履行抗辩权的行使条件：(1) 同一合同双方互负债务，且债务履行没有先后顺序。(2) 合同债务已届履行期。(3) 对方当事人未履行债务，或者未提出履行债务，或履行债务不符合约定条件。一方向对方要求履行债务时，须自己已做好履行准备，否则对方也可行使同时履行抗辩权，拒绝履行自己的债务。(4) 对方当事人履行债务是可能的。如果履行不能，且没有法定免责的情形时，当事人可以提出解除合同，并追究对方的违约责任。

同时履行抗辩权是一种延期的抗辩权，只能暂时阻止对方当事人请求履行权的行使，并非永久的抗辩权。如果对方当事人完全履行了合同义务或做好了履行准备，当事人的同时履行抗辩权即消灭，当事人应及时履行自己的义务。

2. 不安抗辩权

是指先履行债务人在有证据证明后履行债务人有可能不履行或不能履行约定的债务时，有中止履行自己义务的权利。不安抗辩权，不仅公平地权衡了双方当事人的利益，避免了对先履行一方的明显不利，而且进一步证明了合同履行是当事人的整个行为过程，并不限于当事人的最终交付行为。它对于先行给付一方来说，不失为一种自我保护的良策；对于促使合同的正常履行，也具有积极的意义。

行使不安抗辩权的条件：(1) 同一合同双方互负债务，且债务履行有先后顺序。(2) 在合同订立后，后履行一方的履行能力明显降低，有不能履行的现实危险。如后履行一方有经营状况严重恶化，转移财产、抽逃资金,以逃避债务,丧失商业信誉等情形。当事人没有确切证据而中止履行的,属于违约行为。(3)后履行一方未能对这种危险提供适当担保。

当事人因行使不安抗辩权而中止合同时,应及时通知对方。对方提供适当担保的,应当恢复履行。中止履行后,对方在合理期限内未恢复履行能力并未提供适当担保的,中止履行一方可以解除合同。

3. 后履行抗辩权

是指在双务合同中约定了债务履行的先后顺序,先履行一方履行债务不符合约定,后履行一方有权拒绝其相应的履行要求。

行使后履行抗辩权的条件:(1)同一合同双方互负债务,且债务履行有先后顺序。(2)先履行一方履行债务不符合约定。

(二)债权人的代位权

债权人的代位权,是指因债务人怠于行使其到期债权,对债权人造成损害时,债权人以自己的名义向人民法院请求代位行使债务人的债权的权利。它是合同履行中的一种债权保全措施,目的在于保证债权人合法权益的实现。

1. 债权人代位权行使的条件

债权人的代位权是法定的权利,不需要合同当事人在合同中专门约定。债权人行使代位权应具备以下条件:(1)债权人对债务人的债权合法。(2)债务人对第三人享有合法的不是专属于债务人自身的债权。所谓"专属于债务人自身的债权",是指基于扶养关系、抚养关系、赡养关系、继承关系产生的给付请求权和劳动报酬、退休金、养老金、抚恤金、安置费、人寿保险、人身伤害赔偿请求权等权利。(3)债务人怠于行使其对第三人的到期债权。所谓"怠于行使",是指债务人应行使且能行使而不行使的情形。债务人应行使的债权,是指债务人如不行使其债权,该债权将有消灭或丧失的可能。比如,债务人的受偿权将因不申报破产债权而丧失。债务人能行使的债权,是指债务人客观上有能力对第三人行使的债权。如果债务人客观上不能行使,则债权人不得代位行使。比如,未到期的债权。(4)债权人的债权有不能实现的危险。

2. 债权人代位权的行使

债权人在行使代位权时,应注意以下问题:(1)代位权是债权人所享有的一项权利,只能由债权人行使。如果债权人有多个,原则上各个债权人都可以行使,但如果一个债权人已就某项债权足额行使了代位权,则其他债权人不得再就该项债权再行使代位权。(2)债权人应以自己的名义向第三人(即债务人的债务人)所在地人民法院提出申请。(3)代位权的行使范围以债权人的债权为限。债权人行使代位权的必要费用,由债务人负担。

3. 债权人行使代位权的效力

对债权人行使代位权的效力,我国《合同法》未明确规定。在理论上学者们普遍认为,第三人对债务人的抗辩可以同时对抗债权人。第三人履行全部债务后,第三人对债务人的债务消灭。但对第三人的履行对象及债权人是否有优先受偿权?学者们有两种不同的看法。一种观点认为,第三人应向债务人履行债务,债权人没有优先受偿权。① 另一种观点认为,第三人应向债权人直接履行清偿义务。当第三人代债务人全部清偿了债权人的债务后,债权人与债务人之间的债权债务关系即消灭。② 本书作者赞同第二种观点。因为我国《合同法》规定,代位权的行使范围以债权人的债权为限,而不是全体债权为限。如果行使代位权的债权人没有优先受偿权,该债权人的债权就不可能得到足额偿付,那么,法律规定代位权的行使范围以债权人的债权为限,就不能实现保全债权人债权的立法目的。此外,债权人享有优先受偿权,有利于鼓励债权人积极行使代位权。

(三)债权人的撤销权

债权人的撤销权,是指当债务人放弃对第三人的债权、实施无偿或低价处分财产的行为而有害于债权人的债权时,债权人可以依法请求法院撤销债务人所实施行为的权利。它是一种债的保全制度。

---

① 参见余能斌、马俊驹:《现代民法学》,第 1 版,武汉:武汉大学出版社 1995 年版,第 450 页。
② 参见刘文华、肖乾刚:《经济法律通论》,第 1 版,北京:高等教育出版社 2000 年版,第 241 页。

1. 债权人行使撤销权的条件

债权人的撤销权是法定的权利,不需要合同当事人在合同中专门约定。债权人行使撤销权应具备以下条件:(1)债权人对债务人的债权合法。(2)债务人在债权成立后实施了一定法律行为。如果是债权成立前已经存在的行为,不作为撤销权的标的。(3)债务人实施了严重降低债务人自身偿付能力的行为。这些行为包括:债务人放弃其到期债权;债务人无偿转让财产;债务人以明显不合理的低价转让财产,对债权人造成损害,并且受让人知道该情形的。如果债务人出现放弃或者无偿转让的可能性时,债权人可以通过诉讼保全措施予以保全。(4)债务人实施的上述行为,危及债权人债权的实现。

2. 债权人撤销权的行使

债权人在行使撤销权时,应注意以下问题:(1)撤销权是债权人所享有的一项权利,只能由债权人行使。(2)债权人应以自己的名义向人民法院提起诉讼,请求撤销债务人危害债权的行为。对于以谁为被告,一般认为,债务人的行为为单方行为的,应以债务人为被告,以受益人或受让人为第三人;债务人的行为为双方行为的,应以债务人和第三人为共同被告。(3)撤销权行使的范围以债权人的债权为限。债权人行使撤销权的必要费用,由债务人负担;第三人有过错的,应当适当分担。

由于撤销权的行使涉及第三人的利益和交易安全,为督促债权人及早行使自己的权利,维护第三人的合法权益,我国《合同法》规定,撤销权自债权人知道或应当知道撤销事由之日起1年内行使。如果债权人无法知道撤销事由,债权人应自债务人行为发生之日起5年内行使撤销权;否则,其撤销权消灭。

3. 债权人行使撤销权的效力

对债权人行使撤销权的效力,我国《合同法》未明确规定。在理论上学者们普遍认为,撤销权生效后,被撤销的债务人的行为应视为自始无效;第三人因该行为取得的财产,应返还给债务人。通过撤销债务人行为取得的财产,应加入债务人的一般财产,作为全体一般债权人的共同担保,行使撤销权的债权人并无优先受偿权。[①] 但本书作者认为,从我国《合同法》的规定看,行使撤销权的债权人应有优先受偿权,理由与债权人行使代位权的效力相同。

如果债权人行使撤销权而被人民法院判决败诉的,其他债权人不得就同一行为再行诉讼。

第五节 合同的变更和转让

一、合同的变更

(一)合同变更的概念

合同变更有广义和狭义之分。广义的合同变更,是指合同依法成立生效后,合同法律关系的主体、客体和内容的改变。也就是说,合同法律关系三要素中的任何一个要素的改变,都构成合同的变更。狭义的合同变更,仅指改变合同法律关系的客体和内容的行为,即指对合同当事人以外的各项条款的修改。这里的合同变更仅指狭义的合同变更。

(二)合同变更的条件与程序

合同依法成立生效后,对双方当事人都有法律约束力,双方当事人都不得擅自变更合同;否则,就要承担违反合同的法律责任。但是现实经济活动的复杂性和多变性决定了合同成立后,必然要受到主客观因素的影响。为实现当事人订立合同的目的,法律规定当事人依法可以变更合同。

1. 当事人变更合同的条件

根据我国《合同法》,当事人变更合同应具备以下四个条件:(1)变更前合同合法有效。这是其与可变更、可撤销合同变更的主要区别。(2)当事人对变更合同协商一致,单方无权变更合同。(3)变更后的合同内容应当符合法律规定,不得损害国家利益和社会公共利益。(4)当事人对合同变更的内容约定应确定。当事人对合同变

[①] 参见余能斌、马俊驹:《现代民法学》,第1版,武汉:武汉大学出版社1995年版,第451页。

更的内容约定不明确的,推定为未变更。

2. 合同变更的法定程序

合同变更依法应经过要约与承诺的过程。在没有法律明确规定的情况下,合同变更的具体形式可以由当事人协商确定,一般应与原合同的形式一致。法律、行政法规规定变更合同应当办理批准、登记等手续的,应依照其规定办理相应手续。比如,依法应当由国家批准成立的中外合资企业的合同,如果有重大变更,应当经原批准机关批准。合同有保证人的,变更合同时应当取得保证人的书面同意,未经保证人书面同意的,除保证合同另有约定外,保证人不再承担保证责任。

3. 合同变更的效力

合同变更原则上只对将来发生效力,对已按原合同履行的部分无溯及力。而且合同变更仅对约定变更的部分发生效力,未变更的部分的权利义务应继续有效。因合同变更而给对方造成损失的,除法定可以免责的情形外,受害方有权在变更合同时要求对方给予赔偿。

二、合同的转让

(一) 合同转让的概念

合同的转让,是指在合同依法成立后,改变合同主体的法律行为。即合同当事人一方依法将其合同债权和债务全部或部分转让给第三人的行为。它与合同变更的主要区别在于,合同的转让是合同主体的变更,合同的内容并未发生改变。合同转让根据其转让的内容可以分为债权转让、债务转移和债权债务一并转让三种。

当事人转让合同的基本要求为:(1) 转让的合同必须合法有效;(2) 符合法律规定的转让程序;(3) 转让内容合法,且不损害社会公共利益;(4) 合同转让人与受让人之间达成协议。

(二) 债权转让

1. 债权转让及要求

债权转让,是指合同当事人通过协议将自己享有的合同债权全部或部分转让给第三人的行为。合同当事人转让债权的,除应当与受让第三人达成转让协议外,还应当通知合同债务人。债务人接到债权转让通知时,债权转让合同生效。

2. 债权转让的限制

一般情况下,债权人可以根据自己的意愿将合同的权利全部或者部分转让给第三人,但我国《合同法》第七十九条规定,有三种合同债权不得转让:(1)根据合同性质不得转让的。如根据个人信誉关系而发生的债权、以特定的债权人行为为内容的债权、合同内容中包括了针对特定当事人的不作为义务(如禁止某人在转让其某项权利后再将该项权利转让他人)、合同债权中的从权利等。(2)按照当事人约定不得转让的。(3)依照法律规定不得转让的。如以特定身份为基础的债权(如抚养费请求权)、公法上债权(如退休金债权)、因人身权受到损害而产生的损害赔偿请求权等。

3. 债权转让的效力

其效力可分为对内效力和对外效力两个方面。

所谓对内效力,是指合同债权转让在转让双方即让与人(债权人)和受让人(第三人)之间发生的效力。具体表现为:(1)合同债权由让与人转给受让人。如果是全部权利转让,则受让人取代让与人在合同中的地位;如果是部分权利转让,则受让人加入合同关系,成为债权人之一。(2)在转让合同债权时从属于主债权的从权利,除专属于债权人自身的权利之外,一般由受让人取得。所谓专属于债权人自身的权利,是指与债权人的人身或人格不可分离的权利。(3)债权人转让权利的通知不得撤销,但经受让人同意的除外。

所谓对外效力,是指合同债权转让对债务人所具有的法律效力。具体表现为:(1)债务人应向受让人履行合同义务。债务人不得再向让与人履行债务。(2)凡债务人得以对抗让与人的抗辩权,亦可对抗受让人。(3)债务人接到债权转让通知时,债务人对让与人享有债权,并且债务人的债权先于转让的债权到期或者同时到期的,债务人可以向受让人主张抵消。

(三)债务转移

1. 债务转移及要求

债务转移,是指合同当事人将自己承担的合同债务全部或者部分转移给第三人的行为。债务人转移义务的,除应当与受让第三人达成转让协议外,还应当经债权人同意,否则,债务转移合同不能生效。因为合同义务的履行直接关系到债权人权利的实现,债权人对受让债务人的资信等情况需要有充分的了解和信任。

2. 债务转移的效力

债务转移协议自债权人同意时生效。其效力表现在以下三方面:(1)债务全部转移时,债务的受让人将取代原债务人的地位而成为合同当事人。(2)从属于主债务的从债务,一般将随主债务一同转移给第三人。但专属于原债务人自身的债务、当事人特约不转让的债务或法律规定不能自动转让的债务除外。比如我国《担保法》规定,原债务人向主债务人所提供的保证担保,在债务转移时,若保证人未以书面形式表示继续承担保证责任,则保证人的保证责任将随债务的转移而消灭。(3)新债务人可以主张原债务人对债权人的抗辩。

(四)债权债务一并转让

债权债务一并转让,也称概括转让,它分为因协议概括转让、因合并概括转让和因分立概括转让三种情况。

1. 因协议概括转让

是指当事人一方经对方同意,将自己在合同中的债权债务一并转让给第三人的行为。该转让协议自合同对方当事人同意时生效。《合同法》关于债权转让和债务转移的效力规定均适用于因协议概括转让。

2. 因合并概括转让

是指法人或其他组织订立合同后,因一方当事人合并而引起的债权债务的一并转让。当事人合并后,合同的债权债务依法应由合并后的法人或者其他组织享有和承担。

3. 因分立概括转让

是指法人或其他组织订立合同后,因一方当事人分立而引起的债权债务的一并转让。当事人分立后,合同的债权债务依法应由分立后的法人或其他组织享有和承担。在承担方式上有两种情况:一是约定承担。即由合同当事人约定债权债务由分立后成立的某个主体承担。二是法定承担。即合同当事人在没有约定或约定不清时,依法由分立的法人或者其他组织对合同的权利义务享有连带债权,承担连带债务。

第六节　合同权利义务的终止

一、合同终止及法定情形

(一) 合同权利义务终止

合同权利义务的终止,又称合同的终止,是指当事人之间依法确立的合同关系的消灭。合同终止后,当事人之间的合同关系随即解除,但根据诚实信用原则,当事人仍应当根据交易习惯履行通知、协助、保密等义务。合同终止不同于合同中止。前者是合同关系的消灭,不能恢复;后者是合同关系的暂时停止,可以恢复。

(二) 合同权利义务终止的情形

合同依法成立,也应依法终止。根据我国《合同法》第九十一条,有下列情形之一的,合同的权利义务终止:(1) 债务已经按照约定履行;(2) 合同解除;(3) 债务相互抵消;(4) 债务人依法将标的物提存;(5) 债权人免除债务;(6) 债权债务同归一人;(7) 法律规定或者当事人约定终止的其他情形。其中,债务履行,是指当事人已全部依约履行使合同正常终止;免除,是指债权人免除债务人的全部债务使合同终止;债权债务同归一人,也称混同,是指当事人合为一体使合同终止。合同解除、抵消、提存的条件比较复杂,下面分别介绍。

二、合同的解除

(一) 合同解除及其特征

合同解除,是指合同在没有履行或没有全部履行完毕之前,当事人提前结束合同权利义务关系的法律制度。

合同解除的特征是:(1) 解除的原因是在合同依法成立后才发生的,因而不同于合同的撤销;(2) 合同解除是债的提前终止,即债的目的尚未达到时的终止,因而是一种非正常终止。

(二)合同解除的方式

合同解除的方式根据其解除原因的不同可以分为协商解除和通知解除两种。

1. 协商解除

是指当事人经过要约和承诺,达成一致而解除合同的方式。它适用于当事人约定或法定解除原因以外的合同解除。

2. 通知解除

是指由当事人一方通知对方即可解除合同的方式。它适用于两种情形:(1)约定解除。即当事人在合同中约定有解除合同的条件,当该条件成就时,解除权人可以以通知方式解除合同。(2)法定解除。即具备法定解除情形的,当事人可以以通知方式解除合同。

根据我国《合同法》第九十四条,有下列情形之一的,当事人可以解除合同:(1)因不可抗力致使不能实现合同目的;(2)在履行期限届满之前,当事人一方明确表示或者以自己的行为表明不履行主要债务;(3)当事人一方迟延履行主要债务,经催告后在合理期限内仍未履行;(4)当事人一方迟延履行债务或者有其他违约行为致使不能实现合同目的;(5)法律规定的其他情形。

以通知方式解除合同是单方当事人的行为,有可能损害对方的合法权益,因此,法律规定,如果对方有异议的,可以请求人民法院或者仲裁机构确认解除合同的效力。

(三)合同解除的法律后果

合同解除后,尚未履行的,终止履行;已经履行的,根据履行情况和合同性质,当事人可以要求恢复原状、采取其他补救措施,并有权要求赔偿损失。如果是一方当事人违约而引起另一方解除合同的,除法定免责情形外,另一方在解除合同的同时,可要求违约方承担违约责任。法律、行政法规规定解除合同应当办理批准、登记等手续的,依照其规定。合同的权利义务终止,不影响合同中结算和清理条款的效力。

在协议解除合同的情况下,当事人在协议中免除了对方损害赔偿责任的,协议生效后,不得再请求赔偿。

三、合同债务的相互抵消

(一) 合同债务抵消的概念和种类

1. 合同债务抵消的概念

合同债务抵消,是指合同双方当事人互负债务时,各自用其债权来充抵债务的清偿,从而使其债务与对方的债务在对等数额内相互消灭。

2. 合同债务抵消的种类

我国《合同法》规定的抵消有法定抵消和约定抵消。

法定抵消,是指合同当事人双方互负到期债务,并且该债务的标的物种类、品质相同的,任何一方当事人作出的使相互间相当数额的债务归于消灭的意思表示。

约定抵消,是指经互负债务的双方当事人协商一致而发生的抵消。

(二) 合同债务抵消的条件

1. 法定抵消的条件

根据我国《合同法》第九十九条,法定抵消应符合以下条件:(1) 合同当事人互负到期债务,且债权债务关系均合法;(2) 债务的标的物种类、品质相同;(3) 债务属于按照合同性质或者法律规定可以抵消的范围。其中,按照合同性质不得抵消的债务主要包括两种:一是必须履行的债务。如应支付的下岗人员生活保障金。二是有着特定人身性质或者依赖特别技能完成的债务。如特邀授课义务。法律规定不得抵消的债务主要有三种:一是禁止强制执行的债务;二是因故意侵权行为所产生的债务;三是约定应向第三人履行的债务。

2. 约定抵消的条件

根据我国《合同法》第一百条,约定抵消应符合以下条件:(1) 合同当事人互负债务,且债权债务关系均合法;(2) 债务属于按照合同性质或者法律规定可以抵消的范围。

(三) 合同债务抵消的程序

法定抵消根据合同当事人单方的意思表示即可发生法律效力。因此,当事人主张抵消的,只需通知对方即可。抵消通知自到达对方时生效。抵消不得附条件和期限,因为它会使抵消的效力不确定。

约定抵消经双方意思表示一致才能发生法律效力。因此,约定抵消要经过要约和承诺的过程,抵消合同自承诺生效时成立。

(四) 合同债务抵消的效力

在双方互负等额债务时,合同因抵消而消灭,抵消自成立后依法不得撤回。在双方互负的债务数额不等时,对尚未抵消的部分,债权人仍有要求清偿的权利。

四、合同标的物的提存

(一) 提存的概念及条件

1. 提存的概念

提存,是指债务人将到期后因债权人原因无法清偿的标的物交有关部门保存,以消灭合同关系的行为。提存的目的在于使已经成立的合同关系归于消灭,从而保护债务人的利益。

2. 提存的条件

提存应具备以下两个条件:(1) 因债权人原因导致债务人难以履行债务。根据我国《合同法》第一百零二条,有下列情形之一,难以履行债务的,债务人可以将标的物提存:① 债权人无正当理由拒绝受领;② 债权人下落不明;③ 债权人死亡未确定继承人或者丧失民事行为能力未确定监护人;④ 法律规定的其他情形。(2) 提存的标的物必须是依合同的规定应当给付的,并且适宜提存的物。不适宜提存的物,债务人可以依法将标的物拍卖或者变卖,提存所得价款。不适宜提存的物通常有三种:一是容易变质或者毁损之物;二是容积、数量过大、过多之物;三是提存费用过高之物。

债务人以提存方式履行债务的,应在法定机构办理。我国目前负责办理提存事务的法定机构为公证机关。提存费用由债权人负担。

(二) 提存的效力

1. 债务人义务免除

债务人依法将标的物提存后,债务人对债权人的履行义务免除。除债权人下落不明的以外,债务人有义务及时通知有关权利人。标的物提存后,提存物毁损、灭失的风险由债权人承担。提存期间,标的物的孳息归债权人所有。

2. 提存物所有权转移债权人

债权人可以随时领取提存物,但债权人对债务人负有到期债务的,在债权人未履行债务或者未提供担保之前,提存部门根据债务人的要求应当拒绝其领取提存物。债权人提取提存物的权利,自提存之日起5年内不行使而消灭,提存物扣除提存费用后归国家所有。

第七节 当事人的违约责任

一、违约责任的概念及其特征

(一) 违约责任的概念

违反合同的责任,又称违约责任,是指合同当事人违反有效合同的约定,不履行或不完全履行合同义务,所应承担的法律责任。规定违约责任的目的在于,用法律强制力促使当事人严肃认真地对待合同的订立与履行,避免或减少违约行为的发生,维护当事人的合法权益。

(二) 违约责任的特征

违约责任的基本特征表现在以下几个方面:

1. 违约责任须以有效合同的存在为前提

当事人承担违约责任的前提是违反了合法有效的合同。无效合同自订立时起就不具有法律效力,不应该按约履行,当然也不应追究违约责任。

2. 违约责任以当事人违反约定义务为要件

当事人必须有不履行或不完全履行合同义务的行为。如果合同当事人全面履行了约定的义务,就不存在违约责任。

3. 违约责任主要是一种损失补偿责任

违约责任主要是违约方因违约行为给守约方造成损失时的一种经济赔偿或补救,一般不具有惩罚性。因此,违约责任的确定依法应以订立合同时当事人能预见到,或者应当预见到的因违约可能造成的损失为依据。其具体数额和承担违约责任的方式可以由当事人在法定范围内在合同中协商约定。

二、违约责任的归责原则

违约责任的归责原则,是指合同当事人违约时,确定其承担民事责任的根据和标准。各国合同法规定的违约责任的归责原则主要有严格责任原则、过错责任原则和过错推定责任原则三种。归责原则是违约责任制度的核心,决定着违约责任的构成要件、举证责任、赔偿范围等诸多方面。我国《合同法》采用的是以严格责任原则为主,以过错责任原则和过错推定责任原则为辅的归责原则。

(一) 严格责任原则

严格责任原则,又称无过错责任原则,是指不论违约方主观上是否有过错,只要其有不履行或不完全履行合同义务的行为,就应当承担违约责任。它以违约行为与违约后果之间的因果关系作为承担违约责任的要件,违约方只有在具备法定抗辩理由时,才能免除违约责任。我国《合同法》对违约责任主要适用严格责任原则。

(二) 过错责任原则

过错责任原则,是指一方违约不履行或者不完全履行合同时,应当以主观上存在过错作为承担违约责任的要件和确定责任大小的依据。根据这一原则,确定违约责任,当事人不仅要有违约行为,而且主观上还要有过错。我国《合同法》对于缔约过失、无效合同、可以撤销合同以及少数种类的有效合同适用过错责任原则。比如《合同法》第三百零三条规定,在运输过程中旅客自带物品毁损、灭失,承运人有过错的,应当承担损害赔偿责任;第三百二十条规定,因托运人托运货物时的过错造成多式联运经营人损失的,即使托运人已经转让多式联运单据,托运人仍然应当承担损害赔偿责任。

(三) 过错推定责任原则

过错推定责任原则,是指在发生了违约行为之后,法律直接推定违约行为人在主观上有过错,从而应承担违约责任的一种归责原则。根据这一原则,违约人只有证明自己没有过错,才能免除责任。我国《合同法》在少数合同中规定了过错推定责任。比如《合同法》第三百七十四条规定,保管期间,因保管人保管不善造成保管物毁损、灭失的,保管人应当承担损害赔偿责任,但保管是无偿的,保管人证明自己没有重大过失的,不承担损害赔偿责任。

三、违约责任的一般构成要件

当事人承担违约责任的条件是归责原则的具体化。违约责任的具体形式很多,每一种责任形式都有自己的构成要件。违约责任的一般构成要件是指所有的违约责任形式都必须具备的要件。根据我国《合同法》确定的严格责任归责原则,违约责任的一般构成要件有两个:

1. 当事人有违约行为

即当事人有不履行或不完全履行合同义务的行为。其表现形式主要有当事人在客观上已不能履行、迟延履行、不完全履行、拒绝履行等。

2. 抗辩事由不成立

即违约方的违约行为发生的原因既不属于当事人依法约定的免责条款规定的事由,也不属于法定的抗辩免责事由。法定的抗辩事由主要有三种情形:(1) 不可抗力。是指不能预见、不能避免并不能克服的客观情况。我国《合同法》第一百一十七条规定,因不可抗力不能履行合同的,根据不可抗力的影响,部分或者全部免除责任,但法律另有规定的除外。当事人迟延履行后发生不可抗力的,不能免除责任。(2) 依法行使抗辩权。即当事人因依法行使同时履行抗辩权、不安抗辩权、后履行抗辩权而没有履行合同义务的,不承担违约责任。(3) 符合可变更、可撤销合同要件的合同,当事人一方在向对方提出协商,或已向法院或仲裁机构请求变更或撤销的情况下没有履约的,不承担违约责任。

四、承担违约责任的方式

(一) 继续履行

继续履行,又称强制实际履行,是指在一方违约时,对方当事人可以要求违约方继续履行义务。继续履行的构成要件是:(1) 合同标的一般为非金钱债务。(2) 有违约行为。(3) 守约方在合理期限内提出继续履行合同的要求。(4) 违约方能够继续履行。如果违约方在法律上或事实上出现了不能履行的事由,或者债务的标的不适于继续履行,或者继续履行费用过高,权利人不能再向债务人提出继续履行合同。(5)违约方不具有合法的抗辩事由。

(二) 采取补救措施

采取补救措施,是指在合同一方当事人违约的情况下,为了减少损失和保证债权人的权益,使合同尽量圆满履行所采取的一切积极行为。从广义上理解,合同违约方承担的一切违约责任方式,均可认为是保护受害人利益的补救措施。从狭义上理解,采取补救措施主要适用于当事人提供的合同标的物的质量不符合约定的违约行为。此处应从狭义上理解。

根据我国《合同法》,合同当事人对出现质量问题的违约责任事先没有约定,或者约定不明确且事发后协商不成的,受损害方可以根据标的的性质以及损失的大小,合理选择并要求对方承担修理、更换、重做、退货、减少价款或者报酬等采取补救措施的违约责任。当事人一方不履行合同义务或者履行合同义务不符合约定的,在履行义务或者采取补救措施后,对方还有其他损失的,应当赔偿损失。

(三) 赔偿损失

赔偿损失,是指合同违约方违约给非违约方造成损失,依照法律规定或者根据合同的约定所承担的对造成的损失予以赔偿的责任。

赔偿损失的构成要件是:(1)有违约行为。(2)守约方受到损失。其损失范围应当是在订立合同时,当事人可以预见的直接损失和间接损失。直接损失,是指既存利益的减少。间接损失,是指可得利益的减少。当事人一方违约后,对方应当采取措施防止损失扩大;没有采取适当措施致使损失扩大的,不能就扩大的损失要求赔偿。(3)违约行为与损失的发生有因果关系。即损失是由违约行为造成的。(4)违约方不具有合法的抗辩事由。

经营者对消费者提供商品或者服务有欺诈行为的,依照《中华人民共和国消费者权益保护法》的规定承担损害赔偿责任。

(四) 支付违约金

违约金,是指由当事人约定的,在一方违约后应向对方支付的一定数额的货币。

支付违约金的构成要件是:(1) 当事人有违约行为;(2) 守约方受到损失;(3) 违约行为与损失的发生有因果关系;(4) 合同中有违约金责任的约定;(5) 违约方不具有合法的抗辩事由。

我国《合同法》规定的违约金,是当事人对事后发生的损失的预先估算,因此,如果当事人在合同中约定了违约金条款,一方违约时,另一方可以直接要求违约方支付违约金,以补偿自己的损失。由于我国《合同法》规定的违约金在性质上具有补偿性,因此,约定的违约金数额过分低于或高于所造成的损失的,当事人可以请求人民法院或仲裁机构予以增加或适当减少。

当事人就迟延履行约定违约金的,违约方支付违约金后,还应当履行债务。

当事人既约定违约金又约定定金的,一方违约时,对方可以选择适用违约金或者定金条款。

参 考 阅 读

1. 《中华人民共和国合同法》(1999年文本)。
2. 郭明瑞:《合同法学案例教程》,第1版,北京:知识产权出版社2003年版。
3. 杨立新:《合同法判例与学说》,第1版,沈阳:吉林人民出版社2005年版。

复 习 思 考

1. 什么是要约与承诺?其有效要件各是什么?
2. 我国《合同法》对格式合同条款的规制有哪些?
3. 缔约过失责任和违约责任有何不同?
4. 合同成立和有效的要件分别是什么?
5. 什么是不安抗辩权?其构成要件是什么?
6. 合同解除的法定条件是什么?
7. 我国《合同法》规定的违约责任形式有哪些?其构成要件分别是什么?

第七章 担 保 法

本章学习重点:在商事活动中,为了促进资金融通和商品流通,保证债权人债权的实现,保证商事活动能够正常进行,就需要对债权设定一定的担保,并通过法律的形式对担保进行规范。我国于1995年颁布了《中华人民共和国担保法》(以下简称《担保法》);2007年3月通过了《中华人民共和国物权法》(以下简称《物权法》),该法对担保物权作出了重要规定。

本章由担保法概述、保证、抵押、质押、留置、定金等六个部分组成。其中担保的具体形式是本章的核心部分。具体而言,本章的学习重点是:担保法的适用范围、担保合同及其法律性质、物的担保与人的担保并存的关系、保证及保证人的资格、抵押与抵押权及其效力、抵押物及其登记制度、动产质押与权利质押、权利质押登记的规定、留置权及成立条件、定金及定金执行罚则等内容。

第一节 担保法概述

一、担保的概念及担保的分类

(一) 担保的概念

担保是在民商事法律关系中发生的,保证债务人清偿债务、债权人实现债权的法律制度。其实质是对债权人债权的保证。我国《担保法》规定了五种形式的担保:保证、抵押、质押、留置、定金。

(二) 担保的分类

《担保法》规定的担保方式可以从不同的角度进行分类。

1. 根据担保主体不同,担保可以分为债务人担保和第三人担保

债务人担保,是指自然人或法人以其自身的财产提供担保。第三人担保,是指自然人或法人以其自身的财产或信誉为他人提供

担保。

2. 根据担保方式不同,担保可以分为人的担保和物的担保

人的担保,是指第三人以自己的信用作担保,以确保债权的实现。这种担保方式实际上是将债务主体由债务人扩大到第三人。物的担保,是指以债务人或第三人的特定财产或权利作担保,以确保债权人债权的实现。这种方式实际上是对债务人或第三人对其特定的财产或权利的行使进行限制,以保证债权的实现。

(三) 反担保

反担保是与担保相关的一个概念,是指第三人为债务人向债权人提供担保时,债务人应第三人的要求而为第三人所提供的担保。《担保法》第四条规定,第三人为债务人向债权人提供担保时,可以要求债务人提供反担保。在现实中,第三人为债务人提供担保后,存在着因债务人无力清偿债务,第三人为债务人履行了债务,而第三人的追偿权不能得到实现的风险。在这种情况下,第三人为了规避追偿权不能实现的风险,可以要求债务人为自己的担保提供反担保,当债务人不向担保人履行追偿关系中的债务时,担保人可以基于反担保而主张担保权利的实现。

二、担保法及其适用范围

(一) 担保法的概念

担保法是调整债务人、担保人与债权人之间所发生的民商事关系的法律规范总称,是对担保制度的规范化和法律化。我国狭义上的担保法是指《担保法》;广义上的担保法还包括其他法律、法规和司法解释中关于担保的法律规范,如《民法通则》第八十九条关于债权担保的有关规定,《海商法》中关于船舶优先权、船舶抵押权、船舶留置权的有关规定,《合同法》中第一百一十五条关于债务履行的有关规定,《物权法》中关于担保物权的有关规定,《最高人民法院关于适用〈中华人民共和国担保法〉若干问题的解释》(以下简称《担保法解释》)等。

在当前社会主义市场经济的发展过程中,在自然人和法人日益成为商主体的情况下,特别是在社会信用体系还未完全建立的情况

下,为了确保债权人的债权能够顺利实现、市场机制能够正常运行,通过《担保法》对担保进行规范是十分必要的。

(二) 担保法的适用范围

根据《担保法》第二条,《担保法》的适用范围是:"在借贷、买卖、货物运输、加工承揽等经济活动中,债权人需要以担保方式保障其债权实现的,可以依照本法规定设定担保。"根据《物权法》第一百七十一条的规定:"债权人在借贷、买卖等民事活动中,为保障实现其债权,需要担保的,可以依照本法和其他法律的规定设立担保物权。"可见,在经济活动中发生的债权债务关系,可以适用《担保法》和《物权法》;而因侵权发生的债、因国家和国家机关管理行为而发生的权利义务关系、因身份关系而产生的权利义务关系不适用《担保法》和《物权法》。

根据《物权法》第一百七十八条的规定,《担保法》与《物权法》的规定不一致的,适用《物权法》。

三、担保合同的法律性质

(一) 担保合同的法律性质

担保合同,是债权人与担保人约定的,以《担保法》规定的担保方式,担保债权实现的合同。担保合同的法律性质主要表现在两个方面:

1. 担保合同的当事人是债权人与担保人

担保合同的当事人是债权人和担保人,而不是债务人与债权人。

2. 担保合同是从合同

担保合同是从合同,它以主合同的存在为前提,并且主合同的效力约束从合同的效力。一般而言,主合同无效,从合同也无效。《物权法》第一百七十二条规定:"担保合同是主债权债务合同的从合同。主债权债务合同无效,担保合同无效,但法律另有规定的除外。"

(二) 在理解担保合同法律性质时应注意的问题

1. 主合同无效而担保合同有效情况下的责任

在实践和惯例中,有些担保合同,经双方当事人约定是独立于主合同的、不可撤销的,因此在主合同无效后,担保合同仍然有效,担保人要承担因担保合同所形成的法律责任。如在经济贸易合同的担保中,有凭要求即付担保、见索即付担保(当然订立这种担保合同要特别谨慎),这已逐步形成了国际贸易的惯例。因此《担保法》第五条规定:"担保合同另有约定的,按照约定。"

2. 主合同有效而担保合同无效情况下的责任

据《担保法解释》,债权人无过错的,担保人与债务人对主合同债权人的经济损失,承担连带赔偿责任;债权人、担保人有过错的,担保人承担民事责任的部分,不应超过债务人不能清偿部分的1/2。《物权法》第一百七十二条规定:"担保合同被确认无效后,债务人、担保人、债权人有过错的,应当根据其过错各自承担相应的民事责任。"

3. 主合同无效而导致担保合同无效情况下的责任

《担保法解释》规定,担保人无过错的,担保人不承担民事责任;担保人有过错的,担保人承担民事责任的部分,不应超过债务人不能清偿部分的1/3。

四、关于担保物权的有关法律问题

(一) 担保物权的担保范围

据《物权法》第一百七十三条:"担保物权的担保范围包括主债权及其利息、违约金、损害赔偿金、保管担保财产和实现担保物权的费用。当事人另有约定的,按照约定。"

(二) 担保期间,担保财产毁损、灭失或者被征收后担保物权的实现

据《物权法》第一百七十四条:"担保期间,担保财产毁损、灭失或者被征收等,担保物权人可以就获得的保险金、赔偿金或者补偿金等优先受偿。被担保债权的履行期未届满的,也可以提存该保险金、赔偿金或者补偿金等。"

(三) 第三人提供担保,主债务转让担保人的责任

当担保人为第三人时,债权人允许债务人转移全部或者部分债务,经担保人书面同意,担保人在原担保范围内承担担保责任;债权

人允许债务人转移全部或者部分债务,未经担保人书面同意,担保人不再承担相应的担保责任。

(四) 物的担保与人的担保并存的关系

当被担保的债权既有物的担保又有人的担保时,债务人不履行到期债务或者发生当事人约定的实现担保物权的情形,债权人应当按照约定实现债权;没有约定或者约定不明确,债务人自己提供物的担保的,债权人应当先就该物的担保实现债权;第三人提供物的担保的,债权人可以就物的担保实现债权,也可以要求保证人承担保证责任。提供担保的第三人承担担保责任后,有权向债务人追偿。

(五) 担保物权消灭

据《物权法》第一百七十七条,有下列情形之一的,担保物权消灭:主债权消灭;担保物权实现;债权人放弃担保物权;法律规定担保物权消灭的其他情形。

第二节 保 证

一、保证的概念及其特征

(一) 保证的概念

保证,是指保证人和债权人约定,当债务人不履行债务时,保证人按约定向债权人履行债务或承担责任的行为。即当事人以外的第三人向债权人承诺,当债务人不履行债务时,由其履行责任的担保。保证实际上是以保证人的全部或不特定财产作为对主债务人财产的补充,并以此作为履行责任的后盾,以增强债权的可实现性。从这个意义上讲,保证人所要承担的是一种无限责任。

(二) 保证的特征

保证与其他担保形式相比,具有以下特征:

1. 人身性

保证是人的担保,其建立同自然人或法人的人身密不可分,是保证人以自身的信誉和不特定的财产为他人提供的担保。客观上不能完全离开人身属性而单独存在于财产之上,主债务人和保证人之间相互信任的关系是保证担保存在的主要基础。

2. 债权性(从债性)

保证从属于主债务,因此当保证合同发生纠纷时,债权人不能直接处分保证人的财产,其债权的实现只能借助于债权方法来处理保证合同的纠纷。

3. 相对独立性

法律允许就主债务的一部分成立保证或限定担保的范围。如限额保证或损害赔偿保证,对无条件之主债务设定附条件保证;保证合同无效、撤销或者解除其效力不及于主债务;债权人免除保证债务,主债务并不因此消灭等。另外,法律还赋予保证人具有一般债务人的抗辩权和保证人特有的抗辩权,如先诉抗辩权等。

二、保证人

（一）保证人的资格

保证人是担保法律关系中的重要主体,是保证合同中的当事人。因此,法律对保证人的资格有一定的要求,《担保法》第七条规定:"具有代为清偿能力的法人、其他组织或者公民,可以做保证人。"可见,作为保证人最重要的是要具有清偿能力。因为保证人是以其信用和不特定的财产来担保债务履行的,因此必须有足以承担保证责任的财产,从而有代为清偿能力。但是,为了保证债权人的利益,《担保法解释》第十四条规定:"不具有完全代偿能力的法人、其他组织或者自然人,以保证人身份订立保证合同后,又以自己没有代偿能力要求免除保证责任的,人民法院不予支持。"

对保证人资格的规定主要是为了保护债权人的利益,并使保证人确实能够承担担保责任,以避免因保证人能力的原因,当债务人不能履行债务时,保证人根本无法承担保证责任的情况。另外,公民作为保证人除具有足以承担责任的财产外,还应具有完全民事行为能力。

（二）不能为保证人的主体

《担保法》第八条、第九条、第十条、第十一条规定了不能为保证人的主体。

1. 国家机关

国家机关的职责是依法进行公共事务管理。国家机关的经费是国家财政划拨的,主要是保障国家机关履行其职责,而不是从事民商事活动。国家机关作为保证人就会出现两难的境况:当债权人请求履行保证债务时,如果履行债务,就可能会损害国家机关工作人员的切身利益,影响其职责的行使;如果不履行债务,则可能破坏经济活动秩序,不利于经济运行的安全。所以,国家机关不能作为保证人。但经国务院批准为使用外国政府或国际经济组织贷款进行的担保除外,因为这种情况是国家在履行其对外经济职能,国家的这种保证是以国库作为后盾的。

2. 学校、幼儿园、医院等以公益为目的的事业单位、社会团体

这类主体一旦做了保证人,就违背了其设立的目的,在保护特定债权人的同时,影响了社会的整体利益。但是,《担保法解释》第十六条规定:"从事经营活动的事业单位、社会团体为保证人的,如无其他导致保证合同无效的情况,其所签订的保证合同应当认定为有效。"

3. 法人的分支机构、职能部门

分支机构和职能部门没有独立的法人资格,也没有独立的财产,所以不能独立地承担民商事责任,只能在法人的授权范围内,以法人的名义进行活动,为他人提供保证。在这种情况下,视为企业法人愿意以自己的财产承担保证责任。分支机构、职能部门不能在无法人授权的情况下以自己的名义为他人的债务提供保证。否则,担保合同无效,其相应的民商事责任由法人承担。

4. 不得强令具有资格的主体做保证人

有些主体虽然可做保证人,但须根据自愿的原则,自愿地决定是否为他人提供保证。

法律禁止强令性保证。《担保法》第十一条规定:"任何单位和个人不得强令银行等金融机构或者企业为他人提供保证;银行等金融机构或者企业对强令其为他人提供保证的行为,有权拒绝。"在现实中,政府的有关部门或某些个人借助于行政手段,要求有资格的主体(如银行、企业)为他人提供保证,一旦这种保证关系形成,在债务

人无法履行债务时,被强制的银行或企业就得承担保证责任,这是对企业合法权益的侵犯。被强令的担保,担保合同可判无效。

三、保证合同

(一)保证合同的概念和种类

1. 保证合同

保证合同是债权人与保证人签订的确立双方权利义务关系的书面协议。保证合同应以书面形式订立,可以是单独的合同,也可以是主合同中的担保条款。《担保法解释》第二十二条规定:"主合同中虽然没有保证条款,但是,保证人在主合同上以保证人的身份签字或者盖章的,保证合同成立。"保证人与债权人可以就单个主合同分别订立保证合同,也可以协议在最高债权限度内就一定期间内连续发生的借款合同或某项商品交易订立一个保证合同。

2. 保证合同的种类

根据保证合同的保证责任不同,保证合同可以分为两种:一般保证合同与连带责任保证合同。

一般保证合同,是指当事人在合同中约定,只有在债务人不履行债务时,才由保证人承担保证责任的合同。因此,在这种合同中保证人享有先诉抗辩权,即在主合同纠纷未解决,并就债务人财产依法强制执行仍不能清偿债务前,保证人可以拒绝承担保证责任。但以下几种情况除外:债务人消失,致使债权人履行债务发生重大困难的;人民法院受理债务人破产案件,中止执行程序的;保证人以书面形式放弃先诉抗辩权的。

连带责任保证合同,是指当事人在合同中约定,保证人对债务人的债务承担连带责任的合同。在这种合同中只要债务人到期未履行债务,债权人就可以要求保证人在其保证的范围内承担保证责任。这种合同给了债权人选择的余地,有利于保护债权人的利益,但保证人承担的责任较大。

至于订立什么样的保证合同,一方面,当事人可根据情况自愿进行选择;另一方面,当事人要在合同中明确约定,没有约定或约定不明确的,则视为连带责任保证合同。

（二）保证合同的内容

保证合同的主要内容一般包括以下几个方面：

1. 被保证的主债权的种类和数额
2. 债务人履行债务的期限
3. 保证责任的范围

保证责任的范围包括主债权及利息、违约金、损害赔偿、实现债权的费用等。在保证范围中，主债权是最重要的，因为其他都是在主债权之上派生出来的，这些内容当事人要在合同中约定，没有约定或约定不明确的，保证人则要承担以上全部责任，但无论如何保证人都只承担法定范围内的或约定的责任。

4. 保证期间

当事人要在合同中明确约定保证期间。未约定保证期间的，若是一般保证，则为主债务履行期满6个月。在保证期间，如果债权人对债务人提起诉讼或仲裁，保证期间中断，此前经过的保证期间归于无效，保证期间重新计算。若是连带保证，《担保法》第二十六条规定："未约定保证期间的，债权人有权自主债务履行期限届满之日起6个月内要求保证人承担保证责任。"在保证期间内，债权人未要求保证人承担保证责任的，保证人免除责任。若是连续发生的债权保证，或某项交易订立一个保证合同，未约定保证期间的，《担保法》第二十七条规定，保证人可以随时书面通知债权人终止保证合同，但保证人对通知到达债权人前所发生的债权承担保证责任。

5. 双方认为需要约定的其他事项

（三）主债权债务的转让、主合同的变更对保证责任的影响

1. 主债权债务的转让对保证责任的影响

《担保法》第二十二条规定："保证期间，债权人依法将主债权转让给第三人的，保证人在原保证担保的范围内继续承担保证责任。保证合同另有约定的，按照约定。"《担保法解释》第二十八条规定："保证期间，债权人依法将主债权转让给第三人的，保证债权同时转让，保证人在原保证担保的范围内对受让人承担保证责任。但是，保证人与债权人事先约定仅对特定的债权人承担保证责任或者禁止债权转让的，保证人不再承担保证责任。"

因为保证的法律效力是担保主债权实现,而并非为了哪一个特定的主债权人作担保,主债权人将债权转让给第三人,原主债权人的法律地位由第三人取代,此时并不影响主债务人履行原有债务,保证人的保证责任也未加重。但要注意的是,债权的转让必须是在保证期间内作出,保证人也不得以债权的转让为由主张改变保证范围。但合同另有约定的,从其约定。

《担保法》第二十三条规定:"保证期间,债权人许可债务人转让债务的,应当取得保证人书面同意,保证人对未经其同意转让的债务,不再承担保证责任。"《担保法解释》第二十九条规定:"保证期间,债权人许可债务人转让部分债务未经保证人书面同意的,保证人对未经其同意转让部分的债务,不再承担保证责任。但是,保证人仍应当对未转让部分的债务承担保证责任。"

可见,债务的转让与债权的转让不同,债务的转让要取得保证人的书面许可。因为保证人是为主合同的债务人而向债权人提供的保证,保证人之所以为债务人提供保证担保,主要是出于信用,一般认为债务人具有一定的履行债务的能力,能够按期履行债务,从而免除保证人的保证责任,或者是出于相互之间的需要。因此,仅由债权人和债务人协商,不经保证人同意就转让债务,对保证人是不公平的。另外,新的债务人是否有履行债务的能力对于保证人来说是处于一种不知或不确定的状态,是否为新的债务人提供保证,要保证人自己作出决定。

2. 主合同的变更对保证责任的影响

《担保法》第二十四条规定:"债权人与债务人协商变更主合同的,应当取得保证人的书面同意,未经保证人书面同意的,保证人不再承担保证责任。保证合同另有约定的,按照约定。"因为主合同的内容变更了,保证责任的范围也相应地发生变化,所以要取得保证人的同意。但是,在现实中,主合同的变更可能加重债务人的负担,也可能减轻债务人的负担,而且还可能主合同的变更并未实际履行,对此保证人是否应当承担责任?《担保法解释》第三十条作了具体的规定:"保证期间,债权人与债务人对主合同数量、价款、币种、利率等内容作了变动,未经保证人同意的,如果减轻债务人的债务的,保证人仍应当对变更后的合同承担保证责任;如果加重债务人的债务的,保证人对加重的部分不承担保证责任。债权人与债务人对主合同履行期限作了变动,未经保证人书面同意的,保证期间为原合同约定的或者法律规定的期间。债权人与债务人协议变动主合同内容,但并未实际履行的,保证人仍应当承担保证责任。"

(四)对保证人承担民商事责任的限制及保证人的追偿权

1. 对保证人承担民商事责任的限制

保证人按照合同约定或法律规定承担民商事责任,但不是在任何情况下都承担民商事责任。《担保法》第三十条规定:"有下列情况之一的,保证人不承担民事责任:(1)主合同当事人双方串通,骗取保证人提供保证的;(2)主合同债权人采取欺诈、胁迫等手段,使保证人在违背真实意思的情况下提供保证的。"因为在这两类情况下订立的保证合同违反了真实、自愿、平等的原则,若还要保证人承担责任,显然是不公正的。

2. 保证人的追偿权

保证人按照合同约定或法律规定承担了保证责任后,就获得了对债务人的追偿权。债务履行期限已满而债务人不能承担债务时,由保证人代主债务人履行债务或承担责任后,在保证人承担保证责任的限度内,原主债权人对于主债务人的债权以及该债权的附属权利就转移给保证人。人民法院受理债务人破产案件后,债权人未申报债权的,保证人可以申报债权,参加破产财产分配,预先行使追偿权。因为如果债务人破产,债权人又不向法院申请债权,主张破产财产分配的权利,那么保证人承担了保证责任后,保证人的利益就会因债权人的消极行为而遭受损害。

第三节 抵 押

一、抵押的概念及抵押权

(一)抵押的概念

抵押,是指债务人或者第三人不转移对自己特定财产的占有,约定将该财产作为债权的担保,当债务人不履行债务时,或者发生当事人约定的实现抵押权的情形时,债权人有权依法将该财产折价、变卖或拍卖,并就所得价款优先受偿。其中,提供财产的一方当事人为抵押人,他既可以是债务人也可以是第三人;另一方当事人为抵押权人,也是债权人;提供担保的财产为抵押物。

(二) 抵押权

因抵押关系产生的权利为抵押权。按传统立法,抵押权一般是在不动产之上设定的一种担保物权,因此抵押物是不动产,但现在已有所变化。我国《担保法》及《物权法》规定,抵押物既可以是不动产,也可以是动产。

《物权法》第一百八十一条规定:"经当事人书面协议,企业、个体工商户、农业生产经营者可以将现有的以及将有的生产设备、原材料、半成品、产品抵押,债务人不履行到期债务或者发生当事人约定的实现抵押权的情形,债权人有权就实现抵押权时的动产优先受偿。"这是《物权法》借鉴比较法上的先进立法体例而增加的新型抵押权,即动产浮动抵押权。

浮动抵押制度在我国设立具有重要的现实意义。首先,有利于促进企业融资,尤其是拓宽了广大中小企业的融资渠道。其次,有效地简化了抵押手续,降低了抵押成本。在实行浮动抵押制度的时候,当事人只需要制作浮动抵押的书面文件并进行登记,不需要制作公司财产的目录表,也不需要对公司财产分别进行公示。在浮动抵押期间,抵押人新取得的动产,不需要任何手续就可以当然成为浮动抵押的标的物。最后,有利于提供抵押的民商主体进行正常的商业活动。因为该制度最大的优点,即如果没有出现法定或者约定的事由,抵押人在日常经营管理活动中,可以对其设定抵押的财产进行处分,抵押权人不得干预。

抵押权具有的法律特征主要表现在以下几个方面:(1) 抵押权是不转移标的物占有权的物权。(2) 抵押权是担保物权。在法律效力上,物权优于债权。(3) 抵押权人有权就抵押物卖得价款优先受偿。(4) 抵押权是债务人或第三人就其财产所设定的物权。因此,债务人或第三人只能对自己所有的或依法有权处分的财产设定抵押。

由于具有以上法律特征,所以对于保障债权人的利益来说,物权的担保方式更为可靠。原因是:债务人对抵押物有占有权、使用权和收益权。这样不但不会导致生产资料的浪费,还可以加强债务人清偿债务的能力;债权人无须自己保管抵押物,减轻了债权人的负担,同时债权也不会落空;债务人若是企业,用其资产作抵押,还可以增强其资金融通能力。

(三) 最高额抵押权

1. 最高额抵押权的概念

最高额抵押权是抵押权的一种特殊形式。所谓最高额抵押,是指抵押人与抵押权人协议,在最高债权额内,以抵押物对一定期间内连续发生的债权作担保,债务人不履行到期债务或者发生当事人约定的实现抵押权的情形,抵押权人有权在最高债权额内就该担保财产优先受偿。

最高额抵押权在我国是一项新的法律制度,《担保法》《担保法解释》中对最高额担保作了规定,但是规定得相对简单。主要内容是:借款合同或债权人与债务人就某项商品在一定期间内连续发生交易而签订的合同,可以附最高额抵押。最高额抵押的主合同债权不得转让。最高额抵押权所担保的债权范围,不包括抵押物因财产保全或者执行程序被查封后或债权人、抵押人破产后发生的债权。由此可以推断,其所担保的债权不包括实现抵押权的费用。实现抵押权的费用应当从抵押物拍卖价金中扣除,不应算入最高额内。

《物权法》第二百零三条、第二百零四条、第二百零五条对最高额抵押权的相关问题进行了细化。最高额抵押权设立前已经存在的债权,经当事人同意,可以转入最高额抵押担保的债权范围。最高额抵押担保的债权确定前,部分债权转让的,最高额抵押权不得转让,但当事人另有约定的除外。最高额抵押担保的债权确定前,抵押权人与抵押人可以通过协议变更债权确定的期间、债权范围以及最高债权额,但变更的内容不得对其他抵押权人产生不利影响。

2. 最高额抵押权的特点

最高额抵押权具有以下特点:(1) 最高额抵押所担保的债权额是确定的,但实际发生的债权额是不确定的。设定最高额抵押时,债权尚未发生,为保证将来债权的实现,抵押权人与抵押人协议商定担保的最高债权额度,抵押人以其抵押财产在此额度内对债权作担保。(2)最高额抵押是对一定期间内连续发生的债权作担保。(3)最高额抵押只适用于贷款合同以及债权人与债务人就某项商品在一定期间内连续发生交易而签订的合同。(4)被担保的债权的最高额应当明确规定。如果没有约定最高额,则应当认为最高额抵押合同不成立。

二、抵押物

(一)抵押物及其特征

抵押物,是指提供抵押担保的财产。抵押物必须合法。抵押权实现的方式决定了抵押物具有以下特征:(1)必须是法律上可以流通的。(2)必须是可以转让之物并具有可执行及可拍卖性。(3)必须是独立之物,若是物的整体,则至少有一部分有独立的交换价值。(4)必须是现存的或未来肯定可以取得的物。(5)应是经使用不毁坏价值的物。(6)属于抵押人所有或经营管理的可以处分的财产。

(二)可以做抵押物的财产

哪些物可以设定抵押?在抵押物的范围的问题上,《物权法》采取了与《担保法》相同的模式,即一方面规定哪些财产可以抵押,另一方面规定哪些财产禁止抵押。但《物权法》极大地扩大了抵押财产的范围。

根据《物权法》的规定,债务人或者第三人有权处分的下列财产可以抵押:

1. 建筑物和其他土地附着物

以建筑物抵押的,该建筑物占用范围内的建设用地使用权一并抵押。

2. 建设用地使用权

以建设用地使用权抵押的,该土地上的建筑物一并抵押。乡镇、村企业的建设用地使用权不得单独抵押。以乡镇、村企业的厂房等建筑物抵押的,其占用范围内的建设用地使用权一并抵押。

3. 以招标、拍卖、公开协商等方式取得的荒地等土地承包经

营权

4. 生产设备、原材料、半成品、产品

经当事人书面协议,企业、个体工商户、农业生产经营者可以将现有的以及将有的生产设备、原材料、半成品、产品抵押,债务人不履行到期债务或者发生当事人约定的实现抵押权的情形时,债权人有权就实现抵押权时的动产优先受偿。

5. 正在建造的建筑物、船舶、航空器

6. 交通运输工具

7. 法律、行政法规未禁止抵押的其他财产

抵押人可以将以上所列财产一并抵押。

《物权法》对于抵押财产范围的规定与《担保法》有如下不同:(1)《物权法》对于可以设定抵押权的动产的范围作出了更为清晰的规定,即"生产设备、原材料、半成品、产品"以及"交通运输工具"。(2)《物权法》明确规定了一些正在建造的财产可以设定抵押,即正在建造的建筑物、船舶、航空器。(3)《物权法》在对允许抵押的财产作兜底性规定时使用的是"法律、行政法规未禁止抵押的其他财产"的表述,而《担保法》的表述却是"依法可以抵押的其他财产"。这种变化体现了民商事活动领域中一个最基本的原则,即"法律没有禁止的就是允许的"。(4)《物权法》对于实践中出现的分别或单独抵押建筑物与建设用地使用权的问题作出了规定,即凡是建筑物与建筑物占用范围内的建设用地使用权没有一并抵押的,未抵押的财产视为一并抵押。

(三) 不能作为抵押物的财产

综合《物权法》第一百六十五条、第一百八十三条、第一百八十四条以及《担保法》第三十七条的规定,下列财产不得抵押:

1. 土地所有权

我国《宪法》规定,土地所有权实行公有制。《中华人民共和国土地管理法》规定,城市市区的土地属于国家所有,农村和城市郊区的土地,除由法律规定属于国家的以外,属于农村集体所有;宅基地、自留山,属于农民集体所有。可见,土地实际上是禁止流通物,所以不能设定抵押。

2. 耕地、宅基地、自留地、自留山等集体所有的土地使用权,但法律规定可以抵押的除外

3. 乡镇、村企业的建设用地使用权不得单独抵押

4. 学校、幼儿园、医院等以公益为目的的事业单位、社会团体的教育设施、医疗卫生设施和其他社会公益设施

但是用以上设施之外的财产为自身债务设定抵押的,其抵押有效。

5. 所有权、使用权不明或者有争议的财产

所有权、使用权不明或者有争议的财产主要有以下几种情况:违章建筑、处于诉讼或仲裁过程中未确定财产归属的物、继承发生后遗产没有分割完毕的物。此类物如果设定抵押,必然会引起不必要的麻烦。但是,要注意共有财产设定抵押的情况:共同共有人将共同财产设定抵押,未经其他共有人同意,抵押无效。即未经其他共有人同意,共有财产不能抵押,但是其他共有人知道或应当知道而未提出异议的视为同意,抵押有效。按份共有人只能以其共有财产中自己享有的份额设定抵押,否则抵押无效。

6. 依法被查封、扣押、监管的财产

依法被查封、扣押、监管的财产不得抵押,但是已经设定抵押的财产被采取查封、扣押等财产保全或者执行措施的,不影响抵押权的效力。

7. 单独的地役权

地役权,是指为自己的不动产的便利而使用他人的不动产的权利。"地"是指土地和其他的不动产,主要指地上建筑物。一般来说,需役地与供役地之间具有地理位置上的关联性,这种地理位置上的关联性,使得需役地权利人为了使自己不动产的使用价值得到更好的发挥,就必须或者尽可能地利用供役地。

地役权具有的特征是:(1)从属性。地役权的从属性表现为地役权成立的前提是需役地和供役地同时存在,且二者具有使用上的协助需要。地役权的从属性还表现为地役权不得单独转移,也不得单独成为其他权利的标的,如物权、抵押权、债权等。(2)不可分割性。地役权的设定是为了实现需役地的整体价值,因此不可以分割

为具体的数个部分。不可分割性表现为地役权取得和丧失的整体性,取得和丧失部分地役权的不可能性。(3)享有不以占有为要件。这与其他的用益物权不同,地役权对客体的实际控制力需求较弱,不要求对供役地的实际占有。地役权中的供役地是为了需役地更好地实现其价值而承担了一定的辅助义务。(4)设立目的具有特殊性。地役权设立的目的是调整相邻不动产的使用关系,使得需役地能更好地发挥作用。

地役权的以上特征,决定了地役权不得单独作为抵押标的,否则抵押权实现时,就会出现地役权转移而所附属的不动产权利不转移的情况,导致地役权与不动产权利分离的情况。

8. 依法不得抵押的其他财产

三、抵押合同及抵押物的登记

(一)抵押合同

抵押合同,是指债权人与抵押人之间订立的确定双方权利义务的书面协议。主要内容是:被担保的主债权种类、数额;债务人履行债务的期限;抵押物的名称、数量、质量、状况、所在地、所有权及使用权权属;抵押物的担保范围;其他的约定事项。

在订立抵押合同时要注意的是:抵押合同应当以书面形式;抵押权人和抵押人在合同中不得约定在债务履行期届满、抵押权人未受清偿时,抵押物的所有权转移为债权人所有,因为这会违背公平原则。

(二)抵押物的登记

建立抵押物登记制度的目的是使抵押物特定,减少恶意重复抵押,更好地保护债权人的利益。根据我国《物权法》第一百八十条,当事人以下列财产设定抵押必须进行登记,抵押合同自登记时生效:(1)建筑物和其他土地附着物;(2)建设用地使用权;(3)以招标、拍卖、公开协商等方式取得的荒地等土地承包经营权;(4)正在建造的建筑物。

《物权法》中规定,以生产设备、原材料、半成品、产品,正在建造的船舶、航空器,交通运输工具等作为抵押物,抵押权自抵押合同生效时成立。当事人可根据自愿的原则决定是否登记,如未登记的只在当事人之间有效,不得对抗善意第三人。另外,依照《物权法》第一百八十九条第二款,抵押人将以上物设定抵押,不得对抗正常经营活动中已支付合理价款并取得抵押财产的买受人。

抵押物登记机构是:(1)以地上定着物的土地使用权抵押的,为核发土地使用权证书的土地管理部门。(2)以城市房地产或者乡(镇)、村企业的厂房等建筑物抵押的,为县级以上地方人民政府规定的部门。(3)以林木抵押的,为县级以上林木主管部门。(4)以航空器、船舶、车辆抵押的,为运输工具的登记部门。(5)企业、个体工商户、农业生产经营者将现有的以及将有的生产设备、原材料、半成品、产品抵押的,为抵押人住所地的工商行政管理部门。当事人以其他财产做抵押合同标的的,可根据自愿原则决定是否办理登记,未办理登记的,只在当事人之间有效,不得对抗第三人。当事人办理抵押物登记的,登记部门为抵押人所在地的公证部门。

四、抵押权的效力

抵押权的效力,是指作为一种担保物权应有的效力及担保范围。抵押权的效力主要表现在以下几个方面:

(一)抵押物担保债权及抵押权标的物的范围

抵押物担保的债权的范围一般是债权本身及利息、违约金、损害赔偿、实现债权的费用。抵押权标的物的范围是主物、从物、从债权及孳息。债务履行期届满,债务人不履行债务致使抵押物被人民法院扣押,自扣押之日起,债权人有权收取由抵押物产生的天然孳息及法定孳息,但前提是债权人应当将扣押的事实通知应当清偿法定孳息的义务人,否则抵押的效力不涉及该孳息。

(二)抵押权对租赁的影响

租赁关系在先的,根据"买卖不破租赁"的原则,即使租赁标的物让与第三人所有,但设定在抵押物上的租赁关系对第三人仍然存在。租赁关系在后的,根据"物权优于债权"的原则,债权人主张抵押权时,租赁关系应当解除。但是据《物权法》第一百九十条,抵押权设立后抵押财产出租的,该租赁关系不得对抗已登记的抵押权。

（三）抵押权对抵押物处分权的影响

抵押权只是就抵押物的交换价值优先受偿，所以抵押人可以处分即转让抵押物。但是抵押权对处分权有一些其他的影响。

《担保法》规定，抵押期间抵押人转让已办理登记的抵押物，应当通知抵押权人并告知受让人，未通知抵押权人或者未告知受让人的，转让无效。《物权法》规定，抵押期间，抵押人未经抵押权人同意，不得转让抵押财产，但受让人代为清偿债务消灭抵押权的除外。

转让抵押物的价款不能明显低于其价值，否则抵押权人可以要求抵押人提供担保，抵押人不提供担保的，不得转让抵押物。

抵押人转让抵押物所得的价款，应当提前清偿担保债权，或者向抵押权人约定的第三人提存。《物权法》第一百九十一条规定："抵押期间，抵押人经抵押权人同意转让抵押财产的，应当将转让所得的价款向抵押权人提前清偿债务或者提存。转让的价款超过债权数额的部分归抵押人所有，不足部分由债务人清偿。"

（四）抵押权对抵押物用益权的影响

一般抵押人有用益权，但因用益而对抵押物减少或损害的，应当恢复抵押物的价值或对抵押物进行赔偿，或提供担保。对此《物权法》第一百九十三条作了规定："抵押人的行为足以使抵押财产价值减少的，抵押权人有权要求抵押人停止其行为。抵押财产价值减少的，抵押权人有权要求恢复抵押财产的价值，或者提供与减少的价值相应的担保。抵押人不恢复抵押财产的价值也不提供担保的，抵押权人有权要求债务人提前清偿债务。"

（五）抵押权不得与债权分离而单独转让或者作为其他债权的担保

抵押权不得与债权分离而单独转让，是指抵押权人不得将抵押权单独让与他人而自己保留债权。对此《物权法》第一百九十二条规定："抵押权不得与债权分离而单独转让或者作为其他债权的担保。债权转让的，担保该债权的抵押权一并转让，但法律另有规定或者当事人另有约定的除外。"

抵押权不得作为其他债权的担保，是指抵押权人不能以自己的抵押权为他人的债权担保。因为抵押权是为特定债权人而设定的，如果将其作为担保，就会违背设定抵押权的目的。这一限定主要是由抵押权与债权的关系决定的，抵押权与其担保的债权同时存在，债权消灭，抵押权也消灭。

（六）抵押权设定后可因抵押合同当事人的行为而发生变化

由于抵押权的设定是以抵押合同为前提的，所以抵押权可因抵押合同当事人的放弃或变更行为而发生变化。《物权法》第一百九十四条第一款规定："抵押权人可以放弃抵押权或者抵押权的顺位。抵押权人与抵押人可以协议变更抵押权顺位以及被担保的债权数额等内容，但抵押权的变更，未经其他抵押权人书面同意，不得对其他抵押权人产生不利影响。"

第二款规定："债务人以自己的财产设定抵押，抵押权人放弃该抵押权、抵押权顺位或者变更抵押权的，其他担保人在抵押权人丧失优先受偿权益的范围内免除担保责任，但其他担保人承诺仍然提供担保的除外。"

五、抵押权的实现

（一）抵押权实现的事由

关于抵押权实现的事由，《物权法》改变了《担保法》中关于抵押权实现的情形。依据《担保法》第三十三条第一款以及第五十三条第一款，只有当债务人不履行债务时，即债务履行期届满而抵押权人未受清偿，债权人才有权依法实现抵押权。这种规定不利于实现私法领域中的意思自治，不利于满足抵押权人的多种需求，也不利于保护债权人的合法权益。而《物权法》则从意思自治原则出发，在第一百七十九条中明确规定，债务人不履行到期债务或者发生当事人约定的实现抵押权的情形，债权人可以依法实现抵押权。

（二）法律保护抵押权的期间

为了敦促抵押权人行使抵押权，《物权法》明确地规定了抵押权人行使抵押权的法律保护期。债务人债务履行期满后未履行债务或发生当事人约定的实现抵押权的情形，抵押权人应当在主债权诉讼时效期间行使抵押权，否则人民法院不予保护。

（三）抵押权实现的方式

关于抵押权实现的方式,《担保法》第五十三条第一款规定,当债务履行期届满而抵押权人未受清偿时,抵押权人可以与抵押人协议以抵押物折价或者以拍卖、变卖该抵押物所得的价款受偿。即抵押权人在实现抵押权时,如果与抵押人达不成协议,抵押权人只能向人民法院提起诉讼,即先通过诉讼程序获得确定的胜诉判决,然后再向法院申请强制执行。《担保法》的这种规定增加了抵押权人实现抵押权的成本。

《物权法》改变了《担保法》的规定。依据《物权法》第一百九十五条第一款,如果债务人不履行到期债务或者发生当事人约定的实现抵押权的情形,抵押权人可以与抵押人协议以抵押财产折价或者以拍卖、变卖该抵押财产所得的价款优先受偿。若双方没有就抵押权实现方式达成协议,则抵押权人可以直接请求人民法院拍卖、变卖抵押财产。也就是说,抵押权人无须通过诉讼程序来实现抵押权,而是可以在初步证明抵押权和主债权存在之后,直接申请法院拍卖、变卖抵押财产。由于是非诉讼,法院对当事人的申请仅进行形式上的审查后,就可以作出强制执行的裁定,该裁定就是执行依据。如果债务人或者抵押人对于抵押权以及被担保的债权是否存在等实体法律关系有异议,那么应当由债务人或抵押人提起诉讼,并支付相应的诉讼费用。

可见,抵押权人实现抵押权的方式是:

1. 协商

抵押权人在实现抵押权时,可以与抵押人协议以抵押财产折价或者以拍卖、变卖该抵押财产所得的价款优先受偿。协议损害其他债权人利益的,其他债权人可以在知道或者应当知道撤销事由之日起1年内请求人民法院撤销该协议。

2. 申请法院作出强制执行的裁决

抵押权人与抵押人未就抵押权实现方式达成协议的,抵押权人可以请求人民法院拍卖、变卖抵押财产。抵押财产折价或者变卖的,应当参照市场价格。

（四）同一抵押物上设定多个抵押时抵押权实现的顺序

若在同一抵押物上设定多个抵押,拍卖、变卖抵押财产所得的价款依照下列规定清偿:(1)抵押权已登记的,按照登记的先后顺序清偿;顺序相同的,按照债权比例清偿;抵押权已登记的先于未登记的受偿;抵押权未登记的,按照债权比例清偿。(2)抵押财产折价或者拍卖、变卖后,其价款超过债权数额的部分归抵押人所有,不足部分由债务人清偿。

（五）抵押权实现的其他情况

抵押权实现的其他情况如下:

(1)城市房地产抵押合同签订后,新增的房屋不属于抵押物,抵押权人无优先受偿权;建设用地使用权抵押后,该土地上新增的建筑物不属于抵押财产。该建设用地使用权实现抵押权时,应当将该土地上新增的建筑物与建设用地使用权一并处分,但新增建筑物所得的价款,抵押权人无权优先受偿。

(2)土地承包经营权或以乡镇、村企业的厂房等建筑物占用范围内的建设用地使用权一并抵押的,实现抵押权后,未经法定程序,不得改变土地所有权的性质和土地用途。

(3)债务人或者第三人对一定期间内将要连续发生的债权提供担保财产的,债务人不履行到期债务或者发生当事人约定的实现抵押权的情形,抵押权人有权在最高债权额限度内就该担保财产优先受偿。

(4)划拨的国有土地使用权拍卖后,在缴纳土地使用权出让金后,抵押权人有优先受偿权;为债务人抵押担保的第三人,在抵押权人实现抵押权后,有权向债务人追偿。

(5)土地承包经营权、建设用土地使用权等抵押的,在实现抵押权时地役权一并转让。

第四节 质 押

一、质押的概念及其特征

（一）质押的概念

质押,是指为担保债务的履行,债务人或者第三人将其财产或权利出质给债权人占有,将该财产作为担保,在债务人不履行到期债务或者发生当事人约定的实现质权的情形,债权人有权就该质押财产折价或者拍卖、变卖,并就其卖得价款优先受偿的担保制度。在这一制度中,债务人或第三人是出质人,移交的质押财产是质物,债权人是质权人。

依据质押标的的不同,质押可以分为动产质押和权利质押。

（二）质押的特征

与其他担保形式相比,质押具有以下主要特征：

1. 转移质押财产的占有

即质押合同成立以后,出质人必须将质押财产交债权人占有。质权自质押财产交付时成立,即质押财产交付是质权成立的要件。质押的这一特征是质押担保方式的优点,既可以起到公示的作用,又方便了债权人实现质权。

2. 质押是就动产和财产权利而设定的担保

3. 质押合同必须采用书面形式

4. 质押合同是实践合同,质权自出质人交付质押财产或权利在相关部门登记时设立

二、动产质押

（一）动产质押合同的内容、生效条件

动产质押,是以动产为标的的质押,设定质押的财产必须要有让与性。动产质押的设定,当事人应当签订书面合同,主要内容包括：被担保的主债权的种类、数额；债务人履行债务的期限；质押财产的名称、数量、质量、状况；担保的范围；质押财产移交的时间；当事人约

定的其他事项。但是,出质人和质权人不得在合同中约定在债务履行期届满质权人未受清偿时,质物的所有权转移为质权人。这主要是出于对出质人公平的考虑。

质押合同自质押财产移交时生效,这是动产质押的基本特征和基本要求。因为质权的设立是物权变动的一种,作为动产物权的变动,要按照法律规定进行公示。质权的设定公示,以质押财产的占有转移为基本形式。动产质押公示的规定,有利于保障交易的安全和债权人的利益,避免出质人任意对质物进行处分。

(二)动产质押担保的范围和质权人的权利、义务

1. 动产质押担保的范围

动产质押担保的范围是:主债权及利息、违约金、损害赔偿金、质物保管费用和实现质权的费用。合同另有约定的从其约定。

2. 质权人的权利、义务

在质押期间,质权人的权利是:(1)质权人有权收取质物所生孳息,合同另有约定的从其约定。收取的孳息应当先充抵收取孳息的费用。(2)因不能归责于质权人的事由可能使质押财产毁损或者价值明显减少,足以危害质权人权利的,质权人有权要求出质人提供相应的担保;出质人不提供的,质权人可以拍卖、变卖质押财产,并与出质人通过协议将拍卖、变卖所得的价款提前清偿债务或者提存。(3)质期期满后,出质人不履行债务,质权人可以与出质人协议以质押财产折价,也可以就拍卖、变卖质押财产所得的价款优先受偿。质押财产折价或者变卖的,应当参照市场价格。质押财产折价或者拍卖、变卖后,其价款超过债权数额的部分归出质人所有,不足部分由债务人清偿。(4)质权人有权利放弃质权。债务人以自己的财产出质,质权人放弃该质权的,其他担保人在质权人丧失优先受偿权益的范围内免除担保责任,但其他担保人承诺仍然提供担保的除外。

质权人的义务是:(1)妥善保管质物,因保管不善致使质押财产毁损、灭失的,应当承担赔偿责任。质权人的行为可能使质押财产毁损、灭失的,出质人可以要求质权人将质押财产提存,或者要求提前清偿债务并返还质押财产。(2)不得擅自使用、处分质押财产。质权人在质权存续期间,未经出质人同意,擅自使用、处分质押财产,给

出质人造成损害的,应当承担赔偿责任。(3)质押期限届满,质权人受清偿后,将质物返还出质人。

出质人的权利是:(1)可以请求质权人在债务履行期届满后及时行使质权,质权人不行使的,出质人可以请求人民法院拍卖、变卖质押财产。(2)特定情形下的损害赔偿请求权。出质人请求质权人及时行使质权,因质权人怠于行使权利造成损害的,由质权人承担赔偿责任。质权人在质权存续期间,未经出质人同意转质,造成质押财产毁损、灭失的,出质人有权要求质权人承担赔偿责任。

三、权利质押

权利质押,是以动产之外的以财产权为标的的质押权,即以物权、债权、无形财产等可以用金钱估价的权利为质押标的。权利质押的标的是权利,主要表现在质权人对出质人行使已出质的权利的控制上。

《担保法》规定了可以设定质押的权利,《物权法》在《担保法》的基础上,对可以设定质押的权利作了扩大及细化。可以设定质押的权利是:

1. 汇票、支票、本票、债券、存款单、仓单、提单

以此类权利作质押,当事人应当订立书面合同,并且应在合同约定的期限内将权利凭证交付质权人,合同在权利凭证交付之日起生效,无权利凭证的自有关部门登记时起设立。若权利凭证所记载或提货日期早于债务履行期,质权人可以在债务履行期满前提前兑现或提货,并与出质人协议将兑现的价款或者提取的货物提前清偿债务或者提存。这主要是由有关权利凭证的法律规定决定的。

2. 依法可以转让的基金份额、股权

可以出质的基金份额和股权必须是可以转让的,如果不能转让就无法变现,也就无法实现质权。以基金份额、股份出质的,当事人应当订立书面合同,并向证券登记结算机构办理出质登记,质权自证券登记结算机构办理出质登记时设立;以其他股权出质的,质权自工商行政管理部门办理出质登记时设立。基金份额、股权出质后,不得转让,但经出质人与质权人协商同意的除外。出质人转让基金份额、

股权所得的价款,应当向质权人提前清偿债务或者向约定的第三人提存。以公司股份出质的,要注意是否属于《公司法》第一百四十二条、第一百四十三条规定的限制或禁止转让的情形。

3. 依法可以转让的注册商标专用权、专利权、著作权等知识产权中的财产权

以此类权利出质的,当事人应当订立书面合同,并向有关部门办理出质登记,合同自登记之日起生效。出质后,出质人不得转让或许可他人使用该权利,但经当事人协商同意的除外。出质人转让或者许可他人使用出质的知识产权中的财产权所得的价款,应当向质权人提前清偿债务或者提存。

4. 应收账款

应收账款,实际上是企业或单位对外所享有的债权,因此可以以应收账款作为标的设定质权,以应收账款设定的质权通常被称为债权质权。

以应收账款出质的,当事人应当订立书面合同。质权自信贷征信机构办理出质登记时设立。应收账款出质后,不得转让,但经出质人与质权人协商同意的除外。出质人转让应收账款所得的价款,应当向质权人提前清偿债务或者提存。

5. 法律、行政法规规定可以出质的其他财产权利

此类权利如公路、桥梁、隧道或者渡口等不动产收益权。

第五节 留　　置

一、留置权的概念及其特征

(一) 留置权的概念

留置,是指债务人不按照合同约定的期限履行债务,债权人可以留置已经合法占有的债务人的动产、有权扣留该财产,经过约定的或法律规定的一定的宽限期债务人仍不履行债务的,债权人有权就该动产优先受偿。可见,留置权是债权人因一定债权关系而占有担保物,在债权不能如约获得清偿时,留置该物并从中受偿的权利。

(二) 留置权的特征

1. 法定性

留置权与质权不同,质权是约定担保物权,可以依双方的合意而成立。而留置是一种法定的担保物权,它由法律直接规定,并非当事人双方自由约定。留置权的消灭有一定条件,《物权法》规定,留置权人对留置财产丧失占有或者留置权人接受债务人另行提供担保的,留置权消灭。

2. 动产性

留置的财产必须是债务人的动产。由于不动产作担保或不动产的取得,一般以登记为公示,所以不动产不能成为留置权的标的,只有债务人的动产才能够形成留置权。

3. 占有性

债权人对债务人的动产具有事实的管领、支配和控制力才能够形成留置权,占有的方式可以为直接占有,也可以为间接占有,但是,单纯的持有并不是占有,不能形成留置权。

4. 条件性

留置权的成立必须符合法定的条件。其重要的条件是,只有债务人不履行到期债务,才能够成立留置权。这与抵押权和质权不同,债务人不履行到期债务是抵押权和质权行使的要件,但不是成立的要件;而对于留置权来说,债务人不履行到期债务是留置权成立的要件,即只有债务人不履行到期债务,才能成立留置权。

留置权人行使留置权后,有权收取留置财产的孳息,孳息应当先充抵收取孳息的费用。另外,留置权人负有妥善保管留置财产的义务,因保管不善致使留置财产毁损、灭失的,应当承担赔偿责任。

二、留置权成立的条件

在我国,留置权是一种法定的债的担保方式。根据我国《担保法》以及《物权法》,留置权的成立必须具备以下条件:

(一) 债权人必须依合同约定合法地占有债务人的财产

因为留置权是法定的担保物权,所以必须直接由法律规定,债权人已合法地占有债务人的动产。合法,是指债权人取得并占有债务人的财产的方式符合法律的规定,其占有的取得并无任何瑕疵。债权人可以通过合同占有,根据我国《担保法》第八十四条:"因保管合同、运输合同、加工承揽合同发生的债权,债务人不履行债务的,债权人有留置权。"此外,债权人也可以通过其他合法的方式占有,如因无因管理取得的财产。

(二) 债权已届期满而未受清偿

即债权已到受偿期,债权人方可行使留置权。如果债权未到清偿期,债务人是否自觉清偿债务还不知道,此时就要求对债务人的动产进行留置,实际上是要求债务人提前清偿债务,所以对债务人是不公平的。只有债务人不履行到期债务,债权人才能够行使留置权。确定是否已到清偿期的方法是:合同中有规定的,合同期满为已届清偿期;合同中无规定的,应依债权人发出的催告时间来确定。

(三) 留置的动产应当与债权属于同一法律关系

一般而言,债权人留置的动产与债务的产生应属于同一法律关系,二者之间有牵连关系。也就是说,债权人的权利与债务人请求交付标的物的权利基于同一法律事实发生时,才认为债权的发生与标的物有牵连关系。但《物权法》规定了例外,企业之间留置的除外。即如果双方当事人都是企业,则没有牵连关系的限制。在我国法律中,所谓企业是指某种形式的商事组织。

(四) 留置财产为可分物的,留置财产的价值应当相当于债务的金额

可分物,是指可以分割并且分割不会损害其效用或者改变其性质的物。不可分割物,是指按物的性质不能分割,否则会改变其效用或者性质的物。留置权人对不可分割物行使留置权,留置权的效力及于留置物的全部。但当留置的财产为可分物时,留置的财产不能大于债务的金额。即债权人行使留置权,留置的财产只能等于或小于债务的金额,否则对于债务人是不公平的。因为债权人行使留置权的目的不是单纯的留置财产,而是通过留置获得相当于债权的担保,只要获得相当于债权金额的财产的留置,就足以保证债权人的利益,所以留置物为可分物就没有必要多留置财产,否则会造成对债务

人利益的损害,也不利于物的充分利用。

(五) 法律规定或者当事人约定不得留置的动产不得留置

由于债权人的留置权是法定的担保物权,而不是约定的担保物权,所以,债权人行使留置权可能会影响债务人的利益,从而法律对债权人行使留置权有一定的限制。即法律规定不得留置的或据当事人自愿原则约定不得留置的,债权人不能行使留置权,否则留置权不成立。

三、留置权的实现

(一) 留置权实现的方式

留置权实现的方式是:协议价格、折价、拍卖、变卖。不管以何种方式实现留置权,都应当参照市场价格。债权人就协议价格、折价、拍卖、变卖财产所得款有优先受偿权,超过债权数额的部分返还债务人,不足的部分由债务人补足。

债权人留置财产后,是否可以立即进行折价、拍卖或变卖?《物权法》规定,债权人行使留置权后,可以与债务人约定留置财产后的债务履行期间,如果有约定且约定明确的,则按约定的债务履行期间履行债务;如果无约定或者约定不明确的,留置权人应当给债务人两个月以上履行债务的期间,但鲜活易腐等不易保管的动产除外。

另外,《物权法》规定,债务人为了清偿债务,也可以请求留置权人在债务履行期届满后行使留置权;留置权人不行使的,债务人可以请求人民法院拍卖、变卖留置财产,以清偿债务。

(二) 同一动产上设立抵押权、质权的实现

《物权法》规定,同一动产上已设立抵押权或者质权,该动产又被留置的,留置权人优先受偿。这是由于留置权是一种法定的担保物权,而抵押权和质权是约定的担保物权,按民法的一般理论,法定的担保物权在效力上优先于约定的担保物权,该原则为各国所采纳,我国《物权法》也采纳了该原则。据该原则,即使留置的财产在之前已经抵押并登记,抵押权人也不能享有对抵押权的优先权。

第六节 定 金

一、定金的概念和分类

(一) 定金的概念

定金,是合同当事的一方预先交付给另一方货币作为债权的担保。定金是我国担保法规定的法定担保方式之一。定金作为债的一种担保方式,兼具金钱性质与合同担保的性质,这一性质决定了定金合同具有实践性。

(二) 定金的分类

定金依其目的和作用的不同,可以分为订约定金、成约定金、解约定金、违约定金、证约定金。下面分别对这五种定金形式加以说明。

1. 订约定金

订约定金即立约定金,是指在合同订立前交付,目的在于保证正式订立合同的定金。签订一个合同一般要经过要约、反要约、新的要约、承诺的过程。有时候这个过程比较短,但是在某些情况下,这个过程可能需要持续较长的时间,尤其是在一些标的额比较大的商事交易中。当事人为订立合同已经作了必要的准备,相互间对于合同的内容已经基本取得了一致,但因为存在一些未定情形,合同一直未能订立,当事人又不愿意许诺成立合同,于是采用订约定金来实现当事人的相互信任,以求最终成立合同、完成交易。

订约定金的设立是为了担保主合同的签订,凡在意向书一类的协议中设定了订约定金,其法律效力自当事人实际交付定金时就存在,在其所担保的订约行为没有发生时,对拒绝订立主合同的当事人就要实施定金处罚。即如果交付定金的一方当事人拒绝订立合同的,将丧失定金;如果接受定金的一方当事人拒绝订立合同的,应当双倍返还定金。所以,订约定金的目的在于确保当事人能够最终订立合同。订约定金可以防止当事人利用订立合同的机会恶意磋商。在某些情况下,一方当事人可能违背诚实信用原则,在订立合同的过程中隐瞒重要的信息,或者编造信息,误导对方当事人,使对方当事人以为与其订立合同比较有利,而该方当事人却始终不与其订立合同,因而会给对方当事人造成损失。在约定了订约定金的情况下,如果当事人一方最终放弃了订立主合同的机会,不论其主观上是恶意还是过失,都将适用定金罚则,这样就可以促使当事人更加谨慎、积极地进行交易。

2. 成约定金

成约定金,是指作为主合同成立或生效要件而约定的定金。当事人在合同中约定有成约定金的,定金未交付,则合同不成立或不生效。若当事人约定定金并明确表示定金的交付构成合同的成立或生效要件的,该定金具有成约定金的性质。但是,为了鼓励交易,如果主合同已经履行或者履行了主要部分,即使给付定金的一方当事人未按约实际交付定金,仍应当承认主合同的成立或生效。

3. 解约定金

解约定金,是指以定金作为保留合同解除权的代价,即支付定金的一方当事人可以放弃定金以解除合同,接受定金的一方当事人也可以双倍返还定金以解除合同。需要注意的是,当事人一方虽然以承担定金损失解除了合同,但在守约的当事人因合同解除受到的损失大于定金收益的情况下,解约方仍然应承担损害赔偿的责任。

4. 违约定金

违约定金,是指以定金的放弃或者双倍返还作为违反合同的补救方法而约定的定金。《担保法》规定,以当事人一方不履行约定的债务作为适用定金罚则的条件。《担保法解释》进一步对"不履行"分不同情况作了不同规定。

一是明确规定违约定金处罚的条件不但要有迟延履行等违约行为,还要有因该违约行为致使合同目的落空的结果,这两个条件缺一不可。

二是主合同部分得到履行、部分没有履行,一方当事人因此受到了损失,但是合同的目的没有完全落空,这时,既要对不完全履行合同的当事人进行定金处罚,又不能使定金全部被罚。

三是对于因不可抗力、意外事件致使主合同不能履行的,不适用定金罚则。

四是因合同关系以外第三人的过错致使主合同不能履行的,适用定金罚则。当事人一方受定金处罚后,可以依法向第三人追偿。

5. 证约定金

证约定金,是指以交付定金的事实作为当事人之间存在合同关系的证明的定金。订立合同时,当事人一方为防止对方毁约而给付定金,以此证明和维护合同关系。在当事人没有订立书面合同的情况下,只要一方收取了另一方的定金,即可证明他们之间的合同已经成立。证约定金不是合同成立的必备要件,仅具有证明当事人之间已经成立合同的证据意义,合同是否成立与定金的交付没有关系,因此《担保法》及其《担保法解释》没有对证约定金作出专门规定,但是司法实践认可交付定金的书面证明为主合同业已成立的证据。

事实上,证约定金是一般定金都具有的共性,大多数情况下,定金的证约性质不因当事人专门约定而产生和独立存在,而是由违约定金、解约定金和成约定金所派生。

二、定金合同的订立与生效

定金合同应当以书面的形式订立,可以单独订立定金合同,即单独的定金合同,可以作为主合同中的担保条款。在许多情况下,定金往往是通过主合同中的担保条款表现出来的。定金合同的成立不但要当事人达成合意,而且要有交付定金的实际行为,因为定金合同是实践性合同,所以定金合同从交付定金时起生效。

三、定金的数额及定金的执行

《担保法》第九十一条规定:"定金的数额由当事人约定,但不得超过主合同标的额的20%。"这主要是从保护当事人的利益出发,定金太低了起不到担保合同履行的效果;定金太高了,由于在执行中用的是定金罚则,所以有可能使守约方获得多于损害的赔偿。

定金在具体执行的时候,其担保作用通过定金罚则体现出来。若合同履行,定金应当抵作价款或回收;若合同是由于当事人中的给付定金一方的原因而不能履行,给付定金的一方无权要求返还定金;

若合同是由于当事人中的接受定金一方的原因而不能履行,接受定金的一方应当双倍返还定金;若由于不可抗力等事由使当事人不能履行合同,则接受定金的一方应当返还定金。

参 考 阅 读

1. 《中华人民共和国物权法》(2007年文本)。
2. 《中华人民共和国担保法》(1995年文本)。
3. 《最高人民法院关于适用〈中华人民共和国担保法〉若干问题的解释》(2000年文本)。
4. 江平:《中华人民共和国物权法精解》,第1版,北京:中国政法大学出版社2007年版。
5. 徐兆宏等:《担保法案例评析——新经济·法律案例评析丛书》,第1版,北京:汉语大词典出版社2003年版。

复 习 思 考

1. 什么是担保和反担保?
2. 担保法的适用范围是什么?
3. 担保合同及其法律性质是什么?
4. 保证与其他担保方式有何区别?
5. 保证主体的条件是什么?
6. 保证人承担保证责任的抗辩理由有哪些?
7. 抵押的优点及抵押的效力是什么?
8. 抵押和质押有何区别?质押如何弥补抵押的不足?
9. 抵押和质押登记法律制度的主要内容是什么?
10. 留置权行使及其实现的条件是什么?
11. 定金有哪些分类?定金数额的限制及定金执行罚则是什么?

第八章 证 券 法

本章学习重点:建立和发展健康有序、运行安全的证券市场,对我国优化资源配置、调整经济结构、筹集更多的社会资金、加快国民经济的发展具有重要的作用。证券市场是高风险市场,为了规范证券发行和交易行为,保护投资者的合法权益,维护社会经济秩序和社会公共利益,促进社会主义市场经济的发展,我国制定了《中华人民共和国证券法》(以下简称《证券法》),该法于1998年12月29日由中华人民共和国第九届全国人民代表大会常务委员会第六次会议通过,自1999年7月1日起施行。2004年8月28日第十届全国人民代表大会常务委员会第十一次会议通过了《关于修改〈证券法〉的决定》,对该法个别条款作了调整。2005年10月27日,第十届全国人民代表大会常务委员会第十八次会议通过了对《证券法》进行的再次修订,修订后的《证券法》自2006年1月1日起施行。

本章共分五节,对我国证券法作了较为全面的介绍,内容涉及证券法概述、证券市场主体、证券发行与承销制度、证券上市与交易制度、上市公司的收购制度。

本章的学习重点是:我国证券法的调整对象、我国证券监督管理体制、证券发行的条件、证券上市与交易制度、要约收购与协议收购的区别等内容。

第一节 证券法概述

一、证券和证券法的概念

(一) 证券的概念及分类

证券,是指发行人依法发行的表示持券人享有的某种特定权利的凭证。它一般有广义和狭义之分。

广义的证券包括无价证券和有价证券两种形式。无价证券,又称权利凭证,是指券面上载明的权利不直接与法律上的财产权利相对应,只证明持券人由此拥有的某种资格。如我国在计划经济时代发行的粮票、布票等。有价证券,是指发行人依法发行的表示一定财产权利的凭证。

狭义的证券仅指有价证券,一般可以分为货币证券、货物证券和资本证券。货币证券是指与货币功能近似,并在一定范围内可以代替货币使用的证券,如汇票、支票等。货物证券,是指能代表一定的货物提取权的凭证,如仓单、提单等。资本证券,是指能在资本市场上流通和转让,持券人有权依其面额按期收取一定收益的证券,如股票、债券等。目前在上海和深圳两个证券交易所上市交易的证券品种主要是:股票、公司债券、国库券、证券投资基金份额等。

(二) 证券法的概念

证券法,是指调整证券的发行、交易、服务、证券市场监管以及其他相关活动而产生的经济关系的法律规范的总称。广义的证券法泛指一切与证券有关的法律规范的总称。狭义的证券法仅指专门调整证券关系的法律规范的总称。《证券法》是我国调整证券关系的基本法。

二、我国证券法的调整对象

我国证券法所调整的证券属于资本证券,具体包括股票、公司债券和国务院认定的其他证券。此外,政府债券、证券投资基金份额的上市交易,适用《证券法》;其他法律、行政法规另有规定的,适用其规定。证券衍生品种发行、交易的管理办法,由国务院依照《证券法》的原则规定。本书在公司法一章中已对股票和公司债券的含义和特征作了分析,下面仅就政府债券、证券投资基金份额和衍生证券的含义和特征加以分析。

(一) 政府债券

政府债券是指中央政府或地方政府为筹措财政资金,凭借其信誉按照一定程序向投资者出具的、承诺到期偿还本息的格式化债权债务凭证。政府债券分为中央政府债券和地方政府债券,其发行及偿还条件,均依特别法律或者法规作出规定,有些政府债券依照国家权力机构的决定或命令发行。证券监管机构作为政府之证券监管机构,对政府债券发行及交易无权进行审查或登记,故政府债券属于双重豁免证券。在我国,依照《中华人民共和国国库券条例》发行的国库券即属于双重豁免证券。根据《证券法》,证券交易所应根据国务院授权的部门的决定安排政府债券上市交易。

(二) 证券投资基金及基金份额

1. 证券投资基金及特征

证券投资基金是一种通过公开发售基金份额募集证券投资基金(以下简称"基金"),由基金管理人管理、基金托管人托管,为基金份额持有人的利益,以资产组合方式进行的证券投资活动。目前我国专门调整投资人及相关当事人在基金活动中的关系的规范性文件是2003年10月全国人民代表大会常务委员会颁布的《中华人民共和国证券投资基金法》,该法自2004年6月1日起施行。

基金的基本特征是:(1) 募集分散资金用于证券投资。其集资方式主要是向投资者发行"基金份额"。此种方式可以同时达到分散投资风险及减少投资管理成本的目的。(2) 利用信托关系组织证券投资。信托是指将本人的财产委托给可以信赖的第三者,由其按照本人的要求加以管理和运用的行为。投资者将资金委托专业机构操作,是基于对专业机构的信任。在我国,基金托管人由依法设立并取得基金托管资格的商业银行担任;基金管理人由依法设立的基金管理公司担任。(3) 证券投资基金只能投资于股票或债券等有价证券,不能从事承销证券、向他人贷款或者提供担保等业务。(4) 证券投资收益应按照基金合同的约定将收益分配给投资人。

2. 基金份额及特征

也称基金券。是指依法设立的基金组织为募集资金以投资于证券市场、实现证券投资目的而向社会发行的、证明持有人按其持有份额享有资产所有权、收益分配权和剩余资产分配权及其他权益的一种证券类凭证。

基金份额与股票、债券一样都是金融投资工具,但又不同于股票和债券,其主要的特点是:(1) 基金份额是信托工具,主要投资于股票或债券等有价证券,是股票、债券等基本证券的派生证券。而股票和债券是融资工具,主要投资于实业或不动产等。(2)基金份额既具有股票特征又具有债券特征,反映的是信托关系。而股票反映的是股权关系,债券反映的是债权关系。

3. 基金运作的方式

基金运作的方式应当在基金合同中约定。基金运作方式依法可以采用封闭式、开放式或者其他方式。目前,我国基金运作的主要方式是封闭式和开放式。采用封闭式运作方式的基金(简称"封闭式基金"),是指经核准的基金份额总额在基金合同期限内固定不变,基金份额可以在依法设立的证券交易场所交易,但基金份额持有人不得申请赎回的基金。采用开放式运作方式的基金(简称"开放式基金"),是指基金份额总额不固定,基金份额可以在基金合同约定的时间和场所申购或者赎回的基金。两者的主要区别是:(1)前者的发行规模是固定的;后者的发行规模是变化的,便于业务拓展。(2)前者的定价取决于市场供求;后者的定价依据的是基金的净资产值。(3)前者的投资者在基金到期前不能赎回投资;后者的投资者可以随时将投资赎回。

(三)衍生证券

衍生证券,是指以股票、债券和投资基金凭证等基本证券为基础而创设的新的证券形态。它以杠杆或信用交易为特征。如果失去基本证券,衍生证券将不复存在。目前我国在证券交易所交易的衍生证券主要有认股权证和可转换债券。其中,认股权证,是指持有人有权在某段期间内以预先约定的价格向发行人购买或出售特定数量标的证券的凭证。认股权证可以细分为认购权证和认沽权证。认购权证属于"看涨期权",持有人有权在某段期间内以预先约定的价格向发行人购买特定数量的标的证券。认沽权证属于"看跌期权",持有人有权在某段期间内以预先约定的价格向发行人出售特定数量的标的证券。认沽权证的波动与标的股票价格的涨跌是反方向的。

三、证券法的基本原则

（一）公开、公平、公正原则

1. 公开原则

公开原则,又称信息披露原则,是指证券市场的信息应公开化。证券信息的披露通常包括初期披露和持续披露两个方面。初期披露,是指证券发行人在首次公开发行证券时应当依法如实披露有可能影响投资者作出决策的所有信息。持续披露,是指证券发行后,发行人应当依法定期向社会公开其经营与财务状况的信息,以及不定期公告有可能影响公司经营的重大事项等。公开的信息应符合真实、完整、及时、易得的要求。

2. 公平原则

公平原则,是指证券发行、交易活动中的当事人具有平等的法律地位,各自的合法权益能够得到公平的保护。这里的公平主要是指机会均等,各参与主体应在同等条件下平等竞争。任何人不得超越证券法规定的范围而享有特权。

3. 公正原则

公正原则,是指证券监督管理机构应在公开、公平的基础上,对一切证券市场参与者给予公正待遇。公正原则是实现公开、公平原则的保障。根据这一原则,立法机关应当制定体现公平精神的法律、法规;证券监督管理部门应当依法公正地履行职责,不偏袒任何人。

（二）自愿、有偿、诚实信用原则

1. 自愿原则

自愿原则,是指当事人有权按照自己的意愿自主地参与证券发行与交易活动,他人不得非法干涉。

2. 有偿原则

有偿原则,是指当事人在证券发行与交易活动中应按照价值规律的要求进行等价交换,当事人任何一方不得无偿占有、剥夺他人财产,损害他人合法权益。

3. 诚实信用原则

诚实信用原则,是指当事人在证券发行与交易活动中不欺诈,遵守诺言。诚实信用原则是商业道德法律化的具体体现。

（三）政府统一监管与参与主体自律性管理相结合原则

证券市场参与者多、各参与主体利益冲突大、投机性强、敏感度高，是一个充满矛盾和风险的市场，而且证券市场的风险又具有突发性强、影响面广、传导速度快的特点。因此，政府不仅在法律上要求证券市场参与主体自律，还建立了一个强有力的专业监督管理机构对证券市场进行监管，以便及时发现和处理异常情况，有效防范和化解市场风险。

四、证券监督管理体制

（一）证券监督管理体制及类型

证券监督管理体制，是指一国范围内以证券法为基础而构成的证券监督管理体系、层次结构、功能模式以及运行机制的统一体。

目前世界各国对证券市场的监督管理体制，归纳起来可以分为集中管理型、自律管理型和中间管理型三种。[①]

1. 集中管理型

该管理类型以美国为代表，其特点是政府通过制定专门的证券市场管理法规，并设立全国性的证券监督管理机构来实现对全国证券市场的管理。美国的证券交易委员会（SEC）便是全国性的证券监督管理机构。

2. 自律管理型

该管理类型以英国为代表，其特点是除了必要的国家立法外，政府较少干预证券市场，对证券市场的管理主要由证券交易所和证券商协会等组织进行自律性管理。

3. 中间管理型

该管理类型以德国为代表，其特点是主要依靠银行和证券交易所对证券市场进行管理。国家既没有统一的证券法，也没有集中统一的监督管理机构。

[①] 参见刘文华、肖乾刚：《经济法律通论》，第 1 版，北京：高等教育出版社 2000 年版，第 301 页。

我国证券监督管理体制的确立经历了一个从分散到集中的过程。1992年以前,证券市场由中国人民银行主管,国务院有关部门以及沪、深两地的地方政府参与管理。1992年7月,国务院建立证券监督管理办公会议制度。同年10月,国务院成立中国证券委员会(简称"中国证券委")和中国证券监督管理委员会(简称"中国证监会"),对全国证券市场进行统一的宏观管理和监督,同时国务院赋予其他有关部门和地方人民政府部分证券监督管理权。1997年,国务院将对证券交易所的管理权由地方转为中国证监会。1998年,国务院批准了《证券监管机构体制改革方案》,决定由中国证监会依法对全国证券市场实行集中统一监督管理。《证券法》在对此作出确认的同时,进一步规定,中国证监会根据需要可以设立派出机构,按照授权履行监督管理职责。在国家对证券发行、交易活动实行集中统一监督管理的前提下,依法设立证券业协会,实行自律性管理。国家审计机关对证券交易所、证券公司、证券登记结算机构、证券监督管理机构,依法进行审计监督。

(二) 中国证监会的职责

中国证监会是依法对证券市场实行监督管理的行政执法机构。根据我国《证券法》第一百七十九条,中国证监会在对证券市场实施监督管理中履行下列职责:(1) 依法制定有关证券市场监督管理的规章、规则,并依法行使审批或者核准权;(2) 依法对证券的发行、交易、登记、托管、结算,进行监督管理;(3) 依法对证券发行人、上市公司、证券交易所、证券公司、证券登记结算机构、证券投资基金管理公司、证券服务机构的证券业务活动,进行监督管理;(4) 依法制定从事证券业务人员的资格标准和行为准则,并监督实施;(5) 依法监督检查证券发行、上市和交易的信息公开情况;(6) 依法对证券业协会的活动进行指导和监督;(7) 依法对违反证券市场监督管理法律、行政法规的行为进行查处;(8) 法律、行政法规规定的其他职责。

中国证监会可以和其他国家或地区的证券监督管理机构建立监督管理合作机制,实施跨境监督管理。

第二节 证券市场主体

证券市场的正常运转需要多方主体的参与,主要包括证券交易所、证券公司、证券登记结算机构、证券服务机构、证券业协会、上市公司、投资人等。

一、证券交易所

(一) 证券交易所的概念

证券交易所,也称场内交易场所,是指依法设立的提供证券集中交易场所的组织。证券交易所是伴随着大规模证券交易的实际需要产生的,最早出现于西方国家。在我国,证券交易所是依法设立的,为证券集中交易提供场所和设施,组织和监督证券交易,实行自律管理的法人。

(二) 证券交易所的法律特征

1. 提供证券集中交易的固定场所

证券交易必须依赖于一定的市场条件才能完成。证券交易所作为提供证券交易服务的固定场所,具有较先进的交易设施和严密的管理制度,制定有适合大规模证券集中交易的完善的交易规则,从而为证券买卖各方进行证券集中交易提供了条件。

2. 具有法人资格

证券交易所依法设立,具有自己独立的财产,并能以自己的名义独立对外享有权利、承担义务。

3. 必须在其名称中标明证券交易所字样

证券交易所性质特殊,如果名称不规范,不易识别。此外,为避免混淆,法律规定其他任何单位或者个人不得使用证券交易所或者近似的名称。

4. 设立与解散由国务院决定

在现代,证券交易所的设立与解散直接关系到整个社会经济的发展及社会的稳定,因此,必须在充分论证的基础上经国务院批准才能设立或解散。目前根据国务院的决定,我国只设立了两家证券交易所,即上海证券交易所和深圳证券交易所,它们分别于1990年12月和1991年6月成立。

(三)证券交易所的组织形式

证券交易所的组织形式国际上主要有公司制和会员制两种。[①]公司制证券交易所,是由投资者以营利为目的组建的股份有限公司,其利润来源是对参与证券交易者收取的费用。证券交易所对在本所内的证券交易负有担保责任,必须设有赔偿基金。证券交易所的证券商及其股东,不得担任证券交易所的董事、监事或经理,以保证交易所经营者与交易参与者的分离。如英国伦敦证券交易所、香港联合证券交易所等即采用公司制。

会员制证券交易所,是由作为会员的证券公司共同出资组建的非营利性的事业法人或社会团体法人。交易所的组织机构由会员大会、理事会、总经理和监察委员会组成,只有会员及享有特许权的经纪人才能进场交易。交易所的运转费用由会员分担,交易所的积累归会员所有,其权益由会员共同享有。如日本东京证券交易所、法国巴黎证券交易所等均实行会员制。[②]

我国《证券法》对证券交易所的组织形式未明确规定,只规定"实行会员制的证券交易所的财产积累归会员所有,其权益由会员共同享有,在其存续期间,不得将其财产积累分配给会员"。在实践中,上海和深圳证券交易所均采取会员制形式。证券交易所可以自行支配各项费用、收入,但应当首先用于保证证券交易场所和设施的正常运行并逐步改善。

(四)证券交易所的职责

证券交易所是证券交易市场的核心,它为交易双方提供证券交易的基本场所和必要的设施。根据我国《证券法》,证券交易所的职责主要有:

[①] 参见周正庆:《证券知识读本》,第1版,北京:中国金融出版社1998年版,第250—251页。

[②] 李诚:《中华人民共和国证券法通释》,第1版,北京:中国经济出版社1999年版,第111页。

1. 提供交易场所与设施

证券交易所应当为组织公平的集中交易提供保障,保证集中交易的场所和各项设施安全适用。

2. 公布证券交易即时行情,按交易日制作证券市场行情表,并予以公布

3. 制定交易规则

证券交易所应依照证券法律、行政法规制定上市规则、交易规则、会员管理规则和其他有关规则,并报国务院证券监督管理机构批准。

4. 对交易实行实时监控和监督

虽然我国实行证券市场的集中统一监管模式,由中国证监会行使统一监管权,但行业协会和证券交易所也有协助监管的义务。证券交易所能方便地随时对在本所上市的所有证券的成交量、价格波动率、交易状况等进行了解。因此,法律规定,证券交易所应对在交易所进行的证券交易实行实时监控,对上市公司披露信息进行监督,督促上市公司依法及时、准确地披露信息,并按照国务院证券监督管理机构的要求,对异常的交易情况提出报告。

5. 核准证券上市申请

即证券交易所经中国证监会授权,可以依法核准证券上市申请。

6. 安排证券上市,办理证券暂停上市、恢复上市或者终止上市的事务

7. 采取技术性停牌和临时停市的措施

因突发性事件而影响证券交易的正常进行时,证券交易所可以采取技术性停牌的措施;因不可抗力的突发性事件或者为维护证券交易的正常秩序,证券交易所可以决定临时停市。所谓突发性事件,是指非因当事人的故意或过失而发生的灾害事故。在证券交易中,一般指技术故障,如设备、程序出故障,数据出错或丢失等。证券交易所采取技术性停牌或者决定临时停市,必须及时报告中国证监会。证券交易所根据需要,可以对出现重大异常交易情况的证券账户限制交易,并报中国证监会备案。

二、证券公司

(一) 证券公司的概念

证券公司,是指依法设立的从事证券经纪业务的公司。证券公司的组织形式既可以是有限责任公司,也可以是股份有限公司,公司的设立和运行须同时符合《公司法》和《证券法》的要求。

(二) 证券公司的法律特征

证券公司作为特种公司,与一般公司相比,其法律特征主要表现在以下几个方面:

1. 业务范围特殊

证券公司是专门经营证券业务的公司。其业务范围包括:(1) 证券经纪;(2) 证券投资咨询;(3) 与证券交易、证券投资活动有关的财务顾问;(4) 证券承销与保荐;(5) 证券自营;(6) 证券资产管理;(7) 其他证券业务。

2. 设立程序特殊

证券经营业务以证券买卖为基本表现形式,在业务开展过程中,与证券交易和投资有关的所有风险都会显现出来,从而形成证券经营业务的高风险性。针对这种特殊性,必须通过加强法律监管,才会实现证券市场的安全运行。依照《证券法》,设立证券公司,首先应向中国证监会提出申请,公司设立申请获得批准的,申请人应当在规定的期限内向公司登记机关申请设立登记,领取营业执照。之后,还要自领取营业执照之日起 15 日内,向中国证监会申请经营证券业务许可证。未取得经营证券业务许可证,证券公司不得经营证券业务。证券公司在境外设立、收购或者参股证券经营机构,必须经中国证监会批准。

3. 设立条件特殊

证券公司是从事特殊业务的公司组织,其设立除要具备《公司法》规定的一般条件外,还要具备《证券法》规定的下列条件:(1) 有符合法律、行政法规规定的公司章程。证券公司的经营范围应取得中国证监会批准。(2) 主要股东具有持续盈利能力,信誉良好,最近 3 年无重大违法违规记录,净资产不低于人民币 2 亿元。(3) 有符合《证券法》规定的注册资本。需要特别注意的是,证券公司的注册资本依法应当是实缴资本。其最低数额因经营范围不同而有不同要求。其中,证券公司经营证券经纪、证券投资咨询和与证券交易、证券投资活动有关的财务顾问业务的,注册资本最低限额为人民币5 000万元;经营证券承销与保荐、证券自营、证券资产管理或其他证券业务之一的,注册资本最低限额为人民币1亿元;经营其中两项以上业务的,注册资本最低限额为人民币5亿元。(4)董事、监事、高级管理人员具备任职资格,从业人员具有证券从业资格。(5)有完善的风险管理与内部控制制度。(6)有合格的经营场所和业务设施。(7)法律、行政法规规定的和经国务院批准的中国证监会规定的其他条件。从上述规定可以看出,《证券法》制定的设立条件比《公司法》更为严格,这既可以增强证券公司抗风险能力,也有助于妥善保护投资者利益。

4. 公司名称特殊

为便于投资者了解公司的性质和经营范围,证券公司必须在其名称中标明证券有限责任公司或者证券股份有限公司字样。

5. 从业人员任职资格特殊

证券公司从业人员掌管着大量的资金和证券,证券公司运营的安全性直接影响证券市场的稳定性。因此,法律对证券公司从业人员的任职资格有更高的要求。表现在:(1)证券公司的从业人员不能是因违法行为或者违纪行为被开除的证券交易所、证券登记结算机构、证券服务机构、证券公司的从业人员和被开除的国家机关工作人员。(2)证券公司的董事、监事、高级管理人员除要符合《公司法》规定的任职资格要求外,有下列情形之一的,不得担任证券公司的董事、监事、高级管理人员:① 因违法行为或者违纪行为被解除职务的证券交易所、证券登记结算机构的负责人或者证券公司的董事、监事、高级管理人员,自被解除职务之日起未逾5年;② 因违法行为或者违纪行为被撤销资格的律师、注册会计师或者投资咨询机构、财务顾问机构、资信评级机构、资产评估机构、验证机构的专业人员,自被撤销资格之日起未逾5年。

6. 监督管理特殊

表现在:(1)中国证监会认为有必要时,可以委托会计师事务所、资产评估机构对证券公司的财务状况、内部控制状况、资产价值进行审计或者评估。(2)证券公司的董事、监事、高级管理人员未能勤勉尽责,致使证券公司存在重大违法违规行为或者重大风险的,中国证监会可以撤销其任职资格,并责令公司予以更换。(3)证券公司违法经营或者出现重大风险,严重危害证券市场秩序、损害投资者利益的,中国证监会可以对该证券公司采取责令停业整顿、指定其他机构托管、接管或者撤销等监管措施,对该证券公司直接负责的董事、监事、高级管理人员和其他直接责任人员,可以通知出境管理机关依法阻止其出境;申请司法机关禁止其转移、转让或者以其他方式处分财产,或者在财产上设定其他权利。

(三)证券公司的业务规则

证券公司依法享有自主经营的权利,其合法经营不受干涉。但由于其经营业务的特殊性,为保障广大投资者的利益,减少经营风险,《证券法》对证券公司的主营业务规则作了一些强制性规定。

1. 证券经纪业务

证券经纪业务,是指证券公司在证券交易中接受客户委托买卖证券,并从中收取手续费或者佣金的业务活动。证券公司在从事证券经纪业务时应遵守的基本业务规则有:(1)分账管理。即必须为客户分别开立证券和资金账户,并对客户交付的证券和资金按户分账管理,如实进行交易记录,不得作虚假记载。(2)客户的交易结算资金依法应当存放在商业银行,以每个客户的名义单独立户管理。证券公司不得将客户的交易结算资金和证券归入其自有财产。证券公司破产或者清算时,客户的交易结算资金和证券不属于其破产财产或者清算财产。(3)正确置备、使用和保管委托书。即应当置备统一制定的证券买卖委托书,供委托人使用。采取其他委托方式的,必须作出委托记录。客户的证券买卖委托,不论是否成交,其委托记录应当按规定的期限,保存于证券公司。(4)严格按照委托书的要求办理业务。即应当根据委托书载明的证券名称、买卖数量、出价方式、价格幅度等,按照交易规则代理买卖证券;买卖成交后,应当按规定制作买卖成交报告单交付客户。(5)证券公司为客户买卖证券提供融资融券服务,应当按照国务院的规定并经国务院证券监督管理机构批准。未经批准不得为客户提供融资融券服务。限制信用交易,有利于抑制过度投机。(6)禁止接受客户的全权委托。即证券公司不得接受客户的全权委托而决定证券买卖、选择证券种类、决定买卖数量或者买卖价格。因为证券市场是个高风险市场,法律既要保护投资者利益,又要体现风险自负的原则。(7)禁止对客户证券买卖的收益或者赔偿证券买卖的损失作出承诺。因为这既超越了证券公司的业务范围,也违背了证券投资风险自负的原则。(8)不得未经过其依法设立的营业场所私下接受客户委托买卖证券。证券公司的从业人员在证券交易活动中,执行所属的证券公司的指令或者利用职务违反交易规则的,由所属的证券公司承担全部责任。(9)证券公司应当妥善保存客户开户资料、委托记录、交易记录和与内部管理、业务经营有关的各项资料,任何人不得隐匿、伪造、篡改或者毁损。上述资料的保存期限不得少于20年。(10)国家设立证券投资者保护基金。证券投资者保护基金由证券公司缴纳的资金及其他依法筹集的资金组成。

2. 证券自营业务

又称证券买卖业务,是指证券公司以自己的名义和资金买卖证券,并承担由此带来的风险或收益的活动。证券公司在从事证券自营业务时应遵守的基本业务规则有:(1)分业经营。证券公司依法必须将其证券经纪业务、证券承销业务、证券自营业务和证券资产管理业务分开办理,不得混合操作。(2)必须使用自有资金和依法筹集的资金。(3)自营业务必须以自己的名义进行,不得假借他人名义或者以个人名义进行。证券公司不得将其自营账户借给他人使用。采取实名制,有助于加强证券监管机构对证券市场的监管,减少证券交易中的违法和违规现象。(4)证券公司不得为其股东或者股东的关联人提供融资或者担保。(5)证券公司应从每年的税后利润中提取交易风险准备金,用于弥补证券交易的损失。

3. 证券承销业务

是指在证券发行过程中,证券公司接受发行人的委托,代理发行人发行证券,并从中收取承销费用的活动。由证券公司替发行人承销证券,可以降低发行人的筹资风险,提高融资效率。证券公司在从事证券承销业务时应遵守的基本业务规则有:(1)证券公司承销或者代理买卖的证券应该是经批准可以公开发行的证券。否则,有关机关应责令其停止承销或者代理买卖,没收违法所得,并处以罚款。给投资者造成损失的,应当与发行人承担连带赔偿责任。对直接负责的主管人员和其他直接责任人员给予警告,撤销任职资格或者证券从业资格,并处以罚款。(2)证券公司应依法承揽承销业务。证券公司有下列行为之一的,应责令改正,给予警告,没收违法所得,可以并处罚款;情节严重的,暂停或者撤销相关业务许可。给其他证券承销机构或者投资者造成损失的,依法承担赔偿责任。对直接负责的主管人员和其他直接责任人员给予警告,可以并处罚款;情节严重的,撤销任职资格或者证券从业资格:① 进行虚假的或者误导投资者的广告或者其他宣传推介活动;② 以不正当竞争手段招揽承销业务;③ 其他违反证券承销业务规定的行为。

4. 保荐业务

是指具有保荐资格的证券公司及其保荐代表人,接受发行人的委托,履行推荐发行人证券发行上市,并在证券上市后的保荐期间内,持续督导发行人履行规范运作、信守承诺、信息披露等义务,从中收取保荐费用的活动。保荐人出具有虚假记载、误导性陈述或者重大遗漏的保荐书,或者不履行其他法定职责的,责令改正,给予警告,没收业务收入,并处以罚款;情节严重的,暂停或者撤销相关业务许可。对直接负责的主管人员和其他直接责任人员给予警告,并处以罚款;情节严重的,撤销任职资格或者证券从业资格。

三、证券登记结算机构

(一)证券登记结算机构及其特征

证券登记结算机构是为证券交易提供集中登记、存管与结算服务,不以营利为目的的法人。其法律特征是:(1)它是不以营利为目的的法人。(2)它的主要业务是为证券交易提供集中登记、存管与结算服务。其中,登记是指证券登记结算机构接受证券发行人的委托,通过设立和维护证券持有人名册确认证券持有人持有证券事实的行为。存管是指证券登记结算机构接受证券公司委托,集中保管证券公司的客户证券和自有证券,并提供代收红利等权益维护服务的行为。结算,是指清算和交收。

(二)证券登记结算机构设立的条件

设立证券登记结算机构,依法应当具备下列条件:(1)自有资金不少于人民币2亿元;(2)具有证券登记、存管和结算服务所必需的场所和设施;(3)主要管理人员和从业人员必须具有证券从业资格;(4)中国证监会规定的其他条件。

证券登记结算机构的名称中应当标明证券登记结算字样。证券登记结算机构采取全国集中统一的运营方式。证券登记结算机构的章程、业务规则应当依法制定,并须经中国证监会批准。设立或解散证券登记结算机构必须经中国证监会批准。

2001年经国务院同意,中国证监会批准成立了中国证券登记结算有限公司,专门负责我国证券登记结算工作。公司总资本为人民币12亿元,上海和深圳证券交易所各持50%的股份。公司总部设在北京,下设上海、深圳两个分公司。中国证监会是公司的主管部门。在此之前,上海和深圳证券交易所各有自成体系的结算系统,上海证券中央登记结算公司是上海证券交易所的全资子公司,负责上海证券交易所证券交易的登记结算工作;深圳证券结算公司是深圳证券交易所的全资子公司,负责深圳证券交易所的证券交易的登记结算工作。从2001年10月1日起,中国证券登记结算有限公司承接了原来隶属于上海和深圳证券交易所的全部登记结算业务,标志着全国集中统一的证券登记结算体制的组织架构已经基本形成。

(三)证券登记结算机构的职能

根据《证券法》和《证券登记结算管理办法》,证券登记结算机构依法履行下列职能:

1. 证券账户、结算账户的设立和管理

设立证券账户、结算账户是证券登记结算机构履行职责的前提,也是证券公司委托证券登记结算机构办理证券登记结算业务的前提。投资者委托证券公司进行证券交易,应当申请开立证券账户和结算账户。证券登记结算机构应当按照规定以投资者本人的名义为投资者开立账户。证券账户用于记录投资者持有证券的余额及其变动情况。结算账户用于资金交收。投资者买卖证券,应当与证券公司签订证券交易、托管与结算协议。

证券登记结算机构可以直接为投资者开立证券账户,也可以委托证券公司代为办理。

2. 证券的存管和过户

投资者应当委托证券公司托管其持有的证券,证券公司应当将其自有证券和所托管的客户证券交由证券登记结算机构存管,但法律、行政法规和中国证监会另有规定的除外。

证券持有人持有的证券,在上市交易时,应当全部存管在证券登记结算机构。证券登记结算机构应当妥善保存登记、存管和结算的原始凭证及有关文件和资料。其保存期限不得少于 20 年。

证券在证券交易所上市交易的,证券登记结算机构应当根据证券交易的交收结果办理证券持有人名册的变更登记。证券以协议转让、继承、捐赠、强制执行、行政划拨等方式转让的,证券登记结算机构根据业务规则变更相关证券账户的余额,并相应办理证券持有人名册的变更登记。证券因质押、锁定、冻结等原因导致其持有人权利受到限制的,证券登记结算机构应当在证券持有人名册上加以标记。

3. 证券持有人名册登记及权益登记

4. 证券和资金的清算交收及相关管理

5. 受发行人的委托派发证券权益

6. 依法提供与证券登记结算业务有关的查询、信息、咨询和培训服务

7. 中国证监会批准的其他业务

四、证券服务机构

(一) 证券服务机构及其种类

证券服务机构是依法设立的为证券的发行和上市交易提供服务的机构。主要包括投资咨询机构、财务顾问机构、资信评级机构、资产评估机构、会计师事务所等。证券服务机构从事证券服务业务,必

须经中国证监会和有关主管部门批准。在投资咨询机构、财务顾问机构、资信评级机构从事证券服务业务的人员,必须具备证券专业知识和从事证券业务或者证券服务业务2年以上经验。

(二)证券服务机构的义务及法律责任

证券服务机构为证券的发行、上市、交易等证券业务活动制作、出具审计报告、资产评估报告、财务顾问报告、资信评级报告或者法律意见书等文件,应当勤勉尽责,对所制作、出具的文件内容的真实性、准确性、完整性进行核查和验证。其制作、出具的文件有虚假记载、误导性陈述或者重大遗漏,给他人造成损失的,应当与发行人、上市公司承担连带赔偿责任,但是能够证明自己没有过错的除外。

五、证券业协会

(一)证券业协会的概念

证券业协会,是证券业的自律性组织,是社会团体法人。证券公司应当加入证券业协会。证券业协会的权力机构为全体会员组成的会员大会。证券业协会章程由会员大会制定,并报中国证监会备案。

(二)证券业协会的职责

我国《证券法》规定,证券业协会履行下列职责:(1)教育和组织会员遵守证券法律、行政法规;(2)依法维护会员的合法权益,向中国证监会反映会员的建议和要求;(3)收集整理证券信息,为会员提供服务;(4)制定会员应遵守的规则,组织会员单位的从业人员的业务培训,开展会员间的业务交流;(5)对会员之间、会员与客户之间发生的证券业务纠纷进行调解;(6)组织会员就证券业的发展、运作及有关内容进行研究;(7)监督、检查会员行为,对违反法律、行政法规或者协会章程的,按照规定给予纪律处分;(8)证券业协会章程规定的其他职责。

第三节 证券发行与承销制度

一、证券发行的概念与种类

（一）证券发行的概念

证券发行,是指发行人依照法定条件和程序向社会公众或特定的人出售证券的法律行为。证券发行所形成的市场称为证券发行市场,又称一级市场。证券发行市场主体由证券发行人、证券投资人和中介人组成。

（二）证券发行的种类

1. 依发行对象的不同可以分为公开发行与非公开发行

公开发行,又称公募发行,是指发行人向社会公众广泛地发售证券。其具体形式包括三种:(1)向不特定对象发行证券;(2)向累计超过200人的特定对象发行证券;(3)法律、行政法规规定的其他发行行为。

非公开发行,又称私募发行或内部发行,是指向200人以下特定的投资人发行证券。非公开发行证券,依法不得采用广告、公开劝诱和变相公开方式。

2. 依证券类型的不同可以分为股票发行、公司债券发行和国务院认定的其他证券的发行

作出上述区分,在法律适用及识别证券权利差异方面,具有重要法律意义。

股票发行根据发行目的的不同,可以进一步分为设立发行和增资发行。(1)设立发行,是指发行人以筹集资金和设立股份有限公司为目的而发行股票。在我国,设立发行的主体应当是经批准拟设立的股份有限公司。设立发行不仅包括向社会投资者募集股份和发行股票,也包括向股份有限公司发起人分派股票的行为。(2)增资发行,是指已设立并合法存续的股份有限公司为增加公司股本,向原股东配售或向社会投资者发行股票的行为,包括配股、分派红利股票、公积金转增股份和发行新股等多种具体形式。

公司债券发行根据发行时间的不同,可以分为首次发行与再次发行两种情况,分别适用不同的发行条件。

二、证券发行的条件

证券发行的条件因证券种类的不同而有所区别。本书仅对我国公司股票、公司债券的发行条件加以介绍。目前我国调整公司股票、公司债券发行关系的规范性文件主要有《公司法》《证券法》和中国证监会发布的《上市公司证券发行管理办法》《证券发行与承销管理办法》《首次公开发行股票并上市管理办法》和《公司债券发行试点办法》等。

（一）股票发行的条件

1. 设立发行的条件

根据《证券法》,设立股份有限公司公开发行股票,应当符合《公司法》规定的条件和经国务院批准的中国证监会规定的其他条件。采用非公开方式发行股票的,只要符合《公司法》规定的股份有限公司发起设立的条件,由发起人认购公司发行的股票即可。

2. 增资发行的条件

根据《证券法》,公司公开发行新股,应当符合下列条件:(1) 具备健全且运行良好的组织机构;(2) 具有持续盈利能力,财务状况良好;(3) 最近三年财务会计文件无虚假记载,无其他重大违法行为;(4) 经国务院批准的中国证监会规定的其他条件。

公司对公开发行股票所募集资金,必须按照招股说明书所列资金用途使用。改变招股说明书所列资金用途,必须经股东大会作出决议。擅自改变用途而未作纠正的,或者未经股东大会认可的,不得公开发行新股,上市公司也不得非公开发行新股。

（二）公司债券发行的条件

1. 首次发行债券的条件

根据《证券法》,公司公开发行债券,应当符合下列条件:(1) 股份有限公司的净资产不低于人民币3 000万元,有限责任公司的净资产不低于人民币6 000万元。(2) 累计债券余额不超过公司净资产的40%。(3) 最近三年平均可分配利润足以支付公司债券一年的利息。(4) 筹集的资金投向符合国家产业政策。公开发行公司债券筹集的资金,必须用于核准的用途,不得用于弥补亏损和非生产性支出。(5) 债券的利率不超过国务院限定的利率水平。(6) 国务院规定的其他条件。

上市公司发行公司债券应具备中国证监会发布的《公司债券发行试点办法》规定的条件。

上市公司发行可转换为股票的公司债券,除应当具备前述条件外,还应当符合《证券法》关于公开发行股票的条件。

2. 再次发行债券的条件

已发行债券的公司再次公开发行债券,除要具备前述条件外,不得具有下列情形之一:(1) 前一次公开发行的公司债券尚未募足;(2) 对已公开发行的公司债券或者其他债务有违约或者延迟支付本息的事实,仍处于继续状态;(3) 违反《证券法》规定,改变公开发行公司债券所募资金的用途。

三、证券发行的审核

(一) 证券发行审核制度

目前国际上对证券发行的审核主要采取注册制或核准制方式。所谓注册制,又称申报制,或者形式审查制,是指法律对证券发行的实质性条件不作规定,只规定发行人应当公开的信息范围。发行人在发行证券之前,只需将依法应当公开的与所发行证券有关的一切信息和资料全面、准确地向证券监管机关申报,证券监管机关对申报文件的全面性、真实性、准确性和及时性作出形式审查。若证券监管机关在一定时期以内无异议,申请自动生效。发行人即可发行证券。投资者根据发行人公开的信息作出选择,风险自负。此种方式以美国、日本和韩国等国为代表,其特点是强调让市场决定股票的价值,行政干预应尽量减少,只负责审查证券发行申请人对信息披露义务的履行情况,注重信息公开。注册制从申报到具体发行的时间间隔较短,上市成本低,具有较高的市场效率,充分发挥市场优胜劣汰的机制和融资功能。但注册制优势的发挥,一方面要求投资者有一个比较成熟理性的投资理念,能够对市场作出正确的判断。另一方面要求证券市场发育比较成熟;应有较为健全的法规制度作为保障;监管层市场化的监管手段比较完善,监管能力较强;发行人、承销商和其他证券中介机构应有较强的行业自律能力,严格遵守法律,恪守职业道德。

所谓核准制,也称准则制,或者实质审查制,是指法律不仅规定了发行人应当公开的信息的范围,而且规定了发行人应具备的实质性条件。发行人发行证券时不仅要公开本公司的全部情况,而且要符合证券发行的实质性条件。证券监管机关依法有权对发行人提出的申请以及有关材料,进行实质性审查。发行人得到批准以后,才可以发行证券。证券监督管理机关有权否决不符合条件的申请。此种方式被欧洲大陆法系国家和一些发展中国家和地区所采用,其特点是注重实质管理。监管机构提前对要求上市的企业进行价值判断,保证证券市场上均为优质上市公司。核准制确立和施行的理论基础是,证券市场是一个高风险的市场,并非每个投资者都有足够的能力根据发行人披露的信息作出准确的判断和选择,政府进行实质性审查,尽可能排除缺乏投资价值的证券进入市场,可以弥补公众投资者在认识和理解能力上的欠缺,从而减少市场风险。核准制有利于新兴市场的健康发展,主要适用于准入和退出机制不健全,投资服务机构的道德水准、业务水平不高,投资人缺乏经验与业务水平、缺少对信息判断的能力的地区。

我国的证券发行审批制度经历了从计划性到市场化的一个发展过程。自1990年我国证券市场建立至2001年年初,我国证券发行实行的是全国范围的规模控制与实质审查制度。1996年以前,由国家下达发行规模,并将发行指标分配给地方政府及中央企业的主管部门,地方政府或者中央企业的主管部门在自己的管辖区内或者行业内,对申请上市的企业进行筛选,经过实质审查合格后,报中国证监会批准。在执行中,地方政府或者中央企业的主管部门尽量将有限的股票发行规模分配给更多的企业,造成了发行公司规模小、公司质量差的情况。于是,1996年以后,开始实行"总量控制,集中掌握,限报家数"的办法。即地方政府或者中央企业的主管部门根据中国证监会事先下达的发行指标,审定申请上市的企业,向中国证监会推荐。中国证监会对上报的企业的预选资料审核,审核合格以后,由地方政府或者中央企业的主管部门根据分配的发行指标,下达发行额度;审查不合格的,不能下达发行额度。企业得到发行额度以后,将正式材料上报中国证监会,由中国证监会最后审定是否批准企业发行证券。这种审批制是完全的计划发行模式,其核心是实行"额度控制",其缺点是:从企业的选择到发行上市的整个过程透明度不高,市场的自律功能得不到有效发挥,争额度、跑指标成为一种时尚,无法保证上市公司质量。

1998年颁布、1999年7月实施的《证券法》,对股票和债券的发行采取的是不同的办法,股票采用核准制,债券采用审批制。但股票发行的核准制在实际操作中并未实施。2001年3月,中国证监会发布了《公开发行证券的公司信息披露内容与格式准则第9号——首次公开发行股票并上市申请文件》及《公开发行证券公司信息披露的编报规则第12号——公开发行证券的法律意见书和律师工作报告》,明确规定对股票发行实施核准制。从此,以市场供求调节为主的股票发行核准制开始真正实施。在核准制下,主承销商必须对发行人的发行申报材料进行核查把关,并在听取律师事务所等中介机构的专业意见的基础之上完成申报文件。核准制改变了由政府部门预先制定计划额度、选择和推荐企业、审批企业股票发行的行政本位,确立了主承销商推荐企业、证监会进行合规性初审、发行审核委员会独立审核表决的规范化市场原则,消除了政府部门特别是地方政府对股票发行上市的"包办",从源头上制止了企业在地方政府的纵容下弄虚作假、包装上市的行为。2005年的《证券法》对股票和债券均采用核准制。该法第十条明确规定:"公开发行证券,必须符合法律、行政法规规定的条件,并依法报经国务院证券监督管理机构或者国务院授权的部门核准;未经依法核准,任何单位和个人不得公开发行证券。"第十三条规定:"上市公司非公开发行新股,应当符合经国务院批准的国务院证券监督管理机构规定的条件,并报国务院证券监督管理机构核准。"

(二)证券发行审核程序

中国证监会下设发行审核委员会,依法审核股票和公司债券的发行申请。发行审核委员会由中国证监会的专业人员和所聘请的该机构外的有关专家组成,以投票方式对股票和公司债券的发行申请进行表决,提出审核意见。中国证监会依照法定条件负责核准股票和公司债券的发行申请。

中国证监会应当自受理证券发行申请文件之日起3个月内,依照法定条件和法定程序作出予以核准或者不予核准的决定,发行人根据要求补充、修改发行申请文件的时间不计算在内;不予核准的,应当说明理由。

中国证监会对已作出的核准证券发行的决定,发现不符合法定条件或者法定程序,尚未发行证券的,应当予以撤销,停止发行;已经发行尚未上市的,撤销发行核准决定,发行人应当按照发行价并加算银行同期存款利息返还证券持有人;保荐人应当与发行人承担连带责任,但是能够证明自己没有过错的除外;发行人的控股股东、实际控制人有过错的,应当与发行人承担连带责任。中国证监会对发行人公开发行证券的核准,不表明其对该证券的投资价值或者投资者的收益作出实质性判断或者保证。证券依法发行后,因发行人经营与收益的变化引致的投资风险,由投资者自行负责。

发行证券的信息依法公开前,任何知情人不得公开或者泄露该信息。

四、证券承销

证券承销,是指证券公司根据与发行人达成的协议,依法为证券发行人销售证券的行为。发行人向不特定对象公开发行的证券,法律、行政法规规定应当由证券公司承销的,发行人应当同证券公司签订承销协议。

(一)承销的种类

1. 依责任与风险的不同可以分为代销和包销

代销,是指证券公司代发行人发售证券,在承销期结束时,将未售出的证券全部退还给发行人的承销方式。在证券代销中,证券承销人与发行人是代理关系,承销人所负的风险较小。股票发行采用代销方式,代销期限届满,向投资者出售的股票数量未达到拟公开发行股票数量70%的,为发行失败。发行人依法应当按照发行价并加算银行同期存款利息返还股票认购人。

包销,是指证券公司将发行人的证券按照协议全部购入或者在承销期结束时将售后剩余证券全部自行购入的承销方式。在证券包销中,证券承销人与发行人是买卖关系,承销人所负的风险较大。

2. 依承销人数的不同可以分为单独承销和承销团承销

单独承销,是指由一名证券承销商承销发行人发行的证券的承销。此种方式主要适用于向不特定对象公开发行的证券票面总额不超过5 000万元的情形。

承销团承销,是指由两个或两个以上的承销人组成的承销团承销发行人发行的证券的承销。承销团由主承销和参与承销的证券公司组成。我国《证券法》第三十二条规定,向不特定对象公开发行的证券票面总额超过人民币5 000万元的,应当由承销团承销。

(二) 证券承销的基本规则

证券承销的基本规则如下:

(1) 证券公司承销证券,应当对公开发行募集文件的真实性、准确性、完整性进行核查;发现含有虚假记载、误导性陈述或者重大遗漏的,不得进行销售活动;已经销售的,必须立即停止销售活动,并采取纠正措施。发行人、上市公司公告的招股说明书、公司债券募集办法等依法公告的文件存在虚假记载、误导性陈述或者有重大遗漏,致使投资者在证券交易中遭受损失的,发行人、承销的证券公司应当承担赔偿责任,发行人、承销的证券公司的负有责任的董事、监事、经理应当承担连带赔偿责任。

(2) 证券的代销、包销期最长不得超过90日。公开发行股票,代销、包销期限届满,发行人应当在规定的期限内将股票发行情况报国务院证券监督管理机构备案。

(3) 证券公司在代销、包销期内,对所代销、包销的证券应当保证先行出售给认购人,证券公司不得为本公司事先预留所代销的证券和预先购入并留存所包销的证券。

(4) 公开发行证券的发行人有权依法自主选择承销的证券公司。

第四节　证券上市与交易制度

一、证券上市制度

证券上市,是证券发行人与证券交易所间的协议行为。签署上市协议,即表明证券发行人愿意接受证券交易所制定的各项规则,证券交易所也愿意在此前提下接受证券发行人的证券上市申请,具有商业性行为的性质。申请证券上市交易,应当向证券交易所提出申请,证券交易所依法审核同意后,双方签订上市协议。

(一) 证券上市的条件

1. 股票上市的条件

股份有限公司申请股票上市,依法应当符合下列条件:(1) 股票经国务院证券监督管理机构核准已公开发行。(2) 公司股本总额不少于人民币3 000万元。(3) 公开发行的股份达到公司股份总数的25%以上;公司股本总额超过人民币4亿元的,公开发行股份的比例为10%以上。(4) 公司最近三年无重大违法行为,财务会计报告无虚假记载。

2. 公司债券上市的条件

公司申请其公司债券上市交易,依法应当符合下列条件:(1) 公司债券的期限为一年以上;(2) 公司债券实际发行额不少于人民币5 000万元;(3) 公司申请其债券上市时仍符合法定的公司债券发行条件。

(二) 证券上市的程序

1. 聘请保荐人

申请股票、可转换为股票的公司债券或者法律、行政法规规定实行保荐制度的其他证券上市交易,应当聘请具有保荐资格的机构担任保荐人。

2. 向证券交易所提出证券上市交易申请

公司申请股票上市交易,依法应当向证券交易所报送下列文件:(1) 上市报告书;(2) 申请股票上市的股东大会决议;(3) 公司章程;(4)公司营业执照;(5)依法经会计师事务所审计的公司最近三年的财务会计报告;(6)法律意见书和上市保荐书;(7)最近一次的招股说明书;(8)证券交易所上市规则规定的其他文件。

公司申请债券上市交易,依法应当向证券交易所报送下列文件:(1)上市报告书;(2)申请公司债券上市的董事会决议;(3)公司章程;(4)公司营业执照;(5)公司债券募集办法;(6)公司债券的实际发行数额;(7)证券交易所上市规则规定的其他文件。申请可转换为股票的公司债券上市交易,还应当报送保荐人出具的上市保荐书。

3. 签订上市协议,发布上市公告

股票或公司债券上市交易申请经证券交易所审核同意后,公司应与证券交易所签订上市协议。然后公司在规定的期限内公告股票或公司债券上市的有关文件,并将该文件置备于指定场所供公众查阅。

4. 挂牌交易

在上市公告书披露后,申请上市的证券将根据证券交易所的安排和上市公告披露的上市日期挂牌交易。挂牌交易是完成证券上市程序的最终标志。挂牌上市的证券即称"上市证券",发行股票或公司债券获准上市的公司则称为"上市公司"。上市公司所发行的证券必须在证券交易所内进行交易。证券挂牌交易价一般根据证券上市首日的集合竞价结果确定。

二、证券暂停上市和终止制度

证券上市后,当上市公司经营情况发生重大变化不再符合证券上市条件时,为了保护投资人利益和公共利益,证券监督管理机构或证券交易所可以依法暂停某种证券的上市交易或取消其上市资格。

(一)暂停上市的情形

暂停上市,又称停牌,是证券监督管理机构或证券交易所依法对上市证券作出的暂时停止上市交易的措施。被暂停交易的证券,仍然是上市证券,证券之发行公司仍然是上市公司。待法定暂停上市情形消除后,经核准其证券可以恢复上市交易。

1. 股票暂停上市的情形

上市公司有下列情形之一的,依法由证券交易所决定暂停其股票上市交易:(1) 公司股本总额、股权分布等发生变化不再具备上市条件;(2) 公司不按照规定公开其财务状况,或者对财务会计报告作虚假记载,可能误导投资者;(3) 公司有重大违法行为;(4) 公司最近三年连续亏损;(5) 证券交易所上市规则规定的其他情形。

2. 公司债券暂停上市的情形

公司债券上市交易后,公司有下列情形之一的,依法由证券交易所决定暂停其公司债券上市交易:(1) 公司有重大违法行为;(2) 公司情况发生重大变化不符合公司债券上市条件;(3) 公司债券所募集资金不按照核准的用途使用;(4) 未按照公司债券募集办法履行义务;(5) 公司最近两年连续亏损。

(二) 终止上市的情形

终止上市,又称退市,是证券监督管理机构或证券交易所依法对上市证券作出的取消上市交易资格的措施。在终止上市交易情况下,证券发行人丧失上市公司资格,其发行证券也不再是上市证券。若法定终止情形消除后,证券发行人需依证券上市程序重新申请上市。

1. 股票终止上市的情形

上市公司有下列情形之一的,依法由证券交易所决定终止其股票上市交易:(1) 公司股本总额、股权分布等发生变化不再具备上市条件,在证券交易所规定的期限内仍不能达到上市条件;(2) 公司不按照规定公开其财务状况,或者对财务会计报告作虚假记载,且拒绝纠正;(3) 公司最近三年连续亏损,在其后一个年度内未能恢复盈利;(4) 公司解散或者被宣告破产;(5) 证券交易所上市规则规定的其他情形。

2. 公司债券终止上市的情形

上市公司有下列情形之一的,依法由证券交易所决定终止其公司债券上市交易:(1) 公司有重大违法行为或未按照公司债券募集办法履行义务,经查实后果严重的;(2) 公司情况发生重大变化不符合公司债券上市条件、发行公司债券所募集资金不按照核准的用途使用或公司最近两年连续亏损,在限期内未能消除的;(3)公司解散或者被宣告破产的。

上市公司对证券交易所作出的不予上市、暂停上市、终止上市决定不服的,依法可以向证券交易所设立的复核机构申请复核。

三、上市公司持续性信息披露制度

上市公司持续性信息披露制度,是指证券发行公司依法将自身的财务、经营等情况持续向证券管理部门报告,并向社会公众公开的法律制度。持续性信息披露制度是《证券法》公开原则的具体体现,贯穿于证券的发行与交易的全过程。持续性信息披露是上市公司及其管理者的法定义务,具有强制性。

（一）信息披露的原则和方式

信息披露应遵循真实、准确、完整、及时的原则。真实,是指公开的信息必须真实可靠,不得有虚假记载、误导性陈述。准确,是指公开的数据精确,并有合法根据。完整,是指公开的信息无重大遗漏。及时,是指应在法定期间内披露信息。

信息向社会公众披露一般采用发布公告的方式。依法必须披露的信息,应当在国务院证券监督管理机构指定的媒体上发布,同时将其置备于公司住所、证券交易所,供社会公众查阅。证券监督管理机构、证券交易所、保荐人、承销的证券公司及有关人员,对公司依照法律、行政法规规定必须作出的公告,在公告前依法不得泄露其内容。

（二）应予披露的信息

1. 证券发行和上市时应披露的信息

公司依法获准发行股票或者公司债券后,应当公告招股说明书、公司债券募集办法。依法公开发行新股或者公司债券的,还应当公告财务会计报告。公司证券上市时应公告上市公告书。

2. 证券上市交易后应定期披露的信息

证券上市交易后依法应定期披露的信息有两项:(1)中期报告。它揭示了上市公司某一会计年度前6个月的营业与财务状况,并向投资者提供预测该营业年度业绩及状况的中期资料。公司应当在每一会计年度的上半年结束之日起2个月内,向国务院证券监督管理机构和证券交易所提交中期报告,并予公告。(2)年度报告。它是反映公司本会计年度基本经营状况、财务状况等重大信息的法律文件。公司应当在每一会计年度结束之日起4个月内,向国务院证券监督管理机构和证券交易所提交年度报告,并予公告。

上市公司董事、高级管理人员依法应当对公司定期报告签署书面确认意见,监事会应当对董事会编制的公司定期报告进行审核并提出书面审核意见。

3. 证券上市交易后应随时披露的重大信息

根据我国《证券法》第六十七条,发生可能对上市公司股票交易价格产生较大影响的重大事件,投资者尚未得知时,上市公司应当立即将有关该重大事件的情况向国务院证券监督管理机构和证券交易所报送临时报告,并予公告,说明事件的起因、目前的状态和可能产生的法律后果。

所谓重大事件是指:(1)公司的经营方针和经营范围的重大变化;(2)公司的重大投资行为和重大的购置财产的决定;(3)公司订立重要合同,可能对公司的资产、负债、权益和经营成果产生重要影响;(4)公司发生重大债务和未能清偿到期重大债务的违约情况;(5)公司发生重大亏损或者重大损失;(6)公司生产经营的外部条件发生的重大变化;(7)公司的董事、1/3以上监事或者经理发生变动;(8)持有公司5%以上股份的股东或者实际控制人,其持有股份或者控制公司的情况发生较大变化;(9)公司减资、合并、分立、解散及申请破产的决定;(10)涉及公司的重大诉讼,股东大会、董事会决议被依法撤销或者宣告无效;(11)公司涉嫌犯罪被司法机关立案调查,公司董事、监事、高级管理人员涉嫌犯罪被司法机关采取强制措施;(12)国务院证券监督管理机构规定的其他事项。

4. 特殊事项的信息披露

任何公共传播媒介中出现的消息可能对其上市证券的市场价格产生误导性影响时,该公司知悉后应当立即对该消息作出公开澄清。

(三)信息披露义务人违反义务的民事责任

上市公司董事、监事、高级管理人员依法应当保证上市公司所披露的信息真实、准确、完整。发行人、上市公司公告的招股说明书、公司债券募集办法、财务会计报告、上市报告文件、年度报告、中期报告、临时报告以及其他信息披露资料,有虚假记载、误导性陈述或者重大遗漏,致使投资者在证券交易中遭受损失的,发行人、上市公司应当承担赔偿责任;发行人、上市公司的董事、监事、高级管理人员和其他直接责任人员以及保荐人、承销的证券公司,应当与发行人、上市公司承担连带赔偿责任,但是能够证明自己没有过错的除外;发行人、上市公司的控股股东、实际控制人有过错的,应当与发行人、上市公司承担连带赔偿责任。

四、证券交易的一般规则

(一)证券交易的概念及其种类

1. 证券交易的概念

证券交易,是指证券持有人依照交易规则,将证券有偿转让给其他投资者的行为。证券交易是一种标准化合同的买卖。因为每一种证券的面值是一致的,所代表的权利内容也是一致的,当事人买卖证券时除可以选择品种、数量和价格以外,其他均需按统一的规则进行。

2. 证券交易的种类

按交易的对象与交割期限的不同,证券交易可以分为现货交易、期货交易和期权交易三种。现货交易,是指证券交易达成后,按当时的价格进行实物交割的交易方式。期货交易,是指交易双方在交易所通过买卖期货合约并根据合约规定的条款,按约定的价格在远期交割的交易方式。期货交易与现货交易的主要区别在于:(1)期货交易可以用少量资金进行较大数额的投资。因为期货交易是远期交割,投资者只要支付少量的保证金,就可以买较多的证券。(2)期货交易双方在交割日之前可以通过对冲买卖卖出和买进期货,只进行差额清算。投资者利用期货交易可以转移经营风险,确保价格稳定,而期货交易中的投机者则是为了赚取在买卖期货合同期间价格上升或下降的差价。

期权交易,又称选择权交易,是指金融商品交易权利的一种买卖。它是以未来特定时间为行为行使期限,以协议价格(即履约价格)买卖特定数量的某种金融商品的权利。金融期权通常有外汇期权、利率期权、股票期权及股指期权等。期货交易和期权交易具有较强的投机性,目前我国证券交易的基本方式是现货交易。

(二) 证券交易的一般规则

证券交易除应遵循《证券法》规定的证券交易规则外,还应同时遵守《公司法》及《合同法》的有关规则。因证券交易而形成的市场称为证券交易市场,也称二级市场或证券流通市场。证券交易应依法进行,证券交易的一般规则主要有:

1. 上市交易的证券是依法发行、交付并可以转让的证券

我国《证券法》规定,证券交易当事人依法买卖的证券,必须是依法发行并交付的证券。依法发行的股票、公司债券及其他证券,法律对其转让期限有限制性规定的,在限定的期限内,不得买卖。

2. 证券交易应在法定的场所,并以法定方式进行

依法公开发行的股票、公司债券及其他证券,应当在依法设立的证券交易所上市交易或者在国务院批准的其他证券交易场所转让。证券在证券交易所上市交易,应当采用公开的集中交易方式或者国务院证券监督管理机构批准的其他方式。

我国目前采用的公开的集中交易方式主要是公开的集中竞价交易。竞价交易是指多个买主与卖主之间,出价最低的卖主与进价最高的买主达成交易。公开的集中竞价交易,是指所有有关买卖该证券的买主与卖主集中在一个市场内公开申报自己的买价或卖价竞价交易,当买卖双方出价相吻合时就成交。公开的集中竞价交易具有过程公开性、时间连续性、价格合理性和对快速变化的适应性等特点。

证券交易的集中竞价应当实行价格优先、时间优先的原则。所谓价格优先,是指买方出价高的优于出价低的,卖方出价低的优于出价高的,卖方中出价最低的与买方中出价最高的优先成交。以此类推,连续竞价。所谓时间优先,是指出价相同时,以最先出价者优先成交。

(三) 特殊主体交易行为的法定限制

为保证证券交易公平,我国《证券法》对下列机构和人员的证券

交易行为作出了一定限制：

1. 严格禁止进行股票交易的人员

证券交易所、证券公司、证券登记结算机构的从业人员、证券监督管理机构的工作人员以及法律、行政法规禁止参与股票交易的其他人员，在任期或者法定限期内，不得直接或者以化名、借他人名义持有、买卖股票，也不得收受他人赠送的股票。任何人在成为前述所列人员时，其原已持有的股票，必须依法转让。

2. 对证券服务机构和人员买卖证券行为的限制

为股票发行出具审计报告、资产评估报告或者法律意见书等文件的证券服务机构和人员，在该股票承销期内和期满后6个月内，不得买卖该种股票。此外，为上市公司出具审计报告、资产评估报告或者法律意见书等文件的证券服务机构和人员，自接受上市公司委托之日起至上述文件公开后5日内，不得买卖该种股票。

3. 对上市公司董事、监事、高级管理人员和大股东在法定期限内进行反向操作的限制

上市公司董事、监事、高级管理人员、持有上市公司已发行股份5%以上的股东，将其所持有的该公司的股票在买入后6个月内卖出，或者在卖出后6个月内又买入，由此所得收益归该公司所有，公司董事会应当收回该股东所得收益。但是，证券公司因包销购入售后剩余股票而持有5%以上股份的，卖出该股票时不受6个月时间限制。公司董事会不按照前述规定执行的，股东有权要求董事会在30日内执行。公司董事会未在法定期限内执行的，股东有权为了公司的利益以自己的名义直接向人民法院提起诉讼，并有权要求负有责任的董事依法承担连带责任。

五、禁止的交易行为

我国《证券法》规定的禁止交易行为主要包括内幕交易、操纵证券市场和欺诈客户等。为加强监督，证券交易所、证券公司、证券登记结算机构、证券服务机构及其从业人员对证券交易中发现的禁止交易行为，应当及时向证券监督管理机构报告。因实施禁止交易行为给投资者或客户造成损失的，行为人应当依法承担赔偿责任。

(一) 内幕交易行为

1. 内幕交易行为的概念

内幕交易行为,又称知情交易行为,是指内幕信息的知情人利用内幕信息从事的证券交易活动。证券市场的各种信息,是投资者进行投资决策的依据。少数人利用其特殊地位或机会取得内部消息先行一步对市场作出反应,就有更多的获利机会。为保障证券市场的公平与诚实信用,法律禁止证券交易内幕信息的知情人利用内幕信息从事证券交易活动。

2. 内幕交易行为的构成要件

内幕交易行为的构成要件是:(1) 行为人是内幕信息的知情人,包括合法知情人和非法获取内幕信息的人;(2) 在内幕信息公开前,利用内幕信息买卖该公司的证券,或者泄露该信息,或者建议他人买卖该证券。

3. 合法知情人

是指从正当途径了解并掌握内幕信息的人员。对于其范围,各国界定不一。我国《证券法》第七十四条将下列人员列为证券交易内幕信息的合法知情人:(1) 发行人的董事、监事、高级管理人员;(2) 持有公司5%以上股份的股东及其董事、监事、高级管理人员,公司的实际控制人及其董事、监事、高级管理人员;(3) 发行人控股的公司及其董事、监事、高级管理人员;(4) 由于所任公司职务可以获取公司有关内幕信息的人员;(5) 证券监督管理机构工作人员以及由于法定职责对证券的发行、交易进行管理的其他人员;(6) 保荐人、承销的证券公司、证券交易所、证券登记结算机构、证券服务机构的有关人员;(7) 国务院证券监督管理机构规定的其他人。比如,由于个人的职业地位、与发行人的合同关系或者工作关系,有可能接触或者获得内幕信息的人员,包括新闻记者、报刊编辑、电台主持人以及排版印刷人员等。

4. 非法获取内幕信息的人

是指以不正当手段获取内幕信息的人员。比如,以欺骗、盗窃、窃听等非法手段获取内幕信息,或以私下交易等不正当途径获取内幕信息等。

5. 内幕信息

是指证券交易活动中,涉及公司的经营、财务或者对该公司证券的市场价格有重大影响的尚未公开的信息。对于其范围,各国界定不一。我国《证券法》第七十五条规定,下列信息皆属内幕信息:(1)发生可能对上市公司股票交易价格产生较大影响的重大事件;(2)公司分配股利或者增资的计划;(3)公司股权结构的重大变化;(4)公司债务担保的重大变更;(5)公司营业用主要资产的抵押、出售或者报废一次超过该资产的30%;(6)公司的董事、监事、高级管理人员的行为可能依法承担重大损害赔偿责任;(7)上市公司收购的有关方案;(8)国务院证券监督管理机构认定的对证券交易价格有显著影响的其他重要信息。

(二)操纵证券市场行为

1. 操纵证券市场行为的概念

操纵证券市场行为,是指在证券市场上,行为人通过不正当手段,人为扭曲证券的交易价格或者制造虚假的证券交易量,引诱他人参与证券交易并从中谋取不正当利益的行为。操纵证券市场的行为实质上是一种对不特定人的欺诈行为,其目的是造成投资者决策失误,以便操纵者从中谋取不正当利益或者转嫁风险。为了保障投资者的利益,法律严格禁止操纵证券市场行为。

2. 操纵证券市场的具体行为

操纵证券市场的行为主要有:(1)单独或者通过合谋,集中资金优势、持股优势或者利用信息优势联合或者连续买卖,操纵证券交易价格或者证券交易量。(2)与他人串通,以事先约定的时间、价格和方式相互进行证券交易,影响证券交易价格或者证券交易量。(3)在自己实际控制的账户之间进行证券交易,影响证券交易价格或者证券交易量。(4)以其他手段操纵证券市场。比如,证券公司从业人员利用手中掌握的接受委托、报价等职务便利,人为地以打时间差、索取或强行买卖证券等手段故意抬高或者压低证券交易价格等。

(三)欺诈客户行为

1. 欺诈客户行为的概念

欺诈客户行为,是指证券公司及其从业人员在接受客户委托从事证券交易及相关活动中,违背客户真实意思进行代理的行为,以及诱导客户委托其代理进行证券交易的行为。

2. 欺诈客户的具体行为

我国《证券法》禁止的欺诈客户行为有:(1) 违背客户的委托为其买卖证券;(2) 不在规定时间内向客户提供交易的书面确认文件;(3) 挪用客户所委托买卖的证券或者客户账户上的资金;(4) 未经客户的委托,擅自为客户买卖证券,或者假借客户的名义买卖证券;(5) 为牟取佣金收入,诱使客户进行不必要的证券买卖;(6) 利用传播媒介或者通过其他方式提供、传播虚假或者误导投资者的信息;(7) 其他违背客户真实意思表示、损害客户利益的行为。

(四) 其他禁止行为

1. 信息误导行为

该行为的主要表现是:(1) 编造并传播虚假信息。法律禁止国家工作人员、新闻传播媒介从业人员和有关人员编造并传播虚假信息,扰乱证券市场。(2) 虚假陈述或者信息误导。法律禁止证券交易所、证券公司、证券登记结算机构、证券服务机构及其从业人员,证券业协会、证券监督管理机构及其工作人员,在证券交易活动中作出虚假陈述或者信息误导。各种传播媒介传播证券交易信息必须真实、客观,禁止误导。

2. 账外交易行为

法律禁止法人非法利用他人账户从事证券交易;禁止法人出借自己或者他人的证券账户。因为这种行为既违反法人财务管理制度的要求,也为其非法挪用公款炒股提供了方便。

3. 挪用公款买卖证券行为

4. 国有企业和国有资产控股的企业买卖上市交易的股票,必须遵守国家有关规定,法律禁止资金违规流入股市

第五节 上市公司的收购制度

一、上市公司收购概述

（一）上市公司收购的概念

上市公司的收购，是指投资者通过购买上市目标公司股票，以取得对目标公司的管理权或者控制权，进而实现对目标公司的兼并或实现其他产权性交易的行为。股票是股份的表现形式，购买或拥有目标公司股票即意味着介入公司管理事务，甚至形成对公司事务的管理和控制，故称为"公司收购"。上市公司收购的客体是上市公司发行在外的股票，即公司发行在外已被投资者持有的公司股票，不包括公司在发行股票过程中预留或未出售的库存股票和公司以自己名义直接持有的本公司发行在外的股票，比如公司购买本公司股票后尚未注销的部分。我国上市公司收购的股票不限于流通股股票。

目前我国调整上市公司收购关系的主要规范性文件，除《证券法》和《公司法》外，还有中国证监会2006年5月发布的《上市公司收购管理办法》，该法自2006年9月1日起施行。

（二）上市公司收购的分类

上市公司的收购，根据被收购股份数量的多少，可以分为全面收购和部分收购；根据收购方与被收购方的关系，可以分为善意收购和敌意收购；根据收购是否为法定义务，可以分为自愿收购和强制收购；根据收购价款支付方式的不同，可以分为现款收购和换股收购等；根据收购手段的不同，可以分为要约收购、协议收购及其他合法方式收购。

二、大量持股的信息披露制度

大量持股的信息披露制度，是指依照法律规定，当投资者购买目标公司的股份达到较大比例时，应向证券监督管理机构报告并公告的制度。建立该制度的目的主要是使投资者能在充分掌握同等信息的基础上及时作出投资决策，而不至于让大股东利用其在公司中的特殊地位或资金优势而形成事实上的消息垄断和操纵股份。

(一)需要披露的情形

我国《证券法》规定了两种需要披露信息的情形:(1)通过证券交易所的证券交易,投资者持有或者通过协议、其他安排与他人共同持有一个上市公司已发行的股份达到5%时;(2)投资者持有或者通过协议、其他安排与他人共同持有一个上市公司已发行的股份达到5%后,其所持该上市公司已发行的股份比例每增加或者减少5%时。

投资者在一个上市公司中拥有的权益,包括登记在其名下的股份和虽未登记在其名下但该投资者可以实际支配表决权的股份。投资者及其一致行动人在一个上市公司中拥有的权益应当合并计算。

(二)披露的期限与方式

达到法定应披露情形时,投资者应当在该事实发生之日起3日内编制权益变动报告书,向中国证监会、证券交易所提交书面报告,抄报该上市公司所在地的中国证监会派出机构,通知该上市公司,并予公告。

(三)披露期间禁止的行为

在报告期限内和作出报告、公告后2日内,投资者不得再行买卖该上市公司的股票。

三、要约收购

要约收购,是指收购人通过向目标公司的管理层和目标公司的股东发出购买其所持该公司股份的书面意思表示,并按照其依法公告的收购要约所规定的收购条件、收购价格、收购期限以及其他规定事项,收购目标公司股份的收购方式。要约收购不需要事先征得目标公司股东和管理层的同意。

(一)要约收购的种类

要约收购分为自愿收购和强制收购两种。

1. 自愿收购

是指在收购人根本没有持股或收购人持股达到30%以下时,投资者可以自愿选择是否以要约方式收购上市公司的股份。如果选择要约收购,可以向被收购公司所有股东发出收购其所持有的全部股份的要约,也可以向被收购公司所有股东发出收购其所持有的部分股份的要约。

2. 强制收购

是指通过证券交易所的证券交易,投资者持有或者通过协议、其他安排与他人共同持有一个上市公司已发行的股份达到30%时,继续进行收购的,依法应当向该上市公司所有股东发出收购上市公司全部或者部分股份的要约。收购上市公司部分股份的要约应当约定,被收购公司股东承诺出售的股份数额超过预定收购的股份数额的,收购人按比例进行收购。之所以要采取强制收购方式,是因为在股权较分散的情况下,持有一个上市公司30%股权的股东,已基本上取得了该公司的控制权。该股东不仅可以依据公司章程自由选派高级管理人员、参与公司的决策与管理,而且在市场上进一步购买该公司的股票以达到控股地位也不是一件难事,小股东因此被剥夺了其应享有的权利,实际上处于任人支配的地位。从公平角度说,小股东应享有将其持有的股票以合理的价格卖给大股东的权利。

(二) 要约收购的程序

要约收购作为一种强制收购方式,依法应履行必要的报告、公告等手续。根据我国《证券法》,收购的主要程序是:

1. 向国务院证券监督管理机构和证券交易所报送上市公司收购报告书

2. 向该上市公司所有股东公告收购要约

收购人在依法报送上市公司收购报告书之日起15日后,公告其收购要约。在上述期限内,国务院证券监督管理机构发现上市公司收购报告书不符合法律、行政法规规定的,应当及时告知收购人,收购人不得公告其收购要约。收购要约约定的收购期限不得少于30日,并不得超过60日。在收购要约确定的承诺期限内,收购人不得撤销其收购要约。收购人需要变更收购要约的,必须事先向国务院证券监督管理机构及证券交易所提出报告,经获准后,予以公告。

3. 对收购要约的承诺

收购要约中提出的各项收购条件,适用于被收购公司所有的股东。收购人在要约收购期限内,不得卖出被收购公司的股票,也不得采取要约规定以外的形式和超出要约的条件买入被收购公司的股票。

4. 报告与公告

收购上市公司的行为结束后,收购人应当在15日内将收购情况报告国务院证券监督管理机构和证券交易所,并予公告。

四、协议收购

(一)协议收购的概念及其特点

协议收购,是指收购人与被收购的目标公司股东依照法律、行政法规的规定,以协议方式进行股份转让的收购方式。协议收购必须事先与目标公司股东达成书面的转让股份的协议。

协议收购与要约收购相比,有以下几个特点:(1)协议收购的收购人可以与目标公司股东私下协商;要约收购必须公开进行。(2)协议收购可以对目标公司的股东实行区别待遇,收购人与不同股东约定的收购条件可以不同;在要约收购中,收购要约中提出的各项收购条件依法适用于目标公司的所有股东。(3)协议收购的期间法律未作明确限定;要约收购的期间法律作了明确限定。(4)协议收购期间,收购人仍可在证券交易所通过集中竞价的方式进行交易,买卖目标公司的股份;要约收购期间,收购人不得采取要约规定以外的形式和超出要约的条件买卖目标公司的股票。

采取协议收购方式的,收购人收购或者通过协议、其他安排与他人共同收购一个上市公司已发行的股份达到30%时,继续进行收购的,依法应当向该上市公司所有股东发出收购上市公司全部或者部分股份的要约。但是,经国务院证券监督管理机构免除发出要约的除外。

(二)协议收购的程序

根据我国《证券法》,收购人依法收购上市公司股票的基本程序是:(1)收购人与目标公司股东达成股票转让协议。(2)达成协议后,收购人必须在3日内将该收购协议向国务院证券监督管理机构及证券交易所作出书面报告,并予公告。在公告前不得履行收购协议。(3)履行收购协议。

采取协议收购方式的,协议双方可以临时委托证券登记结算机构保管协议转让的股票,并将资金存放于指定的银行。

五、收购的法律后果

收购的法律后果主要表现在以下方面:(1)收购期限届满,被收购公司股权分布不符合上市条件的,该上市公司的股票应当由证券交易所依法终止上市交易;其余仍持有被收购公司股票的股东,有权向收购人以收购要约的同等条件出售其股票,收购人应当收购。即当仍持有被收购公司股票的股东此时要求出售股票,收购人必须接受所出售的股票。(2)收购行为完成后,被收购公司不再具备股份有限公司条件的,应当依法变更企业形式。(3)在上市公司收购中,收购人持有的被收购的上市公司的股票,在收购行为完成后的12个月内不得转让。(4)收购行为完成后,收购人与被收购公司合并,并将该公司解散的,被解散公司的原有股票由收购人依法更换。

收购行为完成后,收购人应当在15日内将收购情况报告国务院证券监督管理机构和证券交易所,并予公告。收购上市公司中由国家授权投资的机构持有的股份,应当按照国务院的规定,经有关主管部门批准。

参 考 阅 读

1. 《中华人民共和国证券法》(2005年文本)。
2. 中国证券监督管理委员会发布的相关规范性文件。
3. 叶林:《证券法讲义》,中国民商法律网(http://www.civillaw.com.cn),法学教室,2005。
4. 李国光:《证券法分解适用集成(上下卷)》,第1版,北京:人民法院出版社2006年版。

复 习 思 考

1. 证券的发行与交易为什么要贯彻公开、公平、公正原则?
2. 证券交易的一般规则是什么?

3. 我国《证券法》规定的禁止交易行为主要有哪些？分析其构成要件。
4. 什么是上市公司的收购？要约收购和协议收购有什么不同？
5. 我国证券交易所的法律特征和职责是什么？
6. 我国证券公司与一般公司相比有何特点？

第九章 票 据 法

本章学习重点: 票据是商品经济发展的产物。在市场经济发达的国家,一切重要的交易活动,特别是国际贸易,基本上都是使用各种票据进行支付的。此外,票据还具有汇兑、结算、信用、融资等作用。在我国,随着社会主义市场经济的充分发展,经济、金融改革的深化,票据的使用日益广泛。为规范我国票据行为,保障票据活动中当事人的合法权益,维护社会经济秩序,促进社会主义市场经济的发展,我国于1995年5月10日由第八届全国人民代表大会常务委员会第十三次会议通过了《中华人民共和国票据法》(以下简称《票据法》),该法自1996年1月1日起施行。2004年8月28日第十届全国人民代表大会常务委员会对该法个别条款进行了修改。

本章共分五节,对我国票据法律制度作了较为全面的介绍,内容涉及票据法概述、票据行为、票据权利、票据运作的基本规则、涉外票据的法律适用。其中,票据的概念和分类、票据的特征、票据行为的有效要件、票据权利、票据运作的基本规则是本章的重点。

第一节 票据法概述

一、票据与票据法的概念和特征

(一) 票据的概念和特征

票据是出票人依票据法签发的,约定由自己或委托付款人在见票时或者在票据指定的日期向收款人或者持票人无条件支付确定的金额的一种有价证券。票据是商品经济发展的产物。在市场经济发达的国家,一切重要的交易活动,特别是国际贸易,基本上都是使用各种票据进行支付的。此外,票据还具有汇兑、结算、信用、融资等作用。

根据我国《票据法》,票据的基本特征是:

1. 票据是完全有价证券

所谓完全有价证券,是指权利的设定、转移及行使均与证券不可分离的有价证券。票据权利的产生,必须作成证券;票据权利的转移,必须交付证券;票据权利的行使,必须提示证券。票据的这一特征,使它与记名股票等不完全有价证券相互区别。

2. 票据是金钱证券

票据所表示的权利,限定为金钱的给付,不能是劳务或其他。票据上记载的支付金额必须是确定的,不能有"一定商品的价金总额"等不确定的记载。否则,票据无效。

3. 票据是债权证券

票据是以表示债权为目的的,所以是债权证券。

4. 票据是可流通转让证券

票据的功能与货币近似,是在一定范围内可以代替货币使用的证券。票据债权的转让与一般债权的转让不同。转让一般债权,依法应通知债务人,才能对债务人发生效力。而票据债权的转让,不需要通知债务人,就可对债务人发生效力。

5. 票据是无条件支付证券

出票人在签发票据时不能在票据上对票据金额的支付附加条件,否则票据会因其付款具有不确定性而无效。

6. 票据是要式证券

票据的作成,必须具备法定的形式、款式和内容。不同种类的票据有不同的格式和要求,票据只有符合法定要求,才能产生法律效力。

7. 票据是无因证券

票据关系都是基于一定的原因关系而产生的,但票据关系成立后,即与其原因关系相互分离。持票人在行使票据权利时不需要向相对人证明其取得票据的原因。

8. 票据是文义证券

票据上的权利义务,完全根据票据上所记载的文字而确定。票据当事人不得以票据以外的事实来变更或补充票据文义。凡在票据上依法签名者,都要按照票据上所记载的文义承担责任。

(二)票据法的概念和特征

票据法,是指国家制定的调整票据关系和与票据关系有关的非票据关系的法律规范的总称。目前我国专门调整票据关系的法是《票据法》。此外,调整票据关系的规范性文件还有由中国人民银行制定的、经国务院批准的、与《票据法》配套使用的《票据管理实施办法》(自1997年10月1日起施行,以下简称《实施办法》)及《支付结算办法》(自1997年12月1日起施行)等。

我国票据法的基本特征主要表现在以下三个方面:

1. 以强制性规范为主

票据关系虽然是一种债的关系,但在票据法中,从票据的种类、票据的用纸和格式、票据行为的款式,直至票据权利的享有和义务的承担,大都属于强制性规定,法律允许由当事人根据自己的意志决定的事项很少。

票据法之所以以强制性规范为主,主要是为了保障社会交易的安全,保护公共利益。因为票据不仅是特定当事人之间的一种支付手段,同时它还可以在一定程度上代替货币在社会公众之间流通,如果票据可以任意制作、发行、变更或排除其适用,势必会影响票据的流通,扰乱社会经济秩序,给犯罪分子以可乘之机。采用强制性规范,则可以规范当事人的票据行为,提高票据的安全性,进而提高其流通性。

2. 有较多的技术性规范

票据法是为实现票据的经济功能而总结实践经验专门创设的,因此,其中具有较多的技术性规范,要正确地利用票据,并充分地享有票据权利,必须全面掌握这些技术规则。例如,汇票的承兑必须记载在汇票的正面,背书必须写在票据的反面,如果当事人违反了这些规定,就要承受对自己不利的后果。

3. 内容具有较强的国际统一性

票据法虽然主要用于调整国内票据关系,并由各国自己制定,属于国内法范畴,但由于票据本身是一种金钱支付手段,具有汇兑、支付、信用、融资等多方面的作用,而且调整这种手段的票据法主要是一些技术性规范,不受或较少受各国固有的风俗人情及政策的影响,加之当今国际贸易日益频繁,如果各国票据法所确定的票据规则差别较大,势必会阻碍票据的使用和流通,使票据活跃金融的作用受到抑制。有鉴于此,各国在制定自己国家的票据法时都比较注意吸收国际上普遍适用的票据规则。

二、票据的分类

根据我国《票据法》,我国法定的票据形式有汇票、本票和支票三种。

(一) 汇票

汇票是出票人签发的,委托付款人在见票时或者在指定日期无条件支付确定的金额给收款人或者持票人的票据。汇票除具有一般票据的特征外,还有自己的特征:(1) 汇票是一种委付证券。即汇票是出票人委托他人付款的证券。(2) 汇票可以约定远期付款。汇票到期日的约定方式可以有四种,即定日付款、出票后定期付款、承兑见票后定期付款及见票即付。由于汇票不必然是见票即付,因此可以供远期付款之用。

根据出票人身份的不同,我国《票据法》将汇票分为银行汇票和商业汇票。银行汇票是以银行为出票人,同时以银行为付款人的汇票。其中,出票银行与付款银行不一定是同一银行。商业汇票是以银行以外的其他企业为出票人,以银行或其他企业为付款人的汇票。其中,当付款人为银行并由其承兑时,称为银行承兑汇票;当付款人为银行以外的其他企业并由其承兑时,称为商业承兑汇票。

(二) 本票

本票是出票人签发的,承诺自己在见票时无条件支付确定的金额给收款人或者持票人的票据。本票除具有一般票据的特征外,还有自己的特征:(1) 本票是一种自付证券。即本票是由出票人自己支付的票据。(2) 在我国本票是见票即付的票据,当事人不能另外约定到期日。

本票因出票人身份的不同,可以分为银行本票和商业本票。银行本票是由银行作为出票人签发的本票。商业本票是由银行以外的其他企业作为出票人签发的本票。我国《票据法》对本票的使用作了较严格的限制,不仅规定本票的使用仅限于银行本票,而且规定银行本票必须是见票即付的。单位和个人在同一票据交换区域需要支付各种款项,均可以使用银行本票。

(三) 支票

支票是出票人签发的,委托办理支票存款业务的银行或者其他金融机构在见票时无条件支付确定的金额给收款人或者持票人的票据。支票除具有一般票据的特征外,还有自己的特征:(1) 支票是一种委付证券。即支票是出票人委托他人付款的证券。(2) 支票的付款人只能是经批准可以办理支票存款业务的银行或者其他金融机构。所谓支票存款业务,是指活期存款业务。出票人开立支票存款账户和领用支票,应当有可靠的资信,并存入一定的资金。(3) 在我国支票是见票即付的票据。

支票因支付票款的方式的不同,可以分为现金支票、转账支票和普通支票。现金支票专门用于支取现金,支票上印有"现金"字样;转账支票专门用于转账,支票上印有"转账"字样;普通支票既可以支取现金,也可以用于转账,支票上未印有"现金"或"转账"字样,专用于转账时,应当在支票正面注明。单位和个人在同一票据交换区域的各种款项结算,均可以使用支票。

三、票据法律关系

(一) 票据关系

1. 票据关系的概念

票据关系,是指票据当事人之间,基于票据行为,在票据上所发生的法律上的债权债务关系。它是票据本身所固有的法律关系。在票据关系中,票据权利主要是指持票人向票据债务人请求支付票据金额的权利。票据义务也称票据责任,是指票据债务人向持票人支付票据金额的义务。我国《票据法》规定的票据关系主要有票据出票关系、票据背书转让关系、票据承兑关系和票据保证关系。

2. 票据当事人

票据关系的当事人,是指享有票据权利、承担票据义务以及与票据权利义务有密切联系的法律主体。票据当事人根据不同的标准可以有不同的分类,常用的分类有三种:(1)根据当事人在票据上的法律地位的不同,将当事人分为权利主体、义务主体和关系主体。权利主体是享有票据权利的持票人;义务主体是在票据上为票据行为的人,义务主体依据其票据行为性质承担票据责任;关系主体是既不享有票据权利,也未在票据上为票据行为,但其存在与票据权利的实现和义务的履行有密切联系的主体,如汇票上记载的未为承兑的付款人。(2)根据当事人是否随出票一同出现,将当事人分为基本当事人和非基本当事人。前者是指随票据出票时一同出现的人。汇票和支票的基本当事人有三个,即出票人、收款人和付款人。本票的基本当事人有两个,即出票人和收款人。(3)根据当事人在票据流通中依签章的前后顺序的不同,将当事人分为前手和后手。凡位于某人之前签章的,称为某人的前手;凡位于某人之后签章的,称为某人的后手。前手与后手的关系是债务人与债权人的关系。

3. 票据关系的内容

票据关系的内容,是票据当事人在票据关系中的权利和义务。即持票人有权要求债务人按期支付票据金额,债务人有义务给予支付。票据债务人分为第一债务人(又称主债务人)和第二债务人(又称偿还义务人)。第一债务人是负有首先向持票人履行付款义务的人,如汇票上的承兑人。第二债务人是指在持票人依法向其行使追索权时,有义务向持票人履行付款义务的人。

(二)非票据关系

非票据关系,是指票据关系以外的、与票据行为有关的当事人之间依照法律的规定或当事人的约定所发生的权利和义务关系。非票据关系中权利人的权利不是票据行为本身所产生的,而是根据与票据行为有关的当事人之间依照法律的规定或当事人的约定所发生的。根据非票据关系成立的法律根据的不同,可以将其分为票据法上的非票据关系和一般法上的非票据关系。

1. 票据法上的非票据关系

是指与票据行为相关联,当事人直接依据票据法形成的权利义务关系。在我国主要包括两种情形:(1)票据返还关系。具体包括两种:一是当持票人为非法取得票据时,票据的合法权利人与非法持票人之间发生票据返还关系。二是在票据已获付款的情况下,付款人或付款代理人与持票人之间发生票据返还关系。(2) 利益返还关系。票据债权的取得一般均有相应的利益交换包含于其中。票据因时效期满或因手续欠缺等而丧失票据利益时,从公平的角度出发,原票据债务人通过票据交换而得到的利益或对价应予返还。因此,我国《票据法》第十八条规定,持票人因超过票据权利时效或者因票据记载事项欠缺而丧失票据权利的,仍享有民事权利,可以请求出票人或者承兑人返还其与未支付的票据金额相当的利益。其中,出票人或者承兑人与持票人之间的关系就是利益返还关系。

票据法上的非票据关系,虽然也是由票据法规定的,但与票据关系是不同的。从权利的角度看,两者的区别主要表现在三个方面:(1) 权利产生的根据不同。票据关系中的权利产生于票据行为;非票据关系中的权利是由法律直接规定的。(2) 权利内容不同。票据关系中的权利是票据上载明的金钱债权;非票据关系中的权利是返还票据或利益。(3) 权利行使的依据不同。票据关系中权利的行使,以持有有效票据为依据;非票据关系中的权利因不是票载权利,所以只能依据票据以外的其他原因行使。

2. 一般法上的非票据关系

是指依据民法的规定产生的与票据有关的权利义务关系。在我国主要包括三种情形:(1) 票据发生、转让的原因关系。(2) 出票人与付款人之间的票据资金关系。(3) 票据预约关系。即票据出票人与收款人之间,在签发和接受票据之前,对票据的种类、金额、到期日等票据记载事项达成的合意。

一般法上的非票据关系是票据的基础关系,一般情况下,票据关系一经成立即与其基础关系相互分离。但在法定条件下对直接当事人的票据权利有影响。

第二节 票据行为

一、票据行为的概念及其特征

(一) 票据行为的概念

票据行为有广义和狭义之分。广义的票据行为,是指以发生、变更或消灭票据关系为目的的法律行为或准法律行为,具体包括出票、承兑、背书、保证、改写、付款等。法律行为,是指以行为人的意思表示为要素,法律基于行为人的意思表示而赋予一定的效力,如出票、承兑等。准法律行为,是指不以行为人的意思表示为要素,法律直接规定其效力的行为,如付款等。狭义的票据行为,是指票据当事人以发生票据债务为目的的,并以在票据上签章为权利义务成立要件的法律行为。我国《票据法》规定的票据行为有出票、承兑、背书、保证四种。这些票据行为的共同特点是必须由当事人根据自己的意志在票据上记载法定内容并签章,然后根据其在票据上的记载内容而承担相应的票据责任。本书所指的票据行为为狭义的票据行为。

票据行为根据其在票据中所起的作用可以分为基本票据行为和附属票据行为。前者是指原始的创设票据的行为,即出票行为。后者是指以出票为前提,在已经成立的票据上所为的行为。基本票据行为的效力,直接影响附属票据行为的效力,即基本票据行为因形式要件有欠缺而无效,在票据上所为的附属票据行为也随之无效。

(二) 票据行为的特征

票据行为作为一种法律行为,与其他法律行为相比较,具有以下几个特征:

1. 要式性

票据行为必须采用法定的形式,法律一般不允许行为人任意加以选择或变更,否则行为无效。法律规定票据行为的要式性,目的在于使票据款式统一、明确,便于当事人在票据流通中能清晰地辨认票据上的权利和义务。

2. 文义性

票据行为的内容必须以票据上所记载的文字来确定。法律不允许当事人以票据以外的证据对票据文义予以更改或补充。票据行为的文义性，有利于保障票据受让人的权利，进而有利于票据的流通。

3. 无因性

无因性，又称抽象性。票据行为成立后，即使引起票据行为成立的基础关系有瑕疵或者无效，票据行为的效力一般也不因此受到影响。票据行为仅为票据的目的而独立存在，一般不受原因关系的影响。

票据行为的无因性，使持票人在请求付款时，只需对票据行为本身的有效性提出证据，而无须对票据原因的有效性提出证据。票据债务人不得以自己与出票人或持票人的前手间存在的抗辩事由，对抗持票人。但票据授受的直接当事人之间和出于恶意而取得票据的持票人除外。

4. 独立性

即在已经具备基本形式要件的票据上所为的各种票据行为，分别依照各自在票据上所记载的文义，独立发生效力，不受其他票据行为效力的影响。根据我国《票据法》，票据行为的独立性主要表现在以下四个方面：(1) 无民事行为能力人或者限制民事行为能力人在票据上签章的，其签章无效，但是不影响其他签章的效力。(2) 票据上有伪造、变造的签章的，不影响票据上其他真实签章的效力。(3) 没有代理权而以代理人名义在票据上签章的，应当由签章人承担票据责任；代理人超越代理权限的，应当就其超越权限的部分承担票据责任。(4) 被保证人的债务因实质条件有欠缺而无效的，保证人仍应对合法取得票据的持票人所享有的票据权利，承担保证责任。

法律规定票据行为具有独立性是因为：(1) 各个票据行为实质上是独立进行的。虽然各个票据行为在同一票据上进行，但发生票据行为的原因关系是彼此独立的。(2) 票据具有流通性。如果因流通中的某一票据行为无效而使其他票据行为无效，必然会影响票据的流通和增加交易风险。

二、票据行为的有效要件

票据行为是具有法律意义的行为,只有具备法定生效要件,才能发生预期的法律后果。票据行为生效的要件分为实质要件和形式要件。

(一) 票据行为的实质要件

票据行为的实质要件主要是根据民法上规定的法律行为的生效要件确定的。由于票据经常在不特定的多数人之间流通,所以,票据行为的实质要件只对票据行为的直接当事人和恶意取得票据的第三人有效。

1. 行为人应具备票据能力

票据能力,包括票据权利能力和票据行为能力。前者是指行为人享有票据权利和承担票据义务的资格;后者是指行为人能通过自己的行为取得票据权利、设定票据义务的资格。对于票据权利能力,我国《票据法》没有任何明确的限制性规定。因此,只要具备民事主体资格,即有票据权利能力。对于票据行为能力,我国《票据法》对自然人作了明确的限制,规定只有具备完全民事行为能力的自然人才具有票据行为能力。

2. 意思表示应自愿、真实、合法

民法中关于意思表示的规定,一般也适用于票据行为。

(二) 票据行为的形式要件

票据行为是要式行为,各国票据法对其形式都有严格的要求。根据我国《票据法》,票据行为有效的形式要件包括以下四个方面:

1. 书面

票据权利必须有一定的载体。我国《票据法》要求,票据行为必须采用书面形式。票据当事人应当使用中国人民银行规定的统一格式的票据。未使用按中国人民银行统一规定印制的票据,票据无效。

2. 记载事项

票据上的记载事项,依记载后的法律效力可细分为六类:(1) 绝对必要记载事项。是指如果记载有欠缺,将导致票据无效或者票据行为无效的事项。(2) 相对必要记载事项。是指如果记载有欠缺,法律对该欠缺事项另行推定,票据或者票据行为依然有效。比如汇票上未记载付款地的,法律规定以付款人的营业场所、住所或者经常居住地为付款地。(3)可以记载事项。是指记载与否由行为人自主决定,但一经记载,即具有票据法上的效力的事项。如出票人或背书人作出的"不得转让"的记载。(4)记载后不具有票据法上效力的事项。这类事项记载后虽不发生票据法上的效力,但可能发生其他法上的效力。如记载票据签发的原因或用途,虽不发生票据法上的效力,但可以起到说明原因的作用。(5)记载本身无效的事项。是指记载后既不具有票据法上的效力,也不具有其他法上效力的事项。此类事项的记载可以视为无记载。如我国《票据法》规定,支票限于见票即付,不得另行记载付款日期;另行记载付款日期的,该记载无效。(6)记载后使票据或者票据行为无效的事项。此类事项不应记载,如有记载会导致票据或者票据行为无效。如我国《票据法》第二十二条规定,汇票是无条件支付的委托,不得记载支付条件,否则汇票无效。此外,《票据法》第三十三条规定,将汇票金额的一部分转让的背书或者将汇票金额分别转让给两人以上的背书无效。

3. 签章

各种票据行为都要由行为人在票据上签章,以表明行为人按照票据所记载的事项承担票据责任。签章一般由行为人亲自进行,也可以委托代理人在票据上签章。由代理人签章的,应当在票据上表明其代理关系。

根据我国《票据法》,票据上的签章,为签名、盖章或者签名加盖章。在票据上的签名,应当为该当事人的本名,即符合法律、行政法规以及国家有关规定的身份证件上的姓名。法人和其他使用票据的单位在票据上的签章,为该法人或者该单位的盖章加其法定代表人或者其授权的代理人的签章。对于签章,《实施办法》中有较详细的规定。根据《实施办法》,银行汇票上的出票人的签章、银行承兑商业汇票的签章,为该银行的汇票专用章加其法定代表人或者其授权的代理人的签名或者盖章。银行本票上的出票人的签章,为该银行的本票专用章加其法定代表人或者其授权的代理人的签名或者盖章。商业汇票上出票人的签章,为该单位的财务专用章或者公章加其法定代表人或者其授权的代理人的签名或者盖章。支票上的出票人的签章,出票人为单位的,为与该单位在银行预留签章一致的财务专用章或者公章加其法定代表人或者其授权的代理人的签名或者盖章;出票人为个人的,为与该个人在银行预留签章一致的签名或者盖章。

出票人在票据上的签章不符合我国《票据法》和《实施办法》规定的,票据无效;背书人、承兑人、保证人在票据上的签章不符合《票据法》和《实施办法》规定的,其签章无效,但是不影响票据上其他签章的效力。

4. 交付

票据行为人在票据上完成法定记载并签章后,有意识地把票据交付给相对人持有,票据行为始为完成。如果票据被盗、遗失或其他非基于出票人真实意思而为第三人取得,不属于交付。但此时票据行为人对于善意持票人仍应负责。

三、票据的伪造、变造和更改

(一) 票据的伪造

1. 票据伪造的概念

票据的伪造,是指无权限人假冒他人或虚构他人名义签章的行为。签章的变造属于伪造。票据伪造是一种违法行为,它可以是假冒出票人的名义创设原始票据,也可以是假冒他人名义实施的出票行为以外的其他票据行为,如背书、承兑的伪造等。

2. 票据伪造的法律效力

票据的伪造对被伪造人不产生法律效力。因为票据上虽然有被伪造人的签章,但系他人假冒,而非被伪造人自己的真正签章,因此,被伪造人对此不负法律责任。

票据的伪造对伪造人不产生票据上的责任。因为票据上的签章虽然由伪造人所写,但不是他本人的名字,因此,伪造人不负票据上的责任。但伪造票据是一种违法行为,根据我国《票据法》,伪造人应承担民事侵权损害赔偿责任、刑事责任以及行政责任。

应当注意的是,同一票据上经常有多种票据行为,如果票据上既有伪造的签章,又有真实的签章,根据票据行为独立的原则,在票据上有真实签章的人仍应对自己的票据行为负责。即票据上有伪造的签章的,不影响票据上其他真实签章的效力。

（二）票据的变造

1. 票据变造的概念

票据的变造,是指没有合法更改权的人在已成立的票据上变更签章以外的记载事项的行为。票据变造属于一种违法行为,其实施主体应是没有合法更改权的人。变造的内容应是票据上签章以外的记载事项。

2. 票据变造的法律效力

票据被变造的,不影响票据上真实签章的效力。在变造之前签章的人,对原记载事项负责;在变造之后签章的人,对变造之后的记载事项负责;不能辨别是在票据被变造之前或者之后签章的,视同在变造之前签章。

票据的变造对变造人的责任,因其是否为票据行为人而有不同。如果变造人不是票据行为人,则不承担票据上的责任,但根据我国《票据法》,变造人应承担民事侵权损害赔偿责任、刑事责任以及行政责任。如果变造人同时是票据行为人,则既应依法承担票据上的责任,又应依法承担民事责任、刑事责任以及行政责任。

（三）票据的更改

票据的更改,是指有更改权的人明示更改票据上记载事项的行为。票据的更改是一种合法行为。票据更改的要件有两个:一是票据更改的事项必须是法律允许更改的。我国《票据法》第九条规定,票据金额、日期、收款人名称不得更改,更改的票据无效。在实践中,如果法律规定不得更改的事项在记载时有误,只能由出票人重新签发票据。二是应当由原记载人更改,并由原记载人签章证明。签章证明是更改后的记载事项生效的必要条件。

第三节 票据权利

一、票据权利概述

(一) 票据权利的概念和特征

票据权利,是指持票人向票据债务人请求支付票据金额的权利。票据为完全有价证券,因此,只有占有票据或者持有票据才能行使票据权利。其法律特征是:

1. 票据权利在性质上属于债权

票据关系代表的是债权债务关系,持票人是债权人,前手为债务人。

2. 票据权利是一种证券化的权利

票据是完全有价证券,票据权利与票据本身不能分离。

3. 票据权利的内容是请求票面记载数额的金钱支付

票据权利是一种依据票据文义所能行使的一定数额的金钱支付请求权。

4. 票据权利是因票据行为而产生

票据权利与票据法上的特别权利不同。票据法上的特别权利是依票据法的特别规定所享有的权利,并不直接体现在票据上,其行使无须凭票据。票据法上的特别权利主要包括票据丧失时的权利、利益返还请求权、票据抗辩权等。

(二) 票据权利的内容

票据权利包含付款请求权和追索权。所谓付款请求权,是指持票人请求票据主债务人或者其他付款义务人支付票据金额的权利。所谓追索权,是指持票人在依法行使付款请求权而不能得到票款时,依法向票据的背书人、出票人以及汇票的其他债务人请求支付票据金额、利息和其他法定费用的权利。追索权制度是票据法所特有的制度,适用于各种票据。票据权利具有两种请求权,有利于保护持票人的权利,增加票据的安全性和信用性,保障票据的流通。

追索权与付款请求权的区别主要表现在以下几个方面:

1. 行使的次序不同

追索权是为补充付款请求权而设的第二次请求权。持票人必须首先行使付款请求权,如果付款请求权得以实现,追索权亦随之消灭;当付款请求权被拒绝或者因法定事由不可能实现时,持票人方可行使追索权。

2. 行使的条件不同

追索权的行使一般来说是有条件的,持票人必须在法定原因发生时方可行使。付款请求权一般来说是无条件的权利,持票人仅按照票据上记载的时间行使即可。

3. 对方当事人不同

追索权的对方当事人包括所有的票据义务人,依据《票据法》,当持票人具备行使追索权的条件时,汇票的出票人、背书人、承兑人、保证人应对持票人负连带责任。本票的出票人、背书人和保证人对持票人承担连带责任。支票的出票人和背书人对持票人承担连带责任。由于可行使的对象多且彼此承担连带责任,所以追索权具有选择性、变更性和代位性。持票人可以不按照票据债务人的先后顺序,对其中任何一人、数人或者全体行使追索权。但持票人为出票人的,对其前手无追索权;持票人为背书人的,对其后手无追索权。持票人对票据债务人中的一人或者数人已经进行追索的,对其他票据债务人仍可以行使追索权。被追索人清偿债务后,与持票人享有同一权利。对其前手可以代位行使追索权,直到票据上的最后债务人偿还后,追索权才消灭。付款请求权的对方当事人只有一个,即票据第一义务人或者关系人。

4. 请求支付的金额数目不同

追索权请求支付的金额包括:票据金额、该金额自到期日或者提示付款日起至清偿日止的法定利息,以及取得有关拒绝证明和发出通知书的费用。付款请求权请求支付的金额只是票据金额,即票据上记载的那笔确定的金额。

5. 权利消灭时效不同

我国《票据法》第十七条规定,最后持票人对其前手的追索权自被拒绝承兑或被拒绝付款之日起 6 个月内不行使而消灭,被追索人对其前手的再追索权自清偿之日或被诉之日起 3 个月内不行使而消灭。付款请求权人对票据出票人和承兑人的权利,自票据到期日起 2 年。见票即付的汇票、本票,自出票日起 2 年;持票人对支票出票人的权利,自出票日起 6 个月。

二、票据权利的取得

(一) 票据权利取得的基本条件

合法取得票据是持票人享有和行使票据权利的前提。持票人取得票据权利一般应具备以下两个条件:

1. 持票人取得票据必须给付对价

根据我国《票据法》第十条,票据的签发、取得和转让,应当遵循诚实信用的原则,具有真实的交易关系和债权债务关系。虽然票据本身是单纯的债权证券,但根据公平原则,持票人在依据票据法取得票据时,依法必须给付对价,不得无偿获得。所谓对价,即票据双方当事人认可的相对应的代价。

如果持票人是依据税法、继承法等票据法以外的其他法取得的票据,法律规定不受给付对价的限制,持票人可以无偿取得票据权利,但其享有的票据权利不得优于其前手的权利。即如果其前手的票据权利有瑕疵,继受取得人的票据权利应继受其权利瑕疵。

2. 持票人取得票据的手段必须合法,并出于善意

根据我国《票据法》第十二条,以欺诈、偷盗或者胁迫等手段取得票据的,或者明知有前列情形,出于恶意取得票据的,不得享有票据权利。持票人因重大过失取得不符合本法规定的票据的,也不得享有票据权利。

(二) 票据权利取得的途径

票据权利的取得途径可以分为原始取得和继受取得两种。所谓原始取得,是指最初取得的票据权利或直接依据法律规定而取得的票据权利。具体表现为出票取得和善意取得两种方式。所谓继受取得,是指持票人从有票据处分权的前手权利人手中受让票据从而取得票据权利。具体可以分为票据法上的继受取得和非票据法上的继受取得两种情形。

1. 出票取得

出票是创设票据权利的票据行为。持票人因出票人的出票行为而取得票据权利,即属于出票取得。因出票而取得票据权利的人,如果是汇票、本票或记名支票,应为票据上记载的收款人;如果是无记名支票,则可以是任何合法持票人。

2. 善意取得

是指持票人无恶意且无重大过失,从无权利人手中让以相当的对价受让票据而取得票据权利。善意取得是直接依据法律规定而取得的票据权利。善意取得应具备四个条件:(1)票据是从无处分权人手中取得的。(2)持票人在受让取得票据时属于善意,无恶意及重大过失。所谓善意,是指持票人在取得票据时尽了应有的审查注意,票据从外观上看不出瑕疵,持票人事实上也不知道转让人无处分权。持票人不存在诸如明知转让人无处分权而接受转让,或者只要稍微注意就会发现转让人权利有瑕疵,却因未审查发现而接受转让等情形。(3)依票据法规定的转让规则受让票据。(4)持票人在取得票据时给付了相应的对价。

善意取得票据者,法律推定其为原始取得票据权利的,不继受其前手的权利瑕疵,票据债务人不能以其前手无处分权的事实对善意持票人主张抗辩。原票据权利人的损失应由无处分权人依法赔偿。

3. 票据法上的继受取得

票据法上的继受取得主要包括:(1)因合法背书转让而取得;(2)因清偿而取得,即保证人、被追索的债务人因对持票人实际支付票据金额后取得。

4. 非票据法上的继受取得

非票据法上的继受取得主要包括:(1)因纳税人纳税而取得;(2)因继承而取得;(3)因组织依法合并、分立、破产清偿而取得、(4)因法院判决或仲裁机构的裁决而取得。

三、票据权利的行使与保全

(一)票据权利行使与保全的概念

票据权利的行使,是指票据权利人请求票据债务人履行其债务的行为。主要指票据付款请求权与追索权的行使。票据权利的保全，是指票据权利人为防止票据权利丧失所作出的具有法律意义的行为。如票据权利人按法定期限提示票据，或在付款人拒绝承兑、拒绝付款时作成拒绝证明，以防止票据权利丧失的行为。票据权利的行使，一般同时需要使用一些票据保全的措施，所以法律上经常将二者并称。

票据权利的行使与保全应在一定的处所和时间内进行。我国《票据法》第十六条规定，持票人对票据债务人行使票据权利，或者保全票据权利，应当在票据当事人的营业场所和营业时间内进行，票据当事人无营业场所的，应当在其住所进行。其中，票据当事人是指对票据债务负有义务的承兑人、付款人、保证人、出票人或者前手背书人。

（二）票据权利行使的法定期间

票据权利应在法定期间行使。我国《票据法》第十七条对票据权利行使的法定期间作了规定，其具体内容已在前面关于追索权与付款请求权的区别中作了介绍。

持票人因未在法定期间行使票据权利而丧失票据权利的，仍享有民事权利，可以依法行使利益偿还请求权。

（三）票据权利保全的法定期间

按照一般票据法的原理，票据权利人应按法定期限提示票据以保全票据权利。所谓提示票据，即向票据付款人出示票据，请求对方为一定行为。提示分为两种，一种是提示承兑，即汇票持票人向票据上记载的付款人出示汇票，请求付款人承诺付款的行为；另一种是提示付款，即票据持票人向票据付款人出示票据，请求付款。持票人通过委托收款银行或者通过票据交换系统向付款人提示付款的，视同持票人提示付款。

1. 法定提示承兑的期限

我国《票据法》规定了两种情形：（1）定日付款或者出票后定期付款的汇票，持票人应当在汇票到期日前向付款人提示承兑。（2）见票后定期付款的汇票，持票人应当自出票日起1个月内向付款人提示承兑。见票即付的汇票无须提示承兑。

持票人如果没有在法定期限内提示票据,依法会丧失对出票人以外的前手的追索权。

2. 法定提示付款的期限

我国《票据法》规定了四种情形:(1)见票即付的汇票,自出票日起1个月内向付款人提示付款。(2)定日付款、出票后定期付款或者见票后定期付款的汇票,自到期日起10日内向承兑人提示付款。(3)本票自出票日起,付款期限最长不得超过2个月,持票人应在此期限内提示付款。(4)支票的持票人应当自出票日起10日内提示付款;异地使用的支票,其提示付款的期限由中国人民银行另行规定。

汇票的持票人未按法定期限提示付款的,在作出说明后,承兑人或者付款人仍应当继续对持票人承担付款责任。本票的持票人未按照规定期限提示见票的,丧失对出票人以外的前手的追索权。支票的持票人超过提示付款期限的,付款人可以不予付款;付款人不予付款的,出票人仍应当对持票人承担票据责任。

四、票据抗辩及其限制

(一)票据抗辩

票据抗辩,是指票据债务人依据法定事由对票据债权人拒绝履行义务的行为。票据抗辩所根据的事由称为抗辩原因。债务人提出抗辩以阻止债权人行使债权的权利称为抗辩权。票据抗辩的原因一般可以分为物的抗辩和人的抗辩两大类。

1. 物的抗辩

也称绝对抗辩,或者客观抗辩,是指基于票据本身的事由发生的抗辩,它可以对所有持票人行使。根据行使抗辩权的债务人的范围的不同,物的抗辩又可以分为两种:(1)任何票据债务人都可以对所有持票人行使的抗辩。主要包括因欠缺形式要件而无效的票据、未到期票据、已依法付款或被依法提存的票据、因法院作出除权判决而被宣告无效的票据、权利超过时效的票据等。(2)特定票据债务人可以对所有持票人行使的抗辩。特定债务人主要包括:欠缺民事行为能力的债务人、被他人无权代理或越权代理的债务人、伪造票据上的被伪造人等。

2. 人的抗辩

也称相对抗辩、主观抗辩,是指基于持票人自身或者票据债务人与特定的持票人之间的关系而产生的抗辩。根据行使抗辩权的债务人的范围的不同,人的抗辩又可以分为两种:(1)任何票据债务人都可以对特定持票人行使的抗辩。即持票人自身能力或票据权利有瑕疵。如持票人欠缺或丧失受领票据金额的能力、持票人取得票据不合法等。(2)特定票据债务人可以对特定持票人行使的抗辩。即特定票据债务人可以对不履行约定义务的与自己有直接债权债务关系的持票人进行的抗辩。如直接当事人之间原因关系无效或不成立的、直接当事人之间欠缺对价等。

(二)对票据抗辩的限制

抗辩权是民法上用于保护债务人合法权益的一项制度。票据法在引进这一制度的同时,考虑到票据有较强的流通性,因此,对票据债务人的抗辩权作了适当限制。从民法原理上看,物的抗辩是基于物的本身原因而发生的抗辩,它不会因物的流转而发生改变,因此,票据法对物的抗辩不需要加以限制。而人的抗辩,除任何票据债务人都可以行使的抗辩外,主要是基于特定当事人之间的关系而发生的抗辩。根据民法原理,债权转让时债权人必须将转让的事实通知债务人,其债权转让才对债务人生效;同时,债务人所能对转让人行使的抗辩都能对受让人行使。由于民法上这种抗辩权可以随债权一同转移,所以每增加一次流转,便可能产生新的抗辩,流转次数越多,存在的抗辩权也越多,新债权人债权实现的可能性越小。票据是流通证券,票据在流通过程中,持票人是经常变化的,某一特定当事人之间的关系其他人难以了解,如果适用民法中一般债权转让的规定,既不方便,又会使最终持票人的票据权利的实现缺乏保障。

为方便票据的流通,我国《票据法》一方面简化了票据转让的手续,规定票据的转让只需依法背书并交付,无须通知债务人即可生效;另一方面对票据中人的抗辩作了必要的限制,规定票据债务人不得以自己与出票人或者与持票人的前手之间的抗辩事由,对抗持票人,从而将票据债务人对特定人的票据抗辩主要局限于直接当事人之间。

应当明确的是,票据抗辩的限制是《票据法》为方便票据流通而特别规定的,因此,对明知存在抗辩事由而取得票据的持票人,或者对不是依据《票据法》所规定的方法而取得票据的持票人,如由于继承、公司合并等方式取得票据的人,票据抗辩的限制规定则不适用。

五、追索权行使的条件与程序

（一）追索权行使的条件

根据行使追索权时间的不同,追索权可以分为期前追索权和到期追索权两类,其分别适用不同的条件。

1. 期前追索权行使的条件

期前追索权,是指持票人在票据到期前依法行使的追索权。持票人只要具备下列条件之一即可行使期前追索权:(1)汇票被拒绝承兑的;(2)承兑人或者付款人死亡、逃匿的;(3)承兑人或者付款人被依法宣告破产的或者因违法被责令终止业务活动的。

2. 到期追索权行使的条件

到期追索权,是指持票人于票据到期时依法行使的追索权。到期追索权行使的法定条件是票据到期不获付款。

（二）追索权行使的基本程序

1. 在法定期限内提示承兑或提示付款,并满足期前追索或到期追索的条件

2. 取得拒绝证明

持票人行使追索权时,依法应当提供被拒绝承兑或者被拒绝付款的拒绝证明或者退票理由书以及其他有关证明。

3. 发出票据被拒绝的通知

持票人应当自收到被拒绝承兑或者被拒绝付款的有关证明之日起3日内,将被拒绝事由书面通知其前手;其前手应当书面通知其再前手。持票人也可以同时向各票据债务人发出书面通知。持票人未在规定的期限内通知的,持票人仍可以行使追索权。但因延期通知给其前手或者出票人造成损失的,由没有按照规定期限通知的票据当事人承担对该损失的赔偿责任,但是所赔偿的金额以票据金额

为限。

4. 根据自己的意愿选定追索对象进行追索

被追索人清偿债务时,持票人应当交出票据和有关拒绝证明,并出具所收到利息和费用的收据。被追索人依法清偿后,其债务责任解除,可以向其他票据债务人行使再追索权。最后的被追索人完全清偿票据债务后,票据关系终止。

六、票据丧失的补救

票据丧失,是指持票人并非出于自己的本意而丧失对其票据的占有的情形。它可以是票据的绝对丧失,也可以是票据的相对丧失。所谓票据的绝对丧失,是指票据在物质形态上发生根本变化,不再具有票据形式。如票据被烧毁、洗烂等。所谓票据的相对丧失,是指票据在物质形态上未发生变化,只是票据权利人脱离了对票据的占有。如票据遗失、被盗等。票据丧失时,虽然票据上的权利不会当然地消灭,但由于行使票据权利必须以提示票据为前提,所以票据一旦丧失,不仅行使票据权利失去了依据,而且票款还有被他人冒领的可能。为保护失票人的票据权利,各国票据法都规定了一些票据丧失的补救办法。

国外法律对票据丧失后权利的补救,一般有三种不同的救济方式[①]:一是由失票人请求法院作出公示催告和除权判决。如德国、日本等的法律规定。二是由失票人提供担保,请求出票人给予复本或交付新票。如英国的法律规定。三是由失票人提供担保,通过向法院起诉要求票据债务人付款。美国法便采用此种方式。

我国《票据法》第十五条规定:"票据丧失,失票人可以及时通知票据的付款人挂失止付,但是,未记载付款人或者无法确定付款人及其代理付款人[②]的票据除外。收到挂失止付通知的付款人,应当暂停支付。失票人应当在通知挂失止付后 3 日内,也可以在票据丧失

---

① 参见梁英武:《中华人民共和国票据法释论》,第 1 版,上海:立信会计出版社 1995 年版,第 39 页。

② 代理付款人是指根据付款人的委托,代其支付票据金额的银行、城市信用合作社和农村信用合作社。

后,直接依法向人民法院申请公示催告,或者向人民法院提起诉讼。"这一规定表明,我国法律认可的票据丧失后可以采取的权利补救措施有挂失止付、公示催告和普通诉讼三种。失票人可以根据自己的情况自由选择。

(一) 挂失止付

挂失止付,是指失票人将丧失票据的情况通知付款人或代理付款人,并由接受通知的付款人或代理付款人依法决定暂停支付,以防止票据款项被他人取得的一种补救措施。

1. 适用挂失止付的票据

挂失止付并非适用于所有的票据。根据我国《票据法》第十五条,可以申请挂失止付的票据应当是记载了付款人或者能够确定付款人或代理付款人的票据。因为未记载付款人或者无法确定付款人或代理付款人的票据是无效票据。此外,我国《支付结算办法》对可以挂失止付的票据作了进一步的限制,规定已承兑的商业汇票、支票、填明"现金"字样和代理付款人的银行汇票以及填明"现金"字样的银行本票丧失,可以由失票人通知付款人或者代理付款人挂失止付。但未填明"现金"字样和代理付款人的银行汇票以及未填明"现金"字样的银行本票丧失,不得挂失止付。

失票人票据丧失时应及时申请挂失止付。因为除付款人或代理付款人以恶意或者重大过失付款的之外,付款人或代理付款人在收到挂失止付通知书之前,已经向持票人付款的,不再承担责任。

2. 挂失止付的效力

付款人或者代理付款人收到挂失止付通知书后,查明挂失票据确未付款时,应立即暂停支付。如果在挂失止付的有效期内付款人或代理付款人付了款,则付款人或代理付款人应承担民事赔偿责任。

挂失止付的效力只是暂时停止付款,根据我国《支付结算办法》第五十条,付款人或者代理付款人自收到挂失止付通知书之日起12日内没有收到人民法院的止付通知书的,自第13日起,持票人提示付款并依法向持票人付款的,不再承担责任。因此,挂失止付并不能从根本上产生确定的阻止付款的作用,也不能解决失票人实现票据权利的问题。失票人要取得票据权利,还应在通知挂失止付后3日内,依法向人民法院申请公示催告,或者向人民法院提起诉讼。

应当明确的是,申请挂失不是向人民法院申请公示催告,或者向人民法院提起诉讼的必经程序。如果票据属于绝对丧失,票款不可能被他人冒领,失票人也可以不申请挂失止付。

(二) 公示催告

公示催告既是一种法律制度,又是一种法律程序。作为一种制度,公示催告是指失票人在丧失票据后申请法院宣告票据无效,从而使票据权利与票据本身相互分离。作为一种程序,公示催告是指法院根据失票人的申请,以公示的方法,催告不确定的票据利害关系人在一定时间内向法院申报权利,如果逾期无有效权利人申报,法院则根据当事人的申请作出除权判决,宣告所丧失的票据无效。对于公示催告程序的适用范围和程序,我国《民事诉讼法》第十八章作了明确规定。此外,《最高人民法院关于适用〈中华人民共和国民事诉讼法〉若干问题的意见》中有更详细的解释。

1. 适用公示催告程序的票据

根据我国《民事诉讼法》,可以向人民法院申请公示催告的票据,应是可以依法背书转让的票据。根据我国《票据法》,票据一般是可以依法背书转让的,但被拒绝承兑、被拒绝付款或者超过付款提示期限的票据除外。此外,我国《支付结算办法》规定,填明"现金"字样的银行汇票、银行本票和用于支取现金的支票不得背书转让。因此,这些票据丧失不能申请公示催告。

2. 公示催告的基本程序及效力

公示催告是一种略式诉讼,不开庭审理,只根据申请人提供的事实、证据进行审查,实行一审终审制。其基本程序是:(1) 失票人向票据支付地的基层人民法院提出书面公示催告申请。(2) 人民法院自接受申请之日起7日内进行审查并作出是否受理的决定。(3) 人民法院决定受理的,于当日通知付款人或代理付款人停止支付,并于3日内发出公告,催促利害关系人来申报权利。公示催告的期间,由人民法院根据具体情况决定,但依法不得少于60日。付款人或代理付款人收到人民法院停止支付通知的,应当停止支付,至公示催告程序终结。公示催告期间,转让票据权利的行为无效。(4) 利害关系人在公示催告期内向人民法院申报权利的,或者在申报期届满后、判决作出之前申报权利的,人民法院应当裁定终结公示催告程序,并通知申请人和付款人;申请人或者申报人可以向人民法院起诉。(5)如果在公示催告期限届满后,没有人申报的,申请人应当请求人民法院作出除权判决,宣告票据无效。人民法院作出判决后应当公告,并通知付款人。自判决公告之日起,申请人可以凭人民法院出具的其享有票据权利的证明,向支付人请求支付。(6)利害关系人因正当理由不能在判决前向人民法院申报的,自知道或者应当知道判决公告之日起1年内,可以向作出判决的人民法院起诉。

(三)普通诉讼

普通诉讼,是指票据丧失后,失票人直接向人民法院提起民事诉讼,要求法院判令票据债务人向其支付票据金额。失票人提起的诉讼适用一般民事诉讼程序。对失票人提起诉讼的具体要求,我国有关法律未予规定。实践中,失票人一般应提供所丧失票据的书面证明。诉讼的被告一般是付款人。在找不到付款人或付款人不能付款时,也可将其他票据债务人作为被告。诉讼请求的内容是要求付款人在票据到期日或判决生效后支付或清偿票据金额。法院受理案件后,债务人或法院可以要求失票人提供担保,用于补偿由于债务人支付已丧失的票据的款项后可能出现的损失。

第四节 票据运作的基本规则

一、票据的出票

(一)出票的概念和特征

出票,是指出票人签发票据并将其交付给收款人的票据行为。它由作成票据和交付票据两种行为构成。作成,是指在票据上记载法定内容并签章的行为。交付,是指根据自己的意思将票据给予他人的行为。我国目前使用的各种票据都是按中国人民银行统一规定的,由专门机构印制的票据,所谓"作成"仅是填写和签章而已。

出票的基本特征:(1)出票是创设票据的行为。票据上的权利和义务均由出票人在创设票据时加以规定,因而,出票是基本票据行为。(2)出票是发行票据的行为。因为出票是票据进入流通领域的第一次交付。

(二)出票人

1. 汇票的出票人

根据我国《支付结算办法》,银行汇票的出票和付款,全国范围限于中国人民银行和各商业银行参加"全国联行往来"的银行机构办理。跨系统银行签发的转账银行汇票的付款,应通过同城票据交换将银行汇票和解讫通知提交给同城的有关银行审核支付后抵用。

申请人使用银行汇票,应向出票银行填写"银行汇票申请书",出票银行受理银行汇票申请书,收妥款项后签发银行汇票,将银行汇票和解讫通知一并交给申请人。

商业承兑汇票的出票人,为在银行开立存款账户的法人以及其他组织,出票人与付款人应具有真实的委托付款关系,具有支付汇票金额的可靠资金来源。银行承兑汇票的出票人必须具备下列条件:(1)在承兑银行开立存款账户的法人以及其他组织;(2)与承兑银行具有真实的委托付款关系;(3)资信状况良好,具有支付汇票金额的可靠资金来源。商业承兑汇票可以由付款人签发并承兑,也可以由收款人签发交由付款人承兑。银行承兑汇票应由在承兑银行开立存款账户的存款人签发。

2. 银行本票的出票人

根据我国《实施办法》和《支付结算办法》,银行本票的出票人,为经中国人民银行当地分支行批准办理银行本票业务的银行机构。申请人使用银行本票,应向银行填写"银行本票申请书",出票银行受理银行本票申请书,收妥款项后签发银行本票。

3. 支票的出票人

根据我国《实施办法》和《支付结算办法》,支票的出票人,为在经中国人民银行批准办理支票存款业务的银行、城市信用合作社和农村信用合作社开立支票存款账户的企业、其他组织和个人。

(三)出票的款式

出票的款式,是指签发票据时在票据上记载的事项。出票人可以根据法律的规定和当事人的约定确定票据出票时的记载事项。

1. 汇票出票的款式

根据我国《票据法》,汇票出票的绝对必要记载事项有:(1) 表明"汇票"的字样;(2) 无条件支付的委托;(3) 确定的金额;(4) 付款人名称;(5) 收款人名称;(6) 出票日期;(7) 出票人签章。汇票上未记载上述事项之一的,汇票无效。

汇票出票的相对必要记载事项为:付款日期、付款地和出票地。汇票上未记载付款日期的,为见票即付。汇票上未记载付款地的,付款人的营业场所、住所或者经常居住地为付款地。汇票上未记载出票地的,出票人的营业场所、住所或者经常居住地为出票地。

汇票出票的可以记载事项主要有:(1) 不得转让。记有此字样的票据,如果持票人转让的,不发生票据法上转让的效力。(2) 汇票支付的货币种类。当事人可以在汇票上记载应当支付的币种,付款人付款时,应当按照汇票上记载的币种支付。

汇票出票上记载本身无效的事项主要有:(1) 免除出票人的担保承兑责任。(2) 免除出票人的担保付款责任。

记载使汇票无效的事项主要有附条件的支付委托。

2. 本票出票的款式

根据我国《票据法》,本票出票的绝对必要记载事项有:(1) 表明"本票"的字样;(2) 无条件支付的承诺;(3) 确定的金额;(4) 收款人名称;(5) 出票日期;(6) 出票人签章。本票上未记载上述事项之一的,本票无效。

本票出票的相对必要记载事项有付款地和出票地。本票在我国仅限于见票即付,出票人不得另行记载付款日期。另行记载付款日期的,该记载无效。其他关于记载事项的要求,除与承兑有关的事项外适用汇票的规则。

3. 支票出票的款式

根据我国《票据法》,支票出票的绝对必要记载事项有:(1) 表明"支票"的字样;(2) 无条件支付的委托;(3) 确定的金额;(4) 付款人名称;(5) 出票日期;(6) 出票人签章。支票上未记载上述事项之一的,支票无效。支票上的金额可以由出票人授权补记,未补记前的支票,不得使用。

支票出票的相对必要记载事项主要有付款地和出票地。收款人名称在支票中属于可以记载事项,支票上未记载收款人名称的,经出票人授权,可以补记。

支票在我国仅限于见票即付,出票人不得另行记载付款日期。另行记载付款日期的,该记载无效。其他关于记载事项的要求,除与承兑有关的事项外适用汇票的规则。

(四) 出票的效力

出票是具有法律效力的行为,一经完成即对票据当事人产生票据法上的效力。

1. 汇票出票的效力

汇票的基本当事人有出票人、付款人和收款人,因此,其出票的效力主要表现在三个方面:(1) 对出票人的效力。汇票是委付证券,因此,出票人签发汇票后,依法只负担保承兑和担保付款的责任。出票人在汇票得不到承兑或者付款时,持票人可以要求出票人清偿票据金额和费用,并赔偿有关损失。(2) 对付款人的效力。汇票的出票是单方的法律行为,出票人在出票前无须与付款人达成合意。因此,付款人并不因出票行为而当然地成为票据债务人。汇票的签发,只对付款人发生委托付款授权的效力,使付款人取得对汇票进行承兑和付款的资格。付款人可以对是否接受委托作出决定。如果付款人作出承兑,则成为汇票的第一债务人,对收款人或者持票人负绝对的付款责任。如果付款人拒绝承兑,则不负付款义务。一般来说,付款人是否要对汇票进行承兑,主要取决于其与出票人之间的约定。(3) 对收款人的效力。收款人取得票据后即取得汇票上的一切权利。

2. 本票出票的效力

本票的基本当事人有出票人和收款人,因此,其出票的效力主要表现在两个方面:(1) 对出票人的效力。本票是自付证券,因此,出票人签发本票后,便成为本票的第一债务人,依法应对收款人或者持票人承担绝对的和最终的付款责任。如果出票人拒绝付款导致持票人进行追索,持票人可以要求出票人清偿票据金额和费用,并赔偿有关损失。(2) 对收款人的效力。收款人取得票据后即取得本票上的一切权利。

3. 支票出票的效力

支票的基本当事人有出票人、付款人和收款人,因此,其出票的效力主要表现在三个方面:(1) 对出票人的效力。支票是委付证券,无须承兑,因此,出票人签发支票后,依法只负担保付款的责任。出票人在支票得不到付款时,持票人可以要求出票人清偿票据金额和费用,并赔偿有关损失。(2) 对付款人的效力。支票的出票是单方的法律行为,与汇票一样,只对付款人发生委托付款授权的效力。与汇票不同的是,支票的付款人是否接受委托,应根据出票人在付款人处的资金情况决定。出票人在付款人处的存款足以支付支票金额时,付款人依法应当在当日足额付款。(3) 对收款人的效力。收款人取得票据后即取得支票上的一切权利。

二、票据的承兑

(一) 承兑的概念和特征

承兑,是指汇票付款人承诺在汇票到期日支付汇票金额的票据行为。承兑制度是汇票独有的一项制度,不适用于本票和支票。承兑的目的在于确定汇票上的权利义务关系。汇票在出票时发出的委托付款指令,是出票人所为的单方法律行为,对付款人没有法律约束力,因此,在付款人承兑汇票以前,付款人是否承担付款义务是不确定的,持票人的票据权利只是一种期待权。汇票是典型的信用证券,从出票日至到期日一般约定有一定的时间,如果在这段时间内汇票上的票据权利始终处于不确定状态,则不利于汇票的流通。为使持票人的票据权利成为一种现实的权利,增强汇票的信用,票据法特设了承兑制度,持票人可以请付款人在汇票到期前表明付款态度,使持票人的权利得以确定。

汇票承兑的基本特征是:(1) 承兑是一种附属票据行为,它以存在有效的出票行为为前提。出票行为如果因在形式上不合法而无效,承兑行为也无效。(2) 承兑是远期汇票付款人所为的票据行为。见票即付的汇票无须承兑。(3) 承兑是付款人同意在汇票到期时无条件支付票据金额的一种具有法律效力的意思表示。(4) 承兑是独立的票据行为。付款人是否承兑由付款人自行决定。(5) 承兑是要式行为。持票人提示承兑后,付款人应在汇票正面记载法定内容,签章后交还给对方。

(二) 承兑的款式

承兑的款式,是指承兑汇票时在票据上记载的事项。根据我国《票据法》,承兑的绝对必要记载事项有:(1) 承兑文句。即应当在汇票正面记载"承兑"字样。(2) 付款人承兑的签章。(3) 付款日期。见票后定期付款的汇票,应当在承兑时记载付款日期。

承兑的相对必要记载事项为承兑日期。汇票上未记载承兑日期的,以自收到提示承兑的汇票之日起第 3 日为承兑日期。因为承兑与否涉及付款人的重大利益,付款人在收到请求承兑的汇票后,需要认真考虑以决定是否承兑。因此,我国《票据法》给付款人规定了 3 天的考虑期限,即付款人应当自收到提示承兑的汇票之日起 3 日内承兑或者拒绝承兑。

记载使承兑本身无效的事项为承兑所附的条件。根据我国《票据法》,付款人承兑汇票,不得附有条件;承兑附有条件的,视为拒绝承兑。

(三) 承兑的效力

付款人承兑的法律效力主要表现在三个方面:

1. 对付款人的效力

付款人承兑汇票后,便成为汇票的第一债务人,依法对汇票负有绝对的付款责任,直至汇票权利期限届满。即使付款人与出票人在事实上不存在资金关系,也不能以此为由对抗持票人。

2. 对持票人的效力

付款人承兑后,持票人所享有的付款请求权从不确定的权利转变为确定的权利。

3. 对出票人和背书人的效力

付款人承兑后,出票人和背书人可依法免于受到由于票据被拒绝承兑而引发的期前追索。

三、票据的背书

(一) 背书的概念和特征

背书,是指持票人以将票据权利转让给他人或者将一定的票据权利授予他人行使为目的,在票据背面或者粘单上记载有关事项并签章的票据行为。背书制度是三种票据共有的一项制度,同时适用于汇票、本票和支票。

票据背书的基本特征:(1)背书是一种附属票据行为。它以存在有效的出票行为为前提。出票行为如果因在形式上不合法而无效,背书行为也无效。(2)背书是持票人所为的行为。为背书行为的人称为背书人,接受背书的人称为被背书人。(3)背书的目的可以是转让票据权利,也可以是委托取款或设定质权等。(4)背书是要式行为。持票人应在票据背面或粘单上记载法定内容,签章后交给被背书人。

(二) 背书的种类

背书按照其目的的不同,可以分为转让背书和非转让背书两大类。

1. 转让背书

是指以转让票据权利为目的的背书。根据背书记载内容的不同,可以将转让背书分为完全背书和空白背书。所谓完全背书,是指背书人在票据背面记载背书的目的、被背书人名称并签章的背书。所谓空白背书,是指背书人不记载被背书人名称,只在票据背面记载背书的目的并签章的背书。我国《票据法》不承认空白背书。

2. 非转让背书

是指不以转让票据权利为目的的背书。主要包括委托收款背书和设质背书两种类型。委托收款背书,是指以委托他人代为取款为目的的背书。设质背书,是指以为债务的担保设定质权为目的的背书。

(三) 转让背书

1. 转让背书的款式

根据我国《票据法》,转让背书的绝对必要记载事项有:(1)转让文句。即应当在票据背面记载"转让"字样。(2) 背书人签章。(3) 被背书人名称。

转让背书的相对必要记载事项为背书日期。转让背书未记载日期的,视为在汇票到期日前背书。

背书人可以在票据上记载"不得转让"字样。但不得记载部分背书和分别背书。根据我国《票据法》,将票据金额的一部分转让的背书或者将票据金额分别转让给两人以上的背书无效。因为票据本身具有不可分性。如果背书附带条件,该记载不具有票据法上的效力。

2. 转让背书的效力

转让背书的效力主要表现在三个方面:(1) 权利转移效力。背书交付后,票据权利便转移给被背书人。至于票据以外,因票据基础关系而产生的权利则不随背书而转移。票据债务人对背书人的"人的抗辩"被切断,票据债务人不得以对背书人的抗辩事由对抗善意的被背书人。(2) 权利担保效力。背书交付后,汇票背书人依法对被背书人及其全体后手负有担保承兑和担保付款的责任。但记载"不得转让"字样的背书人对被背书人的后手不承担保证责任。本票、支票的背书人依法对被背书人及其全体后手负有担保付款的责任。(3) 权利证明效力。又称资格授予效力,即票据上的背书只要有形式上的连续性,法律就推定持票人为合法权利人。背书转让的票据,背书应当连续。持票人以背书的连续,证明其票据权利。所谓背书连续,是指票据第一次背书转让的背书人是票据上记载的收款人,前次背书转让的被背书人是后一次背书转让的背书人,依次前后衔接,最后一次背书转让的被背书人是票据的最后持票人。背书的连续是依据背书的记载认定的,它使当事人接受票据时容易识别票据权利是否合法,简化持票人行使权利的手续。非经背书转让,而以其他合法方式取得票据的,依法举证,证明其票据权利。

根据我国《票据法》,票据被拒绝承兑、被拒绝付款或者超过付款提示期限的,不得背书转让;背书转让的,背书人应当承担汇票责任。

（四）委托收款背书

1. 委托收款背书的款式

委托收款背书的记载事项与转让背书相似，只是将"转让"改为"委托收款"字样。其他应记载事项与转让背书的记载事项相同。

2. 委托收款背书的效力

委托收款背书的效力主要表现在两个方面：(1) 代理权授予效力。即背书后，被背书人有权代背书人行使被委托的票据权利，但被背书人不得再以背书转让票据权利。此外，票据债务人与背书人之间的抗辩事由可以对抗被背书人。(2) 权利证明效力。即只要委托收款背书具有连续性，被背书人就有代理权。被背书人在行使权利时，不需要另行证明代理权的存在。

（五）设质背书

1. 设质背书的款式

设质背书的记载事项与转让背书相似，只是将"转让"改为"质押"字样。其他应记载事项与转让背书的记载事项相同。

2. 设质背书的效力

设质背书的效力主要表现在三个方面：(1) 质权设定效力。背书后，被背书人取得票据质权。被背书人依法实现其质权时，可以行使票据权利，收取票据金额，用于偿付自己被担保的债权。如果票据金额多于被担保的债权，被背书人应将多余部分退还背书人。被担保债权的清偿期晚于票据到期日的，被背书人受领票据金额后，如无特别约定，应将票款提存，等债权到期后才能取得票据金额所有权。(2) 票据债务人对背书人的"人的抗辩"被切断。票据债务人不得以对背书人的抗辩事由对抗善意的被背书人。(3) 权利证明效力。

四、票据的保证

（一）保证的概念和特征

保证，是指票据债务人以外的人，为担保被保证的票据债务人履行其票据债务，承诺与被保证人对持票人承担连带责任而在票据上所为的票据行为。票据保证制度只适用于汇票和本票，不适用于支票。

保证的基本特征是:(1)保证是一种附属票据行为。它以存在有效的出票行为为前提。出票行为如果因在形式上不合法而无效,保证行为也无效。(2)保证是债务人以外的人所为的行为。保证人为两人以上的,保证人之间依法承担连带责任。(3)保证具有独立性。被保证人的债务因实质条件有欠缺而无效的,保证人仍应对合法取得票据的持票人所享有的票据权利,承担保证责任。但是,被保证人的债务因票据记载事项欠缺而无效的除外。(4)保证的目的在于担保票据债务的履行,不担保出票人与承兑人之间的利益偿还等非票据债务。(5)保证是单方法律行为,只需保证人一方在票据上作意思表示即可。(6)保证是要式行为。保证人应在票据或粘单上记载法定内容。根据《实施办法》,保证人为出票人、付款人、承兑人保证的,应当在票据的正面记载保证事项;保证人为背书人保证的,应当在票据的背面或粘单上记载保证事项。

(二)保证的款式

根据我国《票据法》,保证的绝对必要记载事项有:(1)表明"保证"的字样;(2)保证人名称及签章。

保证的相对必要记载事项有:(1)被保证人的名称。保证人在汇票或者粘单上未记载被保证人的名称的,已承兑的汇票,承兑人为被保证人;未承兑的汇票,出票人为被保证人。保证人在本票上未记载被保证人的名称的,出票人为被保证人。(2)保证日期。保证人在汇票或者粘单上未记载保证日期的,出票日期为保证日期。(3)保证人的住所。

保证附有条件的,不影响对票据的保证责任。

(三)保证的效力

保证行为的效力主要表现在保证人的票据责任和保证人的权利两个方面。

1. 保证人的票据责任

主要是指保证人与被保证人对合法持票人承担连带责任。因此,保证人与被保证人的票据责任在数量上相等、在法律地位上相同、在承担责任的顺序上不分先后。

共同保证人对被保证的票据债务依法承担连带责任,当事人不得通过约定免除。

2. 保证人的权利

是指保证人清偿票据债务后,依票据法取得的权利。由于保证人是代替被保证人承担票据债务的人,因此,保证人清偿票据债务后,依法可以行使持票人对被保证人及其前手的追索权。保证人的保证行为是独立的票据行为,被保证人及其前手不能以对持票人的抗辩,对抗保证人。

五、票据的付款

(一) 付款的概念和特征

票据付款,是指付款人或者代理付款人为消灭票据关系而支付票据金额的行为。其基本特征是:(1) 付款行为是一种附属法律行为,但不是票据行为。因为付款行为足以发生票据法上的法律后果,但不以付款人在票据上为意思表示并签章为必要。(2) 付款是付款人或者代理付款人的行为。(3) 付款是依照票据文义支付票据金额的行为,其法律后果是消灭票据关系。

(二) 付款的效力

1. 票据关系消灭

付款人依法足额付款后,全体票据债务人的责任解除。

2. 汇票付款人取得向出票人求偿的权利

即当出票人未向付款人提供资金或者未能提供足额资金的情况下,付款人于付款后可以依据民法的规定向出票人要求偿还。

第五节 涉外票据的法律适用

一、涉外票据的概念

涉外票据,一般是指票据关系中具有涉外因素的票据。从理论上讲,所谓涉外因素主要表现在以下三个方面:(1) 法律关系主体中至少有一方是国外的自然人、法人或其他组织;(2) 法律关系的客体在国外;(3) 引起法律关系发生、变更或终止的法律事实发生在国外。凡是具有上述三种因素之一的法律关系即是涉外法律关系。

我国《票据法》中所称的涉外票据,是指出票、背书、承兑、保证、付款等行为中,既有发生在中华人民共和国境内又有发生在中华人民共和国境外的票据。这一规定说明我国票据的涉外性是根据票据行为的发生地是否有国外的因素来确定的。

二、涉外票据适用法律的基本原则

根据我国《票据法》,涉外票据适用法律的基本原则是:

(一)我国缔结或者参加的国际条约同《票据法》有不同规定的,适用国际条约的规定。但是,我国声明保留的条款除外

国际条约是国家之间缔结的、确定其相互关系中权利和义务的一种国际书面协议。我国《票据法》是国内法,当我国《票据法》与我国缔结的或者参加的国际条约发生冲突时,法律规定优先适用国际条约,表明我国是严格遵守我国缔结或者参加的国际条约的。国际条约内容很多,即使缔约或者参加,也不一定要同意其全部内容。根据国际准则,各主权国家对国际条约中某些与本国的基本制度、社会公共利益、公序良俗等相抵触的条款,都有声明保留的权利。声明保留的条款对本国不具有约束力。

(二)《票据法》和我国缔结或者参加的国际条约没有规定的,可以适用国际惯例

国际惯例,是指在国际交往中形成的被人们普遍认可的习惯做法。它本身不具有强制力,但当事人可以将其写入合同,使之具有法律约束力。

三、涉外票据适用法律的几个具体规定

由于各国法律对票据行为能力、票据行为的方式、票据债务的履行等涉及票据当事人基本权利义务的规定各不相同,在解决涉外票据纠纷时,就会发生法律适用上的冲突。为有效地解决这一问题,我国《票据法》在规定我国涉外票据适用法律的基本原则的同时,对涉及票据权利和义务的基本问题的法律适用也作了一些具体规定,主要包括以下六个方面:(1)票据债务人的民事行为能力,适用其本国

法律。票据债务人的民事行为能力,依照其本国法律为无民事行为能力或者为限制民事行为能力而依照行为地法律为完全民事行为能力的,适用行为地法律。(2) 汇票、本票出票时的记载事项,适用出票地法律。支票出票时的记载事项,适用出票地法律,经当事人协议,也可以适用付款地法律。(3) 票据的背书、承兑、付款和保证行为,适用行为地法律。(4) 票据追索权的行使期限,适用出票地法律。(5) 票据的提示期限、有关拒绝证明的方式、出具拒绝证明的期限,适用付款地法律。(6) 票据丧失时,失票人请求保全票据权利的程序,适用付款地法律。

参 考 阅 读

1. 《中华人民共和国票据法》(2004 年文本)。
2. 《票据管理实施办法》(1997 年文本)。
3. 《支付结算办法》(1997 年文本)。
4. 梁英武:《中华人民共和国票据法释论》,第 1 版,上海:立信会计出版社 1995 年版。
5. 李国光:《票据与支付结算法律分解适用》,第 2 版,北京:人民法院出版社 2006 年版。

复 习 思 考

1. 票据的概念和特征是什么?
2. 什么是票据行为?其有效要件是什么?
3. 什么是票据权利?票据权利的取得方式有哪些?
4. 票据丧失后依法可采取哪些补救措施?
5. 什么是票据的出票、承兑、背书和保证?各种票据行为的绝对必要记载事项是什么?
6. 各种票据行为的效力是什么?
7. 什么是追索权?期前追索权和到期追索权行使的法定条件是什么?
8. 什么是涉外票据?它应如何适用法律?

第十章 保 险 法

本章学习重点:在商事活动中,面临一些危险,为了预防危险的发生以及在危险发生后能够及时得到补偿,就需要有将单个体的风险分散给社会的制度,以保证商事活动正常进行,社会得以安定,这种制度就是保险。各国对保险都通过立法进行了规范,我国于1995年6月30日由第八届全国人民代表大会常务委员会第十四次会议通过了《中华人民共和国保险法》(以下简称《保险法》),并于1995年10月1日起施行;2002年10月28日第九届全国人民代表大会常务委员会第三十次会议通过了《关于修改〈保险法〉的决定》,该决定于2003年1月1日起施行。

本章的内容由保险与保险法概述、保险合同、财产保险合同、人身保险合同、保险业等五个部分组成。其中,保险合同居于核心地位,财产保险合同和人身保险合同也有重要地位,在学习中要加以注意。具体而言,本章的学习重点是:保险的概念及其构成要件;保险的分类及特点;保险法的基本原则;保险合同的特点;保险合同的主体及特点;保险代理人与保险经纪人的区别;保险合同的投保人及保险人的主要义务;保险合同无效的情形及保险合同解除的条件;财产保险合同的特征及分类;财产保险合同中的代位求偿权;人身保险合同的特征及分类;人身保险合同中值得注意的条款;保险公司经营的原则;保险业监督管理的主体及监督管理的内容。

第一节 保险与保险法概述

一、保险的概念及其构成要件

(一) 保险的概念

什么是保险?有狭义的解释和广义的解释。狭义的保险是指商业保险。我国《保险法》第二条对保险的定义是:"本法所称保险,是指投保人根据合同约定,向保险人支付保险费,保险人对于合同约定的可能发生的事故因其发生所造成的财产损失承担赔偿保险金责任,或者当被保险人死亡、伤残、疾病或者达到合同约定的年龄、期限时承担给付保险金责任的商业保险行为。"这是从狭义方面定义保险。广义的保险,除商业保险外还包括社会保险。社会保险具有强制性,是国家通过立法手段对劳动者所在单位强制征收保险费,形成保险基金,用以其中因年老、疾病、生育、伤残、死亡和失业而导致丧失劳动能力或失去工作机会的成员提供基本生活保障的一种保障制度。

本书所论及的是狭义的保险,即商业保险。商业保险不同于社会保险,商业保险具有自愿性、有偿性、双务性、损益性、互助性、附条件和附期限性等特点。

(二) 保险的构成要件

保险由三要件构成:特定危险存在、多数人参加、损失补偿。

1. 特定危险存在

保险须有危险存在,无危险就无保险。危险又称风险,一般是指在特定客观情形下、特定时间内某一事件发生导致损失的不确定性。危险既可能是人身危险、财产危险,也可能是法律责任危险,但这种危险具有不确定性。不确定性的含义是指,首先,危险的发生与否不确定。如果危险确定发生,保险公司就不会接受保险;如果危险确定不发生,投保人也不会投保,只有不确定才有必要通过保险机制分散危险。其次,危险何时发生不确定,即可能存在危险的发生具有偶然性。再次,危险的发生是主观意志之外的、不可预知的客观现象所致,即如果是人的意志所促成的事件,则不构成保险。最后,危险发生后所导致的后果具有不确定性,正因为如此,所以并非所有危险都是保险的对象,基于各种原因,保险人对某些危险不予承保。如在财产保险中,对于战争、核辐射污染造成的财产损失,保险人是不赔偿的,因为这些危险发生的频率和造成的损失结果是难以预测的。

2. 多数人参加

保险经营的原理是通过集合多人缴纳的保险费,建立起保险基金,用于补偿少数人的损失。保险包含了社会互助的精神,即人人为我,我为人人。这种集合危险、分散损失的机制要求多数人参加保险,用其所缴纳的保险费建立保险基金,只有多数人参加保险,才能将遭及个人的危险的损失,通过保险分摊到所有投保人身上,以补偿少数人在保险范围内的损失。

3. 损失补偿

保险不是消灭危险,也不可能消灭危险。通过保险,保险人与被保险人形成合同关系,使得保险当事人在保险危险发生后能够从保险公司得到赔偿,从而补偿被保险人因意外事故所遭受到的损失。尽管财产保险与人身保险补偿的方式不同,但对危险所造成的损失进行补偿是保险的功能和目的。

二、保险的分类

现代保险事业涉及面非常广泛,按不同的标准可以有不同的分类。

(一) 商业保险和社会保险

这是按保险经营的目的和职能所作的划分。商业保险,是指保险人按照商业经营的原则,以营利为目的开办的保险。商业保险具有承保的险种范围广、形式灵活、投保自愿等特点。我国《保险法》中所称的保险即为商业保险。

社会保险,是指国家为实现某种社会政策或保障公民利益,不以营利为目的开办的保险,如企业职工基本养老保险、工伤保险等。社会保险开办的险种较少,但是参保人数多,具有一定的强制性,保险费一般由国家、单位和个人共同负担。

(二) 自愿保险与强制保险

这是按保险实施的形式所作的划分。自愿保险,是指投保人与保险人根据自愿原则订立的保险。投保人对是否投保、保险金额、保险期限等可以自行决定。

强制保险,又称法定保险,是指由国家颁布法令强制参加的保险。在强制保险中,保险金额是统一的,保险责任自动产生,保险人不能因被保险人未履行缴纳保险费的义务而终止合同。凡在法律规定的范围内,必须全部投保,投保人对是否投保没有选择权。

(三) 财产保险和人身保险

这是按保险的标的所作的划分。保险标的,是指保险的对象。财产保险,是指以财产及其有关财产利益为保险标的,以补偿损害为目的的保险,主要包括财产损失保险、责任保险、信用保险等。

人身保险,是指以人的寿命和身体为保险标的的保险,主要包括人寿保险、健康保险、意外伤害保险等。

(四) 原保险和再保险

这是按保险人承担责任次序的不同所作的划分。原保险,也称第一次保险,是指保险人对被保险人因保险事故所致的损害,承担直接的赔偿责任的保险。再保险,也称分保或第二次保险,是指保险人将自己承保业务中的一部分危险责任分摊给其他保险人承担,以减轻原保险人自身所负担的经济赔偿责任的保险。原保险人在分摊危险责任的时候,必须将已收取的保险费的相应部分转让给再保险人。发生保险事故后,原保险人有权要求再保险人给付约定的再保险赔偿。

再保险是保险的保险,它可以分散保险公司的经营风险,扩大其承保能力。再保险以原保险的存在为前提,又独立于原保险。其独立性主要表现在:(1) 发生保险事故后,原保险中受益人只能向原保险合同的保险人索赔;(2) 再保险人只能向原保险人请求支付相应保险费;(3) 原保险人不得以再保险人不履行给付再保险赔偿为由,拒绝或拖延履行其对受益人给付保险金的义务。

(五) 单一保险和共同保险

这是按保险人数的不同所作的划分。单一保险,是指投保人的一笔保险业务同一个保险人订立一个保险合同的保险。

共同保险,是指两个以上的保险人与投保人约定对同一笔保险业务各自承保一定的份额的保险。它与再保险的区别在于,投保人应分别与每个保险人签订保险合同,发生保险事故后投保人应当分别向保险人索赔。

三、保险法调整的对象及其原则

(一) 保险法及其调整的对象

保险法是以保险关系为调整对象的法律规范的总称。保险法有广义的解释和狭义的解释。广义的保险法是指以调整保险关系为对象的所有法律规范的总称,既包括商事保险关系,也包括非商事保险关系。换言之,既包括商事保险法,也包括社会保险法。狭义的保险法,是指以调整保险合同形成的商事保险关系为对象的法律规范的总称,即仅调整商事保险关系,也即商业保险法。本书所讲的是商业保险法,在我国主要是指1995年6月30日由第八届全国人民代表大会常务委员会第十四次会议通过、1995年10月1日起施行、2002年10月28日第九届全国人民代表大会常务委员会第三十次会议进行了修改并于2003年1月1日起施行的《中华人民共和国保险法》,以及中国保险监督管理委员会发布的有关条例和规定,如2004年发布的《保险公司管理条例》等。

(二) 保险法的原则

1. 自愿原则

由于《保险法》规范的是商业保险关系,所以自愿原则是一个重要的原则。《保险法》第四条规定:"从事保险活动必须遵守法律、行政法规,尊重社会公德,遵循自愿原则。"第十一条规定:"投保人和保险人订立保险合同,应当遵循公平互利、协商一致、自愿订立的原则,不得损害社会公共利益。除法律、行政法规规定必须保险的以外,保险公司和其他单位不得强制他人订立保险合同。"

自愿原则,是指保险关系的当事人应当根据自己的意愿设立、变更或终止保险法律关系,即当事人享有依法进行某种保险活动或者不进行某种保险活动的自由,不受他人干涉;当事人有权与任何一个保险人订立、变更或解除合同,选择某一保险的类型,约定保险的范围,任何人不得将不平等条件强加给对方。

2. 最大诚信原则

诚实信用原则是民商法中的基本原则,更是保险法中的基本原则。保险关系具有特殊性,因为在保险时,保险人不但对标的无法控制,而且对标的的实际情况难以获知或知之甚少,是否对保险标的保险,全凭投保人的陈述,保险人是否承保、保险费率的高低是基于对投保人陈述的信任。所以,保险法对诚实信用要求的程度远高于其他民商事活动。

最大诚信原则始于海上保险初期,因为当时通信十分落后,在订立海上货物或船舶保险合同时,往往船舶及所载货物远在海外,保险人无法在承保前进行实地核查,只能根据投保人提供的书面材料决定是否承保,如果投保人实施欺诈,保险人很容易受损失。因此,英国1906年颁布《海上保险法》时,将最大诚信原则规定其中。最大诚信原则最早只适用于投保人,现在已扩大到了保险人。我国《保险法》第五条规定:"保险活动当事人行使权利、履行义务应当遵循诚实信用原则。"

最大诚信原则会产生两个方面的义务。对于投保人而言,首先,要求在其订立保险合同时要尽到如实告知义务,即投保人或被保险人在订立合同时,要将一切已知或可能知、应该知的所有的有关保险标的的情况向保险人作出陈述。正是这一特性决定了投保人要绝对履行告知义务。其次,要信守担保或保证,即履行保险合同中约定的投保人对某一事项的作为或不作为,或担保某一事项的真实性。对于保险人而言,要求在订立保险合同时将保险合同的全部内容,尤其是免责条款向投保人说明,在保险责任范围内发生保险事故时,要及时、全面履行赔偿或给付保险的义务。

3. 保险利益原则

保险利益,又称可保利益,是指投保人对保险标的具有法律上承认的利益。保险具有射幸性,危险是不确定的,为了防止其赌博的发生及道德风险的发生,各国都将可保利益作为保险法的重要原则,也将其作为保险合同生效的要件,只有具有保险利益的保险行为才发生法律效力。

我国《保险法》第十二条规定:"投保人对保险标的应当具有保险利益。投保人对保险标的不具有保险利益的,保险合同无效。"

保险利益应具备三个要件:(1)必须是合法利益。(2)必须是确定的利益。即投保人对保险标的的利益已经确定或可以确定。

（3）必须是经济上的利益。经济上的利益,是指可以用金钱估量的财产利益或人身利益。

财产保险利益,是指投保人对保险标的所具有的某种合法的经济利益。财产保险利益通常基于现有利益和期待利益而产生。具有保险利益的人因保险对象的不同而不同,我国《保险法》未明确规定对财产具有保险利益的人,一般有以下情形之一的可认为有保险利益:财产的所有权人、经营管理权人、留置权人、承运人、抵押权人、承租人、占有人、股东、基于合同而产生的利益、期待利益等。

人身保险利益,是指投保人对于被保险人的寿命或身体所具有的利害关系。人身保险利益人,是指对于被保险人的生死存亡或身体遭受损害而导致损失具有保险利益的人。我国《保险法》第五十三条明确规定了投保人对下列人员具有保险利益:本人;配偶、子女、父母;前项以外与投保人有抚养、赡养或者扶养关系的家庭其他成员、近亲属。被保险人同意投保人为其订立合同的,视为投保人对被保险人具有保险利益。如债权人对于债务人,雇佣人对于受雇人,合伙人等。

4. 损失补偿原则

损失补偿原则,是指当保险事故发生使投保人或被保险人遭受损失时,保险人必须在责任范围内对投保人或被保险人所受的损失进行补偿。损失补偿原则既体现了保险的经济补偿职能,也体现了保护投保人或被保险人的合法权益,弥补保险事故给受害人造成的损失的目的。

损失补偿原则有两层含义:一是投保人或被保险人只有受到约定的保险事故所造成的损失才能得到补偿,即在保险期间内,即便发生了保险事故,但投保人或被保险人未受到损失,投保人或被保险人也无权要求赔偿;二是补偿的数额必须等于损失的量,即通过补偿恰能使保险标的恢复到保险事故发生前的状况。

损失补偿仅限于损失财产的实际价值,其范围主要包括:

（1）保险事故发生时,保险标的的实际损失。在财产保险中,最高赔偿额以保险标的的保险金额为限;在人身保险中,以约定的保险金额为最高限额。

(2) 合理费用。合理费用是指保险事故发生后,被保险人为防止或者减少保险标的的损失所支付的必要的、合理的费用和有关诉讼支出。我国《保险法》第四十二条规定,保险事故发生后,被保险人为防止或者减少保险标的的损失所支付的必要的、合理的费用,由保险人承担;保险人所承担的数额在保险标的的损失赔偿金额以外另行计算,最高不超过保险金额的数额。第五十一条规定,责任保险的被保险人因给第三者造成损害的保险事故而被提起仲裁或者诉讼的,除合同另有约定外,由被保险人支付的仲裁或者诉讼费用以及其他必要的、合理的费用,由保险人承担。

(3) 其他费用。主要指为了确定保险责任范围内的损失所支付的受损标的的检验、估价、出售等费用。我国《保险法》第四十九条规定,保险人、被保险人为查明和确定保险事故的性质、原因和保险标的的损失程度所支付的必要的、合理的费用,由保险人承担。

5. 近因原则

近因,也称直接原因,是指导致损害结果发生起决定性作用的原因。在现实中,保险标的损失往往是复杂的,由多方面的原因导致,但是只有起决定性因素的原因导致损害,保险人才承担保险责任。近因原则,就是指损失与保险事故的发生有直接关系时保险人才负赔偿责任。近因原则是确定保险人是否承担保险责任的重要原则。

导致结果发生有单一原因和多种原因。单一原因造成的损失较易确定,如果单一原因造成了结果的发生,保险人应给予赔偿。如果是多种原因造成结果,则要区别具体的情况。当多种原因同时发生时,如果都是保险事故,则保险人应赔偿所有损失;如果既有保险事故,又有除外责任,保险人仅负责保险事故造成的损失。当多种原因连续发生而造成结果时,一般以后因、最有效原因为主因。如后因是前因直接而自然的结果,或合理的延续,则以前因为主因。保险人是否承担保险责任取决于主因是否属于保险事故,当多种原因间断发生造成结果时,则每种原因应视为单一原因,按单一原则处理。

6. 保险与防灾减损相结合原则

保险本身并不能防止保险事故的发生,只有加强防范并积极施救,才能减少事故的发生并减少损失,防灾减损是被保险人与保险人共同的责任。

第二节 保险合同

一、保险合同的概念及其特征

(一) 保险合同的概念

《保险法》第十条规定,保险合同是投保人与保险人约定保险权利义务关系的协议。该定义的意思主要是:保险合同的当事人是投保人和保险人,他们是保险关系的主体,保险合同的关系人,即被保险人或受益人虽然可以基于保险合同而享受权利,但不是必然成为保险合同当事人;保险合同当事人之间的关系是保险权利义务关系,他们互为权利义务主体;保险合同是投保人和保险人双方意思一致的结果。

(二) 保险合同的特征

1. 射幸性

所谓射幸性,是指当事人的利益具有一定的机会性。由于保险事故发生的对象、时间和造成的损失具有不确定性,因此,保险合同当事人的损失或收益在性质上也具有不确定性。在合同有效期内,如果发生合同约定的损失,被保险人从保险人处获得的赔偿金额可能远远超过其所支付的保险费;如果没有发生损失,被保险人则无任何收益。

2. 有偿性

保险合同的赔付虽然具有不确定性,但投保人与保险人之间是存在对价的,即投保人给付保险费是以保险人承担危险责任为对价。

3. 附合性

一般来说,大部分保险合同是格式合同,其基本保险条款和保险费率是由金融监督管理部门或保险人单方事先拟定的,投保人一般只有对其条款表示同意才能签订保险合同。在具体的保险活动中,投保人和被保险人一般不得任意更改已标准化和定型化的合同,因此,从这一意义上讲,保险合同实际上是保险人单方起主导作用的文件。为维护投保人利益,我国《保险法》第十八条规定,保险合同中规定有关于保险人责任免除条款的,保险人在订立保险合同时应当向投保人明确说明,未明确说明的,该条款不产生效力。但是也有因保险标的的特殊,或投保人有特殊的要求,而由双方当事人协商而订立的保险合同,对此《保险法》第十三条第二款规定,经投保人和保险人协商同意,也可以采取格式合同以外的其他书面协议形式订立保险合同。

4. 诺成性

合同的诺成性,是指合同双方当事人意思表示一致合同即可成立,无须合同标的实际交付。《保险法》第十三条规定,投保人提出保险要求,经保险人同意承保,并就合同的条款达成协议,保险合同成立。保险人应当及时向投保人签发保险单或者其他保险凭证,并在保险单或者其他保险凭证中载明当事人双方约定的合同内容。

二、保险合同的主体及辅助人

保险合同的主体,是指在保险合同中享有权利和承担义务的人。保险合同的主体根据其在合同关系中地位的不同,可以分为保险合同当事人和保险合同关系人。保险合同当事人是保险人和投保人,保险合同的关系人是与保险合同有间接关系的被保险人和受益人。另外,还有一种人虽然不是保险合同的主体,但在保险合同的订立与履行中起辅助作用,通常称之为保险合同的辅助人,主要有保险代理人、保险经纪人和保险公证人等。

(一) 保险合同的主体

1. 保险人

保险人,又称承保人,是指依法成立的,与投保人订立保险合同,收取保险费,并于保险事故发生时承担赔偿或者给付保险金责任的保险公司。

2. 投保人

投保人,又称要保人,是指与保险人订立保险合同,并按照保险合同的约定,承担支付保险费义务的人。投保人既可以是自然人,也可以是法人,但是投保人必须具有民事权利能力和行为能力,必须对保险标的具有保险利益,必须承担支付保险费义务。支付保险费义务包括为自己的利益订立保险合同和为他人的利益订立保险合同应承担后果的义务。

3. 被保险人

被保险人,是指在其财产或者人身保险合同中,享有保险金请求权的人。即保险事故发生时,遭受损害,享有赔偿请求权的人。被保险人可以是投保人也可以不是投保人,当被保险人是投保人时,被保险人是订立合同的主体,也是保险责任发生时的权利人;当被保险人不是投保人时,被保险人是保险责任发生时的权利主体。从这一意义上讲,被保险人也是保险合同的主体。

但是,作为被保险人应具有以下特征:(1)被保险人是保险事故发生时受损失的人。在财产保险中,被保险人是对保险财产具有保险利益的人,即财产所有权人或其他权利人;在人身保险中,被保险人是其生命或者身体因保险事故的发生而直接遭受损害的人。(2)被保险人是享有赔偿请求权的人。在财产保险中,被保险人可以自己行使赔偿请求权。但在人身保险中,特别是死亡保险中,被保险人无法自己行使给付保险金的请求权,故法律规定,可以由受益人享有该请求权。如果保险合同未约定受益人,在被保险人死亡时,其法定继承人继承取得请求权。(3)被保险人可以是投保人自己,也可以是第三人。如果投保人以自己的财产或生命、身体为标的订立保险合同,投保人即为被保险人;如果投保人是为他人的利益订立保险合同,则被保险人为第三人。

4. 受益人

根据我国《保险法》规定,受益人是指人身保险合同中由被保险人或者投保人指定的享有保险金请求权的人。受益人具有以下特征:(1)受益人在保险事故发生后享有保险金的请求权。受益人的请求权是非对价的,即可以享有保险合同产生的利益,但无须承担缴纳保险费的义务。(2)受益人由投保人或被保险人在保险合同中指定。人身保险的投保人指定受益人时依法须经被保险人同意。被保险人为无民事行为能力人或者限制民事行为能力人的,可以由其监护人指定受益人。受益人为数人的,被保险人或者投保人可以确定受益顺序和受益份额;未确定受益份额的,受益人按照相等份额享有受益权。(3)投保人、被保险人依法可以为受益人。(4)受益人不受有无民事行为能力及保险利益的限制。

(二)保险合同的辅助人

保险合同的辅助人虽然不是保险合同的主体,但对保险合同的订立、履行起重要作用。通常保险合同辅助人是指保险代理人、保险经纪人、保险公估人等。

1. 保险代理人

保险代理人,是根据保险人的委托,向保险人收取代理手续费,并在保险人授权的范围内代为办理保险业务的单位或者个人。依照我国《保险代理人管理规定》,保险代理人可以分为:专业代理人、兼业代理人、个人代理人。

专业代理人,是指专门从事保险代理业务的保险代理公司。保险代理公司的组织形式为有限责任公司。保险代理公司的业务范围主要是:代理销售保险单、代理收取保险费、保险和风险管理咨询服务、代理保险人进行损失的勘查和理赔等。兼业代理人,是指受保险人委托,在从事自身业务的同时,指定专人为保险人代办保险业务的单位。个人代理人是指根据保险人委托,向保险人收取代理手续费,并在保险人授权的范围内代为办理保险业务的个人。兼业代理人和个人代理人的业务范围较小,仅限于代理销售保险单和代理收取保险费。

《保险法》规定,保险代理人应具备法定的条件:(1)保险代理人应当具备保险监督管理机构规定的资格条件,并取得保险监督管理机构颁发的经营保险代理业务许可证,向工商行政管理机关办理登记,领取营业执照,并缴存保证金或者投保职业责任保险。除兼业代理外,保险代理人要通过考试取得《保险代理人资格证书》。(2)保险代理人应当有自己的经营场所,设立专门账簿记载保险代理业务的收支情况,并接受保险监督管理机构的监督。(3)保险代理人应当登记于保险公司的登记簿中。(4)保险代理人应当与保险人签订委托代理合同,取得保险人的授权。保险代理人代理权的产生只能通过委托一种方式,不能通过法定的、指定的方式,因此必须签订代理合同。保险代理是一种商事代理,即有偿的代理,通过合同可以明确确定代理的对价。

保险代理人应当在保险人授权的范围内进行代理活动,在代理范围内进行活动产生的法律后果由保险人承担责任。

保险代理人为保险人代为办理保险业务,有超越代理权限行为,投保人有理由相信其有代理权,并已订立保险合同的,保险人应当承担保险责任,但是保险人可以依法追究越权的保险代理人的责任。

保险代理人在办理保险业务时应当诚实守信,不得欺骗保险人、投保人、被保险人或者受益人;不得隐瞒与保险合同有关的重要情况;不得阻碍投保人履行法定的如实告知义务,或者诱导其不履行法定的如实告知义务;不得承诺向投保人、被保险人或者受益人给予保险合同规定以外的其他利益;不得利用行政权力、职务或者职业便利以及其他不正当手段强迫、引诱或者限制投保人订立保险合同。

个人保险代理人在代为办理人寿保险业务时,不得同时接受两个以上保险人的委托。

2. 保险经纪人

保险经纪人是基于投保人的利益,为投保人与保险人订立保险合同提供中介服务,并依法收取佣金的人。保险经纪人的组织形式为有限责任公司,个人不得从事保险经纪业务。

保险经纪人的业务范围主要包括:以订立保险合同为目的,为投保人提供防灾、防损或风险评估、风险咨询服务;为投保人拟定投保方案,办理投保手续;为被保险人或受益人代办检验、索赔;为被保险人或受益人向保险人索赔;安排国内分入、分出业务;安排国际分入、分出业务等。

《保险法》规定,保险经纪人应具备法定的条件:(1)保险经纪人应当具备保险监督管理机构规定的资格条件,并取得保险监督管理机构颁发的经营经纪业务的许可证,向工商行政管理机关办理登记,领取营业执照,并缴存保证金或者投保职业责任保险。从事保险经纪业务的人要通过考试取得《保险经纪人资格证书》。(2)保险经纪人应当有自己的经营场所,设立专门账簿记载保险经纪业务的收支情况,并接受保险监督管理机构的监督。(3) 保险经纪人应当登记于保险公司的登记簿中。(4) 保险经纪人应与投保人签订经纪合同。

保险经纪人不同于保险代理人,主要区别表现在以下方面:(1) 保险经纪人一般以自己的名义从事业务活动,因此保险经纪人在办理保险业务时因过错给投保人、被保险人造成损失的,由保险经纪人承担赔偿责任。而保险代理人则是以保险人的名义从事业务活动,因此在办理保险业务时因过错给投保人、被保险人造成损失的,由保险人承担责任。(2) 保险经纪人是基于投保人的利益与保险人或其代理人洽谈订立保险合同,而保险代理人则是根据保险人的委托,代保险人办理保险业务。(3) 保险经纪人既可以因给投保人或被保险人提供服务而向投保人或被保险人收取佣金,也可以因接受投保人委托向保险人办理投保手续而依法向保险人收取佣金。而保险代理人只能因受保险人的委托而办理保险业务,依与保险人的委托合同而向保险人收取费用。(4) 保险经纪人只能是有限责任公司,而保险代理人既可以是有限责任公司,也可以是有资格的个人。

3. 保险公估人

保险公估人,是指经中国保险监督管理委员会批准,依法设立,专门从事保险标的的评估、勘验、鉴定、估损、理算等业务,并据此向保险当事人合理收取费用的公司。

根据《保险公估人管理规定》,保险公估人的组织形式是有限责任公司。保险公估公司的业务范围是:保险标的的评估、勘验、鉴定、估损、理算等,保险公估公司不得从事保险代理或保险经纪活动。

保险公估人应具备法定的条件:(1) 保险公估人应当具备保险监督管理机构规定的条件,并获得经保险监督管理委员会批准的从事保险公估业务的资格;(2) 从事保险公估业务的人员必须通过考试获得《保险公估资格证书》;(3) 必须严格遵守国家的有关法律、行政法规,坚持公平、公开、公正的原则;(4) 接受保险监督管理委员会的监督管理;(5) 因保险公估人的过失行为,给保险人或被保险人造成损失的,由保险公估人依法承担民事赔偿责任。

三、保险合同的订立

(一) 保险合同订立的程序与形式

1. 保险合同订立的程序

保险合同的订立一般要经过投保和承保程序,具体的程序是:

(1) 投保。即投保人提出保险要求。投保人可以口头,也可以书面向保险人提出投保要求,若以书面形式提出则多以填写保险单的形式出现。

(2) 投保人与保险人商定保险费率及支付保险费办法。一般情况下,保险人事先已根据不同的险种确定了保险费率,投保人投保是对已确定的保险费率表示接受,只有在一些特殊险种中才需当事人协商保险费率。在这一程序中,投保人与保险人就保险费率与支付办法达成一致,投保人将所填的保险单交给保险人即可,并不需要立即交付保险费。

(3) 承保。即保险人作出承诺。保险人根据投保人告知的情况对保险单进行审核,如果符合承保条件,则作出承保的表示,即同意承保。具体方式是在投保单上签字盖章。保险人在投保单上签字盖章后保险合同随即成立。

(4) 保险人根据已成立的保险合同向投保人签发保险单或者其他保险凭证。保险单或保险凭证是当事人所订立的保险合同的书面文件,投保人或被保险人有权获得这些书面文件。

以上是保险合同订立的一般程序,也有一些保险合同采用简易程序,即投保人支付保险费的同时领取保险单,如航空旅客意外伤害保险等就是采用简易程序订立的。

2. 保险合同的形式

保险合同的形式,是保险合同双方当事人合意的具体表现形式。我国《保险法》第十三条规定:"投保人提出保险要求,经保险人同意承保,并就合同的条款达成协议,保险合同成立。保险人应当及时向投保人签发保险单或者其他保险凭证,并在保险单或者其他保险凭证中载明当事人双方约定的合同内容。经投保人和保险人协商同意,也可以采取前款规定以外的其他书面协议形式订立保险合同。"

可见,保险合同的形式是通过保险单证体现出来的。保险单证主要有投保单、暂保单、保险单、保险凭证。

投保单,是由保险人事先拟定的、具有统一格式的供投保人申请保险的一种单证,投保人填写后交与保险人,保险人盖章承诺后,保险合同成立。投保单的法律性质体现在:是投保人提出的书面要约,保险人承诺后就成为保险合同的一部分;是投保人履行告知义务的依据,投保单的内容决定保险人是否承保及保险费率的高低,因此,投保单所填写的内容经保险人盖章承诺后,就成为保险合同的内容的一部分。

暂保单,是保险人在签发正式保险单之前出具的临时保险凭证,也是一种临时性的保险合同,表示保险人或保险代理人已经接受了保险。暂保单一般用于财产保险,在人寿保险中不使用暂保单。在财产保险中,暂保单与保险单具有相同的法律效力,只是暂保单的内容简单,只载明投保人或被保险人的姓名、承保的种类、保险标的等事项。另外,暂保单的期限短,通常只有30日,在正式保单出立前,保险人有权终止暂保单的效力,但必须事先通知投保人,正式保险单出立后暂保单自动失去效力。

保险单,也称保单、大保单,是保险合同成立后由保险人向投保人签发的证明保险合同成立的正式书面凭证,保险单中载明了保险合同当事人的权利和义务及责任。在保险实务中,保险单与保险合同互相通用。保险单的法律性质体现在:证明保险合同成立;确认保险合同内容;是当事人双方履行保险合同的依据;在某些特定情形下具有证券作用,如财产保险单可以随标的物的转移而转移。

保险凭证,也称小保单,是一种在内容和格式上简化了的保险单。实践中,一般与保险单配套使用。凡保险凭证上未记载的内容,均以相应险种的保险单内容为准。保险凭证与保险单具有同等效力,主要适用于团体保险、货物运输保险、机动车辆及第三者责任保险中。

(二) 保险合同的条款

保险合同是格式合同,其条款一般由法定条款和约定条款构成,其中法定条款为保险合同的基本条款,约定条款为保险合同的任意条款。

1. 法定条款

法定条款,是指根据法律必须明确规定的条款,即在保险合同中应当具有的条款。对此《保险法》第十九条作了规定,保险合同应当包括下列事项:(1)保险人名称和住所。(2)投保人、被保险人名称和住所,以及人身保险的受益人的名称和住所。当事人的名称和住所是履行合同的前提。(3)保险标的。即保险客体,在财产保险中,是各种财产或有关利益;在人身保险中,则是人的生命或身体。这涉及危险的程度及保费的设计,因此要明确。(4)保险责任和责任免除。保险责任,是指保险单上载明的危险发生造成标的损失或约定人身保险事件出现时,保险人所承担的赔偿或给付责任。除外责任,是指保险人不承担的责任,即保险人责任免除的条款。《保险法》第十八条规定,保险合同中规定有关于保险人责任免除条款的,保险人在订立保险合同时应当向投保人明确说明,未明确说明的,该条款不产生效力。(5)保险期间和保险责任开始时间。保险期间,也称承保期间,即保险人依约定承担保险责任的期间。(6)保险价值。保险价值是投保标的的价值,即投保人对保险标的所享有的保险利益在经济上用货币估计的价值额。保险价值是财产保险合同中特有的条款,人身保险合同中不存在保险价值条款。(7)保险金额。保险金额,是投保人对标的实际投保的金额,该金额是保险人赔偿的最高限额。在财产保险中,保险金额可以等于保险价值,即足额保险。(8)保险费以及支付办法。(9)保险金赔偿或者给付办法。(10)违约责任和争议处理。(11)订立合同的年、月、日。

2. 约定条款

投保人和保险人在法定的保险合同事项外,可以就与保险有关的其他事项作出约定,这种约定称为约定条款。常见的约定条款有三种:(1)行业条款。这是海上保险合同特有的条款,是由提供海上保险的保险公司同行业之间根据保险业务的实际需要,经协商统一制定的保险合同条款。行业条款附于保险单中,则发生法律效力。(2)保证条款。是指保险人要求投保人或被保险人对某一特定事项作出担保的条款。保证条款是投保人或被保险人对保险人作出的一种承诺,投保人或被保险人违背此条款,保险人不承担保险责任。

(3) 附加条款。是指在法定条款的基础上为了增加或变更法定条款的内容而在正式保险单后附加的条款,其作用主要是补充合同的内容或变更合同的内容。

保险合同的约定条款是保险人为控制危险所采取的一种方法,一经约定即成为保险合同的一部分,对当事人具有约束力,一方违背约定条款,可以导致另一方面解除合同。

四、保险合同的生效

保险合同的生效,即对合同双方产生法律约束力,甚至对第三人产生法律强制力。保险合同生效必须同时具备一般合同生效的要件和特殊合同生效的要件。

(一) 具备一般合同生效的要件

保险合同生效首先应具备《民法通则》《合同法》规定的一般合同生效的要件。

1. 行为主体合格

即订立保险合同的当事人必须具有订立合同的资格。对于投保人而言,必须具有民事权利能力和民事行为能力,具备商事合同主体的必要条件。对于保险人而言,则必须是依法设立的保险公司,持有从事特殊商行为的营业执照,并在核准经营的范围内订立保险合同。

2. 当事人意思表示真实

即当事人就保险合同的全部内容意思表示一致,达成合意。当事人不得欺诈或胁迫,不得无权代理等。

3. 合同内容合法

即合同不得违反法律和公共利益。具体而言,要求保险标的要具有合法性;保险合同当事人不得以非法目的订立保险合同;保险合同的权利义务不得违反法律和公共利益等。

(二) 具备特殊合同生效的要件

由于保险合同是一种特殊的合同,因此保险合同生效还应具备《保险法》规定的特殊要件,不得存在法定的情形。

我国《保险法》规定,保险合同不得存在以下情形:(1) 订立合同时危险已不存在;(2)投保人对保险标的无保险利益;(3)恶意的复保险;(4)投保人为无民事行为能力人投保以死亡为给付保险金条件的人身保险。但父母为其未成年子女投保的人身保险,且死亡给付保险金额总和不超过金融监督管理部门规定限额的除外。(5)以死亡为给付保险金条件的合同,未经被保险人书面同意并认可保险金额的。(6)人身保险中被保险人真实年龄已超过保险人所规定的保险年龄的限度的。

若存在以上情形则保险合同无效,保险合同被确认无效后,保险人不承担保险责任。

保险合同生效的时间,一般由当事人在合同中约定。如果当事人没有约定,保险合同成立的时间,即为合同生效的时间。

五、保险合同的履行

保险合同是双务合同,因此保险合同订立并生效后,合同的当事人应当按照合同的内容全面履行合同义务。

(一)投保人义务的履行

1. 缴付保险费义务

保险合同是有偿合同,因此投保人必须按约定缴付保险费,缴付保险费是获得保险金的对价。

我国《保险法》第十四条规定,保险合同成立后,投保人按照约定缴付保险费。因此,缴付保险费是投保人的合同约定义务,投保人应当按合同约定全面履行缴付保险费义务。投保人具体缴付保险费用的方式依保险合同而定,可以一次缴付全部保险费,也可以分期缴付保险费。通常情况下,在财产保险中,一般保险费在合同成立后一次缴清。在人身保险中,投保人于保险合同成立后,可以向保险人一次缴付保险费,也可以按合同约定分期缴付,但大多采用分期缴付的方式。投保人支付首期保险费后,除合同另有约定外,超过规定的期限 60 日未支付当期保险费的,保险人可以中止合同效力,或者由保险人按照合同约定的条件减少保险金额。由于分期缴付保险费的人身保险一般具有较强的储蓄性,因此法律规定,投保人因逾期支付当期保险费导致合同效力中止的,经保险人与投保人协商并达成协议,在投保人补交保险费后,合同效力应当恢复。

2. 告知义务

告知义务,是指投保人或被保险人在订立合同时,应当就保险标的的有关重要事项如实告知保险人。我国《保险法》第十七条规定:"订立保险合同,保险人应当向投保人说明保险合同的条款内容,并可以就保险标的的或者被保险人的有关情况提出询问,投保人应当如实告知。"可见告知义务是法定义务,从性质上看属于前合同义务。如果投保人未履行如实告知义务,根据不同的情况会产生不同的后果,我国《保险法》第十七条规定:"投保人故意隐瞒事实,不履行如实告知义务的,或者因过失未履行如实告知义务,足以影响保险人决定是否同意承保或者提高保险费率的,保险人有权解除保险合同。投保人故意不履行如实告知义务的,保险人对于保险合同解除前发生的保险事故,不承担赔偿或者给付保险金的责任,并不退还保险费。投保人因过失未履行如实告知义务,对保险事故的发生有严重影响的,保险人对于保险合同解除前发生的保险事故,不承担赔偿或者给付保险金的责任,但可以退还保险费。保险事故是指保险合同约定的保险责任范围内的事故。"

3. 防灾减损义务

防灾减损义务,是指投保人有义务维护保险标的的安全,避免损害的发生或减轻损害的程度,即投保人应当尽最大的努力防止保险事故的发生。

根据保险标的的不同,该义务的具体内容不同。

在财产保险合同中,该义务的内容是:(1)投保人积极预防保险事故的发生。保险合同签订后,被保险人依法应当遵守国家有关消防、安全、生产操作、劳动保护等方面的规定,维护保险标的的安全。保险人为维护保险标的的安全,经被保险人同意,可以采取安全预防措施。投保人、被保险人未按照约定履行对保险标的安全应尽的责任的,保险人有权要求增加保险费或者解除合同。(2)投保人不得故意制造保险事故。投保人、被保险人或者受益人故意制造保险事故的,保险人依法有权解除保险合同,不承担赔偿或者给付保险金的责任,也不退还保险费。投保人进行保险欺诈活动,构成犯罪的,依法追究刑事责任。

根据《保险法》第六十五条、第六十六条、第六十七条,在人身保险合同中,该义务的内容是:(1) 投保人、受益人不得故意造成被保险人死亡、伤残或者疾病。投保人、受益人故意造成被保险人死亡、伤残或者疾病的,保险人不承担给付保险金的责任,但如果投保人已交足2年以上保险费的,保险人应当按照合同约定向其他享有权利的受益人退还保险单的现金价值。受益人故意造成被保险人死亡或者伤残的,或者故意杀害被保险人未遂的,丧失受益权。(2) 以死亡为给付保险金条件的合同,被保险人自杀的,保险人不承担给付保险金的责任,但对投保人已支付的保险费,保险人应按照保险单退还其现金价值。以死亡为给付保险金条件的合同,自成立之日起满2年后,如果被保险人自杀的,保险人可以按照合同给付保险金。(3) 被保险人不得故意犯罪导致其自身伤残或者死亡。被保险人故意犯罪导致其自身伤残或者死亡的,保险人不承担给付保险金的责任,但如果投保人已交足2年以上保险费的,保险人应当按照保险单退还其现金价值。

4. 危险增加的通知义务

危险增加的通知义务,是指当事人在订立保险合同时未预料到的,但在保险期内合同约定的保险标的危险因素或危险程度有所增加时,被保险人有义务通知保险人。因为在合同履行期间,如果保险标的危险性增加,保险人的风险也会随之增加,因此,我国《保险法》规定,在合同有效期内,保险标的危险程度增加的,被保险人按照合同约定应当及时通知保险人,保险人有权要求增加保险费或者解除合同。被保险人未履行危险增加的通知义务的,因保险标的危险程度增加而发生的保险事故,保险人不承担赔偿责任。

5. 保险事故发生的通知义务

保险事故发生的通知义务,是指投保人、被保险人或受益人知道或理应知道保险事故发生后,应当及时通知保险人。保险事故发生后,保险人是否承担保险责任、承担多大的保险责任,取决于对保险事故的调查,只有及时通知保险人,保险人才能迅速查清事故的原因及有关事实,核定损失,以尽快确定是否赔付以及赔付数额。因此,

《保险法》第二十二条规定:"投保人、被保险人或者受益人知道保险事故发生后,应当及时通知保险人。"

6. 保险事故发生的施救义务

保险事故发生的施救义务,是指当合同约定的保险事故发生时,被保险人应当采取必要的、合理的施救措施,防止或者减少保险标的的损失。《保险法》第四十二条规定:"保险事故发生时,被保险人有责任尽力采取必要的措施,防止或者减少损失。保险事故发生后,被保险人为防止或者减少保险标的的损失所支付的必要的、合理的费用,由保险人承担;保险人所承担的数额在保险标的损失赔偿金额以外另行计算,最高不超过保险金额的数额。"

7. 单证提示和协助义务

为提高理赔效率,保险事故发生后,投保人、被保险人或者受益人依照保险合同请求保险人赔偿或者给付保险金时,依法应当向保险人提供其所能提供的与确认保险事故的性质、原因、损失程度等有关的真实证明和资料。投保人、被保险人或者受益人以伪造、变造的有关证明、资料或者其他证据,编造虚假的事故原因或者夸大损失程度的,保险人对其虚报的部分不承担赔偿或者给付保险金的责任。

在财产保险合同中,保险人依法有权向第三者行使代位请求赔偿权利时,被保险人应当向保险人提供必要的文件和其所知道的有关情况。保险事故发生后,保险人未赔偿保险金之前,被保险人放弃对第三者的请求赔偿权的,保险人不承担赔偿保险金的责任。保险人向被保险人赔偿保险金后,被保险人未经保险人同意放弃对第三者请求赔偿的权利的,该行为无效。由于被保险人的过错致使保险人不能行使代位请求赔偿权的,保险人可以相应扣减保险赔偿金。

(二) 保险人义务的履行

1. 订约说明义务

由于保险合同是格式合同,而且具有一定的技术性,因此,保险人重要的义务之一是对合同的有关事项进行说明。说明义务的内容包括对合同条款的内容说明以及对合同的免责条款明确说明。《保险法》第十七条规定:"订立保险合同,保险人应当向投保人说明保险合同的条款内容。"第十八条规定:"保险合同中规定有关于保险人责任免除条款的,保险人在订立保险合同时应当向投保人明确说明,未明确说明的,该条款不产生效力。"

2. 及时签单义务

保险合同成立后,保险人应及时向投保人签发保险单或其他保险凭证。

3. 赔偿或支付保险金的义务

保险合同成立后,保险人按约定的时间开始承担保险责任。当合同约定的补偿或支付保险金条件成就时,即保险事故或事件在合同约定的有效期限内发生,保险人应当实际履行保险责任。

保险人收到被保险人或者受益人的赔偿或者给付保险金的请求后,应当及时进行调查、作出核定,确定保险责任。对属于保险责任的,保险合同对保险金额及赔偿或者给付期限有约定的,保险人应当依照保险合同的约定,履行赔偿或者给付保险金义务。如果保险合同对保险金额及赔偿或者给付期限没有约定,依据《保险法》第二十四条,保险人应当依法律规定的期限支付,即在与被保险人或者受益人达成有关赔偿或者给付保险金额的协议后10日内,履行赔偿或者给付保险金义务。保险人未及时理赔,除支付保险金外,依法应当赔偿被保险人或者受益人因此受到的损失。

为了实现保险的目的,尽量减少事故或事件对被保险人正常生产或生活的影响,《保险法》规定了先予支付制度。《保险法》第二十六条规定:"保险人自收到赔偿或者给付保险金的请求和有关证明、资料之日起60日内,对其赔偿或者给付保险金的数额不能确定的,应当根据已有证明和资料可以确定的最低数额先予支付;保险人最终确定赔偿或者给付保险金的数额后,应当支付相应的差额。"

但需要注意的是,保险人履行该义务与一般合同履行义务相比,具有特殊性。其具体表现是:(1)保险人实际履行赔付的义务具有不确定性。保险人履行赔付义务的前提是在保险期内发生保险事故并给被保险人造成损害后果,若在保险期外发生保险事故,则保险人无须履行赔付义务;若在保险期内发生保险事故,但未对被保险人造成损害,则保险人也无须履行赔付义务。(2)保险人实行履行赔付义务的时间不一定在合同有效期内,可能在保险合同有效期外履行实际赔付义务。(3) 对同一保险事故造成的损失,其赔偿主体除有保险人外,可能还有其他责任人。保险人的赔付责任是基于合同而产生的,其他责任人的赔偿责任一般是基于侵权行为而产生的。在财产保险中,如果保险事故的发生是第三人的过错引起的,第三人依法应对被保险人承担赔偿责任,当保险人与责任人同时对被保险人进行赔偿时,则会使被保险人获得超额补偿,不符合保险的损失补偿原则。为解决这一问题,国际上普遍采用的方法有两种:一是由保险人根据保险合同先行赔付,然后在其赔付金额限度内取得向第三人的代位求偿权。对第三人无力赔偿的,保险人也应履行其承担的赔付义务。二是被保险人直接向第三人请求赔偿,其损失得到赔偿后,保险人就不再赔付,若损失不能得到全部赔偿,不足部分由保险人根据保险合同赔付。

在人身保险中,由于人的身体机能和生命的价值具有无限性,因此,被保险人因第三人的违法行为导致保险事故发生而受到伤害时,被保险人既可以向保险人要求给付保险金,也有权根据有关法律向第三人要求赔偿。两种权利互不影响,都受法律保护。保险人在作出赔付后,依法不能向第三人追偿。

4. 承担支付必要合理费用的义务

在财产保险合同中,保险人除了承担上述义务外,在某些情况下还要承担支付必要合理费用的义务。一般而言,保险人承担支付的必要的合理费用主要包括:(1) 施救费用。即在保险标的出险时,被保险人为防止或减少损失而支付的抢救、保护、整理标的的必要的、合理的费用。我国《保险法》第四十二条规定:"保险事故发生后,被保险人为防止或者减少保险标的的损失所支付的必要的、合理的费用,由保险人承担;保险人所承担的数额在保险标的的损失赔偿金额以外另行计算,最高不超过保险金额的数额。"(2) 查勘费用。即查明和确定保险事故的性质、原因和保险标的损失程度的有关费用。不论是谁请求进行查勘,所支出的费用都由保险人承担。我国《保险法》第四十九条规定:"保险人、被保险人为查明和确定保险事故的性质、原因和保险标的的损失程度所支付的必要的、合理的费用,由保险人承担。"(3) 仲裁或诉讼费用。该费用主要发生在责任保险中。我国《保险法》第五十一条规定:"责任保险的被保险人因给第三者造成损害的保险事故而被提起仲裁或者诉讼的,除合同另有约定外,由被保险人支付的仲裁或者诉讼费用以及其他必要的、合理的费用,由保险人承担。"

5. 保密义务

我国《保险法》第三十二条规定:"保险人或者再保险接受人对在办理保险业务中知道的投保人、被保险人、受益人或者再保险分出人的业务和财产情况及个人隐私,负有保密的义务。"因为关于投保人、被保险人或再保险分出人的业务及财产状况属于其商业秘密或隐私的内容,这些对于投保人、被保险人或再保险分出人具有重要的价值,只要投保人、被保险人或再保险分出人不愿意对外公开或传播,保险人就有义务对其保密。

六、保险合同的变更、终止

(一) 保险合同的变更

保险合同的变更,是指在保险合同的有效期内,当事人依法对原合同的主体的变更或内容所进行的修改或补充。由于客观情况的变化,当事人可能会对原合同进行一些修改或补充,对此《保险法》第二十一条规定:"在保险合同有效期内,投保人和保险人经协商同意,可以变更保险合同的有关内容。变更保险合同的,应当由保险人在原保险单或者其他保险凭证上批注或者附贴批单,或者由投保人和保险人订立变更的书面协议。"

1. 保险合同主体变更

合同主体变更,是指合同的投保人、被保险人、受益人或保险人的变更,而保险标的未发生变化。但在通常情况下是投保人、被保险人、受益人的变更。

在财产保险合同中,主体的变更多是由于保险标的所有权的转移所致。对于合同主体的变更,根据不同情况,变更的程序不同。

在财产保险中,主体变更的一种情况是要经保险人同意,另一种情况是不需经保险人同意。我国《保险法》规定,一般财产保险合同投保人的变更要取得保险人同意。即保险标的的转让应当通知保险人,经保险人同意继续承保后,才能依法变更合同。因为原投保人保险标的转让后,对保险标的不再享有保险利益。保险标的在受让人手中,其危险性也会发生变化,有可能增加保险人的赔付风险。

对于货物运输保险合同受益人的变更,法律规定不需要经保险人同意。因为运输中的货物具有较强的流动性,若每次物权交易都要得到保险人的同意,不利于商品的流转。

在人身保险中,投保人、被保险人、受益人可能不是同一个人,因此受益人的变化可能导致道德风险,《保险法》第六十三条规定,被保险人或者投保人可以变更受益人,但应书面通知保险人。保险人收到变更受益人的书面通知后,应当在保险单上批注,投保人变更受益人时须经被保险人同意。

一般保险合同主体的变更不涉及保险人,但是当经营人寿保险的保险人依法撤销或被宣告破产时,则可能发生保险人的变更。因为当经营人寿保险的保险人被依法撤销或者被依法宣告破产时,投保长期人寿险的人便会遭受较大损失。为保护投保人的利益,我国《保险法》第八十八条规定:"经营有人寿保险业务的保险公司被依法撤销的或者被依法宣告破产的,其持有的人寿保险合同及准备金,必须转移给其他经营有人寿保险业务的保险公司;不能同其他保险公司达成转让协议的,由保险监督管理机构指定经营有人寿保险业务的保险公司接受。"在这种情况下,保险人就发生了变更。

2. 保险合同内容的变更

保险合同内容的变更,是指体现合同双方权利义务的条款发生变化,如保险金额、保险期间等。我国《保险法》规定,在保险合同有效期内,投保人和保险人经协商同意,可以变更保险合同的有关内容。投保人变更保险合同的,应当由保险人在原保险单或者其他保险凭证上批注或者附贴批单,或者由投保人和保险人订立变更的书面协议。

保险合同内容的变更通常因为两种情况:一是投保人基于某种原因变更原合同的某些条款;二是保险人依法或依据约定决定的变更。如在合同有效期内,保险标的的危险程度增加的,被保险人按照合同约定应当及时通知保险人,保险人依法有权要求增加保险费或者解除合同;人身保险合同约定分期支付保险费的,投保人支付首期保险费后,除合同另有约定外,投保人超过规定的期限60日未支付当期保险费的,保险人可以按照合同约定的条件减少保险金额等。

(二) 保险合同的终止

保险合同的终止,是指保险合同成立生效后,因法定或约定事由的发生,导致当事人之间的保险合同关系消灭。保险合同可以因以下原因而终止:

1. 因期限届满而终止

每个保险合同都有明确的保险期限,保险期限届满,保险人的保险责任即告终止。期限届满是保险合同终止的最基本、最普遍的原因。

2. 因保险人履行全部赔偿或给付全部保险金而终止

根据保险合同,保险人对保险标的损失的赔偿以约定的最高保险金额为限。当保险人赔偿金额达到保险金额或给付全部保险金后,除法律另有规定外,不论保险单是否到期,保险合同均告终止。

3. 因协议而终止

保险合同是一种商事合同,因此应当充分尊重当事人自己的意愿,当事人协商一致而终止合同时,合同自然产生终止的法律效力。

4. 因保险标的发生部分损失且保险人给予赔偿后而终止

我国《保险法》第四十三条规定:"保险标的发生部分损失的,在保险人赔偿后30日内,投保人可以终止合同;除合同约定不得终止合同的以外,保险人也可以终止合同。保险人终止合同的,应当提前15日通知投保人,并将保险标的未受损失部分的保险费,扣除自保险责任开始之日起至终止合同之日止期间的应收部分后,退还投保人。"

5. 因解除而终止

保险合同的解除,是指保险合同依法成立后,在有效期尚未届满之前,当事人依法提前终止合同的法律行为。保险合同的解除可以分为投保人任意解除和保险人法定解除两种情形。

投保人任意解除。即投保人根据自己的意愿单方面决定解除保险合同。目前各国法律一般都规定,投保人可以随时提出解除保险合同。我国《保险法》第十五条规定:"除本法另有规定或者保险合同另有约定外,保险合同成立后,投保人可以解除保险合同。"但是,《保险法》第三十五条规定,货物运输保险合同和运输工具航程保险合同,保险责任开始后,合同当事人不得解除合同。

保险人法定解除。保险合同成立后,为维护投保人的利益,各国法律一般规定保险人不得任意解除合同。我国《保险法》第十六条规定:"除本法另有规定或者保险合同另有约定外,保险合同成立后,保险人不得解除保险合同。"可见,保险人要单方面解除合同必须具备法定的条件。根据我国《保险法》,保险人可解除合同的法定情形是:(1)投保人因逾期支付当期保险费导致合同效力中止的,自合同效力中止之日起2年内双方未达成协议的。(2)在合同有效期内,保险标的危险程度增加的。(3)在财产保险中,投保人未按照约定缴付保险费的。(4)投保人、被保险人未按照约定履行其对保险标的安全应尽的责任的。(5)被保险人或者受益人在未发生保险事故的情况下,谎称发生了保险事故,向保险人提出赔偿或者给付保险金的请求的。(6)保险人因投保人、被保险人或者受益人谎报保险事故、故意制造保险事故的。(7)投保人申报的被保险人年龄不真实,并且其真实年龄不符合合同约定的年龄限制的,但是自合同成立之日起逾2年的除外。(8)当事人在保险合同中事先约定解除合同的条件,当条件成就时。

保险合同的解除,应采用书面形式。在财产保险责任开始前,投保人要求解除合同的,应当向保险人支付手续费,保险人应当退还保险费。保险责任开始后,投保人要求解除合同的,保险人可以收取自保险责任开始之日起至合同解除之日止期间的保险费,剩余部分退还投保人。人身保险合同约定分期支付保险费,保险人因投保人逾期支付当期保险费而解除合同的,如果投保人已交足2年以上保险费,保险人应当按照合同约定退还保险单的现金价值;投保人未交足2年保险费,保险人应当在扣除手续费后,退还保险费。

6. 因保险责任以外的原因全部灭失而终止

在以上保险合同终止的原因中,要注意因解除而终止保险合同的情形。

第三节 财产保险合同

一、财产保险合同及其特征

（一）财产保险合同

财产保险合同，是以财产及其有关利益为保险标的的保险合同，是投保人与保险人约定财产保险权利义务的协议。

（二）财产保险合同的特征

财产保险合同除具有一般保险合同的特征外，还具有自身的特征。主要体现在以下方面：

1. 财产保险合同标的表现为特定的物质财产或与财产有关的利益

财产保险合同的标的只能是物质财产或与财产有关的利益，而不能是非物质的财产或利益。因此财产保险合同的标的就表现为两大类：一类是有形的物质财产，这是财产保险中最常见的、最普遍的标的，如房屋、运输工具、生产机器、货物等。另一类是无形的但与财产有关的经济利益，主要包括现在利益与期待利益、积极利益与消极利益等，其中期待利益又包括现有利益而生成的期待利益和因合同而产生的期待利益。前者如货物的托运人对货物托运到目的地后应得到的利润、收入可以作为货物运输合同的标的；而后者如买卖合同的出卖人出卖货物后对买受人及时支付货款而取得的利益可以作为保证保险合同的标的。而消极利益，也称"不受损利益"，即免除由于事故的发生所增加的额外支出，如由于被保险人的作为导致他人财产受到损失或人身受到伤害，为承担经济赔偿责任需要支付的赔偿费用，可以作为责任保险合同的标的。

2. 财产保险合同是一种补偿性的合同

财产保险合同以补偿损失为原则，也以补偿损失为目的，这一原则和目的的具体体现是：当保险事故发生后，投保人或被保险人只能以其实际受到的损失请求保险人赔偿，不能获取超过其实际损失的赔偿；保险事故发生而未受到损失，则不能要求获得赔偿。

3. 财产保险合同中约定的保险金额不得超过保险价值

保险价值,是保险财产的实际价值,可以由当事人在合同中约定,也可以按保险事故发生时保险标的的实际价值确定。保险金额,是保险人承担保险责任的最高限额,也是投保人对保险标的的实际投保金额。在财产保险合同中,保险人的保险责任以合同约定的保险金额为限,超过保险金额的部分保险人不承担保险责任。对此《保险法》第四十条作了明确的规定:"保险金额不得超过保险价值;超过保险价值的,超过的部分无效。保险金额低于保险价值的,除合同另有约定外,保险人按照保险金额与保险价值的比例承担赔偿责任。"

二、财产保险合同的类型

财产保险合同可以依不同的标准分为不同的类型。依标的不同,可以分为财产损失保险合同、责任保险合同、信用保险合同;依投保主体不同,可以分为家庭财产保险合同、企业财产保险合同;依所保的财产行业不同,可以分为火险保险合同、运输保险合同、工程保险合同、农业保险合同。

财产保险合同的主要类型是:财产损失保险合同、责任保险合同、信用保险合同、保证保险合同等。

(一) 财产损失保险合同

财产损失保险合同,是以补偿投保人或被保险人有形财产及相关利益的损失为基本内容的保险合同,其保险标的是除农作物、牲畜之外的一切动产和不动产。财产损失保险合同主要包括企业财产保险合同、家庭财产保险合同、运输保险合同、农业保险合同等。

1. 企业财产保险合同

企业财产保险合同,是指企业作为投保人,以其自己所有或经营管理的财产或与其有利害关系的他人的财产为保险标的的保险合同。

企业财产保险合同的标的可以为有形的动产或不动产,但投保人或被保险人必须对可保的财产具有保险利益。其表现是:保险标的或为投保人所有,或为投保人经营管理,或与投保人有利害关系,如所保管的他人的财产,或代销财产,或信托财产等。

企业财产保险的范围是:房屋、建筑物及附属设备;建造中的房屋;建筑物和建筑材料;机器及设备;工具、仪器及生产设备;交通运输工具;管理用具及低值易耗品;原材料、半成品、产品、特种库存商品;账外或摊销的财产等。但是,法律所禁止的或其价值难以估计或风险率非常高的财产,不能成为企业财产保险合同标的。如非法建筑;非法占用处于危险状态下的财产;在运输过程中的物资;无法鉴定其价值的财产;土地、矿藏、森林、水产资源及未经收割或收割后未入库的农产品等。

企业财产的保险责任是:火灾、爆炸;雷击、风暴等自然灾害;空中运行物体的坠落;被保险人的供水、供电、供气等设备因自然灾害或事故受损失而引起的停水、停电等事故直接造成的被保险财产的损失;在发生保险事故时,为了抢救财产或防止灾害蔓延,采取合理必要的措施而造成被保险财产的损失。但因战争、军事行为或暴力行为,核辐射的污染,被保险人的故意行为、间接损失、保险标的自身瑕疵,当事人约定的其他事项等,保险人不承担赔偿责任。

企业财产保险合同中的保险金额由投保人和保险人按实际价值确定,而保险费的支付方式,原则上应当是投保人依合同的约定在合同成立后一次性付清全部保险费。企业财产保险的期限一般为1年,到期后需要续保的,应当办理续保手续。

2. 家庭财产保险合同

家庭财产保险合同,是保险人以被保险人的家庭或个人所有、占有及保管、租赁的财产为保险的保险合同。

家庭财产保险合同承保的标的是:房屋及附属设备;衣服、卧具、家具、家用电器等生活资料;农村家庭的农具、工具、已收获的农副产品及家禽;个体劳动者的营业用具、工具、原材料等;当事人特别约定的其他财产。但金银、首饰、货币、有价证券、票证、古玩等以及其他无法鉴定价值的财产,正处于危险状态的财产等不能作为家庭财产的标的。

家庭财产保险的责任有两种:一是基本责任。包括火灾、爆炸;雷击、冰雹等自然灾害;空中运行物体坠落;外来建筑物和其他固定物体的倒塌所造成的保险财产的损失;因暴风、暴雨使房屋主要结构倒塌所造成的损失;防止灾害施救、保护保险财产采取合理措施所造成损失的支付的费用。二是特约盗窃责任。但因以下原因造成的损失不属于财产保险责任范围:战争、军事行动或暴动,核辐射的污染;被保险人或其家庭成员的故意行为造成的损失;家用电器因使用过度或超电压、碰线、漏电、自身发热等原因造成的损失;堆放在露天的保险财产,或用芦苇、稻草、油毛毡等材料构成的简陋棚,由于暴风雨所造成的损失;虫蛀、鼠咬、霉烂、变质以及其他不属于保险责任范围内的损失。

家庭财产保险的期限一般为1年,保险金额由被保险人根据保险财产的实际价值自行确定,并按保险单上规定的项目列明,保险费按约定的方法缴纳。

3. 运输保险合同

运输保险合同,是指以运输中的运输工具或货物为标的的保险合同。因此运输保险合同可以分为运输工具保险合同、货物运输保险合同。

运输工具保险合同,是指运输工具所有人或共有人、管理人、使用人以运输工具为标的的保险合同。运输工具保险合同包括机动车辆保险合同、船舶保险合同、飞机保险合同及其他工具保险合同。机动车辆保险合同承保的责任是车辆损失险和第三者责任险;船舶保险合同承保的责任是船舶及设备本身的损失或损害以及因船舶碰撞而发生的第三者责任险;飞机保险合同承保的责任是飞机机身险和因使用飞机造成的第三者责任险以及旅客法定责任险。

货物运输保险合同,是指货物的托运人将承运人同意承运的货物作为保险标的进行投保的保险合同。货物运输保险合同适用于所有的货物运输,承保的责任是被保险的货物在运输过程中因自然灾害或意外事故所造成的经济损失。

4. 农业保险合同

农业保险合同,是指农业生产者以其种植的农作物或养殖的畜禽为保险标的的保险合同。它可以分为农作物收获保险合同和养殖业保险合同两类。农作物收获保险合同是以处于生长期和各类粮食、经济作物和园艺作物为保险标的的保险合同。养殖业保险合同是以养殖的牲畜、家禽、水产品等为保险标的的保险合同。

(二) 责任保险合同

责任保险,是指以被保险人依法对第三者应负的赔偿责任为保险标的的保险合同。依责任保险合同,投保人按约定向保险人支付保险费,在被保险人应当向第三人承担赔偿责任时,保险人按约定向被保险人给付保险金。

与其他保险合同相比,责任保险合同的特征是:保险人承保被保险人的赔偿责任,不及于被保险人的人身或其财产;保险标的为一定范围内的侵权损失赔偿责任以及被保险人因给第三人造成损害的保险事故而被提起仲裁或诉讼的费用及其他必要的、合理的费用(除另有约定外);保险金额限额赔付,即投保人与保险人不能约定保险金额,只能约定保险责任的最高限额。

责任保险合同依不同的标准可以分为多种类型,几种主要的责任保险合同是:公众责任保险合同、产品责任保险合同、雇主责任保险合同、职业责任保险合同、机动车辆第三者责任保险合同等。

1. 公众责任保险合同

公众责任保险合同,是指被保险人以因违反法定的义务的行为造成他人人身伤亡或财产损失而应当承担的赔偿责任为保险标的的保险合同。在我国主要是工厂、商场、宾馆、饭店、公共娱乐场所等与保险人订立公众责任保险合同。

2. 产品责任保险合同

产品责任保险合同,是指产品的生产者、销售者以生产或销售的产品给使用人造成的人身伤亡、疾病或财产损失而应承担的赔偿责任为保险标的的保险合同。当保险责任发生时由保险人承担赔偿责任。

3. 雇主责任保险合同

雇主责任保险合同,是指雇主以其雇用的员工从事保险合同列明的业务,因意外事故发生的伤亡、疾病等所应承担的赔偿责任为保险标的的保险合同。当保险责任发生时由保险人承担赔偿责任。

4. 职业责任保险合同

职业责任保险合同,是指提供特殊服务的人或机构以被保险人因工作上的疏忽或过失造成他人人身伤亡或财产损失而应承担的赔偿责任为保险标的的保险合同。通常特殊服务的人主要包括:医师、美容师、律师、会计师、公证员、工程师、建筑师、经纪人、代理人等。

5. 机动车辆第三者责任保险合同

机动车辆第三者责任保险合同,是指汽车的所有人或者使用人以被保险人使用被保险的汽车所造成的交通事故的赔偿责任为标的的保险合同。该险为强制险。

(三) 信用保险合同

信用保险合同,是指以被保险人从事商业销售或商业贷款活动中,债务人不履行约定或法定的义务未对被保险人清偿为标的的合同。依信用保险合同,当债务人对被保险人不清偿或不能够清偿时,由保险人承担赔偿责任。

信用保险合同主要有:出口信用保险合同、投资信用保险合同、商业信用保险合同。

1. 出口信用保险合同

出口信用保险合同,是指出口商以出口过程中不能及时收回货款的收汇风险为承保标的的合同。依出口信用合同,出口商在进口商不能付汇或付汇延迟时,有权请求保险人赔偿,保险人依合同约定给付赔偿金后,获得对进口商的求偿权。

出口信用保险合同承保的风险是出口收汇风险,主要包括:商业风险,即买方风险,如买方财务状况恶化、破产、拒绝付款、故意延迟付款等;政治风险,即国家风险,如对进口实行外汇管制、限制汇兑及限制进口、撤销进口许可证、进口国发生战争、敌对行为、内战、叛乱、暴动或骚动等。出口信用保险合同不承保由于出口商违反法律的行为而导致的损失、由于出口商违约行为而导致的损失以及由于国际汇率市场波动导致的损失。

2. 投资信用保险合同

投资信用保险合同,是指以投资者由于东道国政治的原因而造成的投资损失为承保标的的保险合同。依投资信用保险合同,当投资者由于东道国政治的原因而造成投资损失时,保险人依保险金额与投资比例,向被保险人承担赔偿责任。投资信用保险本质上是一种政治风险保险,是一种由政府直接办理或由政府设立的专门机构办理的政策性保险,投资人既是投保人也是被保险人。

我国投资信用保险的责任范围是:因战争、类似战争行为,叛乱、罢工及暴动导致的被保险人的损失;因政府征用没收导致的被保险人的损失;因政府有关部门实行汇兑限制不能将其所提外汇汇出而导致的损失等。但因被保险人投资的因商业风险而导致的商业损失;被保险人未按政府有关部门规定的期限汇出汇款而导致的损失;被保险人违法或不履行投资合同导致政府征用或没收而造成的损失;核武器导致的损失;投资合同范围以外的其他财产因征用、没收导致的损失等不属于投资信用保险的范围。

投资信用保险承保的范围不是一般的商业保险承保的范围,从这一意义上讲,它不属于商业保险。但是,投资信用保险的承保人除政府机构外,还有公营的保险公司,从这一角度上讲,我们将投资信用保险合同作为信用保险合同的一种类型。

3. 商业信用保险合同

商业信用保险合同,是指债权人作为投保人,以债务人的还款信用作为投保标的的保险合同。依商业信用保险合同,被保险人因债务人不能还款或付款时,由保险人承担赔付责任。保险人依合同承担赔付责任后,取得对债务人的求偿权。

(四) 保证保险合同

保证保险合同,是指投保人按约定向保险人支付保险费,保险人对被保证人的行为或不行为致使被保险人受到损失,由保险人承担赔付责任的保险合同。在保证保险合同关系中,保险人和投保人是合同的当事人。其中,投保人可以是被保证人,即债务人,也可以是被保证人的相对人,即债权人,但在法律规定或合同约定应当提供担保责任的情形下,投保人只能是被保证人,被保险人是被保证人的相对人,即债权人。依据保证保险合同,当被保证人不能履行债务时,保险人必须向被保险人承担保险责任,在发生保险合同约定的保险事故时,保险人向被保险人赔付保险金后,有权向被保证人进行追偿。

保证保险合同的目的,是通过保险人承担赔付保险金的责任形式,以补偿被保证人的行为或不行为给被保险人造成的损失。

保证保险合同可以分为诚实保证合同和确实保证合同。诚实保证合同,是指投保人向保险人支付保险费,在因为被保险人的雇员的不诚实行为而使其受到损失时,由保险人承担赔付保险金的保险合同。确实保证合同,是指投保人向保险人支付保险费,当被保证人因为无行为能力或者不履行义务而使被保险人受到损失时,由保险人承担赔付保偿金的保险合同。

三、财产保险中的代位求偿权

(一) 代位求偿权

代位求偿权,是指如果保险事故的发生所导致的被保险人的损失是由于第三人造成的,被保险人有权向保险人请求赔偿,但是被保险人在从保险人处获得了赔偿后,必须将对第三人的求偿权让渡给保险人。代位求偿权是由财产保险合同的补偿性决定的,被保险人对于因第三人的责任造成的保险财产的损失,可以选择向保险人请求赔偿,也可以选择向第三人请求赔偿,但不能同时向保险人和第三人请求赔偿,否则就会获得双倍的赔偿,违反财产保险合同的补偿性原则。

我国《保险法》第四十五条对代位求偿权作了较全面的规定,因第三者对保险标的的损害而造成保险事故的,保险人自向被保险人赔偿保险金之日起,在赔偿金额范围内代位行使被保险人对第三者请求赔偿的权利。在保险事故发生后,被保险人已经从第三者取得损害赔偿的,保险人赔偿保险金时,可以相应扣减被保险人从第三者已取得的赔偿金额。保险人依法行使代位请求赔偿的权利,不影响被保险人就未取得赔偿的部分向第三者请求赔偿的权利。

(二) 代位求偿权成立的要件

1. 保险事故的发生与第三人的过错存在因果关系

具体的含义是:(1) 事故发生造成的损失是由第三人的过错造成的。如果损失并非由第三人的过错造成,则不存在保险人的代位权。(2) 所发生的保险事故必须是保险合同规定的责任事故,即保险责任事故。如果是非保险责任事故,则与保险人无关,不存在代位求偿权。

2. 代位求偿权的取得必须以保险人已给付赔偿金为前提

保险人的代位求偿权实质是被保险人对第三人债权的一种转移,在保险人赔偿被保险人之前,保险人与第三人不存在债权债务关系,因为债权具有特定性,是特定当事人之间的法律关系。只有保险人向被保险人赔偿后,被保险人对第三人所享有的债权请求权才发生转移,保险人才可以行使被保险人对第三人的权利。

3. 代位求偿权的范围不得超过保险人的赔偿金额

保险人代位求偿权的数额不一定与被保险人对第三人的原有请求权的数额相等。当保险人对被保险人的赔偿金额高于或等于第三人向被保险人应支付的损害赔偿额时,保险人可以取得被保险人对第三人的全部求偿权;当保险人对被保险人的赔偿金额低于第三人向被保险人应支付的损害赔偿额时,保险人在无特别授权的情况下,只能行使与其赔偿金额相等的权利,其他部分由被保险人行使。

(三) 关于代位求偿权的其他问题

在理解代位求偿权时有几个问题需要注意:

1. 代位求偿权的适用

代位求偿权是财产保险中特有的制度,因此代位求偿权的适用是有限制的,只适用于财产保险合同,不适用于人身保险合同。另外,根据《保险法》第四十七条,代位求偿权在适用时有例外,除被保险人的家庭成员或者其组成人员故意造成保险事故以外,保险人不得对被保险人的家庭成员或者其组成人员行使代位请求赔偿的权利。

2. 被保险人放弃代位求偿权的后果

《保险法》第四十六条规定:"保险事故发生后,保险人未赔偿保险金之前,被保险人放弃对第三者的请求赔偿的权利的,保险人不承担赔偿保险金的责任。保险人向被保险人赔偿保险金后,被保险人未经保险人同意放弃对第三者请求赔偿的权利的,该行为无效。由于被保险人的过错致使保险人不能行使代位请求赔偿的权利的,保险人可以相应扣减保险赔偿金。"

第四节　人身保险合同

一、人身保险合同及其特征

（一）人身保险合同的概念

《保险法》第五十二条规定："人身保险合同是以人的寿命和身体为保险标的的保险合同。"据此，人身保险合同的概念可以表述为：投保人向保险人支付保险费，保险人对被保险人在保险期间内因保险单载明的意外事故、灾难及衰老等原因而导致被保险人死亡、疾病、丧失劳动能力或退休时，给付被保险人或受益人一定的保险金额的合同。[①]

（二）人身保险合同的特征

人身保险合同以人的寿命和身体作为保险标的，因此与财产保险合同相比，具有十分明显的不同的特征，人身保险合同的特征是我们理解人身保险合同时必须注意的。综合学者的观点，人身保险合同具有以下特征：[②]

1. 人身保险合同体现为人格化的利益

人身保险合同的标的是人的寿命或身体，人身保险合同的利益是以被保险人的寿命或身体的存在形式为保险利益。这主要是因为，人的生命存在具有多种价值，如宗教价值、社会价值、经济价值等，而宗教价值、社会价值是无法以货币计算的，所以不能成为人身保险合同的标的，只有人的生命或身体的经济价值才能成为人身保险合同的标的。

2. 人身保险合同的被保险人只能是自然人

在人身保险合同中，投保人、被保险人、受益人可以是同一人，也可以不是同一人，但是，由于人身保险合同的标的是人的生命或身

[①] 范健：《商法》，第 1 版，北京：高等教育出版社、北京大学出版社 2002 年版，第 534 页。

[②] 施天涛：《商法学》，第 2 版，北京：法律出版社 2004 年版，第 685 页。

体,因此人身保险合同的被保险人必须是自然人。作为自然人的被保险人可以是完全民事行为能力的人,也可以是限制民事行为能力或无民事行为能力的人,但是我国《保险法》第五十五条、第五十六条对以下情况有所限制:

投保人不得为无民事行为能力的人投保以死亡为给付保险金条件的人身保险,保险人也不得承保。

父母为其未成年子女投保的人身保险,不受以上规定限制,但是死亡给付保险金额总和不得超过保险监督管理机构规定的限额;投保人以完全民事行为能力的人为被保险人,投保以死亡为给付保险金条件的合同,未经被保险人书面同意并认可保险金额的,合同无效;依照以死亡为给付保险金条件的合同所签发的保险单,未经被保险人书面同意,不得转让或者质押。

3. 人身保险合同是定额保险合同

由于人身保险合同的标的的特殊性,因此不能以具体的金钱价值确定保险金额,也不存在以实际价值确定保险金额的标准,只能由投保人和保险人协商确定保险金额。其所确定的保险金额就是发生保险事故时,保险人向被保险人或受益人支付的最高限额,所以人身保险合同是定额保险合同。

4. 投保人对保险标的(被保险人)必须具有特殊的保险利益

在财产保险合同中,投保人对保险标的必须具有保险利益,在人身保险合同中,投保人对保险标的也要具有保险利益,但是人身保险中的保险利益与财产保险中的保险利益不同。在人身保险中,保险利益体现为投保人与被保险人必须具有身份上的关系。

根据《保险法》第五十三条,投保人对下列人员具有保险利益:本人;配偶、子女、父母;前项以外与投保人有抚养、赡养或者扶养关系的家庭其他成员、近亲属。除以上规定外,被保险人同意投保人为其订立保险合同的,视为投保人对被保险人具有保险利益。

5. 保险费不得强行请求

人身保险合同成立后,投保人有义务按合同的约定缴纳保险费,但是当投保人不按合同约定缴纳保险费时,据《保险法》第六十条:"保险人对人身保险的保险费,不得用诉讼方式要求投保人支付。"

即人身保险合同成立后,投保人可以有两种选择,即选择缴纳保险费以维持合同,或选择不缴纳保险费以终止合同。而对于保险人而言,当投保人不缴纳保险费时,只有一种选择,即解除合同。

6. 人身保险不适用代位求偿权

由于人身保险合同的标的是不可以金钱衡量的保险价值,因此代位求偿权不适用于人身保险。被保险人或受益人在获得了保险人给付的保险金后,仍有权利向第三人请求赔偿。对此,《保险法》第六十八条作了规定:"人身保险的被保险人因第三者的行为而发生死亡、伤残或者疾病等保险事故的,保险人向被保险人或者受益人给付保险金后,不得享有向第三者追偿的权利。但被保险人或者受益人仍有权向第三者请求赔偿。"

二、人身保险合同的类型

人身保险合同可以分为:人寿保险合同、健康保险合同、意外伤害保险合同等几个主要类型。

(一)人寿保险合同

人寿保险合同,是指以被保险人的寿命为保险标的,保险人以被保险人在约定的年限内生存或死亡向被保险人或受益人给付赔偿金而订立的合同。

人寿保险合同主要包括:(1)死亡保险合同。是指以被保险人在保险期间内死亡为保险事故的合同。当被保险人在保险期间死亡时,由保险人按合同约定给付受益人保险金。(2)生存保险合同。是指以被保险人在保险期间生存为保险事故的合同。保险人生存到保险期满时,保险人按合同约定给付被保险人保险金。(3)生死两全保险合同。是指以被保险人在保险期间内的死亡、伤残,或被保险人生存到保险期满为保险事故的合同。(4)年金保险合同。是指在被保险人生存期间每年给付一定金额的生存保险合同。但它不限于生存保险,通常为两全保险合同。(5)简易人身保险合同。简易人身保险是一种简化了的人身保险合同。其保额小,手续简单,被保险人免检身体,是一种生死两全保险合同。

(二）健康保险合同

健康保险合同，是指投保人以被保险人的疾病、分娩以及由此而致残废、死亡为保险责任，而与保险人订立的保险合同。

健康保险包括：(1）医疗费给付保险。即以被保险人因重大疾病而支出的大额医疗费用为保险责任的保险。(2）工资收入保险。即以被保险人因疾病所致的工资收入减少为保险责任的保险。(3）营业收入保险。即以个体经营者或自由职业者因疾病期间可能导致的营业收入的减少或丧失为保险责任的保险。(4）残疾、死亡保险。即以被保险人因疾病、分娩而致残废、死亡后，保险人以保险金的形式向被保险人或受益人给付生活费、教育费、婚嫁费、抚养费等为保险责任的保险。

(三）意外伤害保险合同

意外伤害保险合同，是指以被保险人的身体利益为保险标的，以被保险人遭受意外伤害造成伤残或死亡为保险责任，而与保险人订立的保险合同。

意外伤害保险主要包括：(1）普通保险。即被保险人为单个自然人的伤害保险。(2）团体伤害保险。即以多个被保险人为一个团体而订立的伤害保险。(3）旅行伤害保险。即以被保险人在旅行期间发生的意外事故所受伤害为保险责任的保险。(4）交通事故伤害保险。即以被保险人因交通事故所受伤害为保险责任的保险。(5）职业伤害保险。即以被保险人因执行职务所受到的身体伤残而导致其暂时或永久丧失劳动能力为保险责任的保险。

三、人身保险合同的受益人

(一）受益人

受益人，是指基于保险合同享有向保险人请求保险金的人。受益人的资格法律没有限制，只要基于保险合同享有请求权的都可以为受益人。

(二）受益人的指定

虽然受益人无资格的限制，但是依据《保险法》第六十一条，人身保险的受益人由被保险人或者投保人指定。

对于指定的受益人无须经过本人或保险人同意,只需在保险单上注明即可。受益人可以由投保人或被保险人指定,或者投保人与被保险人共同指定。当投保人以他人的利益为保险时,投保人无论指定自己为受益人还是第三人为受益人,都须经过被保险人的同意,对此《保险法》第六十一条作了明确的规定:"投保人指定受益人时须经被保险人同意。"这一规定主要是为了防止道德危机,保护被保险人的利益。

受益人也可以由被保险人指定,但当被保险人为无民事行为能力的人或者限制民事行为能力的人时,可以由其监护人指定受益人。

(三) 受益人的变更

《保险法》第六十三条规定:"被保险人或者投保人可以变更受益人并书面通知保险人。保险人收到变更受益人的书面通知后,应当在保险单上批注。投保人变更受益人时须经被保险人同意。"

据此规定,投保人或被保险人指定受益人后,有权变更受益人。但是,投保人无权独立变更受益人,投保人变更受益人时,应当经过被保险人的同意,否则变更无效。而被保险人有权独立变更受益人,无须经投保人的同意。投保人或者被保险人变更受益人应当以书面的形式通知保险人,保险人收到书面通知后,应当在保险单上加上变更后的受益人的批注。保险人完成批注行为,变更产生法律效力。若投保人或被保险人变更受益人未书面通知保险人,而是以合同或遗嘱的形式变更受益人,此变更不得对抗保险人,即保险人对原受益人给付保险金后,对受让人免除给付责任。

(四) 受益人受益权的撤销

受益权的撤销,是指投保人、被保险人指定受益人后,如果发生受益人企图谋害被保险人时,将依法取消受益人的权利。《保险法》第六十五条第二款规定:"受益人故意造成被保险人死亡或者伤残的,或者故意杀害被保险人未遂的,丧失受益权。"可见,受益人丧失受益权的情况:一是受益人故意造成被保险人死亡或伤残的;二是受益人故意杀害被保险人未遂的。

四、人身保险合同中值得注意的特别条款

人身保险合同的内容已基本标准化、格式化,但人身保险合同中的一些重要内容,即一些重要的条款值得特别注意,这些条款对于理解人身保险合同是重要的。

(一)保险费交付的宽限期条款

宽限期条款,是人身保险合同中关于投保人支付保险费的条款。宽限期,也称优惠期,是指人寿保险合同在分期交付保险费的情况下,投保人交付了首期保险费后,到期没有续交保险费,可以有一定的宽限期,在宽限期内,不论投保人是否续交了保险费,保险合同继续有效,只要在宽限期内,保险人就要承担保险责任,不过要从给付的金额中扣除欠交的保险费。

人身保险合同之所以设定宽限期条款,主要是因为大多数人身保险合同投保人是以分期限交付的方式交付保险费的,由于交付时间长,在一些情况下可能并非由于投保人的主观故意不按时交付,而是由于遗忘或其他客观的原因未能按时交付。为了保全保险人的业务,也维护投保人的利益,因此设定了宽限期,以避免合同非故意失效。

《保险法》第五十八条规定:"合同约定分期支付保险费,投保人支付首期保险费后,除合同另有约定外,投保人超过规定的期限60日未支付当期保险费的,合同效力中止,或者由保险人按照合同约定的条件减少保险金额。""60日"的规定是法定的宽限期,如果合同对宽限期没有规定,就按法定的宽限期,即投保人未按规定支付当期保险费的行为持续至合同规定期限届满60日,没有超过60日的,投保人不承担相应的不利后果,超过60日的就要承担相应的不利后果。其不利的后果表现为:或合同效力自动停止,即使发生保险事故,保险人也不承担给付保险金义务;或保险人按合同约定的条件减少保险金额。

(二)复效条款

在人身保险合同中,投保人交付首期保险费后,以后的保险费在宽限期届满仍未续交已到期的保险费时,合同效力中止,但"中止"

并非"终止",也就是说暂停效力,而非完全失效。投保人在合同效力中止后,若想重新获得保险保障,可以有两种选择途径:一是申请复效;二是重新投保。申请复效,是对原合同效力的恢复,保险费与原合同一致。而重新投保则是与保险人重新订立保险合同,保险费必然高于原保险合同。

投保人可以选择申请复效,但是为了防止逆选择,法律规定投保人申请复效要满足一定的期限和一定的条件。《保险法》第五十九条作了明确的规定:宽限期条款规定合同效力中止的,经保险人与投保人协商并达成协议,在投保人补交保险费后,合同效力恢复。但是,自合同效力中止之日起2年内双方未达成协议的,保险人有权解除合同。据此复效要满足的一定条件是:(1)有效的时间。复效要在有效的时间内进行,即2年,过了这一时间就不能复效,保险合同终止,保险人向受益人支付保险单上的现金价值或退还已交的保险费。(2)双方达成协议。(3)补交停效期间的保险费及利息,并且保险人不承担停效期间发生的保险责任。(4)投保人尽告知义务。

(三) 不可抗辩条款

不可抗辩条款,又称不可争条款或2年后不否认条款,是指合同生效之日起满一定的时间后,除投保人未按约定交付保险费外,保险人不得以投保人违反诚实信用原则、未履行如实告知义务为由,主张合同无效。也就是说,投保人违反告知义务致使保险人解除合同或不负给付保险金责任的规定,只有在一定的时间内才可以成立,超过了一定的时间,保险人就丧失了解除合同或不承担给付保险金的权利。

我国《保险法》第五十四条第一款关于被保险人不符合承保年龄的限制规定就属于不可抗辩条款。该条规定,投保人申报的被保险人年龄不真实,并且其真实年龄不符合合同约定的年龄限制的,保险人可以解除合同,并在扣除手续费后,向投保人退还保险费,但是自合同成立之日起逾2年的除外。可见我国《保险法》将保险人对投保人是否履行告知义务提出异议的期间限制在2年以内,在2年之内,保险人可以以告知不实为由主张解除合同,并在扣除手续费后,向保险人退还保险费。2年后,保险人就失去了该权利。

不可抗辩条款的制定,主要是为了平衡人身保险合同双方的利益。一方面,保障保险人的正当权利。诚实信用原则是保险合同的重要原则,因此要求投保人要如实履行年龄、健康等方面的告知义务,未履行该义务,保险人就有权利主张解除合同。另一方面,则要防止保险人滥用权利,保护投保人或受益人的正当权利。因为人身保险合同往往是长期合同,时间长了后就很难核实投保人投保时告知义务的履行情况,另外如果被保险人死亡,受益人也很难知道投保人当时履行告知义务的情况。

(四) 年龄误告条款

在人身保险合同中,年龄情况是一个重要事项,它决定保险费率的高低以及保险人是否同意承保,因此投保人必须如实申报被保险人的年龄。年龄申报不实就是年龄误告,而年龄误告条款就是关于被保险人年龄申报不实的处理条款。

被保险人年龄申报不实的情况主要是:一是申报的年龄超过了合同约定的限制;二是申报的年龄未超过合同约定的限制,但大于实际年龄,在此情况下,实际缴付的保险费多于应缴付的保险费,即溢缴保险费;三是申报的年龄未超过合同约定的限制,但小于实际年龄,在此情况下,实际缴付的保险费小于应缴付的保险费。

依据年龄误报的不同情况,有不同的后果和处理方式:

1. 解除合同

如果投保人申报的被保险人的年龄不实,并且其真实年龄不符合合同约定的年龄限制的(如简易人身保险最高承保年龄限制为65岁,误报的被保险人的年龄不能超过这一限制),保险人可以解除合同,并在扣除手续费后,向投保人退还保险费。

2. 调整保险费

我国《保险法》第五十四条对申报的被保险人的年龄未超过合同约定年龄限制的两种情况的处理方法分别进行了规定:(1) 多缴保险费时的调整。投保人申报的被保险人年龄不真实,致使投保人实付保险费多于应付保险费的,保险人应当将多收的保险费退还投保人。(2) 少缴保险费时的调整。投保人申报的被保险人年龄不真实,致使投保人支付的保险费少于应付保险费的,保险人有权更正并要求投保人补交保险费,或者在给付保险金时按照实付保险费与应付保险费的比例支付。

(五) 自杀条款

自杀条款,是指以死亡为给付条件的人身保险合同,在保险期内,被保险人自杀,保险人是否承担保险责任的条款。被保险人在法定的保险期内自杀,保险人不承担保险责任,仅退还保险单的现金价值,但法定的期间经过后被保险人自杀,则保险人应当承担保险责任。对此我国《保险法》第六十六条作了明确的规定:"以死亡为给付保险金条件的合同,被保险人自杀的,除本条第二款规定外,保险人不承担给付保险金的责任,但对投保人已支付的保险费,保险人应按照保险单退还其现金价值。以死亡为给付保险金条件的合同,自成立之日起满2年后,如果被保险人自杀的,保险人可以按照合同给付保险金。"

自杀条款的制定,主要是为了保护和平衡保险人与被保险人家属或受益人的利益。一方面,为了防止发生道德危机,需要保护保险人的利益,因此,将自杀的除外责任在时间上进行了限制,限制在保险合同成立之日起2年内,2年内被保险人自杀,保险人不承担给付责任,但对投保人已支付的保险费,保险人应当按照保险单退还其现金价值。另一方面,为了保护被保险人家属或受益人的利益,因此,对被保险人自杀保险人不承担责任进行了限制,自合同成立之日起超过2年被保险人自杀的,保险人要承担给付责任。

需要注意的是,自杀条款只适用于以死亡为给付保险金条件的合同中。以下情况不适用自杀条款:(1) 意外伤害。在以意外伤害为保险责任的保险合同中,对故意自杀行为保险人均不承担给付责任。《保险法》第六十七条规定:"被保险人故意犯罪导致其自身伤残或者死亡的,保险人不承担给付保险金的责任。投保人已交足2年以上保险费的,保险人应当按照保险单退还其现金价值。"(2) 他杀。《保险法》第六十五条规定:"投保人、受益人故意造成被保险人死亡、伤残或者疾病的,保险人不承担给付保险金的责任。投保人已交足2年以上保险费的,保险人应当按照合同约定向其他享有权利的受益人退还保险单的现金价值。受益人故意造成被保险人死亡或者伤残的,或者故意杀害被保险人未遂的,丧失受益权。"

(六) 不丧失价值条款

不丧失价值条款,是指投保人缴纳保险费2年以上的,无论是投保人请求退保,或是投保人不能继续缴纳保险费,或是各种原因造成被保险人死亡、伤残或者疾病的,保险单所具有的现金价值并不因此而丧失的条款。该条款主要是由人身保险的储蓄性决定的,保险单具有现金价值,该现金价值具有储蓄性,投保人、受益人有权获得保险单所具有的现金价值,在任何情况下保险人不能予以没收。我国《保险法》中对不丧失价值条款在人身保险中作了多处规定。

第五节 保　险　业

一、保险业的组织形式

保险业具有公共性,以经营特定的商业保险项目为业务,涉及社会公众利益,因此法律一般对保险业的组织形式具有一定的规定。

一般而言,保险业所采取的组织形式主要可分为三种类型:个人保险组织、合作保险组织、公司保险组织。

个人保险组织,是指由个人经营保险业务并承担保险风险的组织。个人保险组织历史久远,但由于个人保险组织的规模及承受风险的能力较弱也有限,所以个人保险组织已不能适应保险业发展的要求,因此,现今多数国家法律限制个人经营保险业务。

合作保险组织,是指由社会上需要保险的人或单位共同组织起来,采取合作的方式办理保险业务并承担保险风险的组织。合作保险组织可以分为两种形式:相互保险社和相互保险公司。相互保险社,是由一些对某种危险有同一保险要求的人组成的团体,其成员由投保人或被保险人组成,成员以缴纳保险费的方式建立保险赔偿基金,并共同分担风险。相互保险公司,是所有参加保险的人自己设立的非营利性的保险法人组织,公司的股东是全体投保人或被保险人。公司成员认缴的资本金是公司的经营基础,公司以成员缴纳的保险费建立保险赔偿基金,被保险人的损失由公司承担。

公司保险组织,是指以营利为目的从事保险业务的法人组织,主要形式是股份有限公司。现在,保险业中最基本、最重要的组织形式是公司保险组织。

我国《保险法》第六条规定:"经营商业保险业务,必须是依照本法设立的保险公司。其他单位和个人不得经营商业保险业务。"第七十条规定,"保险公司应当采取下列组织形式:(1)股份有限公司;(2)国有独资公司。"

虽然《保险法》对保险公司组织有明确的规定,但是,并不是说不能依法设立其他组织形式的保险组织。《保险法》第一百五十六条规定:"本法规定的保险公司以外的其他性质的保险组织,由法律、行政法规另行规定。"这一规定为我国保险业的发展留下了空间,为我国保险业设立其他形式的保险组织留有了余地。

二、保险公司

保险公司,是指投资人以营利为目的依法设立的,经营保险业务的企业法人。由于保险公司是重要的保险业组织形式,而且保险公司的经营活动涉及较广泛的社会层面,不仅对经济的繁荣,而且对社会的稳定都产生着极为重要的影响,所以,各国对保险公司的设立、终止以及经营活动都实行严格的规定,并有专门的监督管理机构进行管理。

(一)保险公司设立的条件

我国保险公司的设立应符合《保险法》《公司法》以及中国保险监督管理委员会于2004年5月13日发布、2004年6月15日施行的修订后的《保险公司管理规定》的规定。设立保险公司,应当具备下列条件:

1. 符合《保险法》和《公司法》规定的章程
2. 符合《保险法》规定的注册资本最低限额

《保险法》第七十三条规定,设立保险公司,其注册资本的最低限额为人民币2亿元。保险公司注册资本最低限额必须为实缴货币资本。保险监督管理机构根据保险公司的业务范围、经营规模,可以调整其注册资本的最低限额。但是,不得低于法定最低注册资本限额的要求。可见,法律规定的保险公司的最低注册资本的要求明显高于一般公司,这主要是由保险公司经营的特殊性决定的。

3. 具备任职专业知识和业务工作经验的高级管理人员

由于保险业务专业化程度高、技术性强,所以法律要求保险公司的从业人员,尤其是高级管理人员必须具备相当的专业知识和业务工作经验。《保险公司管理规定》第六条规定,高级管理人员应当符合中国保险监督管理委员会规定的任职资格条件。

4. 健全的组织机构和管理制度

《保险法》第八十三条规定,保险公司的组织机构,适用《公司法》的规定。但是,对国有独资保险公司监事会的组成及其职能有特别的规定。《保险法》第八十四条规定,国有独资保险公司设立监事会。监事会由保险监督管理机构、有关专家和保险公司工作人员的代表组成。监事会对国有独资保险公司提取各项准备金、最低偿付能力和国有资产保值增值等情况以及高级管理人员违反法律、行政法规或者章程的行为和损害公司利益的行为进行监督。

5. 具有与其业务发展相适应的营业场所和其他设施

(二) 保险公司设立的程序

在我国,对保险公司的设立采取许可主义,即必须经保险监督管理机构批准。具体程序是:

保险公司首先应向保险监督管理机构提出申请,申请时应提交法定的文件和资料;保险监督管理机构收到文件后进行初步审查;初步审查合格后,申请人依照《保险法》和《公司法》的规定筹建保险公司;具备法定条件后向保险监督管理机构提交正式申请表和有关的文件、资料;保险监督管理机构自收到设立保险公司的正式申请文件之日起6个月内作出决定;取得经营保险业务许可证;到工商行政管理机关办理登记手续,领取营业执照。

(三) 保险公司的变更与解散

1. 保险公司的变更

保险公司成立后依法可以变更。《保险法》第八十二条规定,保险公司有下列变更事项之一的,须经保险监督管理机构批准:(1) 变更名称;(2) 变更注册资本;(3) 变更公司或者分支机构的营业场所;(4)调整业务范围;(5)公司分立或者合并;(6)修改公司章程;(7)变更出资人或者持有公司股份10%以上的股东;(8)保险监督管理机构规定的其他变更事项。

保险公司更换董事长、总经理的,应当报经保险监督管理机构审查其任职资格。

2. 保险公司的解散

保险公司业务的特殊性,决定了保险公司不能自行决定解散,其解散必须符合法定的原因,并取得保险监督管理部门的同意。

根据《保险法》第八十五条至第八十九条的规定,保险公司可以基于以下原因而解散:(1)保险公司因分立、合并或者公司章程规定的解散事由出现,经保险监督管理机构批准后解散。保险公司应当依法成立清算组,进行清算。但经营有人寿保险业务的保险公司,除分立、合并外,不得解散。(2)保险公司违反法律、行政法规,被保险监督管理机构吊销经营保险业务许可证的,依法撤销。由保险监督管理机构依法及时组织清算组,进行清算。(3)保险公司不能支付到期债务,经保险监督管理机构同意,由人民法院依法宣告破产。保险公司被宣告破产的,由人民法院组织保险监督管理机构等有关部门和有关人员成立清算组,进行清算。但经营有人寿保险业务的保险公司被依法撤销的或者被依法宣告破产的,其持有的人寿保险合同及准备金,必须转移给其他经营有人寿保险业务的保险公司。不能同其他保险公司达成转让协议的,由保险监督管理机构指定经营有人寿保险业务的保险公司接受。

保险公司依法破产的,破产财产优先支付其破产费用后,其清偿的顺序是:所欠职工工资和劳动保险费用;赔偿或者给付保险金;所欠税款;清偿公司债务。破产财产不足清偿同一顺序清偿要求的,按照比例分配。

(四)保险公司的经营规则

保险公司的经营规则是保险公司从事保险活动时必须遵守的法定行为规则。我国《保险法》规定的保险经营规则主要涉及公司的业务范围、偿付能力、资金运用和风险管理等方面。

1. 保险公司业务范围法定性规则

我国保险公司的业务包括财产保险业务、人身保险业务、再保险业务。但是，保险公司经营上述保险业务范围必须符合法律的规定。

业务范围法定性规则主要体现在以下方面：（1）保险分业经营规则。我国《保险法》第九十二条规定，同一保险人不得同时兼营财产保险业务和人身保险业务。保险公司的业务范围由保险监督管理部门核定，保险公司只能在被核定的业务范围内从事保险经营活动。《保险公司管理规定》第四十七条、第四十八条规定，经中国保险监督管理部门核定，财产保险公司可以经营下列全部或者部分保险业务：财产损失保险、责任保险、法定责任保险、信用保险和保证保险、农业保险、其他财产保险业务、短期健康保险和意外伤害保险、上述保险业务的再保险业务。人寿保险公司可以经营下列全部或者部分保险业务：意外伤害保险、健康保险、传统人寿保险、人寿保险新型产品、传统年金保险、年金新型产品、其他人身保险业务、上述保险业务的再保险业务。（2）禁止兼营规则。保险公司不得同时兼营《保险法》及其他法律、行政法规规定以外的业务。（3）保险专营规则。经营商业保险业务，必须是依照《保险法》设立的保险公司，其他单位和个人不得经营商业保险业务。保险专营的规定，主要是因为保险业务的专业程度高、风险大，涉及社会面广，对经营者的资金及管理水平要求高，所以只有具备法定的条件和能力才能经营保险这一特殊业务。

《保险法》对保险业务作出法定性规定的主要原因是：财产保险业务和人身保险业务性质不同，在承保手续、保险费计算、保险金的给付方法及经营技术等方面都有较大差别。另外，两种业务兼营，势必增加公司的资金负担，降低公司的偿付能力，可能影响到被保险人或受益人的利益和社会公共利益。但是，该规定有例外，即经营财产保险业务的保险公司经保险监督管理机构核定，可以经营短期健康保险业务和意外伤害保险业务。

2. 保障最低偿付能力规则

偿付能力，是指保险人履行赔偿或给付保险金的能力。它是保险人的资金实力与其自身承担的危险负担责任的一种比较，表征着保险公司是否具有履行合同的能力。《保险法》第九十八条规定："保险公司应当具有与其业务规模相适应的最低偿付能力。保险公司的实际资产减去实际负债的差额不得低于保险监督管理机构规定的数额；低于规定数额的，应当增加资本金，补足差额。"

为了保障最低偿付能力，保险公司应当按法律的规定提取保险保证金、保险公积金、保险责任准备金。保险公司偿付能力表现为保险公司的偿付资金，为了维持偿付能力，法律要求保险公司应当按规定提取以下基金：(1) 保险保证金，即保险公司成立时，保险公司向国家缴存的保险金额。保险保证金是国家控制保险公司偿付能力的办法。我国《保险法》第七十九条规定："保险公司成立后应当按照其注册资本总额的20%提取保证金，存入保险监督管理机构指定的银行，除保险公司清算时用于清偿债务外，不得动用。"(2) 保险公积金，即保险公司基于增强自身财产能力，为扩大经营范围以及预防意外亏损，按照法律和公司章程的规定，从公司税后利润中提取的部分资金积累。我国《保险法》明确规定，保险公司应当依照有关法律、行政法规及国家财务会计制度的规定提取公积金。(3) 保险责任准备金，即保险人为了承担未到期责任和处理未决赔款而从保险费收入中提取的一种资金准备。提取足够的保险责任准备金是保险人履行赔付责任、保障被保险人权益的重要保证，因此各国都规定了保险人提取责任准备金的比例。我国《保险法》第九十四条规定："保险公司应当根据保障被保险人利益、保证偿付能力的原则，提取各项责任准备金。保险公司提取和结转责任准备金的具体办法由保险监督管理机构制定。"

3. 风险控制规则

风险控制，主要是指对经营财产保险的保险公司通过法定的方式控制其承担过大的风险。

风险控制规则的表现是：(1) 控制自留保险费的数额。保险费是公司的负债，而不是公司的资本，自留保险费越高，表明公司的负债越高，其所承担的风险也就越大。因此，《保险法》规定，经营财产保险业务的保险公司当年自留保险费，不得超过其实有资本金加公积金总和的4倍。(2) 限制承保责任。为了维护被保险人的利益，防止保险人因承保某危险单位的业务过大,出现集中赔付过多保险金而发生支付困难的情况,《保险法》要求,保险公司应当按照保险监督管理机构的有关规定办理再保险。《保险法》第一百条规定:"保险公司对每一危险单位,即对一次保险事故可能造成的最大损失范围所承担的责任,不得超过其实有资本金加公积金总和的10%;超过的部分,应当办理再保险。"另外还规定,保险公司对危险单位的计算办法和巨灾风险安排计划,应当报经保险监督管理机构核准。(3)强制再保险。再保险是分散原保险人风险的重要方式。《保险法》规定,保险公司应当按照保险监督管理机构的有关规定办理再保险。保险公司需要办理再保险分出业务的,应当优先向中国境内的保险公司办理。保险监督管理机构有权限制或者禁止保险公司向中国境外的保险公司办理再保险分出业务或者接受中国境外的保险公司的再保险分入业务。

4. 保险资金合理运用规则

保险资金的运用,是指保险公司以营利为目的,将积累的部分保险资金用于投资或融资的活动。保险公司在经营过程中,保险资金的使用具有间歇性和不确定性,总会有一些保险资金处于闲置状态,正确运用这部分资金,可以使保险资金保值增值,从而增强其偿付能力和竞争力。

由于保险资金在运用过程中存在一定的风险,因此,各国保险法对保险资金运用的范围和形式都有明确规定,一般遵循稳健性、安全性、收益性、多样性、流动性等原则。我国《保险法》第一百零五条规定:"保险公司的资金运用必须稳健,遵循安全性原则,并保证资产的保值增值。"

根据《保险法》和《保险公司管理规定》,保险资金运用方式限于:银行存款、买卖政府债券、买卖金融债券、买卖企业债券、买卖证券投资基金、国务院规定的其他资金运用方式。保险公司可以在境外运用保险资金,但应当符合国家有关规定。保险公司既可以设立保险资产管理公司运用保险资金,也可以委托保险资产管理公司运用保险资金。

三、保险业的监督管理

由于保险业业务的特殊性、经营的风险性以及影响的广泛性,各国都十分重视对保险业的监督管理。我国《保险法》《保险公司管理规定》《保险公估人管理规定》等都对保险业的监督管理作了相应的规定。

(一)保险业监督管理机构

《保险法》第九条规定,国务院保险监督管理机构依法负责对保险业实施监督管理。国务院保险监督管理机构是指中国保险监督管理委员会。保险监督管理委员会根据法律和国务院授权,对保险公司及保险市场实行统一监督管理。保险监督管理委员会的派出机构,在保险监督管理委员会授权范围内行使职权,对区域内的保险公司及保险市场进行具体的监督与管理。

(二)对保险业监督管理的内容

1. 对保险业的经营者监督管理

保险业是特殊的行业,从事该行业的经营者必须符合法定的特定条件,并经过法定的特定程序才能获得经营者的资格。《保险法》规定,保险监督管理机构对保险公司的设立、合并及撤销进行审查批准,对有资格的经营者颁发经营保险业务许可证,监督经营者的经营活动。

2. 对关系社会公众利益的保险险种、依法实行强制保险的险种和新开发的人寿保险险种等的保险条款和保险费率监督管理

《保险法》第一百零七条规定,关系社会公众利益的保险险种、依法实行强制保险的险种和新开发的人寿保险险种等的保险条款和保险费率,应当报保险监督管理机构审批。其他保险险种的保险条款和保险费率,应当报保险监督管理机构备案。

3. 对保险公司最低偿付能力监督管理

《保险法》第一百零八条规定,保险监督管理机构应当建立健全保险公司偿付能力监管指标体系,对保险公司的最低偿付能力实施监控。保险监督管理机构必须依法对保险公司提取的保险保证金、保险公积金、保险责任准备金,以及再保险、保险资金运用等进行监

督管理。《保险法》第一百一十条规定,保险公司未依法提取或者结转各项准备金,或者未按照《保险法》规定办理再保险,或者严重违法进行资金运用的,由保险监督管理机构责令该保险公司依法采取相关的措施:提取或者结转各项准备金、依法办理再保险、纠正违法运用资金的行为、调整负责人及有关管理人员。

  4. 对保险公司财务监督管理

  《保险法》第一百一十条至第一百二十四条具体对保险公司财务监管作了规定:(1)保险公司应当于每一会计年度终了后3个月内,将上一年度的营业报告、财务会计报告及有关报表报送保险监督管理机构,并依法公布。(2)保险公司应当于每月月底前将上一月的营业统计报表报送保险监督管理机构。(3)保险公司必须聘用经保险监督管理机构认可的精算专业人员,建立精算报告制度。(4)保险公司的营业报告、财务会计报告、精算报告及其他有关报表、文件和资料必须如实记录保险业务事项,不得有虚假记载、误导性陈述和重大遗漏。(5)保险人和被保险人可以聘请依法设立的独立的评估机构或者具有法定资格的专家,对保险事故进行评估和鉴定。依法受聘对保险事故进行评估和鉴定的评估机构和专家,应当依法公正地执行业务。因故意或者过失给保险人或者被保险人造成损害的,依法承担赔偿责任。(6)保险公司应当妥善保管有关业务经营活动的完整账簿、原始凭证及有关资料,保管期限自保险合同终止之日起计算,不得少于10年。

  5. 对保险公司的高级管理人员监督管理

  《保险公司管理规定》规定,保险监督管理机构根据监督管理职责的需要,可以对保险公司的高级管理人员进行监管谈话或者质询,要求其就保险业务经营活动和风险管理的重大事项作出说明。

  6. 对保险公司实行接管

  保险公司违反《保险法》的规定,损害社会公共利益,可能严重危及或者已经危及保险公司的偿付能力的,保险监督管理机构可以对该保险公司实行接管。

  接管的目的是对被接管的保险公司采取必要措施,以保护被保险人的利益,恢复保险公司的正常经营。被接管的保险公司的债权债务关系不因接管而变化。

接管期限届满,保险监督管理部门可以决定延期,但接管期限最长不得超过 2 年。

接管期限届满,被接管的保险公司已恢复正常经营能力的,保险监督管理部门可以决定接管终止;接管组织认为被接管的保险公司的财产已不足以清偿所负债务的,经保险监督管理部门批准,依法向人民法院申请宣告该保险公司破产。

7. 对保险代理人、保险经纪人、保险公估人监督管理

《保险法》规定,保险监督管理部门依法对保险代理人、保险经纪人从业资格及行为进行监督管理。《保险公估人管理规定》规定,保险监督管理委员会依法对保险公估人实施监督管理。

参 考 阅 读

1. 《中华人民共和国保险法》(2002 年文本)。
2. 中国保险监督管理委员会发布《保险公司管理条例》(2004 年文本)。
3. 中国保险监督管理委员会发布《保险公估人管理规定》(2000 年文本)。
4. 李玉泉:《保险法》,第 1 版,北京:法律出版社 2007 年版。
5. 施天寿:《商法学》,第 2 版,北京:法律出版社 2004 年版。
6. 覃有土:《商法学》,第 1 版,北京:高等教育出版社 2004 年版。

复 习 思 考

1. 什么是保险?其构成要件有哪些?
2. 保险有哪些分类?
3. 保险法的基本原则是什么?
4. 保险合同有什么特点?
5. 保险合同的主体有什么特点?
6. 保险代理人与保险经纪人有什么区别?
7. 保险合同当事人的主要义务有哪些?
8. 保险合同无效的情形是什么?

9. 保险合同解除的要件是什么?
10. 财产保险合同有什么特点?有哪些分类?
11. 什么是代位求偿权?代位求偿权成立的要件是什么?
12. 人身保险合同的特点是什么?有哪些分类?
13. 人身保险合同中关于受益人的指定、变更、受益权的撤销等是如何规定的?
14. 人身保险合同中有哪些条款值得注意?
15. 什么是保险公司?其经营的规则有哪些?
16. 保险业监管的主体及其监管的内容是什么?

第十一章 海 商 法

本章学习重点:海商法是一门古老的法律,经历了古代海商法、中世纪海商法、近代海商法、现代海商法等阶段的发展,而今已成为一个较成熟的法律部门。随着商事活动的不断国际化,海商法的内容也在不断地变化。海商法是商事保险中的特别法,以海上商事活动中产生的海上运输关系、船舶关系作为调整的对象。现在虽然已经有一些国际公约,但是各国在参加有关的国际公约时,也都制定了自己的海商法。我国于1992年11月7日第七届全国人民代表大会常务委员会第二十八次会议通过了《中华人民共和国海商法》(以下简称《海商法》),该法自1993年7月1日起施行。另外,我国的《物权法》中也有相关的规定。

本章的内容由海商法概述、船舶、海上货物运输合同、提单、租船合同与海上拖船合同、船舶碰撞与海难救助、共同海损、海事赔偿责任限制、海上保险合同等九个部分组成,其中,船舶、海上货物运输合同、提单、共同海损、海上保险合同等是本章的重要内容。

具体而言,本章的学习重点是:海商法及其特征、船舶及其特征、船舶所有权、船舶抵押权、船舶优先权、海上货物运输合同的订立和解除、提单及其法律性质、提单的三个国际公约的主要内容、租船合同及其种类、海上拖航合同的特征及其当事人的义务、船舶碰撞的构成要件、船舶碰撞的责任、海难救助的构成要件及其种类、海难救助款项及其报酬的确定、共同海损及其构成要件、共同海损的范围、海事赔偿责任及其限制内容、海上保险合同的原则与种类、海上保险合同的订立及解除与转让、委付及其条件、委付与代位求偿权的区别。

第一节　海商法概述

一、海商法及其调整对象

什么是海商法？《海商法》第一条规定："为了调整海上运输关系、船舶关系，维护当事人各方的合法权益，促进海上运输和经济贸易的发展，制定本法。"据此，我国学者通常将海商法定义为：海商法是调整海上运输关系、船舶关系的法律规范的总称。

海上运输关系，是指基于海上货物运输和旅客运输所发生的各种关系，以及与海上运输有关的其他各种关系。这种关系也称为承运人、实际承运人同托运人、收货人之间，或者同旅客之间，或者拖方同被拖方之间的关系。主要包括海上货物运输关系、海上旅客运输关系、海上拖船关系、船舶碰撞关系、共同海损关系、海上保险关系等。

船舶关系，是指基于船舶而发生的各种关系。这种关系也称为船舶所有人、经营人、出租人、承租人之间，抵押人与抵押权人之间，救助方与被救助方之间的关系。主要包括船舶所有关系、船舶抵押关系、船舶优先权关系、船舶租用关系等。

二、海商法的内容

根据我国《海商法》，海商法的主要内容包括以下部分：

1. 海上运输管理法

海上运输管理法主要包括：海上运输管理法，如船舶登记、船舶和航海安全、船长船员资格管理等；海运经济法；防止海上污染法等。

2. 海上运输法

海上运输法主要包括：海上货物运输法、海上旅客运输法、海上拖船合同法等。

3. 海事法

海事法主要包括：船舶碰撞、海难救助、共同海损、海事赔偿责任限制等。

4. 海上保险法
5. 海事纠纷解决法

三、海商法的特征

海商法是一门古老的法律,经历了古代海商法、中世纪海商法、近代海商法、现代海商法等阶段的发展,而今已成为一个较成熟的法律部门。学者们对海商法特征的看法也在向着大体一致的方向发展。综合学者们的看法,海商法具有如下特征:

(一) 国际性

海商法具有国际性,首先是由海商法所调整的对象的特殊性决定的。海商法所调整的对象是海上运输关系和船舶关系,而这种关系是在跨国的贸易活动中产生的,如海上运输关系就涉及不同国家和地区间的运输,因此海商法具有较强的国际性。其次,海商法中有大量的国际公约,各国海商法逐步与国际公约接轨,因此各国的海商法具有较强的国际统一性。

(二) 综合性

海商法具有综合性,首先是由于海商法中既包括实体法也包括程序法;其次,海商法中既包括国内法也包括国际法;再次,海商法所调整的海上运输关系中,大部分是平等主体之间发生的法律关系,但也包括非平等主体之间的法律关系;最后,海商法中既包括任意性的规定也包括强制性的规定。因此,海商法具有明显的综合性。

(三) 技术性

海商法是技术性很强的法律规范。这一特征在多个方面都表现突出,如船舶的技术性能、船舶航行、船舶驾驶、船舶碰撞、海难救助、货物的配载等方面。

(四) 制度特殊性

海上运输及其有关业务活动,具有较大的特殊风险。为了促进海上运输以及国际贸易的发展,有关的国际公约制定了一系列特殊制度,各国的海商法也逐步建立起了一系列特殊制度。主要包括:有限责任制度以及其他的相关制度。

国际公约以及各国海商法都设置了责任限制制度,即责任人只在法律规定的限额内承担责任,超过限额则不承担责任。另外,为了防止和避免海上特殊风险,海商法还有一些其他的特殊制度,如共同海损制度、海难救助制度、船舶碰撞制度、海上拖船制度、海上保险制度等。

第二节 船　　舶

一、船舶及其特征

(一) 船舶

船舶有广义和狭义之分,海商法中所称的船舶是狭义上的船舶。《海商法》第三条规定:"本法所称船舶,是指海船和其他海上移动式装置,但是用于军事的、政府公务的船舶和20吨以下的小型船艇除外。"船舶,包括船舶属具。

海船,是指在内陆水域、遮蔽水域和港区以外航行的船舶。什么是海上移动式装置? 一般认为,是指有自航能力并正处于航行状态中的装置,包括海上石油开采的浮动平台和其他靠本身动力移动的海上装置。

(二) 船舶的特征

1. 能够在海上航行或移动

《海商法》第二条规定,"本法所称海上运输,是指海上货物运输和海上旅客运输,包括海江之间、江海之间的直达运输。"据此,《海商法》中所指的船舶,必须是能够在海上航行或移动的船舶。因此,只在内水域航行的船舶,或非用于航行的船舶,或不能移动的固定海上装置,都不属于海商法中所称的船舶。

2. 具有一定的规模

《海商法》排除了20吨位以下的小型船艇,规定只有20吨位以上规模的船舶才是海商法中的船舶。

3. 具有商业目的

《海商法》明确规定用于军事、政府公务的船舶不属于海商法中所讲的船舶。

4. 具有不动产性

船舶是动产,但是却被按不动产对待进行管理,这是各国海商法的通例。我国《海商法》也有相关的规定,如规定船舶的取得、转让、消灭设定抵押权等,应当向登记机关进行登记,不登记的不得对抗第三人。登记一般是对不动产进行管理的必要措施,船舶登记制度实际是将船舶作为不动产进行管理。船舶登记主要有船舶所有权登记、船舶国籍登记、船舶抵押权登记、光船租赁登记等。

二、船舶所有权

船舶所有权,是指船舶所有权人依法对其船舶(船体、设备及船舶属具)享有占有、使用、收益和处分的权利。船舶所有权的主体是指船舶的所有人,也称船东或船主。船舶的所有权主体可以为自然人,也可以为法人。

船舶所有权的取得、转让和消灭实行登记制度。我国《海商法》第九条规定,船舶所有权的取得、转让和消灭,应当向船舶登记机关登记;未经登记的,不得对抗第三人。可见,我国采取的是登记对抗制度,登记是船舶所有权取得、转让和消灭的对抗要件。

三、船舶抵押权

(一) 船舶抵押权及设定的条件

船舶抵押权,是指抵押人对于抵押权人提供的作为债务担保的船舶,在抵押人不履行债务时,可以依法拍卖,从卖得的价款中优先受偿的权利。

船舶抵押权的设定要符合一定的条件,根据《海商法》和《物权法》,船舶抵押权的设定要在标的、主体、形式、程序等方面符合以下条件:

1. 船舶抵押权的标的应当是船舶或建造中的船舶

船舶作为抵押权的标的,包括船舶的设备和属具。在建中的船舶虽然不是海商法中所指的船舶,但是由于其具有一定的价值,所以《海商法》允许对建造中的船舶设定抵押权。《物权法》第一百八十条第五款也明确规定了抵押人有权处分正在建造的船舶或可以设定抵押。

设定抵押的船舶不转移抵押人的占有权,但是债务履行期届满,债权人可以提前或立即请求法院扣押船舶。船舶抵押权设定后,未经抵押权人同意,抵押人不得将被抵押的船舶转让给他人。

2. 船舶所有人或船舶所有人授权的人是有权设定抵押权的主体

由于船舶抵押权是一种担保物权,在实现时优于债权,所以只有船舶的所有人或所有人授权的人才能为抵押人。

3. 船舶抵押权设定的形式是抵押人与抵押权人必须签订书面合同

4. 船舶抵押权设定的程序是抵押人和抵押权人应当办理抵押权登记

由于抵押权设定后,船舶的占有权不转移,仍在抵押人处,为了保护抵押权人的权利,法律规定了抵押登记制度,以使船舶特定化。《海商法》规定,设定船舶抵押权,由抵押权人和抵押人共同向船舶登记机关办理抵押权登记;未经登记的,不得对抗第三人。

船舶共有人可以就共有船舶设定抵押权,但是应当取得持有2/3以上份额的共有人的同意。船舶共有人设定的抵押权,不因船舶的共有权的分割而受影响。船舶抵押权设定后,未经抵押权人同意,抵押人不得将被抵押船舶转让给他人。抵押权人将被抵押船舶所担保的债权全部或者部分转让给他人的,抵押权随之转移。

抵押人可以就建造中的船舶设定船舶抵押权,但应当向船舶管理部门办理登记,此外还应当向船舶登记机关提交船舶建造合同。《物权法》规定,将正在建造的船舶设定抵押权,抵押权自抵押合同生效时设立;未经登记的,不得对抗善意第三人。

(二) 船舶抵押权的受偿顺序

1. 在同一船舶上设定两个以上抵押权时的受偿顺位

在同一船舶上设定两个以上抵押权的,抵押权人按照抵押权登记的先后顺序,从船舶拍卖所得价款中依次受偿。同日登记的抵押权,按照同一顺序受偿。

2. 在同一船舶上同时存在船舶抵押权和船舶优先权时的受偿顺位

在同一船舶上同时存在船舶抵押权和船舶优先权时，船舶优先权先于船舶抵押权受偿。

3. 在同一船舶上同时存在船舶抵押权和船舶留置权时的受偿顺位

船舶留置权，是指造船人、修船人在合同另一方未履行合同时，可以留置所占有的船舶，以保证造船费用或者修船费用得以偿还的权利。在同一船舶上同时存在船舶抵押权和船舶留置权时，船舶抵押权后于船舶留置权受偿。

四、船舶优先权

（一）船舶优先权及其特征

船舶优先权，是指海事请求人依照《海商法》的规定，向船舶所有人、光船承租人、船舶经营人提出海事请求，对产生该海事请求的船舶享有优先受偿的权利。

船舶优先权具有以下特征：

1. 法定性

船舶优先权无须当事人约定，也无须经过登记而产生，只要发生法定的海事请求事项，海事请求人就可以行使优先权。

2. 优先性

船舶优先权虽然也是一种担保物权，但是与其他的担保物权不同，船舶优先权是一种优先的担保物权。在同一船舶上同时存在船舶抵押权、船舶留置权、船舶优先权时，船舶优先权先于船舶抵押权和船舶留置权。即海事请求人对于船舶享有优先受偿的权利，而且海事请求人的优先权是通过法院扣押船舶而实现的。船舶优先权先于船舶留置权受偿，船舶抵押权后于船舶留置权受偿。船舶优先权不因船舶所有权的转让而消灭。

（二）具有优先权的海事请求事项及受偿顺序

根据《海商法》，下列各项海事请求具有船舶优先权：（1）船长、船员和在船上工作的其他在编人员根据劳动法律、行政法规或者劳动合同所产生的工资、其他劳动报酬、船员遣返费用和社会保险费用的给付请求。(2) 在船舶营运中发生的人身伤亡的赔偿请求。(3) 船舶吨税、引航费、港务费和其他港口规费的缴付请求。(4) 海难救助的救助款项的给付请求。(5) 船舶在营运中因侵权行为产生的财产赔偿请求。但载运2 000吨以上的散装货油的船舶,持有有效的证书,证明已经进行油污损害民事责任保险或者具有相应的财务保证的,对其造成的油污损害的赔偿请求,不属于该事项规定的范围。

根据《海商法》,船舶优先权的受偿顺序是:第(1)、(2)、(3)、(5)项中有两个以上海事请求的,不分先后,同时受偿;不足受偿的,按照比例受偿;第(1)项所列各海事请求,依照顺序受偿。但是,第(4)项海事请求,后于第(1)项至第(3)项发生的,应当先于第(1)项至第(3)项受偿;第(4)项中有两个以上海事请求的,后发生的先受偿;因行使船舶优先权而产生的诉讼费用,保存、拍卖船舶和分配船舶价款产生的费用,以及为海事请求人的共同利益而支付的其他费用,应当从船舶拍卖的价款中先行拨付。

(三) 船舶优先权的消灭

《海商法》规定,船舶优先权可因以下原因而消灭:船舶转让时,船舶优先权自法院应受让人申请予以公告之日起满60日不行使;具有船舶优先权的海事请求,自优先权产生之日起满1年(不得中止或者中断)不行使;船舶经法院强制出售;船舶灭失。

第三节　海上货物运输合同

在国际商事活动中,依不同的运输方式,运输可以分为海上货物运输、铁路货物运输、航空运输、多联式运输,因此运输合同可以分为海上货物运输合同、铁路货物运输合同、航空运输合同、多联式运输合同。无论从现实还是历史看,国际海上货物运输都是一种基本的、重要的运输,因此海上货物运输合同也是一种基本的、重要的合同。

一、海上货物运输合同及其特征

(一) 海上货物运输合同

海上货物运输合同,是指承运人收取运费,负责将托运人托运的货物经海路由一港运至另一港的合同,也是规定海上运输中承运人与托运人权利义务的合同。

(二) 海上货物运输合同的特征

1. 合同的当事人为承运人与托运人

我国《海商法》规定,作为合同一方的承运人是指:"本人或者委托他人以本人名义与托运人订立海上货物运输合同的人。"而作为合同另一方的托运人是指:"本人或者委托他人以本人名义或者委托他人与承运人订立海上货物运输合同的人;本人或者委托他人以本人名义或者委托他人为本人将货物交给与海上货物运输合同有关的承运人的人。"

2. 合同的内容是规定承运人与托运人的权利义务

合同的效力可能会及于合同之外的第三人,如提单的持有人、被保险人、收货人。但是合同的内容则是规定承运人与托运人的权利义务。

3. 合同是双务有偿的诺成合同

海上货物运输合同的当事人互享权利、互担义务,承运人按合同的约定履行运输义务,托运人则按约定支付运输费用。托运人与承运人就合同的内容达成一致,只要不违反法律的强制性规定,海上货物运输合同即成立。

二、海上货物运输合同的种类

海上货物运输合同的种类是由海上货物运输方式决定的。海上货物运输分为:班轮运输、租船运输、多式联运。海上货物运输合同相应地就有提单、航次租船合同、多式联运合同。

(一) 提单

提单,是班轮运输合同的证明。班轮运输又称杂件运输,是承运人按固定的航线、航期、运费将托运人的杂件货物运至目的地而由托运人(或收货人)支付运费的运输。此类合同当事人一般无须单独订立海上货物运输合同,而是应托运人要求由承运人签发提单。提单本不是运输合同,但是却是运输合同的证明。

(二) 航次租船合同

航次租船合同,是指船舶的出租人按照合同约定的一个或数个航次,将船舶租给承租人,由承租人支付运费的一种合同。此类合同主要用于无固定航线、无固定航期的运输或大宗货物的运输。航次租船合同的当事人是出租人和承租人。

(三) 多式联运合同

多式联运合同,是指多式联运经营人以两种以上的运输方式,把货物从接收地运至目的地交付收货人,并收取全程运费的合同。多式联运合同综合了多种运输方式,发货人只需与多式联运经营人订立一个运输合同,凭一张运输单证,就可实现货物的全程运输。多式联运合同的当事人是发货人和多式联运经营人。

三、海上货物运输合同的订立和解除

(一) 海上货物运输合同的订立

海上货物运输合同的订立要经双方当事人协商。其在形式上,可以采用书面形式,也可以采用口头形式。在提单运输下以口头形式订立的合同成立,当事人也可以要求书面确认合同的成立。在提单运输下对于合同形式的规定,符合海上货物运输的特点。因为在海上货物运输实务中,托运人提交货物,承运人或其代理人签发提单,标志着海上货物运输合同的成立。这种情况下,通常没有规范的海上货物运输合同。提单为海上货物运输合同的证明文件。但是航次租船合同应当以书面形式订立,即航次租船合同应当采用书面形式。

(二) 海上货物运输合同的解除

海上货物运输合同订立后,可因当事人的协议或法定的事由而解除合同。

1. 当事人协议解除

自愿原则是合同的一项重要原则,也是海上货物运输合同的一

项重要原则。当事人可以协商自愿订立合同,也可以协商达成一致而自愿解除合同。

2. 法定事由解除

我国《海商法》规定,海上货物运输合同在法定的情形下可以解除,法定的情形主要是:

(1) 托运人于开航前解除合同。《海商法》规定:船舶在装货港开航前,托运人可以要求解除合同。除合同另有约定外,托运人要求解除合同应当向承运人支付约定运费的一半;货物已经装船的,应当负担装货、卸货和其他与此有关的费用。

(2) 承运人、托运人开航前因不可抗力解除合同。《海商法》规定:船舶在装货港开航前,因不可抗力或者其他不能归责于承运人和托运人的原因致使合同不能履行的,双方均可以解除合同,并互相不负赔偿责任。除合同另有约定外,运费已经支付的,承运人应当将运费退还给托运人;货物已经装船的,托运人应当承担装卸费用;已经签发提单的,托运人应当将提单退还承运人。

四、承运人、托运人的义务与权利

(一) 承运人的义务

1. 提供适航的船舶

提供适航的船舶是承运人的一项最基本的义务。国际公约和各国海商法对船舶的适航性问题都有明确的规定,我国《海商法》也对适航作了明确的规定。

适航主要包含的意思是:(1) 承运人在开航前和开航时谨慎处理,使船舶适航。在时间上,不是整个航程,而是开船前和开船时,判例认为开船前和开船时是连续的。(2) 承运人提供的船舶在各个方面要能满足预定航线中一般可预见的安全要求。(3) 承运人应妥善地配备船员、装备船舶和配备供应品。(4) 承运人应确保货舱具有适合装货的能力,即货舱、冷藏舱、冷气舱和其他载货处适于并能安全收受、载运和保管货物。

2. 妥善和谨慎地管理货物,在约定的期间、地点将货物完好地交出

我国《海商法》规定,承运人应当妥善地、谨慎地装载、搬移、积载、运输、保管、照料和卸载所运货物。海上运输中的以上环节是承运人管理货物时应承担的义务。除了管货义务外,承运人还要依约定的时间、地点将货物完好交出。

3. 不得绕航

承运人应当按照约定的或者习惯的或者地理上的航线将货物运往卸货港。一般禁止不合理的绕航,主要是因为,海上毕竟是一个危险性较大的地方,货物在海上多停留一天,就使货主多担心一天,这对货主是不公平的。另外绕航发生事故后,保险公司可能会拒绝赔付。此外,还涉及其他费用和其他问题,可能引起收货人拒收货物等。

绕航一般在以下情况下是合理的:船舶在海上为救助或者企图救助人命或财产而发生的绕航或者其他合理绕航。

4. 损害赔偿责任

海上货物运输中,承运人的损害赔偿责任涉及具体的责任、责任期间、责任限制、责任免除等。

海上赔偿责任的内容涉及以下方面:

(1) 损害赔偿责任。由于承运人的过失违反法律和合同的规定,造成货物损害或灭失、迟延交货,承运人应负损害赔偿责任。

(2) 承运人的责任期间。承运人的责任期间分为集装箱和非集装箱。承运人对集装箱装运的货物的责任期间,是指从装货港接收货物时起至卸货港交付货物时止,货物处于承运人掌管之下的全部期间。承运人对非集装箱装运的货物的责任期间,是指从货物装上船时起至卸下船时止,货物处于承运人掌管之下的全部期间。在承运人的责任期间,货物发生灭失或者损坏,除法律另有规定外,承运人应当负赔偿责任。

(3) 承运人的责任限制。承运人的责任实行限额赔偿制,即承运人可以依法将赔偿限制在一定的范围内。《海商法》分不同的情况对责任限制作了规定。

一是货物灭失或者损坏的赔偿限额。承运人对货物的灭失或者损坏的赔偿限额,按照货物件数或者其他货运单位数计算,每件或者每个其他货运单位为666.67计算单位(国际货币基金组织规定的特别提款权),或者按照货物毛重计算,每公斤为2计算单位,以二者中赔偿限额较高的为准。但是,托运人在货物装运前已经申报其性质和价值,并在提单中载明的,或者承运人与托运人已经另行约定高于该规定的赔偿限额的除外。货物用集装箱、货盘或者类似装运器具集装的,提单中载明装在此类装运器具中的货物件数或者其他货运单位数,视为前款所指的货物件数或者其他货运单位数;未载明的,每一装运器具视为一件或者一个单位。装运器具不属于承运人所有或者非由承运人提供的,装运器具本身应当视为一件或者一个单位。

二是货物迟延交付的赔偿限额。承运人对货物因迟延交付造成经济损失的赔偿限额,为所迟延交付的货物的运费数额。货物的灭失或者损坏和迟延交付同时发生的,承运人的赔偿责任限额适用于每件或每个装运单位的责任限额。

(4) 责任免除。我国《海商法》规定,在责任期间货物发生的灭失或者损坏是由于下列原因之一造成的,承运人不负赔偿责任:① 船长、船员、引航员或者承运人的其他受雇人在驾驶船舶或者管理船舶中的过失;② 火灾,但是由于承运人本人的过失所造成的除外;③ 天灾,海上或者其他可航水域的危险或者意外事故;④ 战争或者武装冲突;⑤ 政府或主管部门的行为、检疫限制或者司法扣押;⑥ 罢工、停工或者劳动受到限制;⑦ 在海上救助或者企图救助人命或者财产;⑧ 托运人、货物所有人或者他们的代理人的行为;⑨ 货物的自然特性或者固有缺陷;⑩ 货物包装不良或者标志欠缺、不清;⑪ 经谨慎处理仍未发现的船舶潜在缺陷;非由于承运人或者承运人的受雇人、代理人的过失造成的其他原因。承运人依以上规定免除赔偿责任的,除火灾原因外,应当负举证责任。

此外,承运人在以下情况下也不承担赔偿责任:因运输活动物的固有的特殊风险造成活动物灭失或者损害的,承运人不负赔偿责任。但是,承运人应当证明业已履行托运人关于运输活动物的特别要求,并证明根据实际情况,灭失或者损害是由于此种固有的特殊风险造成的;承运人在舱面上装载货物,应当同托运人达成协议,或者符合航运惯例,或者符合有关法律、行政法规的规定。承运人依照以上规定将货物装载在舱面上,对由于此种装载的特殊风险造成的货物灭失或者损坏,不负赔偿责任。

(二) 承运人的权利

1. 收取运费和亏舱费

承运人有权收取运费,运费的收取有两种方式:预付或货到付费,可按合同的约定,决定采用何种方式。

亏舱费,又称空舱费,是指托运人未按合同规定的货物数量交货,致使承运人船舶的定舱位部分空舱,托运人应当向承运人支付亏舱费,否则,得舱满后起航。

2. 滞期费请求权

是指托运人未在合同规定的装卸时间内完成装卸货物,需要延长时间,由托运人或发货人交给承运人的费用。这项费用发生在航次租船情况下。

3. 共同海损费用的请求权

共同海损费用,是指共同海损发生后,受益船舶、货物的收货人应分摊为共同海损而支出的费用。

4. 留置权

留置权是一项优先权。当收货人或托运人不支付有关费用和款项时,承运人可以将其运输的货物留下,从而保证其请求权实现。若有关当事人拒付有关费用或款项,承运人可以卖掉应当卖的部分,以抵有关款项;或将货物卸到应卸的地方,通知有关人员;如果市场好,也可以将货物全卖,留下该留的部分,其他的以有关当事人的名义提存。

5. 责任限制权利

这一权利的规定,主要是由于承运人承担的工作有特殊的风险。为了繁荣海上运输的需要,国际公约和各国海商法都有承运人责任限制的规定,即免责的规定。免责的法律规定是海上运输的特别规定。承运人在海上运输中对船长、船员、引航员或承运人的雇员,在航行或管理船舶中由于其疏忽或过失造成货物的灭失或损害,只要这些事故在承运人的免责范围内,承运人将不负赔偿责任。《海牙规则》规定了17项免责事由,我国《海商法》也规定了多项免责内容。

(三) 托运人的义务

1. 提供约定的货物

托运人提供的货物必须是合同项下的货物,不能随意变动。托运人托运货物,应当妥善包装,并向承运人保证,货物装船时所提供的货物的品名、标志、包数或者件数、重量或者体积的正确性;由于包装不良或者上述资料不正确给承运人造成损失的,托运人应当负赔偿责任。造成货物的损失承运人不负责任,因为货物有变化有可能使适航状况发生变化。

2. 危险货物警示

托运人托运危险货物,应当依照有关海上危险货物运输的规定,妥善包装,作出危险品标志和标签,并将其正式名称和性质以及应当采取的预防危害措施书面通知承运人。托运人未通知或者通知有误的,承运人可以在任何时间、任何地点根据情况需要将货物卸下、销毁或者使之不能为害,而不负赔偿责任。托运人对承运人因运输此类货物所受到的损害,应当负赔偿责任。即使承运人知道危险货物的性质并已同意装运,仍然可以在该项货物对于船舶、人员或者其他货物构成实际危险时,将货物卸下、销毁或者使之不能为害,而不负赔偿责任。

3. 正确申报办理货物运输手续

托运人应当及时向港口、海关、检疫、检验和其他主管机关办理货物运输所需要的各项手续,并将已办理各项手续的单证送交承运人。因办理各项手续和有关单证送交不及时、不完备或者不正确,使承运人的利益受到损害的,托运人应当负赔偿责任。

4. 支付运费或其他费用

托运人应当按照约定向承运人支付运费,托运人与承运人可以约定运费由收货人支付,但是,此项约定应当在运输单证中载明。另外,托运人应当支付运输过程中的亏舱费、滞期费、共同海损分摊费用,以及其他应由其支付的费用。

5. 收受货物

货物到目的地后,要尽快通知收货人收货。

(四) 托运人的权利

1. 按合同约定取得装船舱位并取得提单的权利

值得注意的是,要取得清洁提单。不清洁提单没有用,因为银行不予兑现。

2. 取得货物的权利

取得货物既是托运人的义务也是托运人的权利。

3. 取得赔偿权

承运人或出租人不履行义务给托运人造成损失时,托运人有权要求其赔偿。

第四节 提 单

一、提单及其法律性质

(一) 提单(Bill of Lading)的概念

根据我国《海商法》,提单是用以证明海上货物运输合同和货物已由承运人接管或装船,以及承运人保证据此交付货物的单证。

提单是海上货物运输合同的具体体现,是承运人应托运人的要求而签发的。提单经过签字后就发生了法律效力。提单是海上货物运输中应用最广泛的一种单证。随着国际贸易的发展,提单已从一般托运收据发展成为物权凭证,成为一种有价证券,可以通过背书转让或抵押。

(二) 提单的法律性质

1. 提单是海上货物运输合同的证明

提单主要用于班轮运输,有时在航次租船合同下也签发提单。提单是运输合同的证明,一般是运输合同在先,提单在后。早在订舱位时,托运人就已与承运人就运输合同中的主要内容达成了协议。因此,可以认为订舱单就是一份运输合同,提单只是运输合同履行过程中的一项重要证据,进一步证明了承运人与托运人的权利和义务。当提单转让给善意第三方时,提单就成了约束承运人和提单持有人的唯一凭证,原先的船舶订舱协议对他们就没有约束力了。我国《海商法》第七十八条规定:"承运人同收货人、提单持有人之间的权利、义务关系,依据提单的规定确定。"可见,在提单这个法律性质中,适用于不同的当事人,其法律意义是不一样的。

2. 提单是承运人接管货物或货物装船的收据

提单一经签发,就意味着承运人已按提单上所载的内容收到了托运的货物,承运人或其代理人有义务对提单上载明的货物负妥善保管、安全运输,并向收货人交付之责。在这种情况下,提单有收据的作用。提单作为收据在不同的当事人手中,其证据有不同的规定。对于托运人来说,提单上载明的货物是一个初步证据,如果承运人收到的货物与提单所记载的内容有不符之处,只要承运人能提出有效的证据,是可以否认提单的证据效力的。但当提单转让给善意第三方时,提单即成为承运人与提单持有人之间的绝对证据,承运人不能推翻提单的记载。

3. 提单是承运人保证向收货人交付货物的物权凭证

提单是物权凭证,代表着提单记载货物的物权,是货物所有权的支配文件,占有提单就等于占有提单项下的货物。提单持有人对提单项下的货物享有所有权,并有权向承运人提货。真正的收货人,没有提单,也无权提货,承运人对凭单交货产生的错交不负任何责任。

提单可以在一定条件下转让、抵押、结汇,从这种意义上说,提单是一种有价证券。提单可以通过背书转让给第三人,我国《海商法》对提单的转让作出了规定:记名提单,不得转让;指示提单,经过记名背书或者空白背书转让;不记名提单,无须背书,即可转让。

二、提单的种类

(一) 依是否装船,提单可以分为已装船提单与收货备运提单

1. 已装船提单

已装船提单,是指承运人已将货物装船而签发的提单。根据跟单与信用证的一般规定,提单必须是已装船提单。

2. 收货备运提单

收货备运提单,是指承运人已收货但未装船而签发的提单。收货备用提单主要用于集装箱运输,经承运人在提单正面注"已装船"字样和装船日期并签字才可成为装运提单。

(二) 依提单正面是否有不良批注,提单可以分为清洁提单与不清洁提单

1. 清洁提单

清洁提单,是指提单上没有任何有关货物外表状态的不良批注。清洁提单的依据是货物的表面状态良好。国际商会《跟单信用证统一惯例》规定,凡是未加不良批注的提单,均属清洁提单。在国际贸易中,货物受让人、买方或银行对清洁提单都有严格要求。收货人凭清洁提单向承运人提货时,发现提单与货物不符,可凭清洁提单向承运人提出赔偿。

2. 不清洁提单

不清洁提单,是指承运人在提单上加了对货物表面状态不良批注的提单,如包装破损、渗漏、短装等。由此引起的问题是提单不易转让、拒绝接受付款等。在国际贸易和国际支付中,清洁提单与不清洁提单具有不同的法律地位,通常要求提供清洁提单。

(三) 依提单上记载的运输方式的不同,提单可以分为直达提单、转船提单、多式联运提单

1. 直达提单

直达提单,是指没有转船批注的提单。直达提单中途不转船,在实务中,此类提单最常见。若提单条款中有"自由转船"的内容,但提单中没有转船的批注,此类提单仍被视为直达提单。直达提单承运人不得转船,否则要承运人负责。

2. 转船提单

转船提单,是指提单中有转船批注,货物通过两艘以上的船舶进行运输,中间要经过几个环节。此类提单会涉及接运承运人、实际承运人。此种提单的好处是,可以避免托运人与每一个承运人分别签订合同。

3. 多式联运提单

多式联运提单,是指承运人将货物以两种以上的运输方式从一港运往另一港,但必有一种是海上运输方式。多式联运提单多适用于集装箱运输,多式联运的经营人一般对货物运输的全程负责。

(四) 依承运人签发提单的时间的不同,提单可以分为预借提单与倒签提单

1. 预借提单

预借提单,是指承运人在货物未开始装船情况下签发的提单,即先签单后装船。承运人签发这种提单,通常是信用证的装船日期和交单结汇日期将届满,应托运人的要求预借提单。

2. 倒签提单

倒签提单,是指货物装船后,承运人签发的一种早于货物实际装船日期的提单。承运人签发这种提单主要是应托运人的要求,以符合信用证规定的装运日期,使其能达到顺利结汇的目的。

预借提单、倒签提单实际上都掩盖了提单的真实日期,不但承运人承担很大的风险,而且通常会威胁到善意第三方,如收货人,对第三方造成欺诈。

(五) 依提单上收货人抬头的记载方式的不同,提单可以分为记名提单、指示提单、不记名提单、电子提单

1. 记名提单

记名提单,是指在收货人一栏中,载明将货物交付给某一特定的主体的提单。即除收货人外,任何人不得提货。除法院裁决的情况外,一般记名提单不得转让,此类提单在实际中使用并不广泛。

2. 指示提单

指示提单,是指在提单收货人一栏中载明"凭某人指示或凭指示"的字样的提单。即按提单载明的指示人的指示交付货物的提单。通常有托运人的指示、收货人的指示、银行指示等。此类提单可以由指示人背书转让,如果不作任何背书则意味着指示人保留了对货物的所有权。此类提单在实际中使用最普遍。

3. 不记名提单

不记名提单,是指没有写明谁收货,只写"持有人或交给持有

人"字样,或收货人一栏空白。不记名提单无须背书即可转让,承运人仅凭单放货,所以此类提单对真正的收货人缺少保护,在实际中此类提单使有较少。

4. 电子提单

电子提单(Electronic B/L),是指通过电子数据交换系统传递的、按一定的规则组成的海事运输合同的数据。电子提单不是传统提单那种书面单据,而是按一系列密码组成的电子数据。电子提单能迅速有效地传送货物运输的信息以及进行流转,并能防止航运单证的欺诈。

三、关于提单的国际公约

提单最早是由英国人制定的。英国海运发达,订立的提单对承运人有利,提单上有许多免责条款,承运人还可以插入或滥用免责条款,引来了许多问题,如银行不肯承兑、保险公司不愿意承担保险责任、提单在市场上卖不出去等。美国最早对此进行抵制,1893 年制定了《哈特法》(Harter Act),以保护本国货主的利益。后来又有许多国家如澳大利亚、加拿大等制定了一些法律,但由于提单条款不同,不利于海运事业的发展,于是,许多国家要求制定统一的公约来约束提单。在此背景下出现了有关提单的国际公约。

(一)《海牙规则》(Hague Rules)

《海牙规则》,全称是《统一提单若干法律规定的国际公约》,该公约 1921 年 9 月在海牙起草,1924 年 8 月 25 日在布鲁塞尔签订,1931 年 6 月 2 日生效。该公约是目前海运中影响最大、适用最广的国际公约。

《海牙规则》共有十六条,其中第一条至第十条是公约的实质性条款,规定了承运人的最低义务、承运人承担责任的原则、最大限度的权利、诉讼时效等;第十一条至第十六条是规定各国批准、退出、修改公约的程序性条款。主要内容是:

1. 货物的范围

货物的范围包括除活动物、甲板货外的其他货物。

2. 承运人的最低限度义务

所谓承运人的最低限度义务,就是承运人必须履行的基本义务。主要有两项:(1)船舶适航义务。这是公约规定的承运人的最低义务。承运人必须在开航前和开航当时,谨慎处理,使航船处于适航状态,妥善配备合格船员,装备船舶和配备供应品;使货舱、冷藏舱和该船其他载货处所能适当而安全地接受、载运和保管货物。(2)管货义务。承运人应妥善地和谨慎地装载、操作、积载、运送、保管、照料与卸载货物。

3. 责任期间:"钩至钩"或"舷至舷"

所谓承运人的责任期间,是指承运人对货物运输负责的期限。按照《海牙规则》,货物运输的期间为自货物装上船时起至卸下船时止的期间。所谓"装上船时起至卸下船时止"可分为两种情况:(1)在使用船上吊杆装卸货物时,装货时货物挂上船舶吊杆的吊钩时起至卸货时货物脱离吊钩时止,即"钩至钩"期间。(2)使用岸上起重机装卸,则以货物越过船舷为界,即"舷至舷"期间承运人应对货物负责。至于货物装船以前,即承运人在码头仓库接管货物至装上船这一段期间,以及货物卸船后到向收货人交付货物这一段时间,按照《海牙规则》,可由承运人与托运人就承运人在上述两段发生的货物灭失或损坏所应承担的责任和义务订立任何协议、规定、条件、保留或免责条款。

4. 承运人的免责

《海牙规则》实行不完全过失责任。《海牙规则》第四条第二款对承运人的免责作了17项具体规定,这些免责条款包括两种类型:过失免责、无过失免责。

(1)过失免责。是指船长、船员、引航员或承运人的雇佣人员,在驾驶船舶或管理船舶中的行为、疏忽或不履行义务引起货物灭失或损坏,承运人可以免除赔偿责任。这里所讲的免责是管理船舶,而不是管理货物。这种过失免责条款是其他运输方式责任制度中所没有的。很明显,《海牙规则》偏袒了船方的利益。(2)无过失免责。无过失免责主要包括以下事项:① 不可抗力或承运人无法控制的免责事项;海上或其他可航水域的灾难、危险或意外事故;天灾;战争行为;公敌行为;君主、当权者或人民的扣留或管制,或依法扣押;检疫限制。② 托运人或货主、其代理人或代表的行为或不行为;包装不充分;标志不清或不当等。③ 虽恪尽职责亦不能发现的潜在缺点;由于货物的固有缺点、质量或缺陷引起的体积或重量的亏损,或任何其他灭失或损坏。④ 其他特殊免责条款;不论由于任何原因所引起的局部或全面罢工、关厂停止或限制工作;暴力和骚乱;救助或企图救助海上人命或财产。⑤ 非由于承运人的实际过失或私谋,或者承运人的代理人,或雇佣人员的过失或疏忽所引起的其他原因,但承运人负有举证责任。

5. 承运人赔偿责任限额

承运人的赔偿责任限额,是指对承运人不能免责的原因造成的货物灭失或损坏,通过规定单位最高赔偿额的方式,将其赔偿责任限制在一定的范围内。这一制度实际上是对承运人造成货物灭失或损害的赔偿责任的部分免除,充分体现了对承运人利益的维护。

《海牙规则》第四条第五款规定:"承运人或是船舶,在任何情况下对货物或与货物有关的灭失或损害,每件或每计费单位超过 100 英镑或与其等值的其他货币的部分,都不负责;但托运人于装货前已就该项货物的性质和价值提出声明,并已在提单中注明的,不在此限。"

6. 货物索赔通知及诉讼时效

收货人发现货物有损害,应将损害的一般情况,用书面形式通知承运人或其代理人,索赔通知是索赔的程序之一。收货人向承运人提交索赔通知,意味着收货人有可能就货物短损向承运人索赔。《海牙规则》第三条第六款规定:承运人将货物交付给收货人时,如果收货人未将索赔通知用书面形式提交承运人或其代理人,则这种交付应视为承运人已按提单规定交付货物的初步证据。如果货物的灭失和损坏不明显,则收货人应在收到货物之日起的 3 日内将索赔通知提交承运人。

《海牙规则》有关诉讼时效的规定是 1 年,从货物交付之日或应交付之日起 1 年内提起诉讼,否则承运人和船舶,在任何情况下,都应免除对灭失或损坏所负的一切责任。

7. 托运人的义务和责任

（1）保证货物说明正确的义务。《海牙规则》第三条第五款规定,托运人应向承运人保证他在货物装船时所提供的标志、号码、数量和重量的正确性,并对由于这种资料不正确所引起或造成的一切灭失、损害和费用,给予承运人赔偿。(2）不得擅自装运危险品的义务。《海牙规则》第四条第六款规定,如托运人未经承运人同意而托运属于易燃、易爆或其他危险性货物,应对因此直接或间接地引起的一切损害和费用负责。（3）损害赔偿责任。《海牙规则》第四条第三款规定,托运人对他本人或其代理人或受雇人因过错给承运人或船舶造成的损害,承担赔偿责任。可见,托运人承担赔偿责任是完全过错责任原则。

（二）《维斯比规则》(Visby Rules)

《维斯比规则》是对《海牙规则》进行修改的国际公约,全称是《修改统一提单若干法律规定的国际公约议定书》(Protocol to Amend the International Convention for the Unification of Certain Rules of Law Relating to Bills of Lading)。对《海牙规则》进行修改的主要原因是,有些条款不适应现代海运发展的需要,另外发展中国家对偏袒承运人的《海牙规则》不满。国际海事委员会从20世纪60年代开始对《海牙规则》进行修改。1963年在斯德哥尔摩会议上,该委员会草拟了一个修改草案,并于1968年2月23日在布鲁塞尔签订通过,1977年6月23日该草案生效。

《维斯比规则》共十七条,但只有前六条才是实质性的规定,对《海牙规则》的第三条、第四条、第九条、第十条进行了修改。其主要修改内容集中在以下方面:

1. 提高了承运人的赔偿限额

采用双轨制,增加了按公斤计算的赔偿额度。凡未申报价值的货物,其灭失或损害的最高赔偿限额为每件或每单位10 000金法郎（一个金法郎含纯度为900/1 000的黄金65.5毫克的单位）,或毛重每公斤30金法郎,以较高的数额为准。这种计算方法对货主有利,可以选择。一旦法郎贬值,仍以上述的黄金含量为计算基础。在《维斯比规则》通过时,10 000金法郎大约等于431英镑,与《海牙规则》规定的100英镑相比,这一赔偿限额显然是大大提高了。

另外,《维斯比规则》还规定了丧失赔偿责任限制权的条件,即如经证实,损失是由承运人故意造成,或者明知可能造成损害而轻率地采取的行为或不行为所引起,则承运人无权享受责任限制的权利。

2. 明确了集装箱准则条款

《海牙规则》没有关于集装箱运输的规定。《维斯比规则》增加了"集装箱条款",以适应国际集装箱运输发展的需要。该规则第二条第三款规定:"如果货物是用集装箱、托盘或类似的装运器具集装时,则提单中所载明的装在这种装运器具中的包数或件数,应视为本款中所述的包数或件数;如果不在提单上注明件数,则以整个集装箱或托盘为一件计算。"该条款的意思是,如果提单上具体载明在集装箱内的货物包数或件数,计算责任限制的单位就按提单上所列的件数为准;否则,则将一个集装箱或一个托盘视为一件货物。

3. 明确了不得否认原则,加强了提单的证据力

《海牙规则》规定,承运人只要能拿出与提单记载相反的证据证明自己无过失,就可以免责。《维斯比规则》规定,当提单转移给善意第三方时,与此相反的证据不能接受。这表明对于善意行事的提单持有人来说,提单载明的内容具有最终证据效力。所谓"善意行事",是指提单受让人在接受提单时并不知道装运的货物与提单的内容有不符之处,而是出于善意完全相信提单记载的内容。《维斯比规则》确立了一项在法律上禁止翻供的原则,即在提单背书转让给第三者后,该提单就是货物已按上面记载的状况装船的最终证据。承运人不得借口在签发清洁提单前货物就已存在缺陷或包装不当来对抗提单持有人。

这一明确规定有利于进一步保护提单的流通与转让,也有利于维护提单受让人或收货人的合法权益。一旦收货人发现货物与提单记载不符,承运人只能负责赔偿,不得提出任何抗辩的理由。

4. 明确了侵权之诉不排除合同之诉

海上运输属于民商事活动,根据民商法的规定,受害人的选择有两种,即违反合同造成的赔偿和侵权造成的赔偿。按照赔偿的法律原则,两种不同的赔偿方式,所得到的赔偿结果是不同的。《维斯比

规则》第三条规定:"本公约规定的抗辩和责任限制,应适用于就运输合同涉及的有关货物的灭失或损坏对承运人提出的任何诉讼,不论该诉讼是以合同为根据还是以侵权行为为根据。"即在货物运输中,即便受害人是以侵权行为提起诉讼时,也要适应运输合同所提起的诉讼。此规定能避免货物受害人以侵权之诉来排除合同之诉的约束。

5. 扩大了责任主体、适用范围、诉讼时效力

责任主体由承运人扩大到承运人的雇用人员(包括船长、船员或其代理人员)。《维斯比规则》第三条规定:"如果诉讼是对承运人的受雇人员或代理人(该受雇人员或代理人不是独立订约人)提起的,该受雇人员或代理人也有权援引《海牙规则》规定的承运人的各项抗辩和责任限制。""向承运人及其受雇人员或代理人索赔的数额,在任何情况下都不得超过本公约规定的赔偿限额。"根据以上规定,承运人的受雇人员或代理人也享有责任限制的权利,即承运人员的受雇人员或代理人也是责任主体。

该公约适用于两个不同国家港口之间有关货物运输的每一提单。适用范围包括:提单在一个缔约国中签发,货物从一个缔约国的港口起运,提单载有的或由提单证明的合同规定,该合同应受本公约的各项规则或使公约生效的任何国家的立法所约束,不论有关人的国籍如何。

延长了诉讼时效:《海牙规则》规定,货物灭失或损害的诉讼时效为1年,从交付货物或应当交付货物之日起算。《维斯比规则》规定,诉讼事由发生后,只要双方当事人同意,这一期限可以延长。

(三) 汉堡规则

《汉堡规则》的全称是《1978年联合国海上货物运输公约》(United Nations Convention on the Carriage By Sea, 1978)。该公约于1978年3月31日在德国汉堡联合国主持的由78国代表参加的海上货物运输会议上通过,1992年11月1日生效。该公约对前两个规则作了全面修改,废除了《海牙规则》中的不合理部分,较合理地规定了承运人、托运人的权利义务,但参加国主要是内陆国家和发展中国家,占全球外贸船舶吨位数90%的发达国家都未承认该规则,所

以目前尚未产生较大影响。

《汉堡规则》共七章三十四条，主要内容是：

1. 确定承运人的完全过失责任原则

该原则的制定从根本上改变了传统的承运人的责任原则，废除了船舶驾驶、管理中的免责条款。《汉堡规则》规定，承运人发生责任事故时应采取推定过失与举证过失相结合的原则。承运人在运输中发生货物灭失、损害或迟延交货等行为，首先推定行为人有过失，承运人对无过失负有举证责任。这种规定实质上解决了承运人欲想使用免责条款的合理性，来帮助其规避责任。

2. 扩大了承运人的责任期间

《汉堡规则》第四条第一款规定："承运人对货物的责任期间包括在装货港、运输途中以及卸货港，货物在承运人掌管的全部期间。"即承运人的责任期间从承运人接管货物时起到交付货物时止。与《海牙规则》的"钩至钩"或"舷至舷"相比，其责任期间扩展到"港至港"，解决了货物从交货到装船和从卸船到收货人提货这两段没有人负责的空间，明显地延长了承运人的责任期间。

3. 提高了赔偿限额

承运人对货物灭失或损坏的赔偿责任，每件或每一其他装运单位以835特别提款权或毛重每公斤2.5特别提款权为限，以高者为准。

承运人对迟延交付货物承担赔偿的责任。《汉堡规则》第五条第二款规定："如果货物未能在明确议定的时间内，或虽无此项议定，但未能在考虑到实际情况对一个勤勉的承运人所能合理要求的时间内，在海上运输合同所规定的卸货港交货，即为迟延交付。"对此，承运人应对因迟延交付货物所造成的损失承担赔偿责任。《汉堡规则》第六条第一款规定："承运人对迟延交付的赔偿责任，以相当于迟延交付货物应支付运费的2.5倍的数额为限，但不得超过海上货物运输合同规定的应付运费总额。"

4. 对活动物和舱面货作了明确的规定

活动物是一种特殊货物，《海牙规则》和《维斯比规则》均将其排除，《汉堡规则》则不排除，并作了特殊规定。承运人在运输活动物时,由于其固有的风险所造成的灭失、损害或迟延交货不负责任。但是,承运人应当证明其已按托运人对运输该货物的特别要求做了。即承运人不负责任,但有举证义务。对于舱面货,承运人只有按同托运人签订的协议或符合特定的贸易场合,或依据法规和规章的要求,才有权在舱面上载运货物。

5. 明确了保函的效力

《海牙规则》和《维斯比规则》没有关于保函的规定,而《汉堡规则》第十七条对保函的法律效力作出了明确的规定。托运人为了换取清洁提单,可以向承运人出具承担赔偿责任的保函,该保函在承运人、托运人之间有效,对包括受让人、收货人在内的第三方一概无效。但是,如果承运人有意欺诈,对托运人也属无效,而且承运人也不再享受责任限制的权利。

6. 延长了索赔通知的送交日期、诉讼时效,可选择管辖权

《汉堡规则》规定,收货人可在收到货物后的第一个工作日将货物索赔通知送交承运人或其代理人。当货物灭失或损害不明显时,收货人可在收到货物后的 15 天内送交通知。同时还规定,对货物迟延交付造成的损失,收货人应在收货后的 60 天内提交书面通知。

关于诉讼时效,《汉堡规则》第二十条第一款和第四款分别规定:"按照本公约而提出的关于货物运输的任何诉讼,如果在 2 年内尚未提出司法或仲裁程序,即失去时效。""被要求赔偿的人,可以在时效期限内任何时间,向索赔人提出书面声明,延长时效期限,还可以再一次或多次声明再度延长该期限。"可见,基本诉讼时效是 2 年,还可以再延长。

关于管辖权和仲裁,《海牙规则》《维斯比规则》均无管辖权的规定,只是在提单背面条款上订有由船公司所在地法院管辖的规定,这一规定显然对托运人、收货人极为不利。《汉堡规则》第二十一条规定,原告可在下列法院选择其一提起诉讼:(1) 被告的主要营业所所在地,无主要营业所时,则为其通常住所所在地;(2) 合同订立地;(3) 装货港或卸货港地;(4) 海上运输合同规定的其他地点。

争议双方可达成书面仲裁协议,由索赔人决定在下列地点之一提起仲裁:(1) 被告的主要营业所所在地,如无主要营业所,则为通

常住所所在地;(2) 合同订立地;(3) 装货港或卸货港地。此外,双方也可在仲裁协议中规定仲裁地点。仲裁员或仲裁庭应按该规则的规定来处理争议。

7. 承运人和实际承运人的赔偿责任

《汉堡规则》中增加了实际承运人的概念。当承运人将全部或部分货物委托给实际承运人办理时,承运人仍需按公约规定对全部运输负责。如果实际承运人及其雇用人或代理人的疏忽或过失造成的货物损害,承运人和实际承运人均需负责的话,则在其应负责的范围内,承担连带责任。托运人既可向实际承运人索赔,也可向承运人索赔,并且不因此妨碍承运人和实际承运人之间的追偿权利。

第五节 租船合同与海上拖船合同

一、租船合同

租船运输是国际海上货物运输中除了班轮运输外的又一种运输方式,是通过租船运输合同来约束和调整当事人之间的权利义务关系。目前还没有有关租船运输的统一国际公约,因租船合同所产生的争议一般都依船舶旗国法或参照有关的国际惯例加以解决。

(一) 租船合同及其特征

租船合同是出租人与承租人之间关于租赁船舶所签订的一种海上运输合同。

与提单相比,租船合同具有以下特征:(1) 在适用范围上,租船方式适用于大宗交易或对方港无直达轮船停靠的情况;(2) 在运输合同方面,租船合同本身是运输合同,只起运输合同的作用;(3) 运费方面,依市场状况或当事人约定;(4) 在合同的内容中,装卸期、滞期费、速遣费等条款很重要;(5) 在法律适用上,一船由各国的国内法加以调整;(6) 在格式上,有标准的格式合同。

(二) 租船合同的种类

1. 航次租船合同

航次租船合同,是指出租人将船舶租给承租人,按约定的航次装运约定的货物,而由承运人支付约定费用的运输合同。航次租船合同的最大特点是船舶的所有权、占有权、管理权在出租人手中,使用权归承租人。

我国《海商法》对航次租船合同作了特别的规定,出租人必须承担适航义务和不得绕航义务。此外,航次租船合同的主要内容是:(1)出租人与承租人的名称。出租人一般是船舶的所有人,承租人一般是货主或货运代理人。(2)船舶说明。即对船舶明确的陈述,在法律上使船舶行特定化。明确陈述的内容是:船舶名称、船舶国籍、船舶吨位、船级、船舶动态。(3)装卸港口。租约中指定的港口必须是安全的,包括地理上的安全和政治上的安全。(4)货物的名称、类别、包装和数量。合同签订后,不得随意变更货物。(5)受载期和解约日。该条款是航次租船合同的不可缺少的条款。受载期是航次租船合同规定船舶可以装货的预定日期,可订一段日期,最后一日为解约日。如果船舶迟于解约日到达或到达后没有做好准备,不能装船,则承租方可以解除合同。(6)装卸日期和滞期费、速遣费。航次租船合同中应当订明允许承租人完成装卸的时间。提前了承租人得到速遣费,延后了则付滞期费。我国《海商法》规定,该内容可由双方约定。(7)运费及支付方式。运费的确定取决于市场的运费价格和运输货物的种类。运费的计算有两种形式:一种是按每单位重量或单位体积的运费计算;另一种是整船包价,即规定一笔整船运费。支付方式分为预付运费或到期支付运费,当事人可以约定。

航次租船合同下可以签发提单,但所签发的提单与班轮运输签发的提单不同,不但涉及的当事人关系复杂,而且还涉及法律的适用。我国《海商法》第九十五条规定,对按照航次租船合同运输的货物签发的提单,提单持有人不是承租人的,承运人与该提单持有人之间的权利义务关系适用提单的约定。但是,提单中载明适用航次租船合同条款的,适用该航次租船合同的条款。

2. 定期租船合同

定期租船合同,是指出租人向承租人提供约定的、由出租人配备船员的船舶,承运人在约定的时间内按约定的用途使用并支付租金的合同。与航次租船合同相比,其最大的特点是,出租人仅配备船员,负责船员的工资、伙食及船舶的保养、船舶的驾驶管理,而承租人获得使用权并负责船舶的营运安排和营运费用。

定期租船合同的主要内容是:(1)出租人和承租人的名称。(2)船舶说明。(3)航速与燃料消耗。这是主要内容,因为关系到承租人的运营成本和效益。实践中,一般应达到合同规定的速度与燃料消耗量。如果达到了合同规定的速率与燃料消耗量,则即使在租期内船舶的速度下降、燃料增长,也不视为违约。(4)船舶的航行区域与安全港口。承租人应当保证船舶在约定航区内的安全港口或者地点之间从事约定的海上运输。承租人离开约定的航区或地点,出租人有权解除合同,并有权要求赔偿因此遭受的损失。(5)租期和还船条件。超过租期,承运人应当按照合同约定的租金率支付租金;市场的租金率高于合同约定的租金率的,承租人应当按照市场租金率支付租金。还船条件是指还船时船的状况,可以在合同中约定。(6)租金支付。承租人按合同约定支付租金,但船舶不符合约定的适航状态或者其他状态而不能正常运行连续满24小时的,对因此而损失的营运时间,承运人不付租金。(7)留置权。承租人未向出租人支付租金或者合同约定的其他款项的,出租人对船上属于承租人的货物和财产以及转租船舶的收入有留置权。(8)出租人的义务。出租人提供适航的船舶、按合同约定的时间交船。(9)承租人的义务。承租人具有以下义务:在约定的航区内航行;保证船舶用于运输合同约定的货物;在海难救助时,有权获得扣除费用;可以转租,原合同权利义务不变;支付租金;还船等。

3. 光船租船合同

光船租船合同,是指出租人向承租人提供不配备船员的船舶,在约定的时间内由承运人占有、使用、营运,并向出租人支付租金的合同。光船租船合同的特征是:出租人仅保留所有权,而将使用权、占有权转让;出租人只承担提供适航船舶和备有船舶文书、适航证书等义务。

光船租船合同的主要内容是:(1)船舶检验报告。这是交船与还船时的状态证明。(2)船舶保养与维修。在光船租赁期间,承租人负责船舶的保养、维修。(3)船舶保险。在光船租赁期间,承租人应当按照合同约定的船舶价值,以出租人同意的保险方式为船舶进行保险,并负担保险费用。如果承租人不保险,出租人可以撤销合同并请求赔偿。(4)船舶的转让、抵押。未经出租人书面同意,承租人不得在光船租赁期间对船舶设定抵押权。在光船租赁期间,未经出租人书面同意,承租人不得转让合同的权利和义务或者以光船租赁的方式将船舶进行转租。(5)交船、还船的时间与地点。

二、海上拖航合同

(一)海上拖航合同及其特征

1. 海上拖航合同

海上拖航合同,是指承拖方用拖轮将被拖物经海路从一地拖至另一地,而由被拖方支付拖航费的合同。海上拖航合同应当书面订立,合同的当事人是承拖方和被拖方。承拖方以自己或租用的船舶依合同向对方提供海上拖航服务,并按合同约定收取费用。

2. 海上拖航合同的特征

海上拖航合同是一种独立的海事合同,其特征是:(1)海上拖航合同是承拖方利用自己的拖船及动力将被拖物系于拖船上。这与海上货物运输合同不同,海上货物运输合同是承运人用船舶将他人的货物载于船上。(2)海上拖航合同是在正常情况下,即被拖物处于安全状态下,被拖方与承拖方订立的合同。这与海上救助合同不同,海上救助合同是在被救助方遇到海难时,即被拖物处于危险状态下时,由救助方提供救助服务而订立的合同。

(二)海上拖航合同的内容

海上拖航合同的内容主要包括:(1)承拖方和被拖方的名称和住所;(2)拖轮和被拖物的名称和主要尺度;(3)拖轮马力;(4)起拖地和目的地;(5)起拖日期;(6)拖航费及其支付方式;(7)其他有关事项。

(三)海上拖航合同中当事人的义务

1. 承拖方的义务

承拖方的义务是:(1)提供合同约定的适航的船舶。《海商法》

第一百五十七条第一款规定:"承拖方在起拖前和起拖当时,应当谨慎处理,使拖轮处于适航、适拖状态,妥善配备船员,配置拖航索具和配备供应品以及该航次必备的其他装置、设备。"(2)按合同约定的时间起拖,不得进行不合理的绕航。(3)按合同约定的地点将被拖物交付被拖方或其代理人。但是,《海商法》第一百六十条规定:"因不可抗力或者其他不能归责于双方的原因致使被拖物不能拖至目的地的,除合同另有约定外,承拖方可以在目的地的邻近地点或者拖轮船长选定的安全的港口或者锚泊地,将被拖物移交给被拖方或者其代理人,视为已经履行合同。"

2. 被拖方的义务

被拖方的义务是:(1)及时提交被拖物。《海商法》第一百五十七条第二款规定:"被拖方在起拖前和起拖当时,应当做好被拖物的拖航准备,谨慎处理,使被拖物处于适拖状态,并向承拖方如实说明被拖物的情况,提供有关检验机构签发的被拖物适合拖航的证书和有关文件。"(2)如果需要应积极配合承拖方。(3)保证起拖港、中途港、目的地港是安全港口。(4)按合同约定支付各种费用。如拖航费、被拖物的保险费、检验费、领航费、港口费及其他费用。

(四)损失赔偿

1. 承拖方或被拖方过失的赔偿责任

海上拖航合同采用过失责任。《海商法》第一百六十二条规定,在海上拖航过程中,承拖方或者被拖方遭受的损失,由一方的过失造成的,有过失的一方应当负赔偿责任;由双方过失造成的,各方按照过失程度的比例负赔偿责任。

2. 承拖方与被拖方的连带责任

《海商法》第一百六十三条规定:"在海上拖航过程中,由于承拖方或者被拖方的过失,造成第三人人身伤亡或者财产损失的,承拖方和被拖方对第三人负连带赔偿责任。除合同另有约定外,一方连带支付的赔偿超过其应当承担的比例的,对另一方有追偿权。"

3. 承拖方的免责

经承拖方证明,被拖方的损失是由于拖轮船长、船员、引航员或者承拖方的其他受雇人、代理人在驾驶拖轮或者管理拖轮中的过失,或拖轮在海上救助或者企图救助人命或者财产时的过失造成的,承拖方可以免责。

第六节　船舶碰撞与海难救助

一、船舶碰撞

(一) 船舶碰撞及其构成要件

1. 船舶碰撞的概念

船舶碰撞是一种严重的事故,也是一种侵权行为,因此为各国海商法及国际公约所严格规制。我国《海商法》规定,船舶碰撞,是指船舶在海上或者与海相通的可航水域发生接触造成损害的事故。

2. 船舶碰撞的构成要件

船舶碰撞的构成要件是:(1) 碰撞必须发生在海上或其他与海相通的可航水域。(2) 碰撞必须是船舶之间的碰撞,其中至少一方为海船,即碰撞必须是与船舶碰撞,不是船与码头、灯塔及其他物体碰撞,而且碰撞的一方必须是《海商法》中定义的船舶。(3) 碰撞船舶之间必须发生接触。接触包括直接接触与间接接触。直接接触,是指两船或多船的某部位在物理上的实际接触并占有一定的空间的物理状态。间接接触包括浪损或间接碰撞。浪损是一船或多船航行速度过快等原因所掀起的大浪使其他船舶受损。另据《海商法》第一百七十条,船舶因操纵不当或者不遵守航行规章,虽然实际上没有同其他船舶发生碰撞,但是使其他船舶以及船上的人员、货物或者其他财产遭受损失的,也适用船舶碰撞的规定。(4) 碰撞必须造成损害。损害包括船舶损害、船上货物及其他财产损害、人身损害等。

(二) 船舶碰撞的责任

1. 无过失的船舶碰撞责任

无过失的船舶碰撞,是指有关碰撞各方无过失或原因不明的情况下发生的船舶碰撞。无过失的船舶碰撞双方互不负赔偿责任。根据我国《海商法》,无过失的碰撞发生的情况主要是:不可抗力造成的碰撞;不能归责于任何一方的原因造成的碰撞;原因不明的碰撞。

2. 有过失的船舶碰撞责任

(1) 单方有过失碰撞的责任。单方过失的责任确定比较简单，《海商法》第一百六十八条规定，船舶发生碰撞，是由于一船的过失造成的，由有过失的船舶负赔偿责任。(2) 互有过失碰撞的责任《海商法》第一百六十九条对互有过失的船舶碰撞的责任，区分不同的情况作了具体规定：船舶发生碰撞，碰撞的船舶互有过失的，各船按照过失程度的比例负赔偿责任；过失程度相当或者过失程度的比例无法判定的，平均负赔偿责任。互有过失的船舶，对碰撞造成的船舶以及船上货物和其他财产的损失，依照过失程度的比例负赔偿责任。碰撞造成第三人财产损失的，各船的赔偿责任均不超过其应当承担的比例。互有过失船舶，对造成的第三人的人身伤亡，负连带赔偿责任。一船连带支付的赔偿超过过失程度的比例的，有权向其他有过失的船舶追偿。

(三) 船舶碰撞的损害赔偿的范围

我国《海商法》未对船舶碰撞的损害赔偿作出具体的规定，有关赔偿依《民法通则》和最高人民法院发布的有关规定进行。船舶碰撞损害包括船舶损失、船载货物损失、人身损害等。

1. 船舶损失赔偿

在船舶碰撞中，损失包括部分损失和全部损失。全部损失中又包括实际全损和推定全损。不同的损失赔偿范围不同。(1) 船舶发生部分损失。其赔偿范围一般包括合理的修理费用和辅助费用及维持费用、合理的船期损失、因碰撞而产生的合理拖航及救助费和共同海损分摊费等。(2) 船舶发生全部损失。其赔偿范围包括船舶价值、合理的船期损失、船员工资和遣返费及其他合理费用。船舶价值可以按当地的市场价格计算，无市场价格时按新建同样船舶的价值扣除折旧计算。合理的船期损失，是指船舶受损后受害人丧失使用而受到的损失，合理的期限在我国最长不超过 2 个月。

2. 船载货物损失赔偿

船载货物的损失赔偿范围是货物的价值加运费。船载货物损失分为部分损失和全部损失。具体的赔偿是：(1) 船载货物部分损失。其赔偿范围为货物损失部分减少的价值加上相应比例的运费，或目的港完好价格减去受损后的价格余额。(2)船载货物全部损失。其赔偿范围为货物处于完好状态下到达目的港的市价赔偿,若无市价,可按托运时的实际价值加全部运费赔偿。

若承运人或船东对货物运输适用不完全过失原则,对碰撞引起的本船货物损害不承担赔偿责任;若互有过失引起的碰撞,则应以过失比例对他船货物赔偿;若单方过失引起的碰撞,则应对他船货物损失全部赔偿。

3. 人身损害赔偿

对于人身损害的赔偿,有过失的一方应当承担责任;若互有过失,则由过失船舶承担连带责任。人身损害的赔偿范围包括:收入损失、医疗和护理费、安抚费、丧葬费、被抚养人的抚养费以及其他必要的费用。我国涉外海上人身伤亡损害的赔偿最高限额为每人80万元人民币。

(四)船舶碰撞后的救助义务

《海商法》第一百六十六条规定,船舶发生碰撞,当事船舶的船长在不严重危及本船和船上人员安全的情况下,对于相碰的船舶和船上人员必须尽力施救。碰撞船舶的船长应当尽可能将其船舶名称、船籍港、出发港和目的港通知对方。

二、海难救助

(一)海难救助及其构成要件

1. 海难救助的概念

海难救助,也称海上救助,有广义和狭义之分。广义的海难救助是指对海上遇难的人命和财产的救助,而狭义的海难救助是指对海上遇难的财产的救助。我国《海商法》所称的海难救助是指狭义的海难救助。我国《海商法》规定,海难救助,是对在海上或者与海相通的可航水域遇险的船舶和其他财产进行的救助。

2. 海难救助的构成要件

海难救助的构成要件是:(1)海难救助的地域发生在海上或与海相通的水域。(2)救助的对象是《海商法》中所定义的船舶、财产。财产是指非永久性和非有意地依附于岸线的任何财产,包括有风险的运费。同一船舶的所有人的船舶也可以成为彼此救助的对象。但是,《海商法》第一百七十三条规定,海上已经就位的从事海底矿物资源的勘探、开发或者生产的固定式、浮动式平台和移动式近海钻井装置,不属于救助对象。(3) 救助的对象必须遭遇海难。即救助的对象必须处于危险中,危险必须真实存在,这是救助的前提。(4) 海难救助行为必须是来自于遇难船舶本身或其他财产所有人以外的外在力量。(5) 海难救助必须有效。海难救助的意义在于救助效果,无效果就无意义,效果也是救助方获得报酬的前提。《海商法》第一百七十九条规定,救助方对遇险的船舶和其他财产的救助,取得效果的,有权获得救助报酬;救助未取得效果的,除法律另有规定或者合同另有约定外,无权获得救助款项。

(二) 海难救助的种类

1. 纯救助

纯救助,是指在船舶遇难后,在被救助方未请求外来救助的情况下,救助人自愿进行的救助。纯救助的特点是:救助方和被救助方不存在合同关系;实行"无效果,无报酬"的原则。纯救助由于无合同存在,所以救助发生争议时,难以解决,因而人们已很少采用这种救助方式。

2. 履行法定义务救助

法定救助,是法律规定的特殊主体在特殊条件下或情形下必须履行法定职责实施救助义务。履行法定救助义务一般不得请求救助报酬。

法定救助的情形主要是:(1) 由法定的特殊的公务人员实施的救助。此类主体的救助是履行法定的义务,而非商业性的救助行为,所以不得向被救助人请求救助报酬。(2) 船长对人命的救助。船长对海上的人命负有法定的救助义务,否则应承担法律责任,所以此类救助不得向被救助人请求报酬。

3. 合同救助

合同救助,是指在救助前或救助过程中签订的救助合同,并依据合同确定双方当事人的权利和义务的救助。合同救助是目前采用最广泛的一种救助形式。我国《海商法》对合同救助作了较详细的规定。

(三) 海难救助合同

1. 海难救助合同的概念

海难救助合同,是指救助方和被救助方就海难救助达成协议,由救助方对海难财产救助,由被救助方支付报酬的协议。由于海难救助实行"无效果,无报酬"原则,所以海难救助合同也被称为无效果无报酬合同。

2. 海难救助合同的订立

《海商法》第一百七十五条规定,救助方与被救助方就海难救助达成协议,救助合同成立。遇险船舶的船长或者船舶所有人有权代表船上财产所有人订立救助合同。由于海难救助的特殊性,所以海难救助合同可以在救助前、救助过程中或救助完成后订立。

海难救助合同多是在紧急情况下订立的,因而可能会产生不合理的海难救助合同,因此《海商法》第一百七十六条规定,受理争议的法院或者仲裁机构在下列两种情况之一时可以判决或者裁决变更救助合同:一是合同在不正当的或者危险情况的影响下订立,合同条款显失公平的;二是根据合同支付的救助款项明显过高于或者过低于实际提供的救助服务的。

3. 海难救助合同中救助方、被救助方的义务

(1) 救助方的义务。① 以应有的谨慎进行救助;② 以应有的谨慎防止或者减少环境污染损害;③ 在合理需要的情况下,寻求其他救助方援助;④ 当被救助方合理地要求其他救助方参与救助作业时,接受此种要求,但是要求不合理的,原救助方的救助报酬金额不受影响。

(2) 被救助方的义务。① 与救助方通力合作;② 以应有的谨慎防止或者减少环境污染损害;③ 当获救的船舶或者其他财产已经被送至安全地点时,及时接受救助方提出的合理的移交要求。

(四) 海难救助款项

海难救助款项,是指被救助方依法律规定或合同的约定,应当向救助方支付的任何救助报酬、酬金或补偿金。我国《海商法》对海难救助报酬、特别补偿等作了规定。

1. 海难救助报酬的确定

确定海难救助报酬是一件复杂的事情。我国《海商法》第一百八十条规定,确定救助报酬,应当体现对救助作业的鼓励,并综合考虑以下各项因素:船舶和其他财产的获救的价值;救助方在防止或者减少环境污染损害方面的技能和努力;救助方的救助成效;危险的性质和程度;救助方在救助船舶、其他财产和人命方面的技能和努力;救助方所用的时间、支出的费用和遭受的损失;救助方或者救助设备所冒的责任风险和其他风险;救助方提供救助服务的及时性;用于救助作业的船舶和其他设备的可用性和使用情况;救助设备的备用状况、效能和设备的价值。

在确定救助报酬时要注意,救助报酬不得超过船舶和其他财产的获救价值。获救价值,是指船舶和其他财产获救后的估计价值或者实际出卖的收入,扣除有关税款和海关、检疫、检验费用以及进行卸载、保管、估价、出卖而产生的费用后的价值,但不包括获救的私人物品和旅客获救的自带行李的价值。

2. 海难救助的特别补偿及确定

海难救助补偿制度是相对于"无效果,无报酬"原则的一项特别制度,是为了鼓励救助人从事防止和减少海上环境污染损害的救助而产生的一项特别的法律制度。

特别补偿,是指救助方对构成环境污染损害危险的船舶或船上货物进行了救助,可以从船舶所有人处获得至少相当于所付出的救助费用的补偿。

依据《海商法》第一百八十二条,特别补偿可以以下列标准确定:

(1) 救助方获得的救助报酬,少于依照《海商法》规定可以得到的特别补偿的,救助方有权从船舶所有人处获得相当于救助费用的特别补偿。救助费用,是指救助方在救助作业中直接支付的合理费用以及实际使用救助设备、投入救助人员的合理费用。

(2) 取得防止或者减少环境污染损害效果的,船舶所有人依照规定应当向救助方支付的特别补偿可以另行增加,增加的数额可以达到救助费用的30%。受理争议的法院或者仲裁机构认为适当,并且考虑海难报酬的各种因素,可以判决或者裁决进一步增加特别补偿数额。但是,在任何情况下,增加部分不得超过救助费用的100%。

(3)在任何情况下,全部特别补偿,只有在超过救助方依法能够获得的救助报酬时,方可支付,支付金额为特别补偿超过救助报酬的差额部分。

(4)由于救助方的过失未能防止或者减少环境污染损害的,可以全部或者部分地剥夺救助方获得特别补偿的权利。

(5)特别补偿的规定,不影响船舶所有人对其他被救助方的追偿权。

3. 海难救助报酬的例外

依据《海商法》第一百八十五条、第一百八十六条、第一百八十七条的规定,下列情况下救助方无权请求救助报酬:(1)救助人命。在救助作业中救助人命的救助方,对救助人员不得请求酬金,但是有权从救助船舶或者其他财产、防止或者减少环境污染损害的救助方获得的救助款项中,获得合理的份额。(2)无权获得救助款项的行为。正常履行拖航合同或者其他服务合同的义务进行救助的,但是提供不属于履行上述义务的特殊劳务除外。(3)违反被救助方的意愿。不顾遇险的船舶的船长、船舶所有人或者其他财产所有人明确的和合理的拒绝,仍然进行救助的。(4)救助方的过失或欺诈。由于救助方的过失致使救助作业成为必需或者更加困难的,或者救助方有欺诈或者其他不诚实行为的,应当取消或者减少向救助方支付的救助款项。

第七节 共同海损

一、共同海损及其构成要件

(一)共同海损的概念

共同海损,是指在同一海上航程中,船舶、货物和其他财产遭遇共同危险,为了共同安全,有意地、合理地采取措施所直接造成的特殊牺牲、支付的特殊费用。共同海损制度是海商法中的古老制度，其核心是为了共同的利益作出的牺牲，应由利益的获得者补偿。

发生共同海损后，船长应迅速及时地向船东或船东代理报告。通常船长享有宣布共同海损的权利，他应在事故发生后的第一到达港宣布共同海损。按习惯在宣布共同海损后，收货人不提供共同海损担保就不能提货，船方对货物有留置权，以担保共同海损费。

（二）共同海损的构成要件

1. 船货或其他财产必须处于同一航程中
2. 必须确有危及船货共同安全的危险存在

即船货应同时面临共同的危险，而且这种危险是真实存在的，若不及时采取措施船货就有灭失和损害的危险。如果只有一方存在危险，即使作出了牺牲和支付了费用，仍不能构成共同海损。

3. 作出的牺牲和费用必须是特殊的

由于面临共同的危险，为了共同的安全，船长或船上其他负责船舶驾驶的管理人员采取措施造成的牺牲、费用，如果是为履行海上运输合同作出的行为而导致的损失，则不能列入共同海损。

4. 必须是有意的活动结果

损失是人为的、有意识活动的结果，即明知采取某种措施会导致船或货的损失，但为了船货共同的安全而故意要采取措施，如抛弃等。而大风引起的船的颠簸，致使装在甲板上的货物被甩入大海，因为没有人为的因素，所以不是共同海损。

5. 采取的措施必须合理、有效

根据具体情况，只要船或货中有一方或部分获救就是有效，全部损失就不属于共同海损。

二、共同海损的范围

共同海损的范围包括共同海损牺牲和共同海损费用。

（一）共同海损牺牲

共同海损牺牲，是指由于采取共同海损措施直接造成的船舶或货物或其他财产的损失。共同海损牺牲表现为船舶牺牲、货物牺牲、运费牺牲。

1. 船舶牺牲

船舶牺牲,是因为采取共同海损措施而造成的船舶损失,即船舶某些部分遭到人为损坏。通常船舶牺牲的情况是:扑灭船上火灾、灭火凿洞、切除残缺物、有意搁浅、舍弃船舶属具、船舶机械和锅炉的损害,等等。

2. 货物牺牲

货物牺牲,是由于采取共同海损措施而造成的货物损失。通常货物牺牲的情况是:抛弃货物、抛弃货物开舱而使海水进入舱内使部分货物受湿损坏、采取有意搁浅时将船底撞开使货物漂失、作为燃料使用货物或船用物料等。

3. 运费牺牲

运费牺牲,是由于采取共同海损措施而造成的运费损失。运费是船方或承运人的收入,在运费到付的情况下,如果所运的货物由于采取共同海损措施而使其灭失或因船舶损坏而不能完成航程交付货物,船方或承运人就无法收到运费,即运费牺牲。如果牺牲的货物被认作共同海损,运费也就被认作共同海损。

(二) 共同海损费用

共同海损费用通常包括救助费用,在避难港或其他地点额外停留期间所支付的港口费、船员工资、给养以及船舶所消耗的燃料、物料、代替费用等。

1. 救助费用

在船舶遇到海难时,自行无法脱险而请求救助方救助,若救助有效则支付给救助方报酬。这部分费用可以列入共同海损,而且不论救助是否根据合同进行,都应列入共同海损。

2. 避难港费用

我国《海商法》第一百九十四条规定,船舶因发生意外、牺牲或者其他特殊情况而损坏时,为了安全完成本航程,驶入避难港口、避难地点或者驶回装货港口、装货地点进行必要的修理,在该港口或者地点额外停留期间所支付的港口费、船员工资、给养、船舶所消耗的燃料、物料,为修理而卸载、储存、重装或者搬移船上货物、燃料、物料以及其他财产所造成的损失、支付的费用,应当列入共同海损。

3. 代替费用

代替费用,是指当船舶遇到意外事故时,为了共同的利益和安全,船方为了节省或取代原应列入共同海损的费用而支付的另外一笔较小的费用。由于支付了较小的费用,可以节约和避免原来应列入共同海损的费用。如船舶被拖至港口所支付的费用高于转运费,承运人可以采取转运方式,由此而支付的费用就是代替费用。我国《海商法》第一百九十五条规定,为代替可以列为共同海损的特殊费用而支付的额外费用,可以作为代替费用列入共同海损。但是,列入共同海损的代替费用的金额,不得超过被代替的共同海损的特殊费用。

4. 共同海损损失的利息和垫付的手续费及其他杂费

我国《海商法》第二百零一条规定,对共同海损特殊牺牲和垫付的共同海损特殊费用,应当计算利息。对垫付的共同海损特殊费用,除船员工资、给养和船舶消耗的燃料、物料费用外,应当计算手续费。杂费是处理共同海损所发生的费用,应列入共同海损。属于共同海损范围的牺牲和费用应由受益方根据各自价值的比例分摊,但是,提出共同海损分摊请求的一方应当负举证责任,证明其损失应当列入共同海损。

三、共同海损理算

(一) 共同海损理算

共同海损理算,是指共同海损发生后,理算人按照理算规则,对共同海损损失的费用和金额进行调查、审核,计算、确定各受益方应分摊的共同海损的金额。

共同海损发生后,由受益方根据各自价值比例进行分摊。共同海损理算很重要,在实践中理算是一项复杂的业务,由专门的理算机构和理算师进行,我国进行共同海损的理算机构是中国国际贸易促进委员会海损理算处,凡是在运输合同中约定共同海损在中国理算的,均由该理算处进行理算。

我国《海商法》第二百零三条规定,共同海损理算适用合同约定的理算规则,合同未约定的,适用《海商法》的规定。目前各海运国家都制定了自己的理算规则,我国国际贸易促进委员会制定了《北京理算规则》。重要的国际理算规则是《约克–安特卫普规则》(1864年于英国的约克城召开的第三届国际共同海损大会上通过了《约克规则》,1887年在比利时的安特卫普再次召开会议,对《约克规则》进行了修改,并定现名。以后又进行了多次修改,形成了现在多个版本并行的局面)。

(二) 共同海损理算的内容与方法

共同海损理算的内容主要包括:共同海损牺牲金额确定、共同海损分摊价值确定。

1. 共同海损牺牲金额确定

我国《海商法》第一百九十八条规定了船舶、货物和运费的共同海损牺牲的金额的确定方法:(1) 船舶共同海损牺牲金额的确定。按照实际支付的修理费,减除合理的以新换旧的扣减额计算。船舶尚未修理的,按照牺牲造成的合理贬值计算,但是不得超过估计的修理费;船舶发生实际全损或者修理费用超过修复后的船舶价值的,共同海损牺牲金额按照该船舶在完好状态下的估计价值,减除不属于共同海损损坏的估计的修理费和该船舶受损后的价值的余额计算。(2) 货物共同海损牺牲金额的确定。货物灭失的,按照货物在装船时的价值加保险费加运费,减除由于牺牲无须支付的运费计算。货物损坏,在就损坏程度达成协议前售出的,按照货物在装船时的价值加保险费加运费,与出售货物净得的差额计算。(3) 运费共同海损牺牲金额的确定。按照货物遭受牺牲造成的运费的损失金额,减除为取得这笔运费本应支付,但是由于牺牲无须支付的营运费用计算。

2. 共同海损分摊价值确定

共同海损应当由受益方按照各自的分摊价值的比例分摊。共同海损分摊价值,是指由于共同海损行为而获救并负有分摊义务的财产价值,包括船舶分摊价值、货物分摊价值、支付运费分摊价值。

我国《海商法》第一百九十九条规定了共同海损分摊价值的确定方法:(1) 船舶共同海损分摊价值的确定。按照船舶在航程终止时的完好价值,减除不属于共同海损的损失金额计算,或者按照船舶在航程终止时的实际价值,加上共同海损牺牲的金额计算。(2) 货物共同海损分摊价值的确定。按照货物在装船时的价值加保险费加运费,减除不属于共同海损的损失金额和承运人承担风险的运费计算。货物在抵达目的港以前售出的,按照出售净得金额,加上共同海损牺牲的金额计算。另外要注意《海商法》第二百条的规定,未申报的货物或者谎报的货物,应当参加共同海损分摊;其遭受的特殊牺牲,不得列入共同海损。不正当地以低于货物实际价值作为申报价值的,按照实际价值分摊共同海损;在发生共同海损牺牲时,按照申报价值计算牺牲金额。还要注意旅客的行李和私人物品,不分摊共同海损。(3) 运费共同海损分摊价值的确定。按照承运人承担风险并于航程终止时有权收取的运费,减除为取得该项运费而在共同海损事故发生后,为完成本航程所支付的营运费用,加上共同海损牺牲的金额计算。

第八节 海事赔偿责任限制

一、海事赔偿责任限制及其意义

海事赔偿责任限制,是指在发生重大海损事故时,事故责任人依法在一定的限度内承担责任的制度。

海事赔偿责任限制,是海商法中特有的制度,与民法中的损害赔偿制度不同。在民法中,责任人的责任是对受害人造成的全部损失。而海商法中,则将责任人的责任限制在一定范围内,如果超出一定的范围,责任人就可以不承担责任。海事赔偿责任限制与海上货物运输合同中承运人的责任限制也不同,海事赔偿责任限制是针对一次事故中的各种赔偿请求权人,而承运人责任限制是针对特定的货主,承运人是按运输合同或法律规定,对每件或每单位的货物的赔偿额限制在一定的范围内。

海事赔偿责任限制对海运及相关产业的发展具有重要的意义,一是保障海运的稳定发展。由于海上运输的风险较大,对经营人的赔偿责任进行限制,可以使投入到海运的资本得到保护,从而保障海运的稳定发展。二是鼓励海上救助。海上救助是海事活动中不可缺少的,但救助方在救助过程中可能会有一定的风险,因此救助方在海上进行救助时也可享受责任限制,从而鼓励海上救助的行为。

二、海事赔偿责任限制的内容

(一)责任限制的主体

责任限制的主体,是指依法有权享受赔偿责任限制的人。我国《海商法》第二百零四条、第二百零六条规定了海事赔偿限制的主体。

享受责任限制的主体主要是:船舶所有人、船舶承租人、船舶经营人、救助人,以及他们的受雇人员、代理人,及责任保险人。

(二)责任限制的债权范围

责任限制主体在法定的范围内享有责任限制的权利,其中责任主体可以享受责任限制的海事请求权为限制性债权,不能享受责任限制的海事请求权为非限制性债权。

1. 限制性债权

根据《海商法》第二百零七条,对下列海事赔偿请求,无论提出的方式有何不同,责任人均可请求限制赔偿责任:(1)在船上发生的或者与船舶营运、救助作业直接相关的人身伤亡或者财产的灭失、损坏,包括对港口工程、港池、航道和助航设施造成的损坏,以及由此引起的相应损失的赔偿请求。(2)海上货物运输因迟延交付或者旅客及其行车运输因迟延到达造成损失的赔偿请求。(3)与船舶营运或者救助作业直接相关的,侵犯非合同权利的行为造成其他损失的赔偿请求。(4)责任人以外的其他人,为避免或者减少责任人按照海事赔偿责任限制规定可以限制赔偿责任的损失而采取措施的赔偿请求,以及因此项措施造成进一步损失的赔偿请求。

以上所列赔偿请求,均可以限制赔偿责任。但是,第(4)项涉及责任人以合同约定支付的报酬,责任人的支付责任不得援用本条赔偿责任限制的规定。

2. 非限制性债权

《海商法》第二百零八条规定了责任人不能援引责任限制的非限制性债权:(1)对救助款项或者共同海损分摊的请求。(2)中华人民共和国参加的国际油污损害民事责任公约规定的油污损害的赔偿请求。(3) 中华人民共和国参加的国际核能损害责任限制公约规定的核能损害的赔偿请求。(4) 核动力船舶造成的核能损害的赔偿请求。(5) 船舶所有人或者救助人的受雇人提出的赔偿请求,根据调整劳务合同的法律,船舶所有人或者救助人对该类赔偿请求无权限制赔偿责任,或者该项法律作了高于海事赔偿责任限制规定的赔偿限额的规定。

(三) 责任限额

责任限额,是责任人对一特定事故产生的赔偿请求承担的最高赔偿额。根据《海商法》第二百一十条,海事赔偿责任限制,依以下标准计算赔偿限额:

1. 关于人身伤亡的赔偿请求限额

(1) 总吨位300吨至500吨的船舶,赔偿限额为333 000计算单位;(2) 总吨位超过500吨的船舶,500吨以下部分适用前项的规定,500吨以上的部分,应当增加下列数额:501吨至3 000的部分,每吨增加500计算单位;3 001吨至30 000吨的部分,每吨增加333计算单位;30 001吨至70 000吨的部分,每吨增加250计算单位;超过70 000吨的部分,每吨增加167计算单位。

2. 关于非人身伤亡的赔偿请求限额

(1) 总吨位300吨至500吨的船舶,赔偿限额为167 000计算单位;(2) 总吨位超过500吨的船舶,500吨以下部分适用前项的规定,500吨以上的部分,应当增加下列数额:501吨至30 000吨的部分,每吨增加167计算单位;30 001吨至70 000吨的部分,每吨增加125计算单位;超过70 000吨的部分,每吨增加83计算单位。

3. 依照关于人身伤亡的赔偿请求的限额,不足以支付全部人身伤亡的赔偿请求的,其差额应当与非人身伤亡的赔偿请求并列,从非人身伤亡的赔偿请求数额中按照比例受偿

4. 在不影响前项关于人身伤亡赔偿请求的情况下,就港口工程、港池、航道和助航设施的损害提出的赔偿请求,应当较非人身伤亡中的其他赔偿请求优先受偿

5. 不以船舶进行救助作业或者在被救船舶上进行救助作业的

救助人，其责任限额按照总吨位为 1 500 吨的船舶计算。总吨位不满 300 吨的船舶，从事中华人民共和国港口之间的运输的船舶，以及从事沿海作业的船舶，其赔偿限额由国务院交通主管部门制定，报国务院批准后施行。

6. 海上旅客运输的旅客人身伤亡赔偿责任限额

海上旅客运输的旅客人身伤亡赔偿责任限额按照 46 666 计算单位乘以船舶证书规定的载客定额计算赔偿限额，但是最高不超过 25 000 000 计算单位。

（四）责任限制基金及其效力

海事赔偿责任限制基金，是指依法要求限制海事赔偿的责任人，在有管辖权的法院所设立的担保在赔偿责任限额内清偿限制性债权的保证金。

我国《海商法》第二百一十三条、第二百一十四条、第二百一十五条规定了责任限制基金的相关问题。责任人要求依照海商法规定限制赔偿责任的，可以在有管辖权的法院设立责任限制基金。基金数额分别为《海商法》第二百一十条、第二百一十一条规定的海事赔偿责任计算限额，加上自责任产生之日起至基金设立之日止的相应利息。

责任人设立责任限制基金后的法律效力是：向责任人提出请求的任何人，不得对责任人的任何财产行使任何权利；已设立责任限制基金的责任人的船舶或者其他财产已经被扣押，或者基金设立人已经提交抵押物的，法院应当及时下令释放或者责令退还。

责任限制的人，就同一事故向请求人提出反请求的，双方的请求金额应当相互抵消。

第九节 海上保险合同

一、海上保险合同及其原则

（一）海上保险合同

海上保险合同，是指保险人按照约定，对被保险人遭受保险事故造成保险标的的损失和产生的责任负责赔偿,而由被保险人支付保险费的合同。

目前无统一的国际公约对海上保险进行规范,主要由各国国内法进行规范,我国海上保险主要适用《海商法》中"海上保险合同"的规定,《海商法》中没有规定的,则适用《保险法》的规定。

(二)海上保险合同的原则

1. 绝对诚信原则(Utmost Good Faith)

绝对诚信原则是海上保险合同最重要的原则,是指保险人与被保险人签订保险合同时,必须讲诚信、守信用,不隐瞒作为签约依据的主要情况和条件,应将与投保有关的一切情况无保留地告诉对方。

这一原则是形成海上保险合同的基础。因为在海上货物运输保险中通常是投保人向保险人投保时,被保险的货物已经离开了港口,保险人对标的情况往往一无所知。这样保险人在接受投保履行自己的义务时,已无法行使实地检查标的物的权利,在此情况下,保险人是否决定接受投保或如何确定保费率,全凭投保人告知。投保人不遵守绝对诚信原则,保险人就有权解除合同。

绝对诚信原则的主要内容是:投保人在订立合同时应将其所知道或应当知道的有关重要情节告知保险人。这种告知义务可以分为无限告知义务和咨询回答义务。(1)无限告知义务,是指投保人应将一切与标的有关的事实告知保险人,对于告知的范围在法律上一般没有明确规定,但按照英国的《海上保险法》规定,投保人必须向保险人告知一切重要事实,而且投保人对于和投保标的物有关的重要事实,不论其实际投保人是否知道,都推定为投保人应该知道的事实。即使投保人认为不重要而未披露,也可构成对绝对诚信义务的违反。(2)咨询回答义务,是指投保人应当如实陈述保险人提出的问题。陈述包括事实陈述以及表现期望或信心的陈述。一般情况下,只要大体正确即可。在订立合同之前,投保人可以撤回或修改自己的陈述。

2. 不得违反担保原则

不得违反担保原则,是指投保人或被保险人与保险人订立保险合同时,对保险人作出的某些特定的保证。担保条款是海上保险合同的一项重要内容,是投保人或被保险人作出的必须严格遵守的承诺。在保险合同履行期间,投保人没有按照其保证的条款履行义务,保险人可以从他违约之日起,不负责任。

担保可以分为明示担保和默示担保。明示担保,是以书面形式在保险合同上记载的担保;默示担保,是依照法律规定或惯例应当履行的保证,如适航、航海合法等。无论何种担保,投保人都得严格遵守。

3. 可保利益原则(Insurable Interest)

可保利益原则,是指投保人或被保险人对于保险标的具有法律上认可的、经济上的利害关系。可保利益原则要求投保人或被保险人对投保标的要具有法律所认可的、经济上的、确定的利益。对保险标的不具有利益的人,不能与保险人签订合同,即使在保险人不知情的情况下保险合同已经签订,该保险合同也无效。

4. 损失补偿原则

损失补偿原则,是指标的在保险责任范围内受损失,保险人必须履行对被保险人的经济补偿义务。

5. 近因原则

近因原则,是指保险人对于承保范围的保险事故作为最直接、最接近的原因引起的损失承担责任,而对于承保范围外的原因造成的损失,不负赔偿责任。

二、海上保险合同的种类

(一)依保险标的进行划分,海上保险合同可以分为货物保险合同、船舶保险合同、运费保险合同

1. 货物保险合同

货物保险合同,是以贸易中的特定货物为保险标的的合同。

2. 船舶保险合同

船舶保险合同,是以船舶的船壳、机器、设备等船属具为保险标的的合同。

3. 运费保险合同

运费保险合同,是以班轮中的运费或租船中的预付运费为保险

标的的合同。

(二) 依保险价值进行划分,海上保险合同可以分为定值保险合同与不定值保险合同

定值保险合同,是保险人与投保人或被保险人,在合同中载明事先对标的约定的价值,并依该价值确定保险金额,依该价值进行赔付的合同。损失赔偿价值一般等于或小于保险价值。

不定值保险合同,是保险人与投保人或被保险人不约定标的物的价值,保险合同中只写保险金额,出险后再核定保险标的物的价值,并依该价值进行赔付的合同。由于该保险合同的特点是出险后损失赔偿价值要重新估算,使用起来不太方便,因此实践中,货物保险一般不用该类保险。

(三) 依保险期间进行划分,海上保险合同可以分为航次保险合同与定期保险合同

航次保险合同,是以保险标的物在特定航次中的风险为保险标的的合同。此种合同主要用于货物运输保险,保险人只对特定航线的货物承担保险责任,一般不得更改航线。

定期保险合同,是以保险标的物在一定期间内的风险为保险标的的合同。此种合同中明确订有固定期间,保险人的责任期限以约定的期间为限。

(四) 依保险方式进行划分,海上保险合同可以分为流动保险合同与预约保险合同

流动保险合同,是用概括性的文字载明承保的条件、货物的总价值、承保的风险、保费、期间等,而将运输工具的名称及每批货物的细节待具体运输时再审报,每批货物按照流动保险合同自动承保,每批货物逐笔累积,直到达到总价值的保险合同。

预约保险合同,是预定保险范围、险别、保费、每批货物的最高金额,但不限定总的保险价值,每批货物一经起运,自动承保的合同。

(五) 依保险金额与保险价值是否一致进行划分,海上保险合同可以分为足额保险合同和不足额保险合同

足额保险合同,是指投保人或被保险人声明的保险金额与实际标的的保险价值一致,保险标的发生损失时,保险人按照保险金额赔

偿被保险人的合同。

不足额保险合同,是指投保人或被保险人声明的保险金额只是保险价值的一部分,发生损失时,保险人仅根据保险金额和保险价值的比例赔偿被保险人的合同。

三、海上保险合同的订立、解除和转让

(一) 海上保险合同的订立

海上保险合同是保险人和投保人或被保险人之间的协议,要经过要约与承诺过程。具体是:投保人或被保险人要保、保险人核保、保险费报价、签发保险条(只在信誉上约束双方)、签发保险单(保险合同成立)、缴纳保险费。

订立海上保险合同的方式主要有两种:一是保险人与投保人或被保险人直接订立;二是投保人或被保险人通过保险经纪人和保险人订立。在英美国家是通过保险经纪人订立保险合同的,保险经纪人出具承保单,保险人在承保单上签字,合同即成立。投保人或被保险人向保险经纪人缴纳保费,保险经纪人直接向保险人缴纳保费并领取佣金。如果投保人或被保险人不交保费则不能从保险经纪人处得到保单。

在我国,保险合同的订立一般采用第一种方式。近年我国虽然也有保险经纪人,但大量的保险合同还是以投保人或被保险人直接向保险公司投保的方式订立。我国《海商法》第二百二十一条规定,投保人或被保险人提出保险要求,经保险人同意承保,并就海上保险合同的条款达成协议后,合同成立。

(二) 海上保险合同的解除

合同的解除有两种情况:合法解除合同和违法解除合同。这里讲的是合法解除的情况,具体表现为保险责任开始前的解除和保险责任开始后的解除。

1. 保险责任开始前的解除

保险责任开始前,投保人或被保险人可以要求解除合同。其法律后果是:合同一切效果消灭,保险人退还投保人或被保险人已交的保险费,投保人或被保险人向保险人支付若干手续费。之所以可以

解除合同,是因为对保险人并不造成经济损失,其承保的保险还没有进入保险有效期内。

2. 保险责任开始后的解除

保险责任开始后,保险人一般不得任意解除合同,但是如果投保人或被保险人违反了告知义务或违反了担保义务或违反了合同规定的有关义务,可以导致保险人对合同的解除。由于上述原因造成保险合同的解除,保险人一般不退还已收的保险费。

但根据保险合同的规定,发生了某种"可以解除"合同的情况时,双方分别要求解除合同,保险费应按规定退还。我国《海商法》规定:"根据合同约定在保险责任开始后可以解除合同的,被保险人要求解除合同,保险人有权收取自保险责任开始之日起至合同解除之日止的保险费,剩余部分予以退还;保险人要求解除合同,应当将自合同解除之日起至保险期间届满之日止的保险费退还被保险人。"但是要注意的是,对于货物运输保险和船舶的航次保险,保险责任开始后,被保险人不得要求解除合同。因为此时保险责任已开始,货或船已在海上,若被保险人解除合同,对保险人是不公平的。

(三) 海上保险合同的转让

保险合同转让,是指货物起运后,在运输过程中,被保险人将合同让与第三人,而由受让人取代被保险人地位的法律行为。保险合同订立后,根据国际海上保险的惯例,允许海上保险合同转让。但是,海上保险合同转让又分为两种情况,即货物运输保险合同转让和船舶保险合同转让,两者是有区别的。

1. 货物运输保险合同的转让

现实中,货物运输保险合同随货物所有权的转移而转移(虽然在法律上不是一回事),不必先取得保险人的同意。但要注意:一是要经过原被保险人背书或其他文件表示同意。二是保险合同转让后,保险人与受让人(新的被保险人)的权利义务建立在原保险合同基础之上,权利义务不发生变化,因此不能增减保险合同的条款。《海商法》第二百二十九条规定,海上货物运输保险合同可以由被保险人背书或者以其他方式转让,合同的权利、义务随之转移。合同转让时尚未支付保险费的,被保险人和合同受让人负连带支付责任。

三是保险标的损害后,保险单证仍可以有效转让。这在国际贸易中意义很大,因为在国际贸易中大多是单单交易。

2. 船舶保险合同的转让

《海商法》第二百三十条规定,因船舶转让而转让船舶保险合同的,应当取得保险人同意。未经保险人同意,船舶保险合同从船舶转让时起解除;船舶转让发生在航次之中的,船舶保险合同至航次终了时解除。合同解除后,保险人应当将自合同解除之日起至保险期间届满之日止的保险费退还被保险人。

可见我国对船舶保险合同转让的规定与各国法律的规定一致,即十分严格,重要条件是要取得保险人同意。之所以规定严格,原因是船舶所有权转移有可能改变船舶的经营状况,从而影响到保险人承保的风险及其保险费率的确定。

四、海上保险合同的主要内容

《海商法》第二百一十七条规定了海上保险合同的内容。

1. 保险人、被保险人的名称

保险人是与投保人签订保险合同并承担保险责任的保险公司,在我国保险人均为保险公司。被保险人,是保险合同另一方当事人,是保险责任发生后的权利主体,可以是投保人也可以是第三人。

2. 保险标的

保险标的,是保险人与被保险人在海上保险合同中约定给予保险的财产、责任或利益。我国《海商法》规定,可以作为保险标的的有:船舶;货物;船舶营运收入,包括运费、租金、旅客票款;货物预期利润;船员工资和其他报酬;对第三人的责任;由于发生保险事故可能受到损失的其他财产和产生的责任、费用。

3. 保险价值

保险价值,是指保险责任开始时,保险标的的实际价值和保险费的总和。在实际中,要正确地确定保险价值是十分困难的,通常由保险人与被保险人约定保险标的的价值。

4. 保险金额

保险金额,是被保险人向保险人实际投保的金额,也是损害赔偿或约定给付的最高赔偿数额。这个数额必须在合同中写清楚。即使是在保险金额与保险价值相等的全额保险的情况下,赔偿也不能超过保险金额;如果是足额保险,被保险人应当对保险金额和保险价值之间的差额自行负责,保险人对差额部分不负赔偿责任。

5. 保险责任和除外责任

保险责任,是指海上保险合同成立后,保险人只对发生保险事故造成保险标的损失承担赔偿责任。通常保险责任通过投保人投保的不同险别来确定。

除外责任,是指根据法定或约定保险人不承担赔偿责任的风险范围。

6. 保险期间

保险期间,是指保险合同的有效期间,即保险合同效力发生或终止的时间。保险期间是计算保险费的依据,也是保险人与被保险人权利义务的责任期限,因此要在保险合同中确定。

7. 保险费

保险费,是保险合同的对价。保险费由当事人在合同中约定,不同的险别承保的风险范围不同,保险费也不同。如果被保险人拒绝缴纳保险费,保险人有权解除合同。

五、海上保险损失索赔:委付与代位求偿权

(一) 委付

1. 委付的概念

委付,是指在保险标的物发生推定全损时,被保险人如果要索赔损失必须将标的物可能的余值转移给保险人,即对该标的物进行委付。

委付制度是海上保险合同独有的法律制度,是任何推定全损索赔的必然结果,是基于保险合同的基本原则而产生的法律制度。委付使保险人接受保险标的余下的任何部分以及相关的财产权,不但可以避免可能发生的欺诈,也能使保险人可能收回部分损失。

2. 委付的条件

委付要具备的条件是:(1) 必须以保险标的推定全损为条件。

413

全部损失,是指保险标的遭受海损后,已经全部毁坏,失去了原有的用途。全部海损又可分为实际全损和推定全损。实际全损是指保险标的发生事故后灭失,或者受到严重损坏完全失去原有形体、效用,或者不能再归被保险人拥有。推定全损,是指保险标的实际全损不可避免或恢复、修复受损货物以及运送货物到原目的地的费用超过货物的价值。对于推定全损,被保险人既可以作部分损失处理,也可以作全部损失处理。若作全部损失处理,则要向保险人发委付通知并委付保险人。(2)必须以保险标的的整体性为条件,即以保险标的整体委付,不能部分委付。(3)必须将保险标的的一切权利转移给保险人,如处置权、追偿权等。(4)必须经保险人承诺才能生效。被保险人提出委付后,保险人可以接受也可以不接受,但是应当在合理的时间内将接受委付或者不接受委付的决定通知被保险人。保险人不接受委付的,不影响被保险人索赔的权利;保险人接受委付的,则委付成立,被保险人对委付财产的全部权利和义务转移给保险人。委付一经成立,不得撤销。(5)委付不得附带任何条件。

(二) 代位求偿权

1. 代位求偿权的概念

代位求偿权,是指损失是由第三人的行为造成时,被保险人向保险人取得赔偿后,将向第三方追偿的权利转让给保险人,保险人有权向过失责任方提出补偿。代位求偿权是从损失补偿中延伸出来的权利,目的是防止被保险人得到大于其实际损失的补偿。

2. 代位求偿权的条件

代位求偿权的条件是:(1)保险标的损失是由第三人造成的,即保险标的发生保险责任范围内的损失是由第三人造成的,而且被保险人向第三人有要求赔偿的权利。(2)保险人受损失后未向第三人取得索赔。(3)保险人向被保险人支付赔偿。保险人已向被保险人支付赔偿是代位求权的条件和前提,被保险人对第三人的权利自险人支付赔偿之日起相应转移给保险人。(4)保险人行使代位求偿权以保险赔偿范围为限。

(三) 委付与代位求偿权的区别

1. 适用情况不同

委付只适用于推定全损,而代位求偿权适用于全部损失和部分损失。

2. 权利转让不同

委付后保险标的所有权转让给保险人,但向第三方索赔的权利不转让;而代位求偿权是向第三方索赔的权利的转让。

3. 保险人获得的金额不同

在委付中,保险人可以获得大于其赔偿金额的利益,原因是被保险人提出委付时,已经放弃了对保险标的的所有权,保险人通过对保险标的处分权的行使而获得额外的利益;而在代位求偿中,保险人只能获得相当于赔偿被保险人的赔偿金额。

4. 保险人是否承担义务不同

在委付中,保险人在接受委付时,不但获得了保险标的的所有权,而且还承担了由此产生的义务;而在代位求偿中,保险人取得的是权利,而无须承担义务。

参 考 阅 读

1. 《中华人民共和国海商法》(1992年文本)。
2. 《中华人民共和国物权法》(2007年文本)。
3. 张湘兰:《海商法问题》,第1版,武汉:武汉大学出版社2007年版。
4. 司玉琢:《海商法》,第1版,北京:法律出版社2007年版。

复 习 思 考

1. 什么是海商法,有什么特征?
2. 什么是船舶,有什么特征?
3. 船舶抵押权及设定条件、受偿顺序是什么?
4. 船舶优先权的特征是什么?具有优先权的事项有哪些?如何受偿?
5. 海上运输合同的种类有哪些?

6. 承运人、托运人的义务有哪些?
7. 提单及其法律性质是什么?
8. 关于提单的三个国际公约的主要内容是什么?有哪些主要区别?
9. 租船合同有哪些种类?
10. 什么是海上碰撞?海上碰撞责任如何认定?
11. 海上拖船合同有什么特征?
12. 什么是海难救助?海难救助的构成是什么?
13. 海难救助款项的内容有哪些?如何确定?
14. 共同海损及其构成要件是什么?
15. 共同海损的范围是什么?
16. 什么是海上赔偿责任限制?其内容是什么?
17. 海上保险合同的基本原则是什么?
18. 海上保险合同是如何订立、解除与转让的?
19. 委付及其构成条件是什么?委付与代位求偿权有什么区别?

主要参考文献

1. 范健:《商法》,第1版,北京:高等教育出版社、北京大学出版社2002年版。
2. 覃有土:《商法学》,第1版,北京:高等教育出版社2004年版。
3. 庄建平:《浅析我国商法调整对象的特定性》,http://www.study.net,2006-09。
4. 王小能:《商法学》,第1版,北京:高等教育出版社2000年版。
5. 施天寿:《商法学》,第2版,北京:法律出版社2004年版。
6. 曾咏梅、王峰:《经济法》,第4版,武汉:武汉大学出版社2007年版。
7. 卞耀武:《中华人民共和国个人独资企业法释义》,第1版,北京:法律出版社2000年版。
8. 全国人大常委会法工委:《中华人民共和国合伙企业法释义》,第1版,北京:法律出版社2006年版。
9. 姚海放:《新合伙企业法精解与运用》,第1版,北京:中国法制出版社2006年版。
10. 刘璐:《新合伙企业法疑难释解与案例评析》,第1版,北京:中国工商出版社2007年版。
11. 江平、李国光:《最新公司法案例评析》,第1版,北京:人民法院出版社2006年版。
12. 江平、李国光:《最新公司法条文释义》,第1版,北京:人民法院出版社2006年版。
13. 张小奕、杜东亚:《新公司登记管理条例实用问答》,第1版,北京:中国工商出版社2007年版。
14. 《中华人民共和国企业破产法》起草组:《〈中华人民共和国企业破产法〉释义》,第1版,北京:人民出版社2006年版。

15. 汤维建:《企业破产法新旧专题比较与案例应用》,第 1 版,北京:中国法制出版社 2006 年版。

16. 李国光:《新企业破产法条文释义》第 1 版,北京:人民法院出版社 2006 年版。

17. 李国光:《新企业破产法适用指南》,第 1 版,北京:人民法院出版社 2006 年版。

18. 李国光:《新企业破产法案例评析》,第 1 版,北京:人民法院出版社 2006 年版。

19. 郭明瑞:《合同法学案例教程》,第 1 版,北京:知识产权出版社 2003 年版。

20. 杨立新:《合同法判例与学说》,第 1 版,沈阳:吉林人民出版社 2005 年版。

21. 江平:《中华人民共和国物权法精解》,第 1 版,北京:中国政法大学出版社 2007 年版。

22. 徐兆宏等:《担保法案例评析——新经济·法律案例评析丛书》,第 1 版,北京:汉语大词典出版社 2003 年版。

23. 余能斌、马俊驹:《现代民法学》,第 1 版,武汉:武汉大学出版社 1995 年版。

24. 刘文华、肖乾刚:《经济法律通论》,第 1 版,北京:高等教育出版社 2000 年版。

25. 江平:《商法案例评析》,第 1 版,北京:中国人民公安大学出版社 1997 年版。

26. 叶林:《证券法讲义》,中国民商法律网(http://www.civil-law.com.cn),法学教室,2005。

27. 李国光:《证券法分解适用集成(上下卷)》,第 1 版,北京:人民法院出版社 2006 年版。

28. 梁英武:《中华人民共和国票据法释论》,第 1 版,上海:立信会计出版社 1995 年版。

29. 李国光:《票据与支付结算法律分解适用》,第 2 版,北京:人民法院出版社 2006 年版。

30. 李玉泉:《保险法》,第 1 版,北京:法律出版社 2007 年版。

31. 贾林青:《保险法》,第 1 版,北京:中国人民大学出版社 2006 年版。

32. 张湘兰:《海商法问题》,第 1 版,武汉:武汉大学出版社 2007 年版。

33. 司玉琢:《海商法》,第 1 版,北京:法律出版社 2007 年版。

34. 周正庆:《证券知识读本》,第 1 版,北京:中国金融出版社 1998 年版。

35. 李诚:《中华人民共和国证券法通释》,第 1 版,北京:中国经济出版社 1999 年版。

36. 王启富等:《法律辞典》,第 1 版,吉林:吉林人民出版社 1998 年版。

后 记

经全国高等教育自学考试指导委员会同意，由经济管理类专业委员会负责高等教育自学考试经济管理类专业教材的组编工作。

《商法》（二）自学考试教材由武汉大学的王峰、曾咏梅担任主编，本书第一章、第二章、第七章、第十章、第十一章由王峰负责撰写，第三章、第四章、第五章、第六章、第八章、第九章由曾咏梅负责撰写。

参加本教材审稿讨论并提出修改意见的有：中国人民大学经济学院教授、全国高等教育自学考试指导委员会秘书长李金轩，教育部高等教育自学考试中心相关同志，以及武汉大学法学院博士生导师冯果教授，华中科技大学法学院王天习副教授、张文楚教授。在此一并表示感谢。

全国高等教育自学考试指导委员会
经济管理类专业委员会
2007 年 11 月 30 日

全国高等教育自学考试指定教材
电子商务专业(独立本科段)

商法(二)自学考试大纲

(含考核目标)

全国高等教育自学考试指导委员会　组编

出版前言

为了适应社会主义现代化建设事业对培养人才的需要,我国在20世纪80年代初建立了高等教育自学考试制度;经过20多年的发展,高等教育自学考试已成为我国高等教育基本制度之一。高等教育自学考试是个人自学、社会助学和国家考试相结合的一种高等教育形式,是我国高等教育体系的一个重要组成部分。实行高等教育自学考试制度,是落实宪法规定的"鼓励自学成才"的重要措施,是提高中华民族思想道德和科学文化素质的需要,也是造就和选拔人才的一种途径。应考者通过规定的专业考试课程并经思想品德鉴定达到毕业要求的,可以获得毕业证书;国家承认学历并按照规定享有与普通高等学校毕业生同等的有关待遇。

从80年代初期开始,各省、自治区、直辖市先后成立了高等教育自学考试委员会,开展了高等教育自学考试工作,多年来为国家培养造就了大批专门人才。为科学、合理地制定高等教育自学考试标准,提高教育质量,全国高等教育自学考试指导委员会(以下简称"全国考委")组织各方面的专家对高等教育自学考试专业设置进行了调整,统一了专业设置标准。全国考委陆续制定了200多个专业考试计划。在此基础上,各专业委员会按照专业考试计划的要求,从造就和选拔人才的需要出发,编写了相应专业的课程自学考试大纲,进一步规定了课程学习和考试的内容与范围,有利于社会助学,使个人自学要求明确,考试标准规范化、具体化。

全国考委按照国务院发布的《高等教育自学考试暂行条例》的规定,根据教育测量学的要求,对高等教育自学考试课程的自学考试大纲进行了探索、研究与建设。目前,为更好地贯彻十六大和全国考委五届二次会议精神,以"三个代表"重要思想为指导,全国考委办公室及其各个专业委员会在2003年开始较大幅度地对新一轮的课程自学考试大纲组织修订或重编。

全国考委经济管理类专业委员会在考试大纲建设过程中结合高等教育自学考试工作的实践，参照全日制普通高等学校相关课程的教学基本要求，并力图反映学科内容的发展变化、体现自学考试的特点，组织制定了《商法(二)自学考试大纲》。现经教育部批准，颁布施行。

《商法(二)自学考试大纲》是该课程编写教材和自学辅导书的依据，也是个人自学、社会助学和国家考试的依据，各地教育部门、考试机构应认真贯彻执行。

全国高等教育自学考试指导委员会
2008 年 3 月

第一部分 课程性质与设置目的

课程性质

"商法(二)"课程是高等教育自学考试电子商务专业的基础课程之一。商法是一个独立的法律部门,有其特定的调整对象。商法以商事活动中发生的商事法律关系作为调整的对象,商法是调整商主体在从事商行为中所发生的法律关系的总称,即商法是规范商主体以及商行为的法律规范。商法有着与民法和经济法相区别的特征:兼容性、技术性、营利性、安全性。因此,商法是规范商事活动关系的重要法律,也是从事商事活动或将要从事商事活动的人应当了解和掌握的重要法律。

课程设置目的

设置本课程的目的主要是使考生在我国市场经济不断发展与完善、社会经济关系不断丰富、商事活动日益增多的情况下,通过本课程的学习能全面地了解和掌握商事活动中的相关法律,并能够在了解与掌握的基础上进行简单应用和综合应用。

为了达到以上设置本课程的目的,就需设置一个合理的商法体系,该体系应当包含适应现实商事活动的相关法律内容。关于商法体系与内容如何设置的问题,目前国内学者有一些不同的看法。我们认为在设置商法体系与内容时,要考虑多种因素。具体而言:一是要考虑商法体系本身的逻辑性;二是要考虑我国商法立法的现实状况,特别是我国民法、经济法与商法的特殊关联关系;三是要考虑现实的商事活动的实践情况。因此我们认为,有些法律一般地看可能属于民法或经济法的范畴,但是在调整商事活动中却是重要且不可或缺的,如合同法、担保法。另外,既然商主体法是商法中的重要构成部分,因此商主体就应当是丰富的,应当包括除公司之外的其他组织形式,商主体法也就应包括除公司法之外的其他商主体的法律,如个人独资企业法、合伙企业法等。所以我们认为商法的体系主要包括商主体法、商行为法,就具体内容而言,应当包括:个人独资企业法、合伙企业法、公司法、企业破产法、合同法、担保法、票据法、证券法、保险法、海商法等。

课程的基本要求和重点

通过本课程的学习,首先,考生应当对商事活动中涉及的基本法律有一个较全面的把握,对教材所涉及的最新的法律变化有一个整体的了解。其次,考生应当掌握商法的基本的知识点,理解主要的法律关系、法律原则和法律原理。最后,考生要能够在理解的基础上,对一些重要的法律关系、法律原则、法律原理进行简单应用和综合应用,提高应用能力,提高对具体案例的分析能力。

本课程的内容由商主体法和商行为法两大部分组成,共有十一章。重点是商法概述、合伙企业法、公司法、企业破产法、合同法、担保法、票据法、保险法等内容。本课程的难点,一是商主体的法律区别以及相关的法律要求;二是重要商行为的具体法律规定及其具体应用。

第二部分　课程内容与考核目标

第一章　商法概述

学习目的和要求

通过本章的学习,要能够达到以下目的与要求:较全面地了解商法的调整对象、商法的基本问题、商法的体系;理解商法、商人、商行为、商行为代理、商号权、商业登记及种类等基本概念;深刻理解商法的基本原则、商主体的构成要素及特征、商行为的特征、商行为代理的特征、商号的特征、商业登记的法律意义;掌握商号的选用及限制;熟悉商业登记的程序。

为了保证达到以上目的与要求,建议社会助学时间为6课时。

课程内容

第一节　商法的概念及其调整对象

1. 商法的概念及其特征
2. 商法的原则
3. 商法的调整对象及商法体系

第二节 商 主 体

1. 商主体的概念及其特征
2. 商主体的分类

第三节 商 行 为

1. 商行为的概念及其特征
2. 商行为的分类
3. 商行为代理

第四节 商号及商号权

1. 商号的概念及其特征
2. 商号的选用及其限制
3. 商号权

第五节 商 业 登 记

1. 商业登记的概念及其特征
2. 商业登记的法律意义
3. 商业登记的种类及其效力

考核知识点与考核要求

第一节 商法的概念及其调整对象

考核知识点
1. 商法的概念及其特征

2. 商法的原则
3. 商法的调整对象

考核要求

识记：

商法的概念

领会：

1. 商法的特征
2. 商法的基本原则
3. 商法的法律体系

第二节 商 主 体

考核知识点

1. 商主体的概念以及商主体的构成
2. 商主体的分类、商法对不同商主体的不同要求

考核要求

识记：

1. 商主体的概念
2. 不同类型商主体

领会：

1. 商主体的特征
2. 商主体的分类及区别
3. 商主体的构成

第三节 商 行 为

考核知识点

1. 商行为不同于一般民事行为的法律特征
2. 商行为的不同分类
3. 商行为代理以及商行为代理的特征

考核要求

识记：

1. 商行为的概念
2. 主要类型商行为的概念
3. 商行为代理

领会：

1. 商行为的法律特征
2. 商行为代理的特征

简单应用：

不同商行为的区别

第四节 商号及商号权

考核知识点

1. 商号的概念及其特征，法律对商号选用的限制
2. 商号与商标的区别
3. 商号权的概念及其特征

考核要求

识记：

1. 商号的概念
2. 商号权的概念

领会：

1. 商号的法律特征
2. 商号与商标的区别
3. 商号权的特征

简单应用：

商号的选用及其法律限制

第五节　商　业　登　记

考核知识点
1. 商业登记的概念及其特征
2. 商业登记的法律意义
3. 商业登记的种类及其程序

考核要求

识记：
1. 商业登记的概念
2. 商业登记的主要种类

领会：
1. 商业登记的法律意义
2. 商业登记的程序

简单应用：
商业登记的法律效力

第二章 个人独资企业法

学习目的和要求

通过本章的学习,要能够达到以下目的与要求:了解个人独资企业法的一般法律规定;理解个人独资企业的优缺点、个人独资企业的法律地位,并能将个人独资企业与其他类型的商主体区别;深刻理解投资人的法律责任,以及个人独资企业解散后的法律效力;理解个人独资企业的事务管理的方式;深刻理解投资人对受托人或被聘人的限制对善意第三人的效力;掌握个人独资企业设立的条件;熟悉个人独资企业设立的程序、解散的程序、清算的方式与程序。

为保证达到以上目的与要求,建议社会助学时间为5课时。

课程内容

第一节 个人独资企业法概述

1. 个人独资企业的概念及其特征
2. 个人独资企业的法律地位和投资人的无限责任
3. 个人独资企业的优缺点

第二节 个人独资企业设立的条件与程序

1. 个人独资企业设立的条件
2. 个人独资企业设立的程序

第三节　个人独资企业的事务管理

1. 投资人的主要权利和义务
2. 个人独资企业的事务管理方式
3. 投资人对受托人或被聘用人员的权利及投资人的受托人或被聘用人员管理中的禁止行为

第四节　个人独资企业的解散与清算

1. 个人独资企业的解散
2. 个人独资企业的清算

考核知识点与考核要求

第一节　个人独资企业法概述

考核知识点
1. 个人独资企业的概念及其特征
2. 个人独资企业的法律地位和投资人的责任
3. 个人独资企业的优缺点

考核要求

识记：
个人独资企业的概念

领会：
1. 个人独资企业的特征
2. 个人独资企业的法律地位
3. 个人独资企业的优缺点

简单应用：
个人独资企业与其他商事组织的区别
综合应用：
个人独资企业投资人的责任

第二节　个人独资企业设立的条件与程序

考核知识点
1. 个人独资企业设立的法定条件
2. 个人独资企业设立的法定程序

考核要求
领会：
1. 个人独资企业设立的法定条件
2. 个人独资企业设立的法定程序
简单应用：
个人独资企业设立的法定条件与程序

第三节　个人独资企业的事务管理

考核知识点
1. 个人独资企业的事务管理方式
2. 投资人对受托人或被聘用的人员职权的限制对抗善意第三人的效力
3. 投资人的主要权利和义务

考核要求
领会：
1. 个人独资企业的事务管理方式
2. 投资人的主要权利和义务
简单应用：
投资人对受托人或被聘用的人员职权的限制对抗善意第三人的效力

第四节　个人独资企业的解散与清算

考核知识点
1. 个人独资企业解散的程序
2. 个人独资企业解散的法律效力
3. 个人独资企业清算的方式与程序

考核要求
领会：
1. 个人独资企业解散的程序
2. 个人独资企业清算的方式与程序
简单应用：
个人独资企业解散的法律效力

第三章 合伙企业法

学习目的和要求

通过本章的学习,要能够达到以下目的与要求:全面了解合伙企业法的主要内容;理解合伙企业的概念和分类、普通合伙企业与独资企业的异同;掌握合伙企业的设立与变更的条件和程序、合伙企业的入伙与退伙的条件和程序、合伙企业解散与清算的条件和程序;深刻理解合伙企业的财产、合伙企业的内外关系。重点掌握合伙企业的分类、普通合伙企业与独资企业的区别、合伙企业设立的条件、合伙企业的内外关系以及合伙企业的入伙与退伙。对合伙企业设立的条件、合伙企业的内外关系、合伙企业的入伙与退伙、合伙企业的解散与清算条件和程序能进行简单应用及综合应用。

为达到以上目的与要求,建议社会助学时间为 5 课时。

课程内容

第一节 合伙企业法概述

1. 合伙企业的概念及其特征
2. 合伙企业的分类
3. 普通合伙企业与个人独资企业的异同

第二节　合伙企业的设立与变更

1. 合伙企业设立的条件
2. 合伙企业设立的程序
3. 合伙企业的变更登记

第三节　合伙企业的财产

1. 合伙企业财产的构成及合伙人的份额
2. 合伙人对合伙企业的权利与义务

第四节　合伙企业的内外关系

1. 合伙企业事务的执行
2. 合伙企业的外部关系

第五节　合伙企业的入伙与退伙

1. 入伙
2. 退伙

第六节　合伙企业的解散与清算

1. 合伙企业的解散
2. 合伙企业的清算

考核知识点与考核要求

第一节 合伙企业法概述

考核知识点
1. 合伙企业的概念及其特征
2. 普通合伙企业、特殊的普通合伙企业和有限合伙企业的区别
3. 普通合伙企业与独资企业的异同

考核要求

识记：

合伙企业的概念及其特征

领会：

普通合伙企业、特殊的普通合伙企业和有限合伙企业的区别

第二节 合伙企业的设立与变更

考核知识点
1. 合伙企业设立的条件
2. 合伙企业设立的程序
3. 合伙企业办理变更登记的法定时限、责任主体及其法律责任

考核要求

识记：

1. 合伙企业设立的条件
2. 合伙企业设立的程序
3. 执行合伙事务的合伙人在合伙企业变更中的义务和责任

领会：

1. 合伙人的人数和资格
2. 合伙人的出资方式
3. 合伙协议与普通合同的主要区别

简单应用：
执行合伙事务的合伙人在合伙企业变更中的义务和责任
综合应用：
合伙企业设立、变更的条件及程序

第三节　合伙企业的财产

考核知识点
1. 合伙企业财产的构成
2. 合伙人财产份额转让和出质的条件
3. 合伙人对合伙企业的权利与义务

考核要求
识记：
1. 合伙企业财产的构成
2. 合伙人对合伙企业的权利与义务
领会：
1. 合伙人的财产份额
2. 合伙人财产份额依法转让和出质的条件
3. 合伙人的优先购买权
4. 合伙人分割财产的限制
简单应用：
1. 合伙企业财产的构成
2. 合伙人财产份额依法转让和出质的条件
综合应用：
企业利益分配和风险分担的约定方式

第四节　合伙企业的内外关系

考核知识点
1. 合伙企业事务执行的概念及决策方式
2. 合伙企业事务执行的具体方式

3. 有限合伙人可以从事的合伙事务
4. 合伙企业的外部关系

考核要求

识记：
1. 合伙企业事务执行的概念
2. 合伙人参与合伙企业事务决策的主要方式
3. 合伙企业事务执行的具体方式

领会：
合伙企业与合伙人的债权人的关系

简单应用：
1. 合伙人参与合伙企业事务决策的主要方式
2. 合伙企业与合伙人的债权人的关系

综合应用：
合伙人的对外代表权

第五节　合伙企业的入伙与退伙

考核知识点
1. 入伙的概念和方式、入伙的条件和程序、入伙的法律效力
2. 退伙的概念和条件、退伙的法律效力

考核要求

识记：
1. 入伙的概念、方式和程序
2. 退伙的概念
3. 入伙和退伙的时间

领会：
1. 入伙的条件和法律效力
2. 退伙的条件和法律效力

简单应用：
合伙人入伙和退伙的条件

综合应用:
合伙人入伙和退伙的条件及法律责任

第六节 合伙企业的解散与清算

考核知识点
1. 合伙企业解散的概念及条件
2. 合伙企业清算的概念及程序

考核要求
识记:
1. 合伙企业解散与清算的概念
2. 合伙企业应当解散的法定情形
3. 合伙企业清算人产生的法定方式
领会:
1. 清算人的职责及法律责任
2. 合伙企业债务清偿顺序
简单应用:
合伙企业应当解散的法定情形
综合应用:
合伙企业的解散与清算制度

第四章 公 司 法

学习目的和要求

通过本章的学习,要能够达到以下目的与要求:全面了解公司法的主要内容;理解公司的含义、特征和分类,公司法的含义和特征;掌握公司设立、变更、解散与清算的条件和程序;深刻理解法律对有限责任公司与股份有限公司的不同规定。重点掌握公司的特征和分类,公司设立的三要件,公司设立的方式与审批原则,公司债券与股票的异同,公司的合并、分立与资本减少时对债权人利益保护的相关制度,股东的权利与义务,公司内部各机构的职权及议事规则,一人有限责任公司与国有独资公司的特殊性,并对上述重点知识点进行简单应用及综合应用。

为达到以上目的与要求,建议社会助学时间为 10 课时。

课程内容

第一节 公司法概述

1. 公司与公司法的概念和特征
2. 公司的分类

第二节 公司法的基本制度

1. 公司的设立

2. 公司负责人的任职资格和义务
3. 公司债券
4. 公司财务与会计
5. 公司的合并、分立与资本增减
6. 公司的解散与清算

第三节　有限责任公司法

1. 有限责任公司概述
2. 有限责任公司的设立
3. 有限责任公司的法人治理
4. 一人有限责任公司的特别规定
5. 国有独资公司的特别规定

第四节　股份有限公司法

1. 股份有限公司概述
2. 股份有限公司的设立
3. 股份有限公司的股份
4. 股份有限公司的法人治理

考核知识点与考核要求

第一节　公司法概述

考核知识点
1. 公司的概念和特征
2. 公司法的概念
3. 公司的分类

考核要求

识记：

1. 公司的概念
2. 公司的分类

领会：

1. 公司的特征
2. 母公司和子公司的关系

第二节 公司法的基本制度

考核知识点

1. 公司设立的要件、方式与原则
2. 公司董事、监事和高级管理人员的任职资格和义务
3. 公司债券的概念及其特征、可转换公司债券与不可转换公司债券
4. 公司财务与会计制度
5. 公司的合并、分立与资本增减的程序
6. 公司的解散与清算的条件和程序

考核要求

识记：

1. 公司设立的方式与原则
2. 公司董事、监事和高级管理人员的任职资格和义务
3. 公司债券的概念、可转换公司债券与不可转换公司债券
4. 公司的合并、分立与资本增减的程序

领会：

1. 公司设立的要件
2. 法定资本制、授权资本制和认可资本制
3. 公积金的种类、提取比例和用途
4. 公司的合并、分立与资本减少时对债权人利益保护的相关制度

简单应用：

1. 发起人的法律责任

2. 公司设立的要件
3. 《公司法》对公司资本的基本要求

综合应用：
1. 公司的合并、分立与资本增减的程序
2. 公司的解散与清算的条件和程序

第三节　有限责任公司法

考核知识点
1. 有限责任公司的概念及优缺点
2. 有限责任公司设立的条件和基本程序
3. 有限责任公司的法人治理
4. 一人有限责任公司
5. 国有独资公司

考核要求

识记：
1. 有限责任公司的概念和特征
2. 有限责任公司设立的程序
3. 一人有限责任公司和国有独资公司的概念

领会：
1. 有限责任公司的优缺点
2. 有限责任公司设立的条件
3. 有限责任公司股东的权利与义务
4. 有限责任公司的法人治理结构
5. 一人有限责任公司与一般有限责任公司的区别
6. 国有独资公司与一般有限责任公司的区别

简单应用：
1. 有限责任公司设立的条件
2. 股东的权利

综合应用：
有限责任公司的法人治理结构

第四节　股份有限公司法

考核知识点
1. 股份有限公司的概念及优缺点
2. 股份有限公司设立的条件
3. 股份与股票的概念和特征
4. 股份的种类
5. 股份有限公司的法人治理

考核要求

识记：
1. 股份有限公司的概念和特征
2. 股份的概念和种类
3. 股票的概念
4. 上市公司的概念

领会：
1. 股份有限公司的优缺点
2. 股份有限公司设立的条件
3. 股份和股票的关系
4. 募集设立与发起设立的区别
5. 股票与公司债券的异同

简单应用：
1. 股份有限公司设立的条件
2.《公司法》对股份转让的限制
3. 股份的回购
4.《公司法》对上市公司法人治理的特别规定

综合应用：
1. 股份有限公司与有限责任公司相比在法人治理方面的主要区别
2. 股份有限公司与有限责任公司相比在股东权利方面的主要区别

第五章 企业破产法

学习目的和要求

通过本章的学习,要能够达到以下目的与要求:全面了解企业破产法的主要内容;理解企业破产的含义和特征、我国企业破产法的立法情况及适用范围;掌握企业重整、和解与清算的基本程序;深刻理解企业破产原因、债务人财产及有关费用。重点掌握企业破产制度的含义和特征,企业破产原因、人民法院受理债务人破产案件的法律后果、管理人的职责、债权人会议的职权和议事规则、债务人财产及有关费用、破产重整与和解的条件、破产宣告的法律效力、破产财产变价和分配制度,并对上述重点知识点进行简单应用及综合应用。

为达到以上目的与要求,建议社会助学时间为8课时。

课程内容

第一节 企业破产法概述

1. 企业破产制度的概念及其特征
2. 我国企业破产法的立法情况
3. 企业破产原因

第二节 企业破产申请与受理

1. 企业破产申请

2. 企业破产案件的受理

第三节　管理人与债权人会议

1. 管理人
2. 债权人会议

第四节　债务人的财产及有关费用

1. 债务人的财产
2. 破产费用和共益债务

第五节　企业破产重整与和解

1. 重整
2. 和解

第六节　企业破产清算

1. 企业破产宣告
2. 企业破产财产的变价和分配
3. 企业破产程序的终结

考核知识点与考核要求

第一节　企业破产法概述

考核知识点
1. 企业破产制度的概念及其特征

2. 我国企业破产法的立法情况
3. 新旧《企业破产法》破产原因比较

考核要求

识记：

企业破产制度

领会：

1. 建立企业破产制度的意义
2. 新旧《企业破产法》破产原因比较

简单应用：

企业破产原因

第二节　企业破产申请与受理

考核知识点

1. 破产申请人
2. 破产案件的管辖
3. 企业破产案件受理的程序
4. 受理破产申请的法律后果

考核要求

识记：

1. 破产申请人
2. 破产案件的管辖
3. 人民法院受理企业破产案件通知当事人的时限

领会：

受理破产申请的法律后果

简单应用：

1. 破产申请与受理的程序
2. 受理破产申请的法律后果

综合应用：

破产申请与受理的条件和程序

第三节　管理人与债权人会议

考核知识点

1. 管理人的确定方式
2. 管理人的任职资格及职责
3. 债权申报
4. 债权人会议与债权人委员会

考核要求

识记：

1. 管理人的确定方式
2. 管理人的任职资格及职责

领会：

1. 应申报的债权
2. 债权人会议的组成
3. 债权人会议的职权和议事规则
4. 债权人委员会的组建及其职权

简单应用：

1. 应申报的债权
2. 债权人委员会的组建及其职权

综合应用：

债权人会议的职权和议事规则

第四节　债务人的财产及有关费用

考核知识点

1. 债务人的财产
2. 否认权、别除权、取回权、抵消权
3. 破产费用和共益债务

考核要求

识记:

债务人财产的概念和特征

领会:

1. 否认权、别除权、取回权、抵消权行使的条件
2. 破产费用和共益债务的范围

简单应用:

否认权、取回权、抵消权行使的条件

综合应用:

1. 破产费用和共益债务的范围
2. 别除权行使的条件

第五节　企业破产重整与和解

考核知识点

1. 重整的条件和程序
2. 和解的条件和程序

考核要求

识记:

1. 破产重整的概念
2. 破产和解的概念

领会:

1. 申请重整的条件
2. 重整计划草案的表决方式
3. 重整计划的执行
4. 申请和解的条件
5. 和解协议草案的表决
6. 和解程序的终止

简单应用:

重整期间有关当事人的权利和义务

综合应用：
1. 重整的条件和程序
2. 和解的条件和程序

第六节　企业破产清算

考核知识点
1. 企业破产宣告的概念及法律后果
2. 企业破产财产的变价和分配
3. 应终结破产程序的法定情形

考核要求

识记：
1. 企业破产宣告的概念
2. 企业破产财产和破产债权的概念
3. 应终结破产程序的法定情形

领会：
1. 企业破产宣告的法律后果
2. 企业破产财产的变价的方式

简单应用：
企业破产财产的变价和分配

综合应用：
企业破产清算制度

第六章 合 同 法

学习目的和要求

通过本章的学习,要能够达到以下目的与要求:全面了解合同法的主要内容;明确合同与合同法的含义和特征、合同的分类、合同法的基本原则;掌握合同订立的程序、合同效力的认定、合同的履行、合同的变更和转让、合同权利义务的终止和当事人的违约责任。重点掌握合同订立的程序、合同成立与有效的要件、合同约定不明的履行、合同变更和转让的条件与程序、合同解除的条件与程序、违约责任的归责原则、违约责任的一般构成要件和承担违约责任的方式,并对上述重点知识点进行简单应用及综合应用。

为达到以上目的与要求,建议社会助学时间为10课时。

课程内容

第一节 合同法概述

1. 合同与合同法的概念和特征
2. 合同的分类
3. 合同法的基本原则

第二节 合同的订立

1. 合同的内容与形式

2. 合同订立的程序
3. 合同的成立
4. 缔约过失责任

第三节　合同的效力

1. 合同效力的概念和表现
2. 有效的合同
3. 效力待定的合同
4. 可变更或撤销的合同
5. 无效合同

第四节　合同的履行

1. 合同履行的概念及其原则
2. 合同约定不明的履行
3. 对合同条款的解释
4. 合同履行中当事人的特别权利

第五节　合同的变更和转让

1. 合同的变更
2. 合同的转让

第六节　合同权利义务的终止

1. 合同终止及法定情形
2. 合同的解除
3. 合同债务的相互抵消
4. 合同标的物的提存

第七节　当事人的违约责任

1. 违约责任的概念和特征
2. 违约责任的归责原则
3. 违约责任的一般构成要件
4. 承担违约责任的方式

考核知识点与考核要求

第一节　合同法概述

考核知识点
1. 合同与合同法的概念及其特征
2. 合同法的适用范围
3. 有名合同和无名合同、格式合同和非格式合同
4. 合同法的基本原则

考核要求

识记：
1. 合同与合同法的概念及其特征
2. 合同法的适用范围

领会：
1. 有名合同和无名合同、格式合同和非格式合同的划分意义
2. 合同法的基本原则

简单应用：
1. 格式合同的基本规定
2. 合同法的适用范围

第二节 合同的订立

考核知识点
1. 合同的内容与形式
2. 合同订立的程序
3. 合同成立的构成要件、时间与地点
4. 缔约过失责任的概念及其构成要件
5. 缔约过失的表现形式

考核要求

识记：
1. 要约的概念
2. 承诺的概念
3. 合同成立的概念
4. 缔约过失责任的概念

领会：
1. 当事人必须在合同中约定的事项
2. 要约的构成要件，要约的生效、撤回、撤销与失效
3. 承诺有效的要件、承诺的生效与撤回
4. 合同成立的构成要件
5. 合同成立的时间与地点

简单应用：
1. 合同的内容与形式
2. 缔约过失责任的构成要件及承担缔约过失责任的情形
3. 合同成立的时间与地点

综合应用：
1. 要约的构成要件
2. 要约的生效、撤回、撤销与失效
3. 承诺有效的要件
4. 承诺的生效与撤回

第三节　合同的效力

考核知识点
1. 合同效力的概念和表现
2. 合同有效的要件
3. 效力待定的合同、可变更或撤销的合同、无效合同的概念及种类
4. 无效合同的确认及处理

考核要求
识记：
合同效力的概念和表现
领会：
1. 合同有效的要件
2. 效力待定的合同、可变更或撤销的合同、无效合同的认定
简单应用：
1. 合同有效的要件
2. 无效合同的认定
综合应用：
合同效力的认定及处理

第四节　合同的履行

考核知识点
1. 合同履行的概念及其原则
2. 合同约定不明的履行原则
3. 对合同条款的解释
4. 抗辩权、代位权、撤销权行使的条件

考核要求
识记：
合同履行的概念及其原则

领会：
1. 合同约定不明的履行原则
2. 对合同条款的解释

简单应用：
抗辩权、代位权、撤销权的行使条件

综合应用：
1. 合同约定不明的履行原则
2. 不安抗辩权、代位权、撤销权的行使条件

第五节　合同的变更和转让

考核知识点
1. 合同变更的条件与程序
2. 合同转让的条件及法律后果

考核要求

识记：
1. 合同变更的概念
2. 合同转让的概念

领会：
1. 合同变更的条件、程序及法律后果
2. 当事人对合同变更的内容约定不明确的处理

简单应用：
当事人对合同变更的内容约定不明确的处理

综合应用：
合同转让的条件及法律后果

第六节　合同权利义务的终止

考核知识点
1. 合同终止的法定情形
2. 合同解除的方式、条件及法律后果

3. 合同债务抵消的条件及程序
4. 合同标的物提存的概念、条件及效力

考核要求

识记：

合同终止的法定情形

领会：

1. 合同解除的方式、条件及法律后果
2. 合同债务抵消的条件及程序

简单应用：

合同标的物提存的条件及法律后果

综合应用：

当事人单方解除合同的法定条件及法律后果

第七节 当事人的违约责任

考核知识点

1. 违约责任的概念及其特征
2. 严格责任原则、过错责任原则和过错推定责任原则的概念及区别
3. 违约责任的一般构成要件
4. 承担违约责任的方式及构成要件

考核要求

识记：

违约责任的概念及其特征

领会：

1. 违约责任的一般构成要件
2. 严格责任原则、过错责任原则和过错推定责任原则的概念及区别
3. 承担违约责任的方式及构成要件

简单应用：

1. 违约责任的一般构成要件
2. 合同既约定有违约金又约定有定金的处理原则

综合应用：

承担违约责任的具体方式及构成要件

第七章 担 保 法

学习目的和要求

通过本章的学习,要能够达到以下目的与要求:全面了解担保法的主要内容;理解担保法的适用范围、担保合同的法律地位、人的担保与物的担保;深刻理解保证、抵押、质押、留置、定金等几种担保形式的具体法律规定与要求,抵押与质押的区别以及优缺点,特别是关于保证人的条件及不同种类的保证对保证人责任的要求、抵押和质押登记的法律制度、质押合同与定金合同生效的条件、留置权成立及实现的法定条件等。在理解的基础上掌握几种主要担保形式的法律规定,重点掌握物的担保的法律规定,对抵押、质押、留置、定金等主要担保形式能进行简单应用及综合应用。

为达到以上目的与要求,建议社会助学时间为8课时。

课程内容

第一节 担保法概述

1. 担保的概念及担保的分类
2. 担保法及其适用范围
3. 担保合同的法律性质
4. 关于担保物权的有关法律问题

第二节 保 证

1. 保证的概念及其特征
2. 保证人
3. 保证合同

第三节 抵 押

1. 抵押的概念及抵押权
2. 抵押物
3. 抵押合同及抵押物的登记
4. 抵押权的效力
5. 抵押权的实现

第四节 质 押

1. 质押的概念及其特征
2. 动产质押
3. 权利质押

第五节 留 置

1. 留置权的概念及其特征
2. 留置权成立的条件
3. 留置权的实现

第六节 定 金

1. 定金的概念和分类
2. 定金合同的订立与生效

3. 定金的数额及定金的执行

考核知识点与考核要求

第一节 担保法概述

考核知识点
1. 担保的概念
2. 担保法的适用范围
3. 担保合同的法律地位
4. 人的担保与物的担保并存时债权人担保权的实现

考核要求
识记：
担保与反担保的概念
领会：
1. 担保法的适用范围
2. 担保合同的法律地位
3. 人的担保与物的担保并存时债权人担保权的实现
简单应用：
担保法的适用范围

第二节 保 证

考核知识点
1. 保证及其特征
2. 保证人及保证人的条件要求
3. 不同种类的保证合同对保证人责任的要求

考核要求

识记：

1. 保证的概念
2. 一般保证、连带责任保证的概念

领会：

保证人的资格及不能为保证人的主体

简单应用：

1. 保证人的资格
2. 主债权债务的转让、主合同的变更对保证责任的影响

综合应用：

不同种类保证合同对保证人责任的要求、对保证人责任的限制

第三节　抵　　押

考核知识点

1. 抵押的概念及抵押权
2. 抵押物及抵押物登记
3. 抵押权的范围及对相关权利的影响
4. 抵押权实现的方式

考核要求

识记：

1. 抵押的概念
2. 抵押权的概念

领会：

1. 抵押物的范围及其特征
2. 抵押权实现的方式

简单应用：

抵押权对租赁、对抵押物处分权、对抵押物用益权的影响

综合应用：

抵押物的范围及抵押物登记的法律制度

第四节 质　　押

考核知识点

1. 质押的概念及其特征
2. 动产质押合同生效的条件
3. 可以质押的权利及要求

考核要求

识记：

质押的概念

领会：

质押的特征及与抵押的区别、质押的优点

简单应用：

权利质押的种类与要求

综合应用：

1. 动产质押合同的生效条件
2. 权利质押合同的生效条件

第五节 留　　置

考核知识点

1. 留置权的概念及其成立的条件
2. 留置权实现的要求

考核要求

识记：

留置权的概念

领会：

留置权实现的条件

简单应用：

留置权成立的条件及实现

第六节 定 金

考核知识点
1. 定金的概念及其主要类型
2. 定金合同生效的条件
3. 定金的数额及执行

考核要求
识记：
定金的概念
领会：
定金的主要类型
简单应用：
1. 定金合同生效的条件
2. 定金的数额及定金罚则

第八章 证券法

学习目的和要求

通过本章的学习,要能够达到以下目的与要求:全面了解证券法的主要内容;明确证券和证券法的含义、我国证券法的调整对象、证券法的基本原则、证券监督管理体制;掌握证券市场主体、证券发行与承销制度、证券上市与交易制度、上市公司的收购制度。重点掌握我国证券法的调整对象、我国证券监督管理体制、证券发行的条件、证券上市与交易制度、要约收购与协议收购的区别,并对上述重点知识点进行简单应用及综合应用。

为达到以上目的与要求,建议社会助学时间为8课时。

课程内容

第一节 证券法概述

1. 证券和证券法的概念
2. 我国证券法的调整对象
3. 证券法的基本原则
4. 证券监督管理体制

第二节 证券市场主体

1. 证券交易所

2. 证券公司
3. 证券登记结算机构
4. 证券服务机构
5. 证券业协会

第三节　证券发行与承销制度

1. 证券发行的概念与种类
2. 证券发行的条件
3. 证券发行的审核
4. 证券承销

第四节　证券上市与交易制度

1. 证券上市制度
2. 证券暂停上市和终止制度
3. 上市公司持续性信息披露制度
4. 证券交易的一般规则
5. 禁止的交易行为

第五节　上市公司的收购制度

1. 上市公司收购概述
2. 大量持股的信息披露制度
3. 要约收购
4. 协议收购
5. 收购的法律后果

考核知识点与考核要求

第一节 证券法概述

考核知识点
1. 证券的概念
2. 我国证券法的调整对象
3. 证券法的基本原则
4. 我国证券监督管理体制
5. 中国证监会的职责

考核要求

识记：
1. 证券的概念
2. 证券法的基本原则

领会：
1. 我国证券法的调整对象
2. 我国证券监督管理体制
3. 中国证监会的职责

第二节 证券市场主体

考核知识点
1. 证券交易所的概念、法律特征、组织形式及职责
2. 证券公司的概念、法律特征、业务规则
3. 证券登记结算机构的概念和特征、职能
4. 证券服务机构的概念和种类、法律责任
5. 证券业协会的概念及职责

考核要求

识记：

1. 证券交易所的概念及法律特征
2. 证券公司的概念
3. 证券登记结算机构的概念和特征
4. 证券服务机构的概念和种类、法律责任
5. 证券业协会的概念和职责

领会：

1. 证券交易所的组织形式、职责
2. 证券公司的法律特征、业务规则
3. 证券登记结算机构的职能

简单应用：

1. 证券市场主体的职责、职能
2. 证券公司的业务规则

第三节 证券发行与承销制度

考核知识点

1. 证券发行的概念与种类
2. 股票发行的条件
3. 首次发行债券的条件
4. 我国证券发行的审核制度
5. 证券承销的种类和基本规则

考核要求

识记：

1. 证券发行的概念与种类
2. 我国证券发行的审核方式

领会：

1. 股票发行的条件
2. 首次发行债券的条件
3. 我国证券发行审核程序

4. 代销和包销的区别
5. 单独承销和承销团承销的区别

简单应用：

1. 股票发行的条件
2. 首次发行债券的条件

综合应用：

证券承销的基本规则

第四节　证券上市与交易制度

考核知识点

1. 证券上市的条件、程序
2. 证券暂停上市和终止上市的情形
3. 上市公司信息披露的原则和方式、应予披露的信息、信息披露义务人违反义务的民事责任
4. 证券交易的概念和种类、证券交易的一般规则
5. 特殊主体交易行为的法定限制
6. 禁止的交易行为

考核要求

识记：

1. 证券暂停上市和终止上市的情形
2. 上市公司信息披露的原则和方式
3. 证券交易的概念和种类

领会：

1. 证券上市的条件、程序
2. 上市公司应予披露的信息、信息披露义务人违反义务的民事责任
3. 证券交易的一般规则

简单应用：

1. 特殊主体交易行为的法定限制
2. 证券暂停上市和终止上市的情形

3. 上市公司应予披露的信息
综合应用：
1. 证券上市的条件
2. 禁止的交易行为

第五节　上市公司的收购制度

考核知识点
1. 上市公司收购的概念和分类
2. 大量持股的信息披露制度
3. 要约收购的条件和程序
4. 协议收购的概念及与要约收购的区别
5. 收购的法律后果

考核要求
识记：
1. 上市公司收购的概念和分类
2. 要约收购的概念、条件和程序
3. 协议收购的概念

领会：
1. 协议收购与要约收购的区别
2. 收购的法律后果

简单应用：
大量持股的信息披露制度

综合应用：
要约收购的条件和程序

第九章 票 据 法

学习目的和要求

通过本章的学习,要能够达到以下目的与要求:全面了解票据法的主要内容;明确票据与票据法的含义和特征、票据的分类、票据法律关系;掌握票据行为、票据权利、票据运作的基本规则及涉外票据的法律适用。重点掌握我国票据的含义和分类、票据的特征、票据行为的有效要件、票据权利、票据运作的基本规则,并对上述重点知识点进行简单应用及综合应用。

为达到以上目的与要求,建议社会助学时间为10课时。

课程内容

第一节 票据法概述

1. 票据与票据法的概念和特征
2. 票据的分类
3. 票据法律关系

第二节 票 据 行 为

1. 票据行为的概念及其特征
2. 票据行为的有效要件
3. 票据的伪造、变造和更改

第三节　票据权利

1. 票据权利概述
2. 票据权利的取得
3. 票据权利的行使与保全
4. 票据抗辩及其限制
5. 追索权行使的条件与程序
6. 票据丧失的补救

第四节　票据运作的基本规则

1. 票据的出票
2. 票据的承兑
3. 票据的背书
4. 票据的保证
5. 票据的付款

第五节　涉外票据的法律适用

1. 涉外票据的概念
2. 涉外票据适用法律的基本原则
3. 涉外票据适用法律的几个具体规定

考核知识点与考核要求

第一节　票据法概述

考核知识点
1. 票据和票据法的概念

2. 票据的特征

3. 汇票、本票和支票的概念、特征和种类

4. 票据关系与非票据关系

考核要求

识记：

1. 票据和票据法的概念

2. 汇票、本票和支票的概念和种类

3. 票据关系与非票据关系的概念

领会：

1. 票据的特征

2. 汇票、本票和支票的特征

简单应用：

1. 票据当事人、票据关系的内容

2. 票据法上的非票据关系

3. 一般法上的非票据关系

综合应用：

票据关系与非票据关系

第二节 票 据 行 为

考核知识点

1. 票据行为的概念和特征

2. 票据行为有效的实质要件和形式要件

3. 票据伪造、变造和更改的概念及法律后果

考核要求

识记：

1. 票据行为的概念和特征

2. 票据伪造、变造和更改的概念

领会：

票据行为的独立性

简单应用:
票据行为有效的实质要件和形式要件
综合应用:
票据伪造、变造和更改的要件及法律后果

第三节 票据权利

考核知识点
1. 票据权利的概念和特征
2. 追索权的概念、分类,追索权与付款请求权的区别
3. 票据权利取得的基本条件、途径
4. 票据权利行使的法定期间及逾期的法律后果
5. 票据权利保全的法定期间及逾期的法律后果
6. 票据抗辩的概念、分类及对票据抗辩的限制
7. 追索权行使的条件及基本程序
8. 我国法律认可的票据丧失后可以采取的权利补救措施

考核要求
识记:
1. 票据权利的概念
2. 追索权的概念和分类
3. 票据权利行使的法定期间及逾期的法律后果
4. 票据权利保全的法定期间及逾期的法律后果
5. 票据抗辩的概念和分类

领会:
1. 票据权利的特征
2. 追索权与付款请求权的区别
3. 票据权利取得的基本条件、途径
4. 挂失止付、公示催告和普通诉讼对当事人权利的影响

简单应用:
1. 依法可以抗辩的情形
2. 对票据抗辩的限制

3. 票据权利行使和保全的法定期间及逾期的法律后果

综合应用：

1. 追索权行使的条件及基本程序
2. 我国法律认可的票据丧失后可以采取的权利补救措施

第四节　票据运作的基本规则

考核知识点

1. 票据出票的概念、特征、出票人、款式及效力
2. 票据承兑的概念、特征、款式及效力
3. 票据背书的概念、特征、种类
4. 转让背书的款式及效力
5. 设质背书的款式及效力
6. 票据保证的概念、特征、款式及效力
7. 票据付款的特征及效力

考核要求

识记：

1. 票据承兑的概念、特征及款式
2. 票据背书的概念、特征及种类
3. 票据保证的概念及特征
4. 票据付款的特征及效力

领会：

1. 票据出票的特征、出票人、款式及效力
2. 票据承兑的效力
3. 转让背书的款式及效力
4. 设质背书的款式及效力
5. 票据保证的款式及效力

简单应用：

各种票据行为的款式及效力

综合应用：

出票、承兑、背书、付款的款式及效力

第五节 涉外票据的法律适用

考核知识点
1. 涉外票据的概念
2. 涉外票据适用法律的几个具体规定

考核要求
识记：
涉外票据的概念
简单应用：
涉外票据适用法律的几个具体规定

第十章 保 险 法

学习目的和要求

通过本章的学习,要能够达到以下目的与要求:了解保险法调整的对象,保险法所涉及的主要内容;理解保险及其构成要件、保险的主要分类、保险合同及其主体的特点、财产保险合同及其分类、保险代理人与保险经纪人的区别、人身保险合同及其分类、保险公司及其经营的原则、保险监督管理的主体等;深刻理解保险法的基本原则、保险合同投保人及保险人的主要义务、保险合同生效及保险合同无效的情形、保险合同的履行、保险合同的变更与解除、财产保险合同中的代位求偿、人身保险合同的特征、人身保险合同中值得注意的条款;在理解的基础上能对保险合同、财产保险合同、人身保险合同进行具体的综合应用。

为达到以上目的与要求,建议社会助学时间为10课时。

课程内容

第一节 保险与保险法概述

1. 保险的概念及其构成要件
2. 保险的分类
3. 保险法调整的对象及其原则

第二节 保险合同

1. 保险合同的概念及其特征
2. 保险合同的主体及辅助人
3. 保险合同的订立
4. 保险合同的生效
5. 保险合同的履行
6. 保险合同的变更、终止

第三节 财产保险合同

1. 财产保险合同及其特征
2. 财产保险合同的类型
3. 财产保险中的代位求偿权

第四节 人身保险合同

1. 人身保险合同及其特征
2. 人身保险合同的类型
3. 人身保险合同的受益人
4. 人身保险合同中值得注意的特别条款

第五节 保 险 业

1. 保险业的组织形式
2. 保险公司
3. 保险业的监督管理

考核知识点与考核要求

第一节 保险与保险法概述

考核知识点
1. 保险的概念及其构成要件
2. 保险的分类
3. 保险法的原则

考核要求

识记：
1. 保险的概念
2. 保险的主要分类

领会：
1. 保险的构成要件
2. 保险的主要分类

简单应用：
保险法的原则

第二节 保险合同

考核知识点
1. 保险合同的概念及其特征
2. 保险合同的主体及辅助人
3. 保险合同的订立、生效及变更、终止
4. 保险合同的履行

考核要求

识记：
1. 保险代理人
2. 保险经纪人

领会：
1. 保险合同及其特征
2. 保险合同的主体
3. 保险合同的订立

简单应用：
保险合同的变更与解除

综合应用：
1. 保险合同的投保人及保险人的主要义务
2. 保险合同的生效与保险合同的履行

第三节 财产保险合同

考核知识点
1. 财产保险合同的概念及其特征
2. 财产保险合同的不同类型
3. 财产保险中的代位求偿权

考核要求

识记：
财产保险合同的概念

领会：
1. 财产保险合同的特征
2. 财产保险合同的种类

简单应用：
财产保险中的代位求偿权

第四节 人身保险合同

考核知识点
1. 人身保险合同的概念及其特征
2. 人身保险合同的不同类型
3. 人身保险合同的受益人

4. 人身保险合同中值得注意的特别条款

考核要求

识记：

人身保险合同的概念

领会：

1. 人身保险合同的特征
2. 人身保险合同的受益人

简单应用：

人身保险合同中值得注意的特别条款

第五节 保 险 业

考核知识点

1. 保险业的组织形式
2. 保险公司
3. 保险业的监督管理的主体及内容

考核要求

识记：

保险公司

理解：

1. 保险业监督管理的主体
2. 保险业监督管理的主要内容

第十一章 海 商 法

学习目的和要求

通过本章的学习,要能够达到以下目的与要求:了解海商法调整的对象、海商法的特征及海商法的主要内容;理解船舶、海上货物运输合同、租船合同、海上拖船合同的特征及当事人、船舶碰撞的构成与责任、海难救助的构成和救助款项与责任等;深刻理解船舶的有关权利、海上货物运输合同中承运人与托运人的权利义务,提单的性质及种类,提单的国际公约,共同海损及其构成要件和范围,海事赔偿责任限制的内容,海上保险合同的原则与种类,海上保险合同的订立、解除与转让,委付的条件及其与代位求偿权的区别;在理解的基础上能对海上货物运输合同、提单、共同海损、海上保险合同等有关内容进行简单应用与综合应用。

为达到以上目的与要求,建议社会助学时间为10课时。

课程内容

第一节 海商法概述

1. 海商法及其调整对象
2. 海商法的内容
3. 海商法的特征

第二节 船　　舶

1. 船舶及其特征
2. 船舶所有权
3. 船舶抵押权
4. 船舶优先权

第三节　海上货物运输合同

1. 海上货物运输合同及其特征
2. 海上货物运输合同的种类
3. 海上货物运输合同的订立和解除
4. 承运人、托运人的义务与权利

第四节 提　　单

1. 提单及其法律性质
2. 提单的种类
3. 关于提单的国际公约

第五节　租船合同与海上拖船合同

1. 租船合同
2. 海上拖船合同

第六节　船舶碰撞与海难救助

1. 船舶碰撞
2. 海难救助

第七节　共同海损

1. 共同海损及其构成要件
2. 共同海损的范围
3. 共同海损理算

第八节　海事赔偿责任限制

1. 海事赔偿责任限制及其意义
2. 海事赔偿责任限制的内容

第九节　海上保险合同

1. 海上保险合同及其原则
2. 海上保险合同的种类
3. 海上保险合同的订立、解除和转让
4. 海上保险合同的主要内容
5. 海上保险损失索赔：委付与代位求偿权

考核知识点与考核要求

第一节　海商法概述

考核知识点

1. 海商法的特征
2. 海商法的调整对象
3. 海商法的内容

考核要求

领会：

1. 海商法的调整对象及其内容
2. 海商法的特征

第二节 船　　舶

考核知识点

1. 船舶的概念及其特征
2. 船舶所有权
3. 船舶抵押权
4. 船舶优先权

考核要求

识记：

1. 船舶的概念及其特征
2. 船舶所有权的概念

领会：

1. 船舶抵押权的特征及其设定条件、受偿顺序
2. 船舶优先权、具有优先权的海事请求事项及受偿顺序

第三节 海上货物运输合同

考核知识点

1. 海上货物运输合同及种类
2. 海上货物运输合同的订立和解除
3. 承运人、托运人的义务与权利

考核要求

识记：

海上货物运输合同的概念

领会：

1. 海上货物运输合同的订立与解除

2. 海上货物运输合同中承运人与托运人的权利、义务

第四节 提 单

考核知识点

1. 提单及其法律性质
2. 提单的不同种类
3. 提单的国际公约

考核要求

识记：

提单的概念

领会：

1. 提单的法律性质
2. 提单的主要种类
3. 提单的三个国际公约的对承运人责任规定的主要内容

综合应用：

提单的法律性质

第五节 租船合同与海上拖船合同

考核知识点

1. 租船合同
2. 海上拖船合同

考核要求

识记：

1. 租船合同的概念
2. 海上拖船合同的概念

领会：

1. 海上租船合同的种类
2. 海上拖船合同的特征及当事人的义务

第六节　船舶碰撞与海难救助

考核知识点

1. 船舶碰撞及其构成要件
2. 船舶碰撞的责任
3. 海难救助及其构成要件
4. 海难救助合同
5. 海难救助款项

考核要求

识记：

1. 船舶碰撞的概念
2. 海难救助的概念

领会：

1. 船舶碰撞的构成要件
2. 船舶碰撞的责任
3. 海难救助的构成要件及种类
4. 海难救助合同
5. 海难救助款项及例外

第七节　共同海损

考核知识点

1. 共同海损及其构成要件
2. 共同海损的范围

考核要求

识记：

共同海损的概念

简单应用：

共同海损的构成要件及范围

第八节 海事赔偿责任限制

考核知识点
1. 海事赔偿责任限制及其意义
2. 海事赔偿责任限制的内容

考核要求
领会：
海事赔偿责任限制的内容

第九节 海上保险合同

考核知识点
1. 海上保险合同及其原则
2. 海上保险合同的种类
3. 海上保险合同的订立、解除和转让
4. 海上保险合同的主要内容
5. 委付与代位求偿权

考核要求
识记：
1. 海上保险合同
2. 委付

领会：
1. 海上保险合同的种类
2. 海上保险合同的订立与解除
3. 海上保险合同的转让
4. 委付与代位求偿权的区别

简单应用：
1. 海上保险合同的原则
2. 委付的条件

综合应用：
海上保险合同的转让

第三部分　关于大纲的说明与考核实施要求

自学考试大纲的目的和作用

《商法(二)》自学考试大纲是根据专业考试计划的要求,结合自学考试的特点而确定的。其目的是对个人自学、社会助学和课程考试命题进行指导和规定。

《商法(二)》自学考试大纲明确了课程学习的内容以及深度、广度,规定了自学考试的范围和标准。因此,它不但是自学考试教材和辅导书的依据,是社会助学组织进行自学辅导的依据,是自学者学习《商法(二)》教材以及掌握"商法(二)"课程内容、知识范围和程度的依据,也是进行自学考试命题的依据。

自学考试大纲与教材的关系

《商法(二)》自学考试大纲是进行学习和考核的依据,教材是学习掌握课程知识的基本内容与范围,教材的内容是大纲所规定的课程知识和内容的扩展与发挥,具体体现了大纲的总体要求。

《商法(二)》大纲与《商法(二)》教材所体现的课程内容基本一致,大纲中的课程内容和考核知识点,在《商法(二)》教材中一般都有,教材中对大纲要求掌握的知识点都有明确、清楚、详细的扩展和发挥。但是由于《商法(二)》大纲是对《商法(二)》教材体系以及主要内容的一个总体要求,教材是在大纲指导下对商法内容的扩展与发挥,而且由于教材编写中逻辑的需要,因此教材中的有些内容大纲中可能不一定体现出来,这些在教材中有但是在大纲中未体现的内容对于学习教材以及掌握大纲要求的内容是不可缺少的。《商法

(二)》教材中,对目前涉及商法的最新的法律变化都有体现,但是由于市场经济的发展,我国涉及商法的相关法律在不断地发展与完善之中,因此,可能今后会出现教材的部分内容与不断发展与完善的商法相关法律的部分内容不一致的地方,在此情况下,若《商法(二)》教材还未及时修订,则以商法相关法律的变化内容为准。

自 学 教 材

商法(二),全国高等教育自学考试指导委员会组编,王峰、曾咏梅主编,北京大学出版社2008年版。

自学要求和自学方法的指导

本大纲的课程基本要求是依据专业考试计划和专业培养目标而确定的。课程基本要求还明确了课程的基本内容,以及对基本内容掌握的程度。基本要求中的知识点构成了课程内容的主体部分。因此,课程基本内容掌握程度、课程考核知识点是高等教育自学考试考核的主要内容。

为有效地指导个人自学和社会助学,本大纲在各章中已指明了学习的具体目的和要求,以及需要掌握的不同层次的内容、考核的知识点。对于需要掌握的重点问题,《商法(二)》教材各章中也作了明确的要求,学习时可将大纲与教材结合起来。

本课程共5学分。

"商法(二)"课程具有集理论性与实务性于一体的特点,要求考生不但要从理论上掌握商法的主要内容、识记一些基本的概念,而且要能理解一般原理、一般原则、一般法律制度、一般法律关系以及法律的一般规定,并且对于一些重要的问题要能够深刻理解。在理解的基础上要能进行简单应用,在深刻理解的基础上还要能够对一些重要问题进行综合应用。针对"商法(二)"课程的特点,根据学习对象为成人在职业余自学的情况,为了帮助考生学习好"商法(二)"课程,特提出以下要求:

1. 在学习每一章前,首先了解大纲关于该章的学习目的和要求,再了解大纲关于该章考核知识点与考核要求,这样对该章的学习就可以做到总体"胸中有数"。

2. 在学习每一章节的具体内容时,要了解大纲对该章节的考核知识点、考核要求,按考核知识点把握该章节的主要内容与主要问题,按考核要求规定的能力要求层次合理安排知识点的学习与掌握。

3. 在学习每一章的具体内容时,要注意教材中引用的相关法律、法规的条文,以便对所涉及的法律制度、法律规定作出正确的理解。

4. 在学习单独的一章时,要注意相关章的内在联系,在比较中加深理解。如关于商主体法律部分的各章就有内在的联系,学习中可以联系起来,比较不同商主体法律的具体规定与要求的区别,从而达到对商主体法律的深刻理解。

5. 在学习中,要注意从教材整体的逻辑结构上对相关内容进行把握,"以纲带目""纲举目张"。本教材共十一章,但内容是由三大部分构成:商法概述、商主体法、商行为法。其中第一章是商法的概述,即对商法主要内容与体系的概述,第二章、第三章、第四章、第五章是关于商主体的法律,第六章、第七章、第八章、第九章、第十章、第十一章是关于商行为的法律,这三个大部分也可以作为三大模块。在学习中,首先要对第一章有一个清楚的认识与了解,在此基础上,可以将后面的内容分为第二、第三模块进行学习。在学习第三模块时,可以将第六章、第七章作为一个小模块,将第八章、第九章作为一个小模块,将第十章、第十一章作为一个小模块。

对社会助学的要求

为了使社会助学发挥相应的作用,特对社会助学提出以下要求:

1. 参加助学的教师要熟悉自学教材的内容,熟悉本大纲的要求,特别是要理解大纲中的知识点,把握考核要求中对各章节各知识点的能力层次要求。

2. 在进行辅导时,要以本大纲为依据,以教材的内容为基础,不要任意增减内容。

3. 在辅导时,要注意学生理解能力和应用能力的提高,特别是应用能力的提高。辅导教师可以通过案例分析的方式提高学生的应用能力,但是案例一定要恰当,分析要准确。

4. 辅导可以通过不同的方式进行。主要方式有讲授课、答疑、练习。

讲授课。在讲授时,首先要安排讲授计划、课时,一般应为90课时。其次,要按大纲对各章节的学习要求、考核知识点、考核要求等,结合教材中要求掌握的重点问题,系统地、逻辑地、准确地讲授课程的内容,帮助学生正确地理解知识点,全面地把握重要问题。

答疑。在答疑时,要根据大纲的要求,有针对性地回答学生提出的问题。在回答学生的问题时,要注意引导学生对大纲要求的重要考核知识点的理解及其应用,以达到大纲规定的能力要求。

练习。为了提高学生的简单应用能力和综合应用能力,可以根据大纲的考核要求,组织学生对案例进行练习,以达到大纲要求的简单应用和综合应用知识点的要求。

对考核内容和考核目标的说明

1. 本课程要求将考生学习和掌握的知识点都作为考核的内容。课程中各章的内容均由若干知识点组成,在自学考试中成为考核知识点。因此,大纲中所规定的考试内容是以分解为考核知识点的方式给出的。由于各知识点在课程中的地位、作用以及知识自身的特点不同,自学考试将对各知识点分别按四个认知(或叫能力)层次确定其考核要求。

2. 考核的四个能力层次从低到高用教育测量学的语言表述依次是:识记;领会;简单应用;综合应用。这四个能力层次是依次递进的关系,后者以前者为基础,四个能力层次的含义分别是:

识记:能清楚地知道课程中有关概念的意思,能正确地认识和识别,并能准确、清晰地表述。

领会:在识记的基础上,能把握并理解课程中基本概念、原则、原理、制度,能准确地认识基本概念、原则、原理、制度的法律特征,能将相关的基本概念、原则、原理、制度相联系并加以区别。

简单应用:在领会的基础上,能用所学的知识分析和解决一般的理论问题或能分析和解决较简单的案例或相关法律问题。

综合应用:在简单应用的基础上,能综合所学的多个知识点分析和解决较复杂的案例和相关法律问题。

3. 教材中的参考阅读是为了帮助考生学习教材内容,不作为考试的内容。

4. 在考试之日起6个月前,由全国人民代表大会及其常务委员会和国务院颁布或修订的法律、法规都将列入相应课程的考试范围。凡大纲、教材内容与现行法律、法规不符的,应以现行法律、法规为准。

关于考试命题的若干规定

1. 考试方式与时间。考试方式为闭卷笔试,满分为100分(60分为及格线)。考试时间为150分钟。

2. 本大纲各章所规定的基本要求、知识点及知识点下的知识细目,都属于考核的内容。考试命题既要覆盖到章,又要避免面面俱到。要注意突出课程的重点、章节重点,加大重点内容的覆盖度。

3. 命题不应有超出大纲中考核知识点范围的题,考核目标不得高于大纲中所规定的相应的最高能力层次要求。命题应着重考核自学者对基本概念、基本知识和基本理论是否了解或掌握,对基本方法是否会用或熟练应用。不应出与基本要求不符的偏题或怪题。

4. 本课程在试卷中对不同能力层次要求的分数比例大致为:识记占20%,领会占30%,简单应用占30%,综合应用占20%。

5. 要合理安排试题的难易程度,试题的难度可分为:易、较易、较难和难四个等级。每份试卷中不同难度试题的分数比例一般为:2:3:3:2。

必须注意试题的难易程度与能力层次有一定的联系,但二者不是等同的概念。在各个能力层次中对于不同的考生都存在着不同的难度。

6. 课程考试命题的主要题型一般有单项选择题、多项选择题、名词解释题、简答题、案例分析题等题型。

在命题工作中必须按照本课程大纲中所规定的题型命题,考试试卷使用的题型可以略少,但不能超出本课程题型的规定范围。

附录:题型举例

一、**单项选择题**(每小题列出的四个备选项中只有一个是符合题目要求的,请将其代码填写在题后的括号内。错选、多选或未选均无分。)

1. 商业登记是( )
   A. 合意的法律行为
   B. 公法上的行为不产生私法上的效果
   C. 要式法律行为
   D. 创设商主体的法律行为

2. 公司债券是一种有价证券( )
   A. 其持有人与公司共担风险,共享收益
   B. 其持有人是公司的债权人
   C. 认购公司债券可以用货币或工业产权作为对价
   D. 我国公司法规定发行公司债券的主体只能是股份有限公司

3. 票据经过依法背书转让后( )
   A. 票据权利义务由背书人转移于被背书人
   B. 票据权利由背书人转移于被背书人
   C. 持票人以背书有合法对价证明自己享有票据权利
   D. 持票人以背书的真实性证明自己享有票据权利

二、**多项选择题**(每小题列出的五个备选项中有二个至五个是符合题目要求的,请将其代码填写在题后的括号内。错选、多选、少选或未选均无分。)

1. 以下关于提单的说法,正确的是( )
   A. 它是海上货物运输合同的证明
   B. 它是承运人保证据以交付货物的单证
   C. 它是一种有价证券

D. 它是证明持有人具有提单项下货物权利的凭证
E. 它代表持有人与承运人间的债权债务关系

2. 甲乙丙三人共同出资准备开办一家从事商品零售业务的有限责任公司,该公司注册资本额可以是(   )
A. 2万元   B. 3万元   C. 10万元   D. 100万元
E. 500万元

三、名词解释题
1. 债权人的撤销权
2. 质押

四、简答题
1. 缔约过失责任及承担缔约过失责任的情形。
2. 股份有限公司的法人治理结构的构成及地位。

五、案例分析题
案1 自然人甲、乙,上市公司、国有控股企业共同设立一合伙企业。合伙企业协议约定:甲以劳务出资、乙以基金份额出资、上市公司以商标权作价出资、国有控股企业以货币100万元人民币出资。其中上市公司、乙为有限合伙人,其他为普通合伙人,甲、乙为合伙企业的执事人,共同执行合伙企业的事务。回答:

(1) 指出合伙协议中不符合《合伙企业法》的内容。

(2) 若合伙企业的债权人向国有控股企业主张债权,依《合伙企业法》的规定,国有控股企业应当承担什么样的责任?为什么?

案2 张某是A银行的编外人员,但经常持盖有A银行公章的存单到各街道为居民办理储蓄业务。王某曾将1万元钱交与张某,并从张某手中取得一张盖有A银行公章的定期存单,到期后该存单得到A银行兑付。某日,王某又将1万元钱交与张某,张某出具了盖有A银行公章的定期存单交给王某。王某在存单到期后到A银行取款,被告之,存单上的款并未存入银行,因此拒绝付款,并称王某应到A银行办理存款业务。回答:

(1) 张某与A银行之间是否形成代理关系?为什么?

(2) 该案应如何处理?

后　　记

2007年1月由教育部全国高等教育自学考试办公室召开了全国高等教育自学考试课程大纲、教材编前会，会上确定了"商法（二）"课程大纲编写的指导思想、基本原则和要求。

本大纲由武汉大学的王峰副教授、曾咏梅副教授负责编写，大纲写成后，由武汉大学法学院博士生导师冯果教授，华中科技大学法学院王天习副教授、张文楚教授审稿。在此一并表示感谢。

全国高等教育自学考试指导委员会
经济管理类专业委员会
2007年11月30日